O MISTÉRIO DE CYGNUS

ANDREW COLLINS

O MISTÉRIO DE CYGNUS

Desvendando o Antigo Segredo das
Origens da Vida no Universo

Tradução
MARCELLO BORGES

Editora
Pensamento
SÃO PAULO

Título original: *The Cygnus Mystery*

Copyright © 2006 Andrew Collins

Publicado na Inglaterra em 2006 por Watkins Publishing, Sixth Floor, Castle House, 75-76 Wells Street, Londres WIT 3QH.

Todos os direitos reservados. Nenhuma parte deste livro pode ser reproduzida ou usada de qualquer forma ou por qualquer meio, eletrônico ou mecânico, inclusive fotocópias, gravações ou sistema de armazenamento em banco de dados, sem permissão por escrito, exceto nos casos de trechos curtos citados em resenhas críticas ou artigos de revistas.

A Editora Pensamento-Cultrix Ltda., não se responsabiliza por eventuais mudanças ocorridas nos endereços convencionais ou eletrônicos citados neste livro.

Dados Internacionais de Catalogação na Publicação (CIP)
(Câmara Brasileira do Livro, SP, Brasil)

> Collins, Andrew
> O mistério de Cygnus : desvendando o antigo segredo das origens da vida no universo / Andrew Collins ; tradução : Marcello Borges. – São Paulo: Pensamento, 2009.
>
> Título original: The Cygnus mystery.
> Bibliografia.
> ISBN 978-85-315-1597-2
>
> 1. Astronomia antiga 2. Cygnus X-3 I. Título. II. Título: Desvendando o antigo segredo das origens da vida no universo.
>
> 09-08621   CDD-520.93

Índices para catálogo sistemático:
1. Cygnus : Astronoma antiga 520.93

O primeiro número à esquerda indica a edição, ou reedição, desta obra. A primeira dezena à direita indica o ano em que esta edição, ou reedição, foi publicada.

Edição	Ano
1-2-3-4-5-6-7-8-9-10-11	09-10-11-12-13-14-15-16-17

Direitos de tradução para o Brasil
adquiridos com exclusividade pela
EDITORA PENSAMENTO-CULTRIX LTDA.
Rua Dr. Mário Vicente, 368 — 04270-000 — São Paulo, SP
Fone: 2066-9000 — Fax: 2066-9008
E-mail: pensamento@cultrix.com.br
http://www.pensamento-cultrix.com.br
que se reserva a propriedade literária desta tradução.

Sumário

Lista de ilustrações 7
Lista de fotos 11
Créditos das imagens 13
Agradecimentos 15
Introdução 19

Parte Um: Mistério do Norte

1. O Mais Antigo Templo do Mundo 25
2. No Jardim do Éden 31
3. A Direção do Céu 39
4. O Círculo de Cygnus 54

Parte Dois: Américas

5. Na Trilha do Lobo 71
6. Cosmogênese Maia 85
7. Caminho para os Deuses 100

Parte Três: Albion

8. A Serpente Alada 111
9. Deusa do Cisne 126
10. As Águas da Vida 134
11. Cavaleiros do Cisne e Virgens-Cisnes 141

Parte Quatro: Egito

12. A Chave para a Ascensão 163
13. Em Busca de Sokar 178
14. A Estrada para Rostau 188
15. O Poço das Almas 197

Parte Cinco: Origens

16. O Cisne-Ganso da Eternidade 219
17. Os Primeiros Astrônomos 231
18. O Ponto da Criação 242

Parte Seis: Cosmos

19. O Segredo da Vida 261
20. Um Canto Cósmico do Cisne 280
21. Filhos do Cisne 293
22. A Verdadeira Estrela Divina 308

Post Scriptum 323
Apêndice: O Mistério dos Dogon 327
Bibliografia 335
Notas 353

LISTA DE ILUSTRAÇÕES

1. Mapa do Egito e do Oriente Próximo.
2. Mural de uma torre de escarnação (prática primitiva que consiste em remover a carne dos mortos, deixando apenas os ossos – N. do T.) neolítica em Çatal Hüyük, sul da Turquia.
3a e 3b. Duas reproduções dos *sanjak* yezidi do século XIX.
4. Totem de pedra neolítico encimado por um abutre, de Nevali Çori, sudeste da Turquia.
5. O céu setentrional visto do sudeste da Turquia c. 9400 a.C.
6. Símbolo yezidi representando a ave identificada no folclore árabe com Cygnus.
7. Pedra mágica greco-romana mostrando Orfeu crucificado.
8. Precessão dos polos da Terra, mostrando as antigas estrelas polares.
9. A "Trilha do Lobo" dos índios blackfoot, representando a Via Láctea e, provavelmente, Cygnus.
10. Grande Círculo envolvendo o Eagle Mound em Newark, Ohio.
11. A Via Láctea se estendendo até a constelação de Cygnus antes do nascer do Sol do meio do verão, conforme vista do Grande Círculo em Newark, em 100 a.C.
12. Antigos petróglifos de nativos americanos representando o "Pé da Ave", comparados com as estrelas de Cygnus.
13. Cisnes de madeira em "mastros celestes" erguidos pelos xamãs dos tungus criadores de renas.
14. Entalhes em pedra do lago Onega, na Rússia, mostrando cisnes e um "xamã" em um mastro celeste.
15. O céu setentrional visto do México à meia-noite, na noite do meio do verão, em 2000 a.C.
16. Planta da cidade olmeca de La Venta.
17. Machado votivo olmeca na forma do were-jaguar, com símbolo de "faixas cruzadas" levemente entalhado no peito.
18. Imagem olmeca de uma serpente com o símbolo de faixas cruzadas no lugar do olho.
19. Ave cósmica maia no alto da Árvore do Mundo, representando a Via Láctea entre Escorpião e Cygnus.

20. Cuzco como a Cidade do Puma, símbolo do *axis mundi*, ligado a Cygnus.
21. Monumento de Avebury, por William Stukeley, 1743.
22. Representação de Avebury pelo artista Alan Sorrell.
23. O céu setentrional visto de Avebury, 2600 a.C.
24. Pedra nº 25S de Avebury com a imagem entalhada de criatura semelhante a um cisne.
25. Representação artística de uma imagem entalhada na pedra nº 25S de Avebury, segundo Wakefield.
26. Jarro de vinho do templo romano de Ísis, Londres.
27. Painel de caixão franco (c. 700-750 d.C.), com Ægil capturando cisnes para seu irmão Völand.
28. Runa *eolhx*, do "pé de ave", significando uma virgem-cisne das valquírias.
29. Vista aérea, a partir do norte, de Callanish.
30. Céu setentrional visto de Callanish em 3000 a.C.
31. As constelações setentrionais, inclusive Cygnus e Ursa Maior, da tumba de Senmut a oeste de Tebas, Egito, c. 1490-1468 a.C.
32. Pedra mágica greco-egípcia mostrando a fênix como a ave Benu.
33. O deus Sokar, guardião do mundo inferior da antiga Rostau (Gizé), da tumba de Tutmósis III (c. 1490-1436 a.C.), a oeste de Tebas.
34. Gizé, Ausim (Letópolis) e el-Matariyeh (Heliópolis), em relação ao meridiano e ao nascimento e ocaso de Cygnus e da Ursa Maior, 2600 a.C.
35. O zodíaco circular de Dendera, mostrando o "homem-maça" Cygnus, segundo Aubourg.
36. A deusa do céu Nut e o deus da Terra Geb, com o "Grande Grasnador", do Papiro de Tameniu, c. 1000 a.C.
37. Nut despejando um líquido do sicômoro sagrado, do Papiro de Ani, c. 1300 a.C.
38. Concepção da Via Láctea representando a deusa Nut, por Ronald A. Wells.
39. A deusa Saraswati, personificação da Via Láctea, em seu veículo-cisne.
40. Sistemas fluviais da Índia e do Paquistão, mostrando o possível caminho do antigo rio Saraswati.
41. Quatro animais da astronomia chinesa, com suas constelações.
42. Cygnus como Tianjin, o Vau (trecho raso) do Céu.
43. A Princesa Tecelã na Ponte das Pegas, representada na astronomia chinesa por Tianjin (Cygnus).

44. Arte em pedra de dançarinos segurando "cogumelos", da região de Tassili-n'Ajjer, sul da Argélia, c. 7000-5000 a.C.
45. Figura de Tassili-n'Ajjer com cogumelos em suas mãos e ao redor de seu corpo.
46a e 46b. Tabletes neolíticos com inscrições, de Jerf el-Ahmar, norte da Síria, c. 8000-7300 a.C., mostrando imagens de cogumelos.
47. Cabeça de pedra de Nevali Çori, Turquia, mostrando rabo de cavalo semelhante a uma cobra.
48. Pilar ereto em Göbekli Tepe, Turquia, mostrando cobras com cabeça de cogumelos e cogumelos entrelaçados, c. 9500-7300 a.C.
49. "Enfeite de cisne" paleolítico, feito em osso, de Malta, Sibéria, c. 15000 a.C.
50. Representação artística de um sistema binário de grande massa de raios-X, como Cygnus X-3.
51. Micrografia dos rastos de um raio cósmico em emulsão.
52. (Apêndice) A "Forquilha do Espaço" dos dogon, sede do deus criador, superposto às principais estrelas da constelação de Cygnus.

LISTA DE FOTOS

1. Göbekli Tepe, identificado como o mais antigo templo do mundo, no sudeste da Turquia.
2. Göbekli Tepe com vista para o sul.
3. Interior do local inferior de culto de Göbekli Tepe.
4. Pilar de pedra de Göbekli Tepe com entalhe de leão.
5. Pilar de pedra de Göbekli Tepe com relevo de raposa.
6. Cabeça de abutre esculpida encontrada em Göbekli Tepe.
7. A Torre Astronômica de Harã, sudeste da Turquia.
8. O autor na entrada da Torre Astronômica de Harã.
9. Fileira de pedras enterradas, Karahan Tepe, sudeste da Turquia.
10. Pilar de pedra em forma de cogumelo, Karahan Tepe.
11. Cygnus como o cisne celeste.
12. Cygnus como Cristo crucificado.
13. Ind Raymi, o Festival do Sol, em Cuzco, Peru.
14. Monumento de Avebury, Wiltshire, Inglaterra.
15. Longa série de pedras tumulares em Wayland Smithy, Berkshire, Inglaterra.
16. Círculo de pedras em Callanish, Hébridas Exteriores, Escócia.
17. Bandeira e cisne empalhado associados à cerimônia do Censo dos Cisnes, no rio Tâmisa.
18. Pirâmides de Gizé vistas do sudoeste.
19. As principais estrelas de Cygnus e de Órion superpostas ao campo de pirâmides de Gizé.
20. O planalto de Gizé, visto do sul, da Grande Esfinge, na direção da colina Gebel Ghibli.
21. O poço sagrado de Beer el-Samman, Gizé.
22. O deus criador hindu Brahma montado no cisne-ganso Hamsa.
23. Relevo em pedra de Göbekli Tepe mostrando uma mulher estéril com cabelos em forma de cogumelo.
24. A "Cena do Poço" na caverna de Lascaux, França.
25. Creswell Crags, local da primeira arte rupestre paleolítica da Grã-Bretanha.
26. Cabeça entalhada de íbis, Church Hole, Creswell Crags.

27. Quimeras de socós e cisnes, entalhadas no Church Hole, Creswell Crags.
28. Imagem do sistema binário de raios-X de grande massa, Cygnus X-3.
29. Representação artística de um microquasar como Cygnus X-3.
30. Imagem de um jato relativista do supermaciço buraco negro na galáxia M87.
31. Foto tirada por Marcel Griaule em 1931, mostrando arte rupestre dos Dogon, possivelmente a representação da Via Láctea.
32. Cobra emergindo da boca de uma cabeça, caverna Rouffignac, França.

CRÉDITOS DAS IMAGENS

O autor deseja agradecer às seguintes pessoas ou organizações por permitirem utilizar suas imagens neste livro:

Ilustrações: 4, 39, 43, Yuri Leitch; 7, Bildarchiv Preussicher Kulturbesitz, Berlim; 9, Greg Little; 13, E. J. Lindgren-Utsi; 14, Herbert Kuhn; 22, Alan Sorrell/Richard Sorrell; 29, John Dewer/RCAHMS; 35, Eric Aubourg; 36, Museu Britânico; 44, 45, Jean-Dominique Lajoux; 47, Harald Hauptmann; 48 a e b, German Archaeological Institute (DAI); 50, NASA.

Fotos: 4, 5, 6, 11, 23, German Archaeological Institute (DAI); 12, Museu Britânico; 13, Roz Harrendence/Sue Woodward; 16, Rodney Hale/Melford Designs; 22, Regis Madec; 24, Yuri Leitch; 25, Robert Nicholls/Palaeocreations.com; 27, Dr. Sergio Ripoll; 28, NASA/CXC/SAO; 29, Dana Berry (CfA/NASA); 30, J. A. Biretta *et al*/NASA/Hubble Heritage Team (STScI/AURA); 32, Anthony Murphy/Mythicalireland.com.

Agradecimentos

Meus agradecimentos para as pessoas sem as quais este livro não poderia ter sido escrito: Sue Collins, minha esposa, o pilar de estabilidade em minha vida, cujos pensamentos filosóficos e sugestões editoriais fizeram deste um livro muito melhor; Richard Ward, por ter sido o primeiro a instigar esta busca, e por suas pesquisas adicionais; David Southwell, cujas ideias inspiradoras aumentaram meu conhecimento acerca de Cygnus nas religiões do mundo; e Rodney Hale, por seu apoio técnico e por manter tudo nos eixos e sob controle.

Além disso, quero agradecer a Greg e Lora Little, por sua contínua amizade e apoio, e por inspirarem a seção sobre as Américas; a Michael Mann, por ter fé em mim; e a Osman Baydemir, prefeito de Diyarbakir, por me levar a escrever este livro.

Agradeço ainda a Aden e Marjorie Meinel; Adriano Forgione; Alan Alford; Ann Smith; Anthony Murphy e Richard Moore; Arif e Necla Akkaya; Buster e Abbie; Carl e Lynn; Caroline Wise e Mick Staley; Catherine e Joan Hale; Chris Ogilvie-Herald; Chris Tedder; Clive e Deb Harper; Clive Prince; Colin Wilson; Crichton Miller; Denis Montgomery; Duncan Roads; Eileen Buchanan; Filip Coppens; Gary Osborn; Geoff Stray; Gerry e Bali Beskin da Atlantis Bookshop; Gillian Holmes; Giulio Magli; Graham e Santha Hancock; Halil Baynan; Heather Hobden; Ian Lawton e Liz Swanson; J. James; Jeremy Narby; Jim Kaler; John 'Mushroomer' Allen; John Billingsley; John Day; John e Doris Van Auken; Johnny Merron; Jonathan Hesketh, do Creswell Crags Visitors Centre; Jonathan Harris; Josep Martí Ribas; Juan António Belmonte; Leigh Library e toda a equipe, especialmente Keith e Mavis; Lynn Picknett; Marcus Allen; Marion Popenoe Hatch; Martin Gray do site SacredSites.com; Martin J. Powell; Matt Kyd e Renny

Djunaedi; Michael A Rappenglück; Michael Carmichael; Nigel Foster; Nigel Skinner Simpson; Noam Soker; Paul Pettitt; Paul Weston; Penny Stopa e a equipe editorial da Watkins Publishing; Peter Bently; Philip Gardiner; Robert Guendl; Romano Corradi; Serena Love; Sheer Faith; Steven Gawtry; Storm Constantine e Jim Hibbert; Tim Glover; You-Hua Chu; Yuri Leitch; e *Morning Sun*, do Fields of the Nephilim, a eterna trilha sonora deste livro.

Este livro é dedicado aos cisnes do mundo todo.
Com particular atenção àqueles sob os cuidados de
The Swan Sanctuary, Shepperton, Middlesex, Inglaterra.
www.swanuk.org.uk

E também a Rodney Hale, o *Q* original.

"LAM é a palavra tibetana para Caminho ou Trilha, e Lama é Aquele que Segue...
Seu valor numérico é 71, o número deste livro."

Ou Mh, 1919.

Introdução

Quando foi que começou o fascínio da humanidade pelas estrelas? Como veremos, a arte rupestre paleolítica da Europa Ocidental, iniciada há uns 17.000 anos, mostra estrelas importantes e agrupamentos estelares de maneira bastante abstrata. Algum dia, essas imagens devem ter figurado com destaque na experiência religiosa daqueles que criaram essas pinturas nas profundezas da terra e que teriam mantido contato com inteligências consideradas de outros mundos, muito provavelmente com a ajuda de substâncias alucinógenas e outras práticas xamânicas. Tais entidades sobrenaturais – representadas como antropomorfos (formas semelhantes à humana), quimeras (animais híbridos) e teriantropos (híbridos entre humanos e animais) – eram vistas, sem dúvida, como habitantes de mundos estelares sobre os quais atualmente só podemos sonhar.

Foi uma conexão mantida e nunca esquecida, como se evidencia na recente descoberta do templo de pedra mais antigo do mundo, no sudeste da Turquia, construído há uns 11.500 anos por uma raça desconhecida no final da última Era Glacial (*ver Capítulos Um e Dois*). O templo estava alinhado com as mesmas estrelas que seus ancestrais paleolíticos na Europa Ocidental tinham identificado como importantes, milhares de anos antes. Essa ênfase na importância das estrelas continuou até a construção, uns 6.000 anos depois, de algumas das maravilhas do mundo antigo, como a Grande Pirâmide do Egito e o monumento britânico de Avebury. Ambos refletem influências estelares específicas, inquestionavelmente incorporadas em seus projetos originais.

Mas não acaba apenas nisso, pois a passagem de estrelas notáveis está marcada em templos importantes da Índia, da China, do México e do Peru. É um tema encontrado também nos gigantescos montes de argila pré-históricos e em estruturas construídas pelos povos nativos da América do Norte. Todos foram projetados para refletir a influência das estrelas, que aparecem repetidamente em suas cosmologias arcaicas e mitos de criação. Estes registram que nossos ancestrais vieram do céu no início dos tempos ou em uma era há muito esquecida, e que é ao céu que as almas dos justos voltariam após a morte.

Universalmente, povos indígenas e civilizações antigas têm visto a Via Láctea como a "estrada" ou "rio" que leva ao mundo-céu, onde a vida, em todas as formas, existe longe da Terra. De fato, tais ideias poderiam ter sido aceitas mais abertamente por sociedades civilizadas, não fosse pelo pensamento racional do filósofo grego Aristóteles (384-322 a.C.). Ele argumentava que a geração da vida na Terra foi espontânea, pois teria simplesmente surgido do nada. Embora suas opiniões tenham sido negadas pelo grande químico francês Louis Pasteur (1822-1895), a ciência levaria muitos anos para chegar à conclusão de que a vida na Terra deve ter se originado em outro lugar.

Povos indígenas do mundo todo continuam a acreditar em nossas origens cósmicas. Como veremos (*Capítulo Dezenove e Apêndice*), dos povos das ilhas do arquipélago da Indonésia, às nações tribais da América do Norte, e dos primeiros reis da China à tribo dogon de Mali, há, por toda parte, a crença generalizada de que a vida na Terra teria sido semeada a partir do espaço. Até os faraós do antigo Egito acreditavam que, após a morte, iriam de barco até um reino paradisíaco situado entre as estrelas do céu setentrional, habitado pelos deuses e deusas responsáveis pela criação do universo e pela produção da vida na Terra. Com efeito, a crença fundamental na volta à fonte da criação também é encontrada em religiões monoteístas como o Judaísmo, o Cristianismo e o Islamismo, pois todas dizem que o céu, ou paraíso, destino final da alma, existe acima das nuvens.

Na melhor hipótese, tais ideologias sempre foram consideradas como orientadas pela fé. Agora, porém, a ciência está assumindo uma posição. Evidências da panspermia, a teoria da "vida por toda parte", aumentam a cada dia. Poderosos telescópios espaciais detectaram a existência, por toda galáxia, de componentes orgânicos chamados HAPs (hidrocarbonetos aromáticos policíclicos), que são os elementos constitutivos da vida. Além disso, novos planetas, alguns dos quais com possibilidade de ter vida, estão sendo registrados em ritmo acelerado, e a recente descoberta de uma substância rica em carbono nas pequenas fissuras de uma pedra marciana que caiu como meteorito no Egito em 1911[1] aumenta sensivelmente as chances de que o Planeta Vermelho não apenas tenha dado suporte à vida há bilhões de anos, como pode tê-la espalhado para a Terra.

A ideia de que microrganismos tenham sido capazes de pegar uma carona dentro de meteoros ou de cometas é bem aceita pela ciência, uma opinião que recentemente abriu as portas de publicações científicas para trabalhos bastante sérios. Na verdade, enquanto escrevo estas palavras, a revista inglesa *New Scientist* tem uma história de capa com a manchete "Chuva Alienígena". Refere-se à renovada especulação sobre o fato de 50 toneladas de microrganismos terem caído na forma de chuva vermelha durante fortes tempestades em Kerala, sudoeste da Índia, em 2001, chegando à Terra em um meteoro ou cometa.[2] Mesmo que essas estruturas semelhantes a células, que, conforme se constatou, contém DNA, não se revelarem como de origem extraterrestre, o simples fato de uma respeitável revista como a *New Scientist* – ou mesmo *Astrophysics and Space Science*, a publicação em que a evidência se apresenta na íntegra[3] – mostrar uma abertura sincera para com esse assunto, antes tabu, já é importante por si só.

Assim, nossos ancestrais remotos podem muito bem ter razão. Provavelmente, a vida veio do espaço profundo, e, se for esse o caso, então como esses indivíduos, obviamente muito esclarecidos, tiveram uma percepção tão profunda sobre as origens da vida? Como veremos, substâncias alucinógenas usadas por xamãs paleolíticos em práticas ritualísticas podem ter desempenhado um importante papel na revelação dessa informação inspirada (*ver Capítulos Dezoito e Dezenove*). No entanto, é um processo que parece ter sido auxiliado pela escolha de cavernas profundas para adquirirem "conhecimento divino" e inspiração mediante a comunicação com outros mundos. Por quê?

Em *O Mistério de Cygnus*, proponho que esses ancestrais da civilização humana perceberam em suas vidas a influência de raios cósmicos emanando de uma fonte pontual no céu noturno – um sistema estelar binário na constelação de Cygnus, o Cisne, conhecido como Cygnus X-3. O relato que sugere como se deu essa conexão e a batalha científica que ela já iniciou pode alterar tudo o que conhecemos a respeito da influência das estrelas em nossas vidas, ou mesmo na própria evolução humana. Como um evento, antes não identificado, ocorrido há 17.000 anos, pode afetar o aparecimento de tudo, desde lugares sagrados e arquitetura religiosa, passando pela cosmologia, astronomia e religiões do mundo todo? Esse é o tema do restante deste livro revolucionário.

Andrew Collins

PARTE UM

MISTÉRIO DO NORTE

CAPÍTULO UM

O Mais Antigo Templo do Mundo

Estamos há 11.000 anos do presente, em meio à população do início do Neolítico no sudeste da Turquia. Estamos no meio da noite, e, perdendo-se na escuridão, há um labirinto de cômodos sob a superfície, suportados por uma série de pilares em forma de T que sustentam telhados simples. Dentro, tochas cintilam, iluminando imagens entalhadas em relevo sobre a superfície lisa da pedra.

As pessoas iam a esse lugar sagrado para render homenagens a uma elite sacerdotal de imenso poder e astúcia. Nessa noite, essas estruturas, semelhantes a cavernas, parecem estranhamente silenciosas, enquanto um cântico de morte provém de algum lugar atrás do cume da colina, incitando medo e ansiedade no seu interior.

À medida que esse estranho som se intensifica, chegando ao ápice, surgem diversas figuras de grande estatura, vestidas da cabeça aos pés com capas de penas de abutre. De pé, formando um círculo, parecem ter os olhos fixos em uma visão espetacular na parte mais baixa do horizonte noturno. É um padrão de estrelas na forma distinta de uma cruz, que brilha no ar frio da noite. Para esses estranhos indivíduos, ele é um símbolo de vida e morte cósmicas.

Subitamente, o cântico aumenta e essa visão hipnótica perde-se de vista, substituída por outra igualmente misteriosa. Sob o manto da escuridão, iluminada apenas por tochas, tem lugar uma procissão fúnebre sobre um terreno pantanoso na terra que hoje é a Dinamarca. A data é c. 4800 a.C., e o corpo de uma adolescente está sendo baixado em uma sepultura recém-aberta. Os restos frágeis de uma menina são postos suavemente a seu lado, sobre um leito macio feito de uma grande asa de cisne, cortada de uma ave sagrada que foi sacrificada com esse propósito.

Essa visão também se perde e outra toma seu lugar. Embaixo, há fileiras de pedras e um imenso círculo de pedras, cercado por um enorme fosso e um banco de terra. A data agora é c. 2500 a.C., e estamos no complexo megalítico de Avebury na Inglaterra. Mais uma vez, a noite caiu. Um grande grupo de pessoas, sob o comando de um mago-sacerdote, aguarda pacientemente enquanto a mesma brilhante cruz estelar se move e se aproxima do horizonte noroeste. Em pouco tempo, os véus entre este mundo e o seguinte se erguerão, permitindo que os mortos se comuniquem com os vivos e que os xamãs transitem entre os mundos.

A cena se altera novamente, e vemos a cerimônia de fundação da Grande Pirâmide no planalto de Gizé, vista da posição de uma estranha colina de pedras que oculta um profundo segredo. Enquanto a noite cai lentamente, o grupo de estrelas em forma de cruz se ergue no céu, sua presença expressada em termos do deus da morte e da ressurreição, com sua cabeça de falcão.

A seguir, a inesperada visão de incontáveis peregrinos hindus, devotos do deus criador Brahma, que se dirigem até o santuário desse deus no coração de um maciço complexo de templos em Pushkar, no estado indiano de Rajastão. Na semiescuridão, os oficiantes entoam o mantra divino, OM, e oferecem presentes à efígie de quatro faces de Brahma. Acima dele, sobre o arco de entrada, está a forma esculpida de *kalahamsa*, o Cisne-Ganso da Eternidade, que fez com que o universo existisse ao emitir o som da criação cósmica.

Essas imagens esmaecem e são substituídas pela visão de outra grande formação terrosa circular, idêntica em tamanho e aparência à de Avebury. É o Grande Círculo de Newark, um impressionante complexo construído por volta da época de Cristo por aqueles que viriam a ser chamados de cultura Hopewell dos vales dos rios Mississippi e Ohio.

Xamãs-sacerdotes adornados com penas estão em pé sobre um terreno moldado na forma de um pé de ave, conhecido como Eagle Mound, observando a gradual rotação da estrada celestial – a Via Láctea – e aguardando o momento em que os recém-falecidos possam embarcar na "estrada fantasma" até o mundo celeste.

Passam-se milênios, até que nos vemos subitamente no ano de 1953. Francis Crick, microbiólogo do Cavendish Laboratory da University of Cambridge, abre os olhos e sai de um estado alterado de consciência causado pela ingestão de uma droga psicodélica, o LSD. Em sua mente, uma revelação poderosa dá voltas e mais voltas – uma revelação que vai acabar mostrando o segredo da própria vida.

Há algum tempo, Crick e seu amigo e colega James D. Watson têm procurado compreender a estrutura do DNA, a molécula autorreplicante da hereditariedade presente em toda forma de vida baseada no carbono. Ele sabe que ela precisa ser helíaca, com uma infraestrutura de fosfato de açúcar, mas de algum modo, agora tudo parece fazer sentido.

Nada vai detê-lo até que confirme aquilo que ele sabe ser verdade. Ele e Watson se dedicam a determinar a estrutura do DNA construindo um modelo tridimensional de seu suposto padrão em dupla hélice e identificando os quatro pares de moléculas necessárias para unir a importante cadeia de fosfato de açúcar, que constitui o componente básico da vida.

Por fim, o antropólogo suíço Jeremy Narby está sentado numa úmida clareira nas profundezas da selva amazônica peruana, aguardando ansiosamente para ver o que pode acontecer em seguida. O ano é 1985, e para compreender melhor a natureza e a linguagem dos xamãs locais – especialmente a alegação de que teriam recebido dos próprios espíritos das plantas o imenso conhecimento farmacêutico da tribo –, ele decidiu fazer o que eles fazem, e ingeriu o poderoso coquetel alucinógeno conhecido como *ayahuasca*.

Minutos depois, o mundo real se esvai e a selva se desintegra em um miasma de formas geométricas e cores vibrantes, que parecem fluir através de sua própria alma. O que se segue é uma sensação de comunhão com entidades aparentemente sobrenaturais, que lhe transmitirão algo profundo, algo que irá alterar para sempre a forma como entendemos as origens da vida na Terra.

Eu nunca poderia ter imaginado que todos esses incidentes díspares da história da humanidade poderiam se reunir para modificar a maneira como entendemos quem somos, de onde viemos e aquilo que acreditamos que acontece com a alma após a morte. Pois eu não dispunha de nenhuma dessas informações quando, em maio de 2004, vi-me caminhando penosa e esperançosamente em um terreno quente e montanhoso no sudeste da Turquia, prestes a explorar o mais antigo templo do mundo.[1]

Situado perto do que hoje é a fronteira entre a Síria e o Iraque, o local é conhecido como Göbekli Tepe, que significa "colina do umbigo". Foi construído por indivíduos sem rosto, conhecidos pelos arqueólogos com o inexpressivo nome de PPNA, sigla em inglês de "Pré-Cerâmicos Neolíticos A". O título remete a um período (c. 9500-7300 a.C.) da era Neolítica (final da Idade da Pedra), quando os vasos cozidos a fogo ainda não tinham sido inventados, e quando a maior parte do hemisfério Norte ainda estava sob os rigores da última Era Glacial. Quem quer que tenha sido, esse povo foi responsável pela construção de alguns dos mais antigos assentamentos transitórios já encontrados no mundo.

O povo por trás de Göbekli Tepe construiu não apenas três edificações de culto com formato quadrado, com 8 a 20 m cada, uma atrás da outra, perto do cume de uma colina voltada para o sul, como também decorou-as com linhas e círculos de singulares pilares de pedra em forma de T, geralmente com 3 m de altura. Quase todos eles têm superfícies lisas, nas quais aparecem relevos entalhados. Raposas, garças, peixes, aranhas, javalis, lagartos, crocodilos, cobras, aves de rapina e um grande felino estão bem visíveis. No caso do grande felino, sua forma alongada está entalhada de maneira a acompanhar a forma curva do megálito ("grande pedra") escolhido para essa finalidade. Outros pilares têm formas que parecem antropomorfas, humanas. Cada uma das dezenas de pedras entalhadas demonstra o altíssimo nível de conhecimento tecnológico por trás da construção desse complexo feito para rituais, superando qualquer coisa já descoberta desse período da história humana.

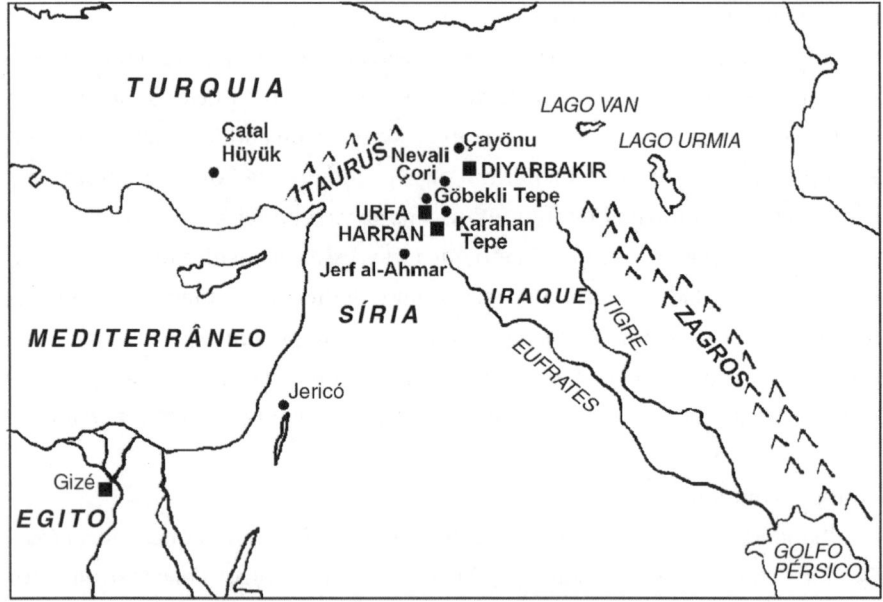

Fig. 1. Egito e o Oriente Próximo, mostrando os principais sítios neolíticos e lugares importantes mencionados neste livro.

Mais Antigo do que Qualquer Outra Coisa

Talvez seja importante dar uma perspectiva em tempo real de Göbekli Tepe. Testes de carbono-14 realizados em materiais orgânicos retirados do local confirmam a data de construção por volta de 9500 a.C. (e provavelmente mais antiga ainda – *ver*

Capítulo Dois).² Portanto, esse complexo, que ocupa uma área comparável em tamanho a três quadras de tênis, aproximadamente, existiu uns 1.500 anos antes da primeira cidade de Jericó, com suas muralhas e torres "de defesa" sem precedentes, e uns 4.000 anos antes de Çatal Hüyük, no centro-sul da Turquia, a mais antiga "cidade" do mundo. Mais incrível ainda é que Göbekli Tepe é anterior a Stonehenge, a mais famosa de todas as estruturas megalíticas, em mais de 6.500 anos. Ela também se erguia orgulhosamente uns 7.000 anos antes da construção da Grande Pirâmide, que, segundo se imagina, foi construída pouco depois de 2600 a.C.

Ainda mais curioso é que, embora cada um dos numerosos pilares em forma de T em Göbekli Tepe pese apenas algumas toneladas, ainda há um pilar em uma pedreira situada a algumas centenas de metros que tem 9 m de comprimento e pesa aproximadamente *50* toneladas!³

Acima de tudo, fica a compreensão clara de que os arqueólogos envolvidos nas escavações, Klaus Schmidt e Harald Hauptmann, do German Archaeological Institute (DAI) de Istambul, ambos reconhecidos especialistas no passado neolítico da Turquia, não encontraram, até o momento, evidências de alguma habitação em Göbekli Tepe. Isso levou-os a especular que o local era um centro religioso, com os diversos animais entalhados nos pilares de pedra representando totens de "clãs". Como hipótese de trabalho, Schmidt sugere que no local venerava-se uma divindade, um "ser extraterrestre", cuja identidade ainda é obscura.⁴

Talvez seja por esses motivos que o local ganhou o nome de *Göbekli* (umbigo), ou seu equivalente pré-turco, pois era o centro de atividades de diversas comunidades neolíticas situadas perto dali. Embora eu aceite essa solução como significativa na avaliação do papel de Göbekli Tepe durante seu período sugerido de atividade, c. 9500-7300 a.C., para mim os argumentos de Schmidt não explicam totalmente a grande admiração que seus construtores tinham por esse lugar evocativo. Tampouco tais ideias invocam o forte controle que certamente os responsáveis pela manutenção do local – indiscutivelmente, uma elite sacerdotal de imensa sofisticação – deviam exercer sobre a população.

Após o término da última Era Glacial, houve um súbito florescimento de tecnologia, logo depois do aparecimento de sociedades agrícolas. Sabe-se que essa chamada "revolução neolítica" teria começado na Alta Mesopotâmia, uma região que antes era tratada como a terra do Éden, abrangendo o atual leste da Turquia, o norte da Síria, o norte do Iraque e o noroeste do Irã. Em meu livro *From the Ashes of Angels*,⁵ publicado em 1996, propus que os responsáveis pela fundação da revolução neolítica faziam parte de um poderoso grupo de xamãs-sacerdotes, que parecem ter sido tratados na tradição judeu-cristã como os "Observadores" e

"Nephilim", seres de grande estatura e pele clara que mantiveram contato com a humanidade em uma época há muito esquecida. É uma história narrada no *Livro de Enoque*, cujos fragmentos foram encontrados em meio ao conjunto de textos que hoje chamamos de Manuscritos do Mar Morto.

Mais tarde, essa elite sacerdotal neolítica também foi, suspeito, fundadora das civilizações da Suméria e da Acádia, situadas na Baixa Mesopotâmia, aproximadamente situada no atual Iraque. Nessa região, tabletes de argila entalhados e desenterrados por arqueólogos contam como os deuses, conhecidos como os Annunaki, ajudaram os mortais a construir as primeiras cidades, como Eridu, na foz do rio Eufrates, em algum momento próximo a 5500 a.C.[6]

Essa era minha visão do início do Neolítico na Alta Mesopotâmia, expressada novamente em um segundo livro chamado *Gods of Eden*, publicado em 1998. Foi assim também que cheguei a Göbekli Tepe, lugar que sempre quis visitar, desde quando li sobre sua descoberta em uma revista alemã, em 2000.[7]

Uma semana antes, fui procurado por meu agente literário na Turquia, que me perguntou se eu poderia assistir ao Terceiro Festival Internacional de Cultura em Diyarbakir, centro administrativo do sudeste da Turquia, de língua curda. Tendo concordado em fazer a longa viagem em um prazo tão curto, pedi que minha esposa Sue e eu recebêssemos permissão para visitar esses lugares que constavam em meus livros, bem como quaisquer novos sítios, escavados nos últimos anos. Os organizadores, inclusive o prefeito de Diyarbakir, Osman Baydemir, com quem pude manter uma audiência na tarde anterior, concordou com o pedido, proporcionando-me um motorista e tradutor, gentilmente disponíveis durante toda a nossa visita.

Assim, lá estava eu, prestes a conhecer o mais antigo templo do mundo, disposto diante de nossos olhos como um posto alienígena avançado, sujeito aos elementos pela primeira vez desde ter sido enterrado, aparentemente de propósito, no final de sua vida útil, há uns 9.500 anos.[8] Aquilo que eu descobriria ali e em outros antigos sítios megalíticos da região pode mudar completamente nossa posição acerca da saída dos modernos seres humanos das cavernas da Era Glacial do período Paleolítico Superior. Além disso, vou mostrar, entre muitas outras coisas, que a astronomia data de 17.000 anos, época em que Deneb, a mais brilhante estrela de Cygnus, ocupava a posição da Estrela Polar.

CAPÍTULO DOIS

No Jardim do Éden

Descrever Göbekli Tepe como o mais antigo "templo" do mundo não é totalmente correto, pois ele é simplesmente um conjunto de estruturas situadas sob a superfície, no qual antes se entrava por um dos portais retangulares de pedra inseridos nos telhados, ou por alguma das portas voltadas para o sul. Entrar nesse templo deve ter sido parecido com entrar em uma caverna escura, escavada propositalmente na encosta de uma colina. As estruturas seguem aproximadamente a orientação norte-sul, com a mais elevada delas terminando no pico da colina, marcada hoje por uma árvore solitária, visível a quilômetros dali.

Durante minha visita com minha esposa Sue e nosso guia Halil, encontrei o mais elevado e o mais baixo "local de culto", como são conhecidos entre os arqueólogos, encimados por telhas de ferro corrugado para protegê-los dos elementos. Isso quer dizer que eu tive de deslizar para dentro das estruturas de paredes de pedra para observar melhor a diversidade de pedras entalhadas que antes serviam de suporte para os telhados internos.

Mais notável, porém, era o local central de cultos, que permanece aberto para o céu. Ele tem um círculo completo de pilares esguios, criando um círculo com uns 6 m de diâmetro. No entanto, diferentemente das estruturas megalíticas da Europa Ocidental, como Stonehenge e Avebury, onde os menires (pedras eretas) delineiam a circunferência do local, essas pedras foram dispostas sobre a lateral, como os raios de uma roda.

Uma Descoberta Fortuita

Foi nesse instante que meus pensamentos foram interrompidos pela visão de um grupo de pessoas, inclusive um idoso de sorriso desdentado, bigode e cachecol preto e branco. Por estarem cruzando um campo arado, ficou óbvio que eram agricultores numa pausa em suas atividades cotidianas. Entre cumprimentos e sorrisos, nosso guia Halil informou-nos que esse senhor idoso foi o primeiro a relatar a existência do local ao museu de Sanliurfa, cidade próxima dali. Enquanto arava a terra, percebeu um pilar quebrado com sinais de entalhe. Outras peças começaram a surgir, e foram postas em um lugar reservado.

Finalmente, o arqueólogo Klaus Schmidt foi até lá e identificou o potencial do sítio como um antigo complexo neolítico, similar a outro encontrado em Nevali Çori, na província de Hilvan, entre Diyarbakir e Sanliurfa. Esse sítio fora escavado pelo colega de Schmidt, Harald Hauptmann, entre o final da década de 1980 e início da seguinte, antes de submergir com a construção e funcionamento da represa de Atatürk, no rio Eufrates. Com efeito, a julgar pelo estilo dos entalhes, ficou bem claro que a mesma cultura foi responsável pelos dois sítios, embora o mais antigo nível registrado de Nevali Çori fosse de apenas 8400 a.C., aproximadamente.

As escavações em Göbekli Tepe tiveram início em 1995, quando eu ainda estava escrevendo *From the Ashes of Angels*, e continuaram durante os verões seguintes. Na época de nossa visita, Schmidt ainda não havia chegado aos níveis ocupacionais mais baixos, o que significa que o sítio poderia ser centenas de anos mais antigo que a data proposta para sua fundação, ou seja, c. 9500 a.C. De fato, em seu livro *Sie bauten die ersten Tempel* [Eles construíram os primeiros templos], publicado em 2006, ele propõe que o complexo de Göbekli Tepe teria sido fundado 12.000 anos atrás, uma declaração que parece quase impossível de se compreender.

Em pouco tempo, senti que seria melhor não demorarmos muito em nossa visita, e, com poucas chances de conseguir pesquisar mais, fizemos a viagem de volta ao carro, estacionado em um campo situado pouco além de uma colina distante. A longa caminhada me permitiu ponderar sobre o que teria motivado os povos neolíticos pré-cerâmicos do sudeste da Turquia a situar aquele que, sem dúvida, seria um de seus mais importantes centros religiosos, na parte lateral de uma colina de 300 m de altura com uma vista plena do horizonte sul. Teriam pensado em sua defesa, como em Jericó, onde suas conhecidas fortificações e maciça torre de pedra foram erguidas por volta de 8000 a.C.? Será que os controladores de

Göbekli Tepe temiam o avanço de algum inimigo desconhecido, que viveria nas planícies que se estendiam na direção do Iraque e da Síria de hoje? Pouco provável, pois não há evidências sólidas de nenhum tipo de batalha ou de estrutura de defesa nas camadas neolíticas descobertas pelos arqueólogos no sudeste da Turquia.

Sou de opinião que a solução para o local desse enigmático complexo megalítico é astronômica. Em todo o mundo, há evidências abundantes de que tais monumentos eram erguidos para balizar eventos significativos no horizonte celeste. Normalmente, estes se concentravam no ciclo anual do Sol, em especial na época dos solstícios e equinócios. Se não fosse o Sol, então seria a Lua o alvo do interesse dos antigos, cuja trajetória eles localizavam e assinalavam usando monumentos megalíticos. A cada 18,61 anos, a Lua completa um ciclo inteiro, algo que nossos primeiros ancestrais consideravam importante; muitos deles valiam-se de um calendário lunar para regular suas vidas. Mais controvertida é a crença de que a arquitetura antiga e sagrada poderia estar alinhada com o movimento de planetas específicos, ou mesmo com as mais brilhantes estrelas do céu noturno. Se tais alinhamentos estavam presentes em Göbekli Tepe, não nos foi possível descobrir no curto tempo que passamos lá.

Torre do Silêncio

De Göbekli Tepe, viajamos apenas 44 km até a antiga e lendária cidade de Harã, um lugar que há muito eu desejava conhecer. Quando chegamos no limite de uma aldeia moderna, sem muitos atrativos, dominada por edificações de concreto pré-moldado, procuramos a entrada da cidade perdida, e diante de nós estava um grande muro, atrás do qual havia um monumental arco de pedra conhecido como o Portal de Aleppo. Crianças da aldeia se reuniram à nossa volta, ansiosas por nos ajudar, e rapidamente uma delas se ofereceu para ser nosso guia. Ele e seus amigos nos acompanharam pelo impressionante portal, além do qual havia um outro mundo – uma vasta planície deserta, com montes baixos e ruínas que se estendiam até aonde a vista alcançava.

Uma única estrutura dominava a vista, e era uma torre de pedra, alta e retangular, que se aproximava mais do céu do que qualquer outro monumento que tínhamos visto naquele dia. Erguia-se isoladamente em meio a ruínas baixas, identificadas como a Grande Mesquita, construída no mesmo local onde antes havia um famoso templo dedicado ao antigo deus lunar, Sin. A torre fora utilizada na época do Islamismo para chamar os fiéis para as preces na mesquita, mas nosso jovem amigo chamou-a de "Torre Astronômica", pois fora usada como observatório astronômico por um povo chamado de sabeu, pagãos adoradores de corpos celestes que viveram nessa cidade durante milhares de anos.

O teto fragmentado desse local parecia quase hipnótico. Embora conhecesse um pouco a história de Harã, nunca ouvira nenhuma menção a esse imponente monumento, com 40 a 50 m de altura. Parecia quase etéreo à luz do Sol do final da tarde, e lembrou-me a torre sombria que aparece nas cartas da Lua e da Torre do baralho de tarô. Parecia-se também com uma das Torres do Silêncio usadas pelos zoroastristas do Irã para dispor de seus mortos pelo processo da escarnação, com certeza uma recordação dos rituais neolíticos dos mortos prevalentes na Ásia Ocidental. Quis conhecê-la imediatamente, como se quase mais nada importasse ali na cidade dos sabeus.

Harã (em latim *Carrhae*) foi, desde 2000 a.C., aproximadamente, um centro de negócios e comércio unindo Oriente e Ocidente. Abraão, o maior de todos os patriarcas do Antigo Testamento, teria sido um pagão de Harã antes de rumar para Canaã, e seu irmão Harã era um dos chefes dos habitantes de Harã, "profundamente imbuído de sua religião" e seu "mais tenaz seguidor".[1] A cidade é mencionada no Livro de Ezequiel, do Antigo Testamento, juntamente com Éden e a Assíria, como local de comércio de especiarias, ouro e pedras preciosas.[2] Seu templo, dedicado ao deus lunar, era famoso em todo o mundo antigo. Os reis da Babilônia e da Assíria viam Harã como o principal santuário dessa divindade, e viajavam até lá para prestar-lhe homenagem. Além de adorarem Sin, os habitantes de Harã praticavam sua própria e singular forma de religião celeste, e, mesmo com a difusão do Cristianismo – que transformou Edessa (ou Urfa, a moderna Sanliurfa) em um dos maiores centros de peregrinação do Cristianismo –, os habitantes de Harã mantiveram-se pagãos convictos, preservando-se para e entre eles.

Povo do Livro

Em 830 d.C., quando o califa Ma'mun ofereceu-lhes a opção de se converterem ao Islamismo ou então morrerem, os habitantes de Harã disseram que eram "sabeus", mencionados no Corão como um "Povo do Livro". Essa é uma expressão usada para indicar aqueles a quem Deus revelou, por meio de um profeta, um livro sagrado; sob a lei islâmica, tais povos têm o status de protegidos (*dhimmi*). Segundo a história, nessa época ninguém sabia quem era de fato o povo sabeu, inclusive as autoridades do califa, e assim a hábil alegação dos habitantes de Harã permitiu que continuassem a praticar sua singular religião sob a proteção do Islã. Muitos dos habitantes ludibriaram o Islã, ficando claro que se mantiveram leais à antiga fé. Esta girava em torno da influência sobrenatural dos sete planetas da Antiguidade – Sol, Lua, Mercúrio, Vênus, Marte, Júpiter e Saturno – bem como das estrelas, às quais faziam oferendas.[3]

A astronomia era a chave para compreender a religião dos sabeus (seu nome pode derivar da palavra árabe *saba*, que expressa o nascimento de uma estrela no horizonte[4]), e na época medieval diversos astrônomos famosos, ligados à corte do califa, em Bagdá, eram de Harã.[5] Esses indivíduos escreviam sobre temas de natureza celeste, e traduziam antigos textos que se acumularam em Harã como um dos mais importantes centros de aprendizado do mundo antigo. Entre eles, havia muitos escritos originalmente no Egito durante a época greco-romana, entre 330 a.C. e 500 d.C., aproximadamente. Falavam de assuntos como alquimia, magia e, acima de tudo, da sabedoria dos egípcios. Atribuídos apocrifamente a Hermes Trismegisto, esse corpo de literatura tornou-se conhecido como a *Hermética*. Sua tradução do árabe para o latim durante a Idade Média inspiraria os instigadores da Renascença italiana a promover essas notáveis obras ao papel de chave para os maiores mistérios da religião – levando, naturalmente, ao ressurgimento do universo egípcio, um processo que continua até os dias atuais.

Assim, Harã é vista como o lugar de nascimento da tradição hermética, embora tivesse muito pouco a mostrar acerca de seu importante papel quando chegamos lá, em maio de 2004. Seus habitantes desapareceram em meados do século XIII, quando a cidade foi arrasada até o chão por hordas mongóis sob o comando de Ghengis Khan. Contudo, e por grande sorte, nessa época os habitantes de Harã tinham conseguido passar pelo menos parte de sua doutrina religiosa para outras denominações que então prosperavam no Jardim do Éden original.

Um Livro de Pistas

Embora acabássemos visitando as ruínas do castelo de Harã e nos encantássemos com sua antiga aldeia de cabanas de barro em forma de colmeia, foi a Torre Astronômica que capturou nossos olhares. Em pé sob seu imenso portal bloqueado, com as crianças ainda por perto, estiquei o pescoço para observar corvos rodeando seu teto antes de voltar ao passeio. Foi uma visão reconfortante, que permaneceu fixa em minha memória.

Então, como que por milagre, nosso jovem guia surgiu com um folheto ricamente ilustrado, e pareceu bastante disposto a vendê-lo. Intitulado *Harran: The Crossroad of Civilizations* [Harã: encruzilhada de civilizações], foi escrito por dois arqueólogos turcos, Cihat Kürkçüoglu e Zuhal Karahan Kara, ambos da Universidade de Harã, próxima dali e órgão controlador das escavações arqueológicas na região de Sanliurfa.[6] Espantosamente, o folheto se referia à descoberta, em 1997, de um sítio neolítico pré-cerâmico, antes desconhecido, localizado em algum lugar das montanhas Tektek, a nordeste de Sogmatar, do outro lado da planície de Harã. Conhecido como Karahan Tepe, estava sendo pesquisado por Bahattin Çelik, da Turkish Historical Society e pelo departamento de arqueologia e história da arte da Hacettepe University.

Imaginava-se que o sítio teria sido fundado c. 9500-9000 a.C., pois diversos pilares em forma de T, semelhantes aos encontrados em Göbekli Tepe, tinham sido registrados, inclusive um que aparecia no folheto e me chamou imediatamente a atenção. Entalhada em alto-relevo sobre uma face lateral interna e fina, via-se uma cobra ondulada, cuja cabeça se assemelhava à de um espermatozoide. Entalhes de serpentes semelhantes feitos em pedras eretas já tinham sido registrados tanto em Göbekli Tepe como em Nevali Çori, mas esse exemplar parecia particularmente notável.

A descoberta de Karahan Tepe era tão recente que, até essa data, apenas um artigo tinha sido escrito sobre o sítio, num jornal acadêmico publicado em Berlim.[7] Segundo o relato, Karahan Tepe cobria uma área de 325.000 m². Os pilares de pedra enterrados, espaçados a intervalos de 1,5 a 2 m, podiam ser vistos a 50 ou 60 cm acima do solo. Outras pedras entalhadas já tinham sido identificadas na superfície, inclusive o tronco danificado de um homem nu, e uma pedra polida que mostrava esboços de formas animais, identificadas como cabras, gazelas e coelhos.

A oportunidade de visitar Karahan Tepe surgiu apenas três dias depois, quando inspecionamos as ruínas dos sete templos dos sabeus em Sogmatar, perto da fronteira com a Síria. Supõe-se que cada templo fosse dedicado a um planeta específico, embora essa explicação não tenha sido comprovada.

Um vigia de Harã reconheceu o nome Karahan Tepe, embora as direções um tanto vagas que ele forneceu não tenham nos levado a lugar algum. Assim, depois de dirigir em círculos por uma hora ou mais, vimo-nos perdidos e sem nenhum mapa da região. Com o Sol prestes a se pôr, e nós quase dispostos a desistir, uma indicação final, feita com a ponta do dedo por um beduíno num trator, levou-nos a uma nova direção. Estávamos em uma estrada de terra levemente ascendente, quando, no meio de um amplo vale, paramos o carro perto de uma casa de fazenda.

Karahan Tepe

Um garoto apareceu e indicou uma encosta a uns 500 m dali, e começamos a subir a pé em meio a campos arados. Não vimos sinal de escavações em andamento, mas, ao nos aproximarmos do cume, comecei a perceber evidências da presença do homem neolítico no local. A primeira foi apenas uma pedra lascada retocada, e depois, tal como em Göbekli Tepe, fui percebendo mais e mais ferramentas lapidadas, até encontrá-las por toda a parte.

Entretido com a travessia do campo, ouvi Halil chamar-me mais à frente, pois Sue, já próxima do cume, disse que tinha encontrado alguma coisa. Então, ficou aparente o motivo da agitação. Nas encostas norte e leste, viam-se as extremidades de pedras eretas erguendo-se pouco acima do solo. Algumas formavam pares, e outras dispunham-se claramente em fileiras alinhadas no sentido norte-sul. Apesar de muitos dos menires não serem adornados, alguns lembravam os pilares em forma de T observados em Göbekli Tepe, inclusive com entalhes desgastados, quase imperceptíveis. Quase todos eles ainda estavam em seus lugares originais, enquanto outros eram apenas fragmentos espalhados pelo solo. A pedra caída com o entalhe de cobra não estava à vista, e presumimos que tivesse sido levada para a Harran University para ser preservada.

Na encosta leste da colina, encontramos mais pedras com suas bases expostas em virtude de escavações preliminares. Arif, nosso motorista, tentou remover o cascalho sob uma delas, inclinada em um ângulo mais ou menos horizontal. Ajudei-o, e, ao ficar novamente em pé, ele deu um pulo e começou a apontar, todo excitado, para o solo em frente ao buraco exposto. Não compreendi de imediato sua reação, mas depois, concentrando a visão, vi, na terra arenosa, um grande escorpião cinzento saindo da terra sob o pilar, justamente onde minha mão tinha estado segundos antes.

A função exata desse espantoso sítio pré-histórico – maior do que Göbekli Tepe – ainda é um mistério, embora ficasse claro que sua localização tenha sido escolhida pela visão aberta das colinas próximas, situadas a norte e a nordeste. De fato, a orientação das fileiras de pedras e dos pilares eretos parecia acentuar o interesse pelas circunvizinhanças. Senti que esse sítio extremamente antigo poderia mostrar-se, algum dia, ainda mais importante do que Göbekli Tepe.

Minhas elucubrações foram interrompidas pela chegada de um pastor beduíno alto e magro. Embora eu não fale turco ou árabe (geralmente, os habitantes da região falam essas duas línguas), percebi, pelo modo como se dirigiu a Halil e a Arif, que ele estava incomodado com nossa presença. Mas, como é costume na região, Arif ofereceu-lhe um cigarro e ambos se agacharam para discutir animadamente. Passaram-se vários minutos até Halil dar uma olhada em volta e dizer que estava tudo bem, embora nosso amigo beduíno ainda parecesse inquieto. Mais tarde, soube que esse homem, proprietário da fazenda no vale, fora incumbido pela Harran University de impedir a presença de estranhos no local.

A Necessidade de Respostas

A atmosfera mudara, e percebi que era hora de ir embora, especialmente pelo fato de termos de voltar a Londres no dia seguinte. Caminhando de volta para o carro, notei uma bela pedra lascada no solo e peguei-a. Tinha a aparência de uma cabeça de ave, com bico recurvado e olho encovado, dando a impressão de tratar-se de uma raptora ou detritívora.

As pedras alinhadas no solo faziam com que o Sol projetasse longas sombras em meio à luminosidade alaranjada que banhava o local. Voltei meu olhar para o norte e tentei pensar nos responsáveis pela construção de Karahan Tepe, há uns 11.500 anos, e de outros monumentos antigos desse Jardim do Éden. Sua mente deveria ser quase alienígena. Quem eram eles, e como seus cérebros funcionavam? Em que acreditavam, e por que construíram complexos megalíticos tão sofisticados? Estariam alinhados com as estrelas, ou haveria outros fatores em jogo? Agora, eu sabia que minha mente não descansaria enquanto eu não obtivesse algumas respostas.

CAPÍTULO TRÊS

A Direção do Céu

A imagem da Torre Astronômica de Harã acompanhou meus pensamentos durante nosso regresso do sudeste da Turquia. Incapaz de dormir, certa noite, imaginei uma grande chave sendo usada por uma figura masculina vestida de branco, talvez um sabeu, para abrir a grande porta da entrada, e, dentro da torre, subi a escadaria de pedra até seu estonteante ponto mais alto. De algum modo, consegui chegar ao telhado aberto, onde o minarete deveria ficar, e tentei compreender por que esse lugar parecia tão importante para mim.

Isso levou-me a pensar nos sabeus de Harã e em sua fabulosa cidade, situada bem próxima às edificações de culto do início do Neolítico daquela região. Teriam os habitantes de Harã herdado ritos religiosos praticados em lugares como Nevali Çori, Göbekli Tepe e Karahan Tepe, há uns 11.500 anos? Com um enxame de pensamentos inspirados zumbindo em minha mente, levantei-me e, durante as três horas seguintes, fiz um maço de páginas de apontamentos. Com a noite cedendo lentamente lugar às primeiras luzes da aurora, senti, finalmente, que eu poderia estar perto de compreender o que havia acontecido naquela região, e a chave estava no visível interesse dos sabeus e da elite sacerdotal do início do Neolítico pela região norte.

Em Karahan Tepe, por exemplo, muitos dos pilares em forma de T estavam voltados para lés-nordeste, onde o Sol se erguia no meio do verão, mas a orientação principal do sítio é norte-sul, definida pela orientação da colina e das séries de filas de pedras. As três principais edificações de culto de Göbekli Tepe também estavam mais ou menos orientadas na direção norte-sul, e a mais elevada delas ficava no alto da colina (*ver Capítulo Um*).

Outras orientações norte-sul estão registradas em associação com três edificações de culto neolíticas descobertas em Çayönü Tepesi, a 7 km ao sul da cidade de Ergani, na província de Diyarbakir. Esse sítio é um pouco posterior a Göbekli Tepe, datando do período que os arqueólogos chamam de "Neolítico pré-cerâmico B" (cuja sigla em inglês é PPNB) e o posterior período acerâmico (c. 7300-5900 a.C.).[1] Embora pouca coisa restasse para ser vista quando visitamos Çayönü Tepesi na companhia do prefeito de Ergani e de seus amigos numa tarde de maio de 2004, uma estrutura, conhecida como "Casa do Crânio", revelou, após escavada, nichos situados ao norte, repletos de crânios e de outros ossos humanos, além dos quais havia uma abside circular, como a das igrejas normandas da Inglaterra. Como disse um arqueólogo, esse lugar "servia a algum culto fúnebre".[2] No canto nordeste da "Casa Terraço", próxima dali, havia uma depressão semelhante a um poço, aparentemente o foco central da estrutura.[3]

Em Nevali Çori, o local de culto, datado de 8400 a 8000 a.C., aproximadamente, estava orientado de sudoeste para nordeste, com um nicho no centro da parede noroeste, no qual os arqueólogos descobriram uma cabeça ovalada, em tamanho real, com orelhas rudimentares e uma trança entalhada (*ver Capítulo Dezoito*).

Mistério do Norte

Esse foco generalizado no norte entre os assentamentos do início do Neolítico no sudeste da Turquia foi, tenho certeza agora, refletido nas práticas religiosas dos sabeus. Além de serem grandes astrônomos, que veneravam os sete planetas e os doze signos do zodíaco,[4] realizavam festivais religiosos regulares em homenagem a alguma coisa que chamavam de "Mistério do Norte", uma divindade vista como a Causa Primeira – a própria manifestação de Deus. Dela, emanaram "as existências cósmicas",[5] que se dividiram como raios e se tornaram princípios divinos. Estes receberam os nomes de Inteligência (*Al-Aql*), a fonte da existência espiritual, em cujo meio habitavam as divindades menores e espíritos humanos; Alma (*AL-Nafs*), a força criativa; e, finalmente, a Matéria animada e passiva, que fez com que os quatro elementos ganhassem existência.[6] Outra fonte se referia a essas forças dinâmicas como Mente, Alma, Ordem Mundial, Forma e Necessidade.[7]

Para os sabeus, o norte, como o "maior dos deuses",[8] era fonte de luz e poder, bem como a direção da morada dos mortos.[9] Era também seu *kiblah*, a direção das preces, na qual podiam fixar sua atenção na "Estrela do Norte" ou Estrela Polar,[10] que assinala a posição do chamado polo norte celeste, ao redor do qual as outras estrelas parecem girar.

Os Mandeus

Esse conhecimento deriva daqueles que testemunharam os ritos dos sabeus, mas depois que eles desapareceram das páginas da história, outros herdaram seu fascínio pelo Mistério do Norte. No século XIX, um jornal londrino registrou que os "sabeus" ainda realizavam um ritual antigo, no qual um sacerdote entrava em um tabernáculo retangular, vindo do sul (recordando as edificações de culto do início do Neolítico) e rendiam "homenagem a uma certa estrela do norte". Eram sacrificados então uma ovelha e um pombo, e depois era solto um pombo. Este, como uma alma libertada dos grilhões da vida, deveria voltar para o norte, direção do "paraíso dos eleitos e morada dos piedosos no além".[11] Os "sabeus" mencionados aqui são, na verdade, os mandeus, um grupo religioso minoritário do sul do Iraque e de partes do Irã (e que ainda tem comunidades modernas nos Estados Unidos e em outros lugares).

Os mandeus, conhecidos ainda como nazoreus (ou nazarenos), *subbi* ou "cristãos de São João" – devido à sua reverência por São João Batista (Yahya Bin Zekaria), tido como o último e o maior de seus profetas, cujos ritos batismais eles seguem –, ficaram conhecidos inicialmente pelos viajantes ocidentais que percorreram o Iraque e o Irã durante a Idade Média. Além de venerarem um ser supremo com o nome de "Alaha", eles fazem eco com os sabeus ao identificarem nos sete planetas as inteligências celestes, aplicando-lhes nomes de nítida origem babilônica.

Embora o sul do Iraque, bem como partes do oeste do Irã, tenha sido seu lar por mil anos, no mínimo, os textos sagrados mandeus dizem que seus ancestrais migraram de um lugar ao norte chamado "Harã Interior", supostamente uma referência à cidade de Harã. Com efeito, um de seus hinos sagrados fala do "interior do Haran" [ou seja, Harã], admitindo-o.[12] Faz sentido, pois não resta muita dúvida de que os mandeus descendem dos habitantes de Harã, tendo até aceito o nome "sabeu" como forma de se identificarem. Portanto, não deve surpreender saber que os mandeus veneravam o norte como seu *kiblah* (direção de preces), e que o viam como "a fonte de luz, instrução e cura: na prece, como na morte, o mandeu se volta para a Estrela Polar. Se ele deseja meditar profundamente, volta-se para o norte e dorme com a cabeça na direção do sul, para acordar na direção certa".[13]

A tradição dos mandeus fala de não menos do que 360 *melki*, ou seres divinos. Entre eles, temos Abathur-Muzania (ou Awather-Muzania), cujo "trono" se situa "além da estrela do norte" e é conhecido como "casa de Abathur".[14] É ele "que julga as almas dos homens depois que passam pelo Purgatório, vendo se foram suficientemente purgadas para ir para o Paraíso.[15] Se forem consideradas limpas, as almas fazem sua jornada em um barco que percorre um "rio" celeste, indiscutivelmente a Via Láctea, até um dos incontáveis "mundos de luz", habitados por seus parentes falecidos.[16] Nesses mundos inimagináveis, governados por "grandes espíritos de luz", eles se encontram com outras almas purificadas, bem como com sua própria *dmutha* ou alma suprema.[17]

Desnudando os mortos

Será que os construtores das edificações de culto do início do Paleolítico, inclusive Göbekli Tepe, o "mais antigo templo do mundo", também viam o norte como ponto importante de seu "culto da morte", que parece ter se concentrado no ato da escarnação? Esse é o processo pelo qual os restos humanos são limpos por aves sarcófagas, especialmente abutres, antes de serem reunidos os ossos restantes e depositados desarticuladamente naquilo a que chamam de segundo enterro. Essa era uma prática normal no período neolítico, e também foi realizada em tempos mais recentes por diversos povos indígenas. Tais enterros fazem parte das práticas fúnebres de diversas tribos americanas, e até hoje os tibetanos praticam o "enterro no céu", como o chamam. De fato, como seus primos zoroastristas no Irã, os mandeus também praticavam a escarnação, o que os liga diretamente ao culto neolítico dos mortos.[18]

A escarnação também é claramente mostrada em um mural encontrado numa parede de um das edificações subterrâneas de culto na cidade neolítica de Çatal Hüyük, no centro-sul da Turquia, datado c. 6500-5500 a.C. Nele, vemos duas torres de madeira com degraus que levam a seus níveis mais elevados (*ver fig. 2*). A torre da direita mostra dois abutres brigando por um "homem-palito", representando uma carcaça humana, enquanto, à esquerda, vemos um par de abutres abrigando um crânio humano sob suas asas. Como as culturas antigas, em sua maioria, imaginavam que a alma humana ocupava o crânio, as aves parecem prontas para acompanhar a alma até o pós-vida. Com efeito, cada uma age como um "psicopompo", palavra derivada do grego e que significa "guia da alma", ou "portador da alma". No culto neolítico dos mortos, o crânio costumava ser separado do corpo e adornado para uso em oráculos – e daí sua proliferação em Çayönü Tepesi (*ver acima, página 40*).

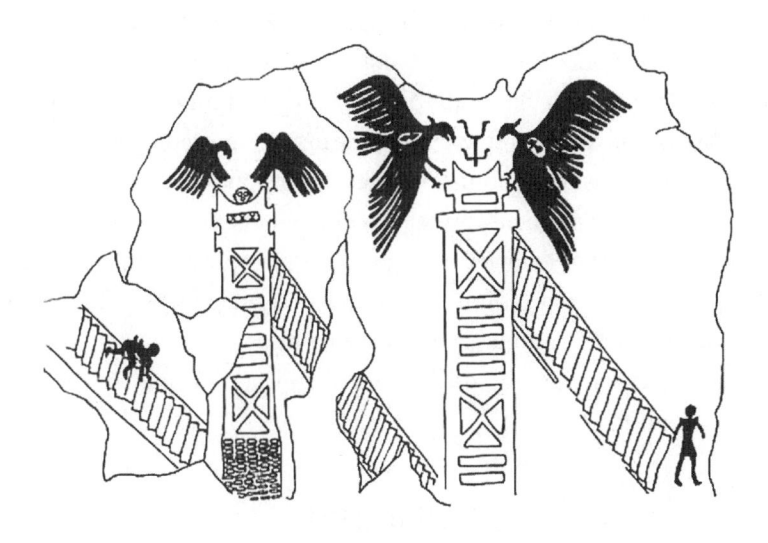

Fig. 2. Torre de escarnação neolítica de um mural em Çatal Hüyük, centro-sul da Turquia, datado de c. 6500-5600 a.C.

Xamãs-Abutre

Ainda em Çatal Hüyük, crânios verdadeiros de abutre cobertos por argamassa protuberam das paredes, dando-lhes a aparência de seios humanos, mostrando que a ave também era vista como fonte de nutrição e de nova vida no mundo situado além deste. Outros murais apresentam abutres como seres híbridos, mistos de ser humano e de ave, com pernas articuladas, representando xamãs disfarçados de abutres: adotavam tal disfarce para conseguirem voar até outros mundos e adquirirem conhecimentos e sabedoria em benefício próprio e das comunidades onde eram os líderes espirituais.

O xamanismo ligado aos abutres está no centro do culto dos mortos do início do Neolítico, e estava presente até mesmo nos primeiros assentamentos da Alta Mesopotâmia. Representações artísticas de abutres foram encontradas em Nevali Çori, Göbekli Tepe e também em Jerf el-Ahmar, outro sitio neolítico pré-cerâmico, datado de c. 9000-7300 a.C., situado um pouco além da fronteira turca, no norte da Síria.[19] Representações mais rudimentares de homens-ave encontradas em Göbekli Tepe e em Nevali Çori, perto dali, mostram, quase certamente, xamãs-abutre, confirmando ainda mais a importância desse culto durante um estágio bem incipiente de desenvolvimento no período neolítico.

Essa suposição também é apoiada pela descoberta, em um sítio de cavernas comunitárias chamado Shanidar, nas montanhas Zagros do norte do Iraque, de uma série de asas arrancadas de aves. Vieram de diversas espécies de aves de rapina e sarcófagas, em particular o abutre barbado e o abutre-grifo. O contexto no qual essas asas foram encontradas sugere que foram enterradas deliberadamente, após algum tipo de uso cerimonial.[20] Testes de carbono-14 feitos com os restos, que estavam cobertos por ocre vermelho – também usado em enterros humanos no Neolítico, simbolizando talvez o sangue da vida – apresentaram datas na faixa de 8870 a.C.[21] O modo exato como as asas podem ter sido usadas está aberto para especulações, embora presuma-se que fossem presas ao corpo do indivíduo para que ele pudesse viajar, num estado alterado de consciência, para lugares situados além deste mundo.

Paraíso Celeste

Escrevi muito sobre o culto dos mortos do início do Neolítico, bem como sobre o xamanismo ligado aos abutres, relacionado com esse culto. Contudo, nunca me passou pela cabeça a ideia de que o destino celeste do pós-vida neolítico, para onde os xamãs iam a fim de obter sabedoria e conhecimento divinos, poderia ter uma direção específica, ou, melhor ainda, *uma localização real no céu noturno*. Sempre vira o céu como algo puramente conceitual, uma metáfora para o pós-vida. Agora, estava começando a pensar que ele poderia ser encontrado em algum lugar ao "norte", baseando-me no fato de que, para muitos povos antigos e pré-históricos, essa era a direção da criação divina, bem como o destino final da alma. Essa crença era amplamente difundida: tanto os babilônios como os primeiros judeus rezavam voltados para o norte, enquanto os muçulmanos xiitas do Iraque e do Irã também consideram o norte como a direção do Paraíso.[22]

Entretanto, será que essas crenças arcaicas sobre o papel do norte como direção da morada celestial e do pós-vida realmente recuam até o período neolítico? Nos 28 santuários sob a superfície examinados em Çatal Hüyük pelo arqueólogo inglês James Mellaart na década de 1960, o tema da morte e do pós-vida estava unanimemente associado apenas a duas direções – o leste e o norte.[23] Se murais desenhados em paredes voltadas para o leste refletiam a direção do Sol nascente, visto como símbolo da nova vida, e também de um vulcão ativo venerado pelos povos de Çatal Hüyük, isso deixava o norte, a região da escuridão, desprovido de luz solar, associado especificamente com a morte e a mortalidade. Combine tudo isso com a orientação norte-sul de muitas edificações de culto do início do Neolítico no sudeste da Turquia, e convenci-me de que havia algo nisso. Porém, seria necessário pesquisar muito antes de poder tirar conclusões reais. Naquele momento, concentrei-me em estabelecer mais vínculos entre a religião dos sabeus e seus antepassados neolíticos.

O Anjo-Pavão

Os descendentes mais próximos dos sabeus de Harã são os yezidi, seguidores de uma obscura religião que une diversas tribos curdas, que hoje vivem principalmente nas regiões remotas do norte da Síria e do Iraque (com algumas comunidades modernas na Armênia e na Europa).[24] Fundados há uns 800 anos por um profeta, poeta e autor sírio de obras místicas islâmicas (ou seja, sufi) chamado xeque Adi ibn Musafir el-Hakkari (outros relatos falam de um profeta chamado Yezid), esse povo preserva costumes e crenças religiosas indígenas que antecedem em muito o surgimento da fé yezidi. Ao longo dos séculos, eles foram perseguidos pelos muçulmanos, que os viam como idólatras pagãos, apóstatas e renegados, algo que não era minimizado por aceitarem Shaitan (Satã) como divindade que ocupa um lugar ao lado do Todo-Poderoso. É por isso que os estudiosos europeus costumavam vê-los como "adoradores do demônio", um título que eles não merecem.

Além de Shaitan, há mais dois aspectos de Khuda, nome curdo de Deus. Um é Xeque Adi (ou Yezid), encarnação sagrada e avatar, e o outro é Malak Ta'us, o Anjo-Pavão, também conhecido como Azazil. Ele é Khuda na forma de uma ave, que preside as sete inteligências celestes, ou anjos.[25] Como os sabeus e os mandeus, os yezidi rezam voltados para o norte, e, em particular, para a Estrela Polar (embora também saúdem o Sol nascente a cada manhã).[26] Ademais, diz-se que uma caixa de madeira decorada, no qual os textos sagrados dos yezidi repousavam, tinha símbolos representando o Sol, a Lua e os quatro elementos, bem como Malak Ta'us, o Anjo-Pavão, na forma de uma ave, acima da qual havia uma estrela, quase certamente a Estrela do Norte.[27]

Como direção de Khuda, o norte está associado a um mito yezidi da criação que registra quando o universo passou a existir. Preservado em um trabalho do século XIII intitulado *Kitab el-Aswad* (*Mas'haf Rish*), conhecido simplesmente como o Livro Negro,[28] chamou inicialmente a atenção dos estudiosos ocidentais quando ainda estava dentro da caixa decorada mencionada antes. Seu curioso texto conta a história de como Khuda fez "a Pérola Branca a partir de Sua mais preciosa essência". Ele criou uma ave chamada Anfar (ou ANQR), em cujas costas foi posta a Pérola (representando o universo preexistente), onde morou por quarenta mil anos.[29] Depois, criou os anjos, juntamente com o Sol, a Lua e a raça humana, que foram mantidos sob seu manto. Em seguida, "gritou para a Pérola com um grito forte", e a Pérola "caiu em quatro pedaços", fazendo com que jorrasse água e formasse o "mar" primitivo.

Depois, Khuda fez um barco no qual viveu mais trinta mil anos, antes de passar a residir em Lalish, o mais sagrado santuário dos yezidi no norte do Iraque (presumivelmente, na forma do Xeque Adi, a quem o santuário é dedicado). Então, o grande deus criou o anjo Gabriel como pássaro, e o instruiu a pegar dois pedaços da pérola e a colocar um sob a Terra, e o outro no Portão do Céu. A seguir, Khuda colocou no céu o Sol e a Lua, e criou as estrelas a partir dos fragmentos remanescentes, que ficaram suspensos "no céu, como ornamento".

O Sanjak

Os yezidi veneram Malak Ta'us, ou o Anfar, na forma de uma tosca ave de metal assentada sobre um mastro preso a uma bandeja circular, que lhe dá suporte. Conhecidos como *sanjak*, que significa apenas "em pé", esses totens com aves, às vezes descritas como "galos",[30] são muito respeitados nas comunidades yezidi. São levados em segredo de aldeia em aldeia por sacerdotes especiais, os *qauwal*, e instalados para veneração em altares domésticos cuidadosamente selecionados. Eles nunca são mostrados para forasteiros, e há muito poucas ilustrações deles (*ver figs. 3a e 3b*) – não conheço nenhuma foto autêntica.

Dizem que quando o *sanjak* é exibido, ele "ganha vida". O sacerdote-*qauwal* entra em transe, fazendo com que Malak Ta'us entre no *sanjak*, com o que este se torna um oráculo divino.[31] Anfar, o nome dado a Khuda na forma de ave, é o mesmo que o mítico Anqa da lenda árabe, conhecido como o "deus do céu",[32] bem como a "águia dos árabes", antes venerada por nômades árabes em Harã. É, com efeito, a fabulosa ave Roc, ou Rukh, águia gigante popularizada nas histórias de Simbad, o Marujo.[33]

Apesar dessas conexões, a única descrição moderna de Anfar dos yezidi é que ele se parece com uma "pomba branca",[34] o que torna sem sentido os totens de ave *sanjak* dessa religião. Por outro lado, a conexão traz à mente o ritual mandeu no qual uma pomba era libertada para que pudesse ir ao céu. Não só havia pombas sagradas na religião dos mandeus, como também elas gozavam do mesmo

Figs. 3a e 3b. Dois exemplos do sanjak yezidi. Esquerda: visto pela sra. Badger em Bashika, Mesopotâmia (Iraque), em 1850. Direita: visto por *sir* Austen Henry Layard em 1849. Representam a ave celeste sobre o eixo cósmico.

respeito entre os habitantes de Harã, que eram proibidos de comer ou de sacrificar pombos ou aves com garras, regra que também se aplicaria a codornas.[35]

Versos Satânicos

É interessante observar que há fortes evidências de que o templo islâmico sagrado da Caaba, em Meca, teria sido um local sabeu de veneração. Essa informação vem do grande historiador árabe Athar-ul-Bakiya, de Albiruni, que, por volta de 1000 d.C., jurou que "suas imagens pertenciam originalmente a eles, e que os adoradores dessas imagens eram eles, e que Alá era chamado de Zuhal [Saturno] e de Al'uzza [deusa árabe do amor], Alzuhara [Vênus]".[36] Isso é curioso, pois *sir* Richard Burton (1821-1890), explorador inglês do século XIX, registrou que o ídolo pagão original de Meca era um "pombo esculpido em madeira, e acima dele outro, que Ali [primo e genro de Maomé], montando sobre o ombro do profeta, retirou".[37]

O pombo é sagrado na tradição islâmica, pois dizem que ele pousou no ombro de Maomé e sussurrou ao seu ouvido. É mais provável que tenha sido uma forma de Gabriel, por meio do qual Alá teria transmitido ao Profeta todo o Corão. No lugar de nascimento de Maomé, em Meca, pombos e codornas são tratados com o maior respeito. Podem ficar empoleirados nos edifícios sagrados da Caaba, e é proibido comer pombos em qualquer lugar da cidade.[38]

Não está claro quem ou o que representavam os dois ídolos "pombos" encontrados em Meca. Um deles, provavelmente, era uma forma pré-islâmica de Alá ou de Gabriel, que era visto como um demiurgo – um guardião da criação terrena –, enquanto o outro deveria ser um animal totêmico de Allar ou al-Uzza, a deusa árabe do amor. Ambos estão mencionados nos controvertidos "Versos Satânicos", que, segundo alegam fontes antigas, Maomé pronunciou mas depois rejeitou como parte do Corão, pois não derivariam de Alá, mas de Satã – de onde o nome, "Versos Satânicos". Ficaram famosos em 1989 graças ao escritor muçulmano de origem indiana Salman Rushdie, em seu livro do mesmo nome. A Sura 53:19-20 do Corão diz:

E que vos parecem al-Lat, al-Uzza e a outra, Manat, a terceira?

Inicialmente, esses versos teriam sido seguidos por:

Estes são os cisnes louvados,
Cuja intercessão devemos esperar.[39]

Os "cisnes" cuja intercessão deveria ser buscada eram as três deusas al-Lat, al-Uzza e Manat (ou Anat), chamadas de *banat Allah*, "filhas de Alá" ou "filhas do deus".[40] Cada uma tinha santuários importantes perto de Meca.[41] Dizem que Maomé eliminou as frases ofensivas, pois aparentemente elas admitiam a existência de outras divindades, após Alá ter revelado que Satã teria interferido e feito com que o Profeta os escrevesse.

Uma Sobrevivência Direta

Mehrdad Izady, professor de História do Oriente Próximo na University of New York, fez um estudo sobre os totens de aves dos yezidi e concluiu que os ídolos de bronze não se parecem muito com pombos ou pavões, mas com a grande abetarda, ave parecida com o peru. Com efeito, ele vê nas práticas xamânicas responsáveis pelo enterro deliberado, c. 8870 a.C., na caverna Shanidar do norte do Iraque, de asas pertencentes à grande abetarda, encontradas juntamente com a de abutres e de outras aves de rapina, um "precursor indígena da moderna prática yezidi".[42] Em outras palavras, ele propõe a sobrevivência direta, entre os yezidi, de práticas rituais do início do Neolítico envolvendo pássaros.

Também devo acrescentar que os restos de um totem de pedra calcária exibindo cabeças humanas sobre as quais repousa um pássaro foram encontrados durante escavações no local de culto de Nevali Çori.[43] Com relação a essa descoberta, o escavador Harald Hauptmann comentou: "A ave empoleirada sobre uma cabeça humana pode ter representado a alma de um ser humano ou uma conexão entre este mundo e o além". Segundo ele, o fragmento de uma "ave semelhante ao abutre" encontrado na mesma ocasião pode ter feito parte de um "objeto composto" similar a esse.[44]

Adoradores da Verdade

Ainda mais difíceis de se conhecer que os yezidi são os seguidores de outra religião tribal de origem curda, conhecidos como os *Ahl-i Haqq*, "Adoradores da Verdade", também chamados de yaresan. Vivem principalmente nas montanhas do noroeste do Irã, embora alguns sobrevivam em pequenos bolsões no norte do Iraque, sudeste da Turquia e Azerbaijão. Sabemos muito pouco sobre sua fé, vista pelos estudiosos como mera variação do sufismo islâmico.

De modo análogo à cosmologia yezidi, os livros sagrados dos yarezan registram como a Divina Essência, conhecida como Ya, assumiu a forma de uma ave com asas douradas e criou a Pérola, que se tornou então sua residência.[45] Percebendo que estava sozinho, Ya criou então mais seis anjos, que, juntos com Jebra'il, ficaram conhecidos como os *haftan*. Ya saiu da Pérola, o pé esquerdo primeiro, e adotou o nome de Khavankar. Depois, outras criações emergiram da Pérola, que começou a queimar e a ferver, separando matéria e espírito.

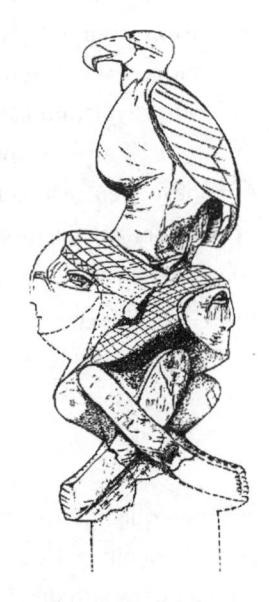

Fig. 4. Totem de pedra do início do período neolítico, sobre o qual repousa um abutre. Encontrado em Nevali Çori por Harald Hauptmannm, esse totem representa o eixo cósmico.

Há nítidos paralelos entre o mito da criação dos yezidi e o dos yaresan. Contudo, no caso destes últimos, a forma material com que Deus se manifesta é de uma ave predadora, pois Khavankar era conhecido como o Eterno Falcão Real.[46]

Irmandade da Pureza

Finalmente, chegamos à radical seita xiita conhecida como a Irmandade Isma'ili da Pureza (*Ikhwan al-Safa'*), que se valia muito dos mistérios sabeus.[47] Suas *Epístolas* falam de um ritual iniciático dos habitantes de Harã, que tinha lugar em um templo sem janelas com o altar posicionado ao norte, lembrando os locais de culto situados abaixo da superfície, do início do Neolítico. Após uma noite de vigília, o patrono do candidato se manifestava e oferecia um galo a Jurjas, divindade associada ao ser supremo sabeu, o Mistério do Norte (*ver acima, página 40*), no lugar da vida do próprio iniciado. Sendo aceita a oferenda, o iniciado era marcado no polegar por um anel de ferro, antes de ser tocado 99 vezes com um ramo de tamargueira (lembrando os 99 nomes de Alá).

Durante os festivais sabeus celebrando o Mistério do Norte, quem quer que fizesse um juramento ao "Senhor da Fortuna" (*Rab al-Baht*) deveria atar um galho em chamas à asa de um galo ou frango e enviá-lo à divindade, ou seja, ao norte. Se a ave fosse consumida pelas chamas, isso significaria que a oferenda fora aceita, mas se as chamas se apagassem, isso significaria que o sacrifício fora recusado.[48] As conexões entre as cerimônias de fogo dos sabeus, o galo oferecido para Jurgas pela Irmandade da Pureza e a libertação de uma pomba branca para homenagear "certa estrela do norte" pelos mandeus são evidentes. É claro que havia uma profunda relação entre tais aves da "alma" e o Mistério do Norte, algo que, segundo eu suspeitava, recuava ao período neolítico.

Ave da Vida e da Morte

Sabendo que o norte era a orientação mais proeminente dos primeiros locais de culto do Neolítico e de fileiras de pedras do sudeste da Turquia, suspeitei que essa seria a direção do destino da alma após a morte, o lugar do pós-vida, desde 9500 a.C. Se fosse assim, então seria grande a probabilidade de que o local do "céu" fosse visto em termos da Estrela Polar, ao redor da qual as estrelas giram diariamente. Originalmente, a ave da alma ou psicopompo (portador da alma) era o abutre, e suspeito que essa Estrela do Norte, como é conhecida, fazia parte de uma constelação ou asterismo do céu noturno setentrional, personificada no passado por um abutre ou, no mínimo, por uma ave de vida e de morte. Esta, por sua vez, seria equiparada à ave da criação venerada pelos mandeus, yezidi, yaresan, Fraternidade da Pureza e árabes pré-islâmicos, que costumavam fazer em Harã sua morada temporária – todos esses povos, com quase toda certeza, extraíam dos sabeus, descendentes diretos das primeiras comunidades neolíticas da Alta Mesopotâmia, aspectos de sua religião.

Invertendo o Sentido do Tempo

Para explorar mais a fundo essa possibilidade, será preciso levar em conta alguns fatores astronômicos. Hoje, o firmamento não é, para o observador, o mesmo que se avistava c. 9500 a.C., digamos, a época dos mais antigos monumentos no sudeste da Turquia. Devido a uma oscilação no eixo polar, a Terra descreve um movimento sinuoso semelhante ao de um pião. Esse efeito faz com que a posição relativa das estrelas pareça contrária ao seu movimento diário, ou à sua rotação anual, numa ordem aproximada de um grau a cada 72 anos, com o que um ciclo completo leva uns 25.770 anos, valor que costuma ser arredondado para 26.000 anos. Como consequência, as doze constelações do zodíaco – na verdade, todas as estrelas do céu noturno – alteram sua posição com relação à eclíptica, o caminho percorrido pelo Sol através do céu (ver *Capítulo Quatro*).

Além de causar a chamada "precessão dos equinócios", a oscilação do eixo da Terra move a posição do polo norte celeste, ponto ao redor do qual o céu visto da Terra gira. Ao longo do ciclo de 26.000 anos, o polo celeste descreve um curso circular que engloba várias estrelas, maiores e menores, que muito lentamente entram e saem da posição do polo. Hoje, a Estrela Polar é Polaris, a mais brilhante da constelação da Ursa Maior; em 2800 a.C., porém, pouco antes da Era das Pirâmides no Egito, era Thuban alfa Draconis, estrela da constelação de Draco.

Para apreciar os efeitos da precessão, portanto, e ver como o céu noturno aparecia para nossos ancestrais do começo do Neolítico, pedi a meu colega, o engenheiro e técnico Rodney Hale, que digitasse as coordenadas necessárias no programa de computador Skyglobe 3.6. Ele permite observar o firmamento, tal como este apareceria em qualquer lugar do mundo nos últimos 30.000 anos.

Foi assim que conseguimos determinar que em 9500 a.C. não havia estrela próxima o suficiente do polo norte celeste para atuar como Estrela Polar, embora o polo recaísse na vizinhança da constelação conhecida como Hércules. Na verdade, seria necessário recuar até 11000 a.C. para encontrar a Estrela Polar anterior, que era Vega, a mais brilhante estrela da constelação de Lira. Foi um papel que ela teve

51

por uns 2.000 anos, começando em 13000 a.C., quando a maior parte do hemisfério Norte ainda estava sob a última Era Glacial e os povos do Paleolítico posterior – a antiga Idade da Pedra – viviam ainda como nômades caçadores-coletores.

Descobrir que não havia Estrela Polar quando tinham lugar as fases iniciais de construção das mais antigas edificações de Göbekli Tepe e Karahan Tepe foi intrigante, no início, levando-me a me perguntar se eu não estaria no caminho errado. Mas imaginei que talvez a importância de Lira como constelação que incluía a Estrela Polar pudesse ter sido reconhecida pelos povos do Paleolítico posterior, que depois passariam esse conhecimento para os construtores dos complexos do início do Neolítico no sudeste da Turquia – mesmo não havendo coincidência direta da atividade do Paleolítico posterior na região de Sanliurfa.[49]

Na mitologia grega, Lira era a harpa que o deus Hermes confeccionou com um casco de tartaruga e dera a seu meio-irmão Apolo. Este, por sua vez, passou-a a seu filho Orfeu, músico dos argonautas. Sua música encantadora não só hipnotizava todos que a ouviam, como seu charme conseguiu conquistar a liberdade da esposa de Orfeu, Eurídice, que fora levada para os mundos infernais. Após a brutal morte de Orfeu nas mãos das Mênades, seguidoras ensandecidas do deus Dionísio, a lira foi transformada na constelação que leva seu nome.

A história da lira de Orfeu é curiosa, mas não percebi como ela se relacionaria com a crença dos sabeus na Estrela do Norte, ou com os monumentos do início do Neolítico no sudeste da Turquia. Então, voltei minha atenção para a astronomia da antiga Babilônia. Nela, a constelação de Lira era conhecida, na linguagem suméria/acádia, como *Raditartakhu* (ou *Karib-Barkhati* em babilônio/assírio), uma de um grupo de três aves (*khu*) que atacam o deus Marduk (a constelação de Hércules) no céu noturno.[50] O fato de Lira ser identificada com uma ave na astronomia antiga fica mais evidente quando se sabe que esse asterismo era, às vezes, conhecido pelo nome latino *Aquilaris*, sendo conhecido como uma águia que segura a fabulosa lira em suas garras.[51] Contudo, mais pertinente ainda é o conhecimento de que Lira, e Vega em particular, estava associada com a "águia dos árabes".[52]

Mas ainda mais importante é o fato de que Lira já teve o nome de *Vultur cadens*, o "Grifo Cadente" ou Abutre.[53] Logo, sabendo que o abutre era um símbolo da transmigração da alma na tradição do início do Neolítico, e que também aparecia em seu culto aos mortos, será que isso significaria que Lira ganhara seus atributos aviários antes mesmo da era neolítica? Será que Vega teria assinalado o portal da morada celeste, vista em termos do lugar do pós-vida?

Rodney Hale e eu não conseguimos estabelecer nenhuma conexão astronômica firme entre esse grupo estelar e Göbekli Tepe ou Karahan Tepe. As evidências não se ajustavam. Assim, voltamos para o Skyglobe e procuramos ver qual constelação zodiacal tinha ascensão helíaca (ou seja, que nasce junto com o Sol) no sudeste da Turquia, na época do solstício de verão em 9500 a.C., direção para a qual muitos dos pilares de Karahan Tepe pareciam apontar. Rapidamente descobrimos que era Libra, a Balança. Embora fosse identificada desde a Antiguidade com os pratos da balança da justiça, as estrelas de Libra foram também apenas as "garras" de Escorpião,[54] uma constelação conhecida na região do Eufrates pelo menos desde 2000 a.C. Malgrado sua associação mais óbvia com o escorpião, esse grupo estelar também já fora visto como uma serpente celeste, ou dragão, por muitas culturas antigas.[55] Entre elas, os antigos hebreus, que o chamavam *Akrab*, e que identificavam a forma serpentina com a tribo israelita de Dan, cujo emblema era a serpente.[56]

Nesse momento, lembrei-me do pilar em forma de T, com o entalhe da cobra vertical, encontrado em Karahan Tepe (*ver acima, página 37*), que indiscutivelmente ficava de frente para o lés-nordeste e assim na direção do nascer do Sol do meio do verão. Foram encontrados outros como esse em Göbekli Tepe.[57] Por algum motivo, também me lembrei do escorpião cinzento que saíra de sob uma pedra entalhada em Karahan Tepe: seria algum estranho tipo de profecia? Será que as estrelas de Escorpião ajudariam a explicar por que esses monumentos milenares de pedra estavam voltados para os "portais do paraíso" no céu setentrional noturno? Será que essa informação poderia me levar agora a identificar a Estrela Polar e a constelação que realmente expressava a crença neolítica em uma ave cósmica da vida e da morte?

Foi com esses pensamentos que acabei voltando minha atenção para Cygnus, o cisne celeste no firmamento.

CAPÍTULO QUATRO

O Círculo de Cygnus

Como vimos, não havia Estrela Polar em 9500 a.C., apenas um vazio escuro onde ela deveria estar. O único lembrete de sua proximidade estava nas estrelas circumpolares que giravam ao redor do polo norte celeste e que nunca se põem. Entre elas, havia Deneb, a mais brilhante estrela da constelação de Cygnus, o cisne celeste, conhecida também como Cruzeiro do Norte. Isso chamou nossa atenção na hora, pois, em uma latitude correspondente ao sudeste da Turquia naquela época remota, ela girava em torno do polo celeste, praticamente tocando o horizonte norte em seu trânsito mais baixo, ou passagem, pelo meridiano norte-sul – a linha imaginária com que os astrônomos dividem o firmamento em dois.

Será que essa estrela setentrional fora importante para nossos ancestrais neolíticos no sudeste da Turquia, quando as primeiras edificações religiosas do mundo estavam sendo construídas? Se fosse assim, então seu movimento incomum pelo céu, 11.500 anos atrás, talvez não fosse o único motivo para um interesse por Deneb, pois vemos que as estrelas de Cygnus estão localizadas no meio da Via Láctea, onde assinalam o início do Grande Vale, uma faixa de nuvens de poeira interestelar na qual se formam novas estrelas. Essa região nebulosa se estende até onde as estrelas de Sagitário e de Escorpião marcam o ponto onde o Sol cruza a Via Láctea, na chamada linha da eclíptica. Ali, o Grande Vale se abre como a boca do estuário de um rio. Áreas escuras semelhantes ocorrem em outros pontos da Via Láctea, embora o Grande Vale seja, de longe, o mais evidente e importante.

Acima e além disso, havia o fato de que antes da aurora, no solstício de verão de 9500 a.C., as garras de Escorpião, visto por muitas culturas como uma serpente ou dragão, podiam ser vistas acima do horizonte, marcando a base da Via Láctea, posicionada de forma mais ou menos horizontal, espalhando-se no sentido anti-horário até o local em que as estrelas de Cygnus se posicionavam, na parte baixa do horizonte norte. Estou certo de que era na direção da linha do meridiano, o qual Deneb cruzava pouco acima do horizonte em seu trânsito mais baixo nessa época, que as fileiras de pedras de Karahan Tepe e os locais de culto de Göbekli Tepe estavam voltados (embora alguns dos pilares de pedra mostrem uma orientação nor-noroeste – aproximadamente 17,5 graus a oeste do norte – em cuja direção Deneb se punha c. 9025 a.C.). Mesmo depois que Deneb deixou de ser circumpolar no sudeste da Turquia, c. 9300 a.C., e se punha à noite no nor-noroeste e nascia no nor-nordeste, locais de culto construídos em outros sítios pré-cerâmicos do início do Neolítico no sudeste da Turquia, como Nevali Çori e Çayönü Tepesi, ainda eram alinhados com o norte, homenageando a direção de um Céu situado no norte, assinalado por Deneb e pelas estrelas de Cygnus. Se tudo isso for correto, então não será coincidência o fato de, milhares de anos depois, essa mes-

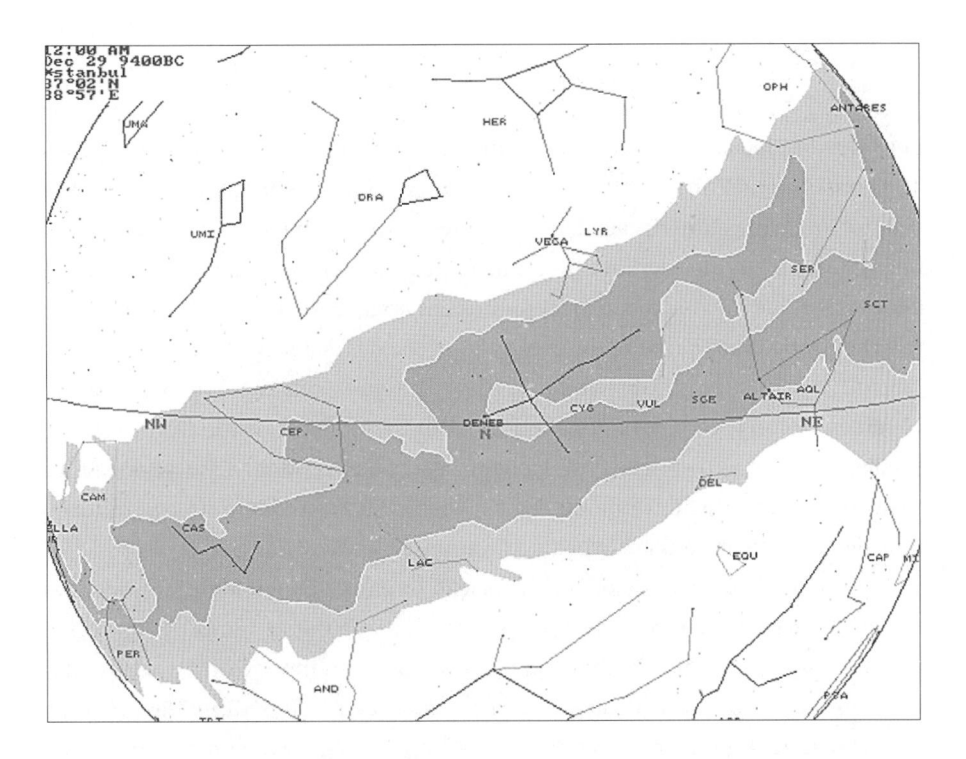

Fig. 5. O céu setentrional visto do sudeste da Turquia, c. 9400 a.C., com Deneb, a mais brilhante estrela de Cygnus, fazendo seu trânsito pelo meridiano inferior (observe que todos os nomes de lugares citados pelo Skyglobe são meros indicadores de regiões: todas as latitudes e longitudes estão corretas para os lugares específicos sendo tratados).

ma direção ser vista como o lugar da Causa Primeira entre os sabeus e seus descendentes – os mandeus, yezidi e Irmandade da Pureza (*ver Capítulo Três*).

Mesmo que eu aceitasse que os povos do início do Neolítico no sudeste da Turquia se interessavam por Deneb e pelas estrelas de Cygnus, será que sua visão singular do universo teria se mantido firme ao longo de milênios? E por quê? Embora fosse curioso perceber que a Via Láctea, posicionada de forma mais ou menos horizontal, ligava as garras de Escorpião às estrelas de Cygnus antes do nascer do Sol no dia mais longo ano em 9500 a.C., alguma coisa estava faltando. Eu não compreendia por que Deneb teria assumido uma importância tão grande, especialmente pelo fato de ser apenas a décima oitava estrela mais brilhante no céu noturno.

Na Europa, desde tempos clássicos, as estrelas de Cygnus eram vistas como o cisne celeste, voando pela Via Láctea, mas é claro que isso não significava nada para a elite sacerdotal neolítica de 9500 a.C. Como eles teriam interpretado esse proeminente conjunto de estrelas?

Lendas da Ave do Céu

Por volta de 2000 a.C., e concebivelmente muito antes disso, as estrelas de Cygnus eram vistas no rio Eufrates, nas regiões superior e inferior do Iraque, como uma ave celeste. Na língua suméria/acádia, seu nome era *Khu-Zaba* (ou *Itstsurqisti* em babilônio/assírio), o que significa "a Ave da Floresta",[1] identificada como um tipo de falcão feroz que "costuma construir ninhos em árvores de florestas".[2] Era uma das três aves de batalha – juntamente com as constelações de Lira e Altair, a Águia – que "atacou" o deus supremo da Babilônia, Marduk, representado pela constelação de Hércules. Como veremos, há uma nítida conexão mitológica entre Cygnus, Lira e Áquila, todas vistas no folclore estelar como aves celestes. Além disso, suas estrelas mais brilhantes, respectivamente Deneb, Vega e Altair, mantêm no céu noturno uma ligação visível, conhecida pelos astrônomos como o Triângulo de Verão.

No folclore estelar árabe, a constelação Cygnus não era identificada como um cisne, mas como o Roc ou Rukh "original", a ave mítica também conhecida como o Anqa.[3] Ademais, Cygnus tinha vários nomes no mundo árabe, todos relacionados com algum tipo de ave. Era, por exemplo, *al-Ta'ir al Arduf* (ou *Altayr*), a Águia Voadora, bem como *al-Dajajah*, a Galinha, e *al-Katat*, com conotações de ave de caça, como a perdiz pintada ou a tetraz, a *Rijl al-Katai* da tradição dos yezidi, representada por eles com o símbolo do pé de ave (ver fig. 6). *Al-Katat* também pode significar um pombo,[4] relembrando os ídolos de madeira na Caaba, em

Fig. 6. O símbolo yezidi representando *rijl al-qatai*, o pé de tetraz, em árabe *al-katat*, ave de caça identificada no folclore estelar com as estrelas de Cygnus.

Meca, que, como vimos no capítulo anterior, originalmente era um santuário sagrado dos sabeus. Lembra ainda a ave Anfar dos yezidi, descrita como uma "pomba branca", bem como o pombo que era libertado pelos mandeus durante um de seus rituais. Seriam todas essas aves uma lembrança da antiga importância da constelação de Cygnus?

Como vimos no capítulo anterior, as deusas pré-islâmicas al-Lat, al-Uzza e Manat (ou Anat) eram mencionadas nos chamados "Versos Satânicos" como "cisnes", e isso não era uma simples metáfora. Como Afrodite, Vênus e outras deusas do amor no Oriente Próximo e na Ásia, as três deusas árabes eram associadas a alguma ave, geralmente uma pomba, um ganso ou cisne, todas símbolos intercambiáveis de amor, pureza e devoção. Como sabemos que Cygnus era regida por Vênus no folclore estelar clássico,[5] não há motivo para não ligar as três *banat Allah*, ou "filhas de Alá", à constelação de Cygnus. O próprio Alá teria sido representado, numa época pré-islâmica, por um dos ídolos "pombo" de Meca, o que, sabendo que provavelmente a Caaba teria sido um santuário sabeu, sugere que Alá era originalmente sinônimo da Causa Primeira, celebrada pelos sabeus durante o Mistério do Norte.

Não há evidência literária que mostre que o pombo do Espírito Santo e da tradição judeu-cristã tenha sido visto como Cygnus, embora, como ave, tenha uma origem comum com outras aves celestes que eram, como podemos ver, associadas com essa constelação. Como a expressão do *ruach*, o "sopro" ou "espírito de Deus" (*pneuma*, em grego), que se "moveu" sobre as águas primordiais no primeiro capítulo do Gênesis,[6] a pomba também figura como outra ave da criação no Oriente Próximo, como o Anfar dos yezidi ou o veículo de Ya na teologia dos yaresan. Passando para a estrela Deneb (conhecida pelos astrônomos como alfa Cygni), vemos que seu nome deriva da expressão árabe *al-Dhanab al-Dajajah*, a Cauda da Galinha,[7] enquanto em latim era *Os rosae*, a "face da rosa", evocando pensamentos, mais uma vez, de amor e fidelidade. A celebração do Mistério do Norte, por parte dos sabeus, incluía uma cerimônia especial conhecida como "cheirando a rosa",[8] suscitando imagens do símbolo místico da "cruz rosada", a rosa sobre a cruz. Teria este surgido graças a alguma lembrança quase esquecida da antiga importância de Deneb nos mistérios da religião?

A Cruz Celeste de Cristo

Cygnus costuma ser conhecida como o Cruzeiro do Norte em virtude da maneira única* como lembra a Cruz da Crucificação enquanto desliza todas as noites rumo ao horizonte ocidental. Contudo, suas conexões com o Cristianismo recuam à antiguidade, pois era identificada especificamente como a "Cruz do Calvário", bem como *Christi Crux* (Cruz de Cristo) e *Crux cum St. Helena* (Cruz de Santa Helena),[9] este último nome referindo-se à redescoberta da Vera Cruz pela imperatriz Helena, mãe do imperador romano Constantino o Grande, durante sua famosa peregrinação a Jerusalém em 327 d.C. Em planisférios ilustrados do século XVII em diante, Cygnus aparece às vezes como Cristo na Cruz, com seis das estrelas mais proeminentes dessa constelação correspondendo, provavelmente, às posições aproximadas da Coroa de Espinhos, os três pregos nas mãos e pés de Jesus, o ferimento em sua coxa feito pela lança e, finalmente, seu Sagrado Coração.

Com efeito, a identificação de Cygnus com a Cruz do Calvário, símbolo de morte e redenção para cristãos do mundo todo, recua ao ano de 592. Nesse ano, S. Gregório de Tours (544-595), historiador e bispo francês, escreveu um tratado intitulado *De cursu stellarum* [Sobre o curso das estrelas]. Visava instruir os monges sobre como acompanhar as horas do dia usando constelações estelares (uma ideia que tomaram emprestado dos monges egípcios) e faz referência à *crucem maiorem*, a "Cruz Maior".[10] Não apenas está dito claramente que se trata das estrelas de Cygnus, como encontramos à esquerda uma letra grega *alfa* (A), composta de estrelas da constelação de Delphinus, e à sua direita um *Omega* (W), visto nas estrelas de Lira.[11] "Eu sou o Alfa e o Omega, o princípio e o fim", palavras atribuídas a Cristo ressuscitado no Apocalipse de S. João,[12] confirmando que Cygnus era tido como a Cruz da Salvação. Não se sabe quão mais antigo é o conceito cristão da Cruz Maior, embora tenha sido sugerido que ele poderia recuar à época de Constantino o Grande, responsável por instituir o Cristianismo como religião oficial do império.[13]

Orfeu e a Cruz da Redenção

Os primeiros chefes da igreja eram contrários ao uso do crucifixo de madeira como símbolo da fé, denunciando-o como ídolo pagão.[14] Contudo, como a primeira letra de "Cristo" em sua forma grega é C (*chi* = *kh*), os cristãos rapidamente adotaram a cruz como sinal, geralmente sobre a testa, e também graficamente, como forma de

---

* Evidentemente, o autor não se lembrou do Cruzeiro do Sul, que tem o mesmo simbolismo (N. do T.).

identificação comum. Apesar disso, não surgiu nenhuma evidência de seu uso na arte religiosa pelos primeiros cristãos, pois ela era uma forma bárbara e vergonhosa demais de execução, reservada para escravos e para as classes sociais mais baixas. Foi abolida no reinado do imperador Constantino I, no início do século IV, motivo pelo qual, antes do século V, existe apenas um punhado de imagens da crucificação. Um exemplo tem a forma de um *graffiti*, supostamente anticristão, feito em um pilar em Roma e datado de 193-235. Mostra uma figura com cabeça de asno sendo crucificada, juntamente com as palavras "Alexmenos adora seu deus", uma reverência, imagina-se, a Jesus Cristo.[15]

O único outro exemplo notável de cena artística de crucificação desse período é encontrado em uma pedra mágica greco-romana de meados do século III, mantida em um museu de Berlim até ter sido extraviada, segundo consta, durante a Segunda Guerra Mundial. Mostra uma figura, com joelhos juntos e dobrados para o lado, numa típica crucificação (ver fig. 7), como aquelas tão familiares para os cristãos. Na verdade, ela poderia passar facilmente por uma representação de Cristo, se não fosse pela inscrição grega onde se lê, *Orpheus Bakkikos* [Orfeu Bacante],[16] uma referência a Orfeu, o poeta, músico e deus do mundo infernal, fundador dos mistérios órficos da Grécia.

Fig. 7. Pedra mágica greco-romana de meados do século III, mostrando o deus pagão Orfeu crucificado.

A conexão com Orfeu é muito importante, pois afrescos e mosaicos gregos e romanos mostrando o deus domando animais selvagens com o som suave de sua lira são muito semelhantes às primeiras representações de Jesus como o Bom Pastor (segundo João 10:14-5: "Eu sou o bom pastor"), a maneira mais comum pela qual ele era retratado pelos primeiros cristãos, especialmente nas catacumbas de Roma. Aceita-se, por exemplo, que estátuas e afrescos mostrando um Cristo de barba feita (no estilo romano) e túnica curta, seja com um cordeiro apoiado no pescoço, seja com uma flauta ou lira, foram inspirados de perto por representações de Orfeu. É claro que havia uma relação entre a iconografia de Jesus e do deus pagão Orfeu, explicada ocasionalmente com a alegação de que a capacidade de domar feras deste último, bem como sua viagem ao mundo infernal e sua morte violenta, lembravam os cristãos de Jesus.

Antes que a Crucificação se tornasse o maior símbolo cristão da morte e da redenção, não era Jesus, mas Orfeu quem se representava na cruz. Até agora, essa revelação surpreendente ainda era motivo de embaraço para os estudiosos, pois, além da associação de Orfeu com a morte e a ressurreição de deuses pagãos da natureza, como Dionísio, o Baco dos romanos, que poderiam ser vistos como precursores da própria morte e ressurreição de Jesus,[17] ninguém havia apresentado explicação alguma. Entretanto, o conhecimento de que os gregos equiparavam as estrelas de Cygnus a Orfeu nos permite abordar o problema de uma perspectiva totalmente nova.

Orfeu no Mundo Infernal

Primeiro, Cygnus era identificada, no mundo helênico, com *Ornis*, a ave, uma denominação que deve ter derivado do fato de suas estrelas serem vistas como uma das aves do lago Estínfale, perigosas criaturas que comiam seres humanos e que infestavam os bosques ao redor do lago Estínfale, na Arcádia, e que talvez estivessem ligadas às três aves de batalha do mito da Mesopotâmia. Matar as aves do Estínfale era o terceiro dos doze trabalhos de Hércules.

Além disso, porém, Cygnus era o deus do mundo infernal, Orfeu, elevado ao céu noturno como um cisne após sua morte brutal nas mãos das Mênades, para poder estar sempre perto de sua querida Lira, na constelação vizinha e homônima. Dizem que a cabeça decepada de Orfeu continuou a cantar mesmo depois de ser atirada ao rio Ebro, e continuou a fazê-lo até chegar a Lesbos, onde as sacerdotisas a instalaram como oráculo em uma caverna. Nesse lugar, continuou a prever o futuro, mesmo depois que uma serpente a dilacerou, cessando apenas quando Apolo a converteu em pedra.[18]

Aqui, há um vínculo com o uso de crânios para fins oraculares muito semelhantes no culto aos mortos do Neolítico, sugerindo que a morte de Orfeu preserva algumas memórias dessas práticas arcaicas. Portanto, é interessante observar que Orfeu tinha um lugar especial entre as classes superiores da Edessa cristã,[19] a moderna Sanliurfa, e que havia ligações entre os sabeus de Harã e os mistérios órficos dos gregos, cujo principal símbolo era a serpente enrolada em torno do ovo cósmico.[20] Mais significativo ainda é ver que os sabeus são conhecidos por usarem cabeças "falantes" para adivinhar o futuro.[21] Isso pode ser visto como mais uma confirmação de que os sabeus herdaram de ancestrais neolíticos – que habitaram a mesma região milhares de anos antes – elementos de suas práticas religiosas.

Também é importante saber que Orfeu estava associado ao crucifixo, e que pode até ter sido igualado a Jesus Cristo nos primeiros séculos da era cristã. A existência dessa pedra mágica com a inscrição "Orpheus Bakkikos", mencionada antes, sugere fortemente que seu culto arcaico estava associado ao símbolo da cruz, e que isso pode ter sido derivado do papel de Cygnus como *crucem maiorem*, a "Cruz Maior" da antiga tradição cristã. É bem possível, portanto, que a imagem familiar do crucifixo, adotada no século V pelos cristãos latinos, derive, na verdade, da aparência cruciforme de Cygnus, venerada antes pelos seguidores pagãos de Orfeu.

Umbigo do Mundo

Essa informação prévia era essencial, mas não suficiente para confirmar a conexão entre Cygnus e os templos de pedra do início do Neolítico no sudeste da Turquia. Então, leio que Cygnus, tal como Lira (*ver acima, página 52*), às vezes era chamado de *Vultur cadens*, o "Grifo Cadente" ou Abutre.[22] Sabendo que o motivo central do culto aos mortos do início do Neolítico na Alta Mesopotâmia e em Çatal Hüyük, no centro-sul da Turquia, era o abutre, percebi que sua contrapartida celeste não era Lira, mas Cygnus. Será que esta teria sido percebida há muito tempo como a Estrela do Norte original, o destino da alma após a morte e das jornadas astrais dos xamãs-abutres vestidos de penas, a elite sacerdotal que presidia os centros de culto do início do Neolítico na Alta Mesopotâmia?

A apoiar essa conclusão, temos as conexões entre Cygnus e o mítico Roc, ou Rukh (*ver acima, página 56*), pois isso fez do grupo estelar outro possível candidato, juntamente com Lira, ao título "águia dos árabes",[23] venerada pelos beduínos do sudeste da Turquia – especialmente por Cygnus ter o nome árabe de *al-Ta'ir al-Arduf* (ou *Altayr*), a Águia Voadora.

A identidade de Cygnus como o Roc árabe também o liga diretamente ao Anfar, a ave cósmica dos yezidi, mais certamente relacionada com os totens de ave, ou *sanjak*, da religião. Se isso for certo, então a aparência do *sanjak*, semelhante a um mastro (*ver fig. 3*), faz dele uma representação daquilo que os cosmologistas chamam de eixo cósmico, universalmente tido pelas culturas do passado como algo que une o *axis mundi*, ou "eixo do mundo", ponto em torno do qual a Terra e o universo giram, com o polo norte celeste como pivô do céu.

Cada cultura tinha seu *axis mundi*, geralmente localizado naquele que também era considerado o centro (o centro "exato") da terra natal dessa cultura. Geralmente, o eixo era assinalado por uma pedra ovalada, conhecida em grego como *omphalos*, o que significa "umbigo". Essa era uma referência ao fato de que o eixo cósmico podia ser visto como um cordão umbilical, com a Terra extraindo sangue e vida da fonte da criação cósmica. Lembramo-nos de Göbekli Tepe, expressão turca que significa "colina do umbigo", título que envolve a ideia de um *omphalos*, um centro sagrado, ligado diretamente ao polo norte celeste.[24]

Subindo na Árvore

Em antigas cosmologias do mundo todo, o eixo cósmico – que poderia estar relacionado com a linha do meridiano norte-sul ou com a Via Láctea[25] – era visto como a chamada "Árvore do Mundo", tal como Yggdrasil na mitologia nórdica. Embora erga-se neste mundo, com as raízes no mundo inferior, seus galhos tocavam o mundo celeste, também chamado de "mundo superior", "terra celeste" ou "terra das estrelas".

Geralmente, uma grande serpente guardava ou envolvia a base da Árvore do Mundo. Na tradição nórdica, por exemplo, a serpente Niðhögg envolve as raízes de Yggdrasil, sobre a qual se empoleira uma águia, enquanto na mitologia da antiga Mesopotâmia uma águia semelhante, sentada sobre a Árvore do Mundo, devora os filhotes da serpente que a guarda. Depois, na mitologia grega, há a serpente com várias cabeças chamada Ladon, que guarda a árvore de maçãs de ouro do jardim das Hespérides, e o rei-cobra Muchalinda, que vive na árvore do rei serpente, em cuja sombra Buda medita. Já na mitologia hindu, vemos que imagens e estátuas de Krishna dançando sobre a serpente de sete cabeças simboliza a Árvore do Mundo invertida, com os capelos ou capuzes abertos representando as raízes. Na verdade, o conceito é universal, e inclui ainda a serpente da tentação, que, na tradição judeu-cristã, guarda a árvore da vida e da morte e tenta Eva, a primeira mulher – cujo nome hebreu, grafado com variações como *hawwa*, *hevia* e *chava*, tem tanto conotação de "vida" como de "serpente".[26]

Encontrando a Ave da Árvore

Enquanto a serpente guarda a base da Árvore do Mundo, geralmente há uma ave empoleirada em seus galhos superiores, que tocavam o próprio firmamento. Além dos exemplos citados acima, há a arara que balança na Árvore do Mundo, na mitologia maia (*ver Capítulo Seis*), ou a história, preservada na mitologia celta, do deus Lleu assumindo a forma de uma ave e fazendo a mesma coisa. O antropólogo Mircea Eliade (1907-86), uma das maiores autoridades mundiais em xamanismo, disse que a ideia de aves empoleiradas na Árvore do Mundo normalmente incorporavam a crença mágico-religiosa de que as almas humanas esperavam na árvore na forma de aves, antes de encarnarem na Terra:

> Os goldi, os dolgan e os tungus dizem que, antes do nascimento, as almas das crianças se empoleiram como avezinhas nos galhos da Árvore Cósmica e os xamãs vão até lá para encontrá-las. Esse tema mítico não está restrito à Ásia do norte e central; foi constatado, por exemplo, na África e na Indonésia.[27]

Se a Árvore do Mundo (eixo cósmico) significava a Via Láctea,[28] então são boas as chances de que a "ave" empoleirada no alto da Árvore fosse um fenômeno celeste localizado no ponto onde a Árvore toca o polo norte celeste, no extremo norte do céu. Isso faria sentido em termos cosmológicos, embora haja um problema: a última vez em que o polo norte celeste fez contato com a Via Láctea foi por volta de 13200 a.C., antes mesmo que Vega se tornasse a Estrela Polar. Antes dessa época, o polo celeste estava cruzando lentamente a Via Láctea, atingindo a máxima profundidade dentro dela c. 15500 a.C.

Ao perceber isso, vi que estávamos quase compreendendo a importância real da constelação de Cygnus na mente de nossos ancestrais. Digo isso pois não tardou para ficar claro que, entre c. 16000-15000 a.C., Deneb era a estrela mais próxima do polo celeste,[29] tornando-a efetivamente a Estrela Polar, embora não ficasse fixa e se movesse ao longo de um pequeno círculo no céu noturno. Depois de se mover a ponto de não mais poder ser chamada de Estrela Polar, por volta de 15000 a.C., seu lugar foi tomado por uma segunda estrela de Cygnus, delta Cygni, que pode ser encontrada na "asa" esquerda do cisne celeste. Essa estrela ocupou o posto até c. 13000 a.C.,[30] quando cedeu graciosamente seu lugar a favor de Vega, em Lira, que permaneceu então como Estrela Polar até c. 11000 a.C.[31]

Sabendo que as estrelas de Lira não estão nem um pouco próximas da Via Láctea, e que a única constelação atravessada pelo polo norte celeste ao passar pela Via Láctea é Cygnus, será que eu poderia identificar esse asterismo como a "ave da árvore" de Mircea Eliade? Caso pudesse, então será que essa solução poderia explicar por que a elite sacerdotal do início do Neolítico poderia ter interesse por essa constelação, orientando seus templos de pedra e avenidas para a linha do meridiano, onde Cygnus, colocada no centro da Via Láctea, passava rasante sobre o horizonte norte todas as noites, ou onde, após 9300 a.C., ela deixou de ser circumpolar e de se pôr no horizonte nor-noroeste? Eu não consegui encontrar uma explicação mais lógica.

Fig. 8. Precessão dos polos, mostrando as diversas estrelas polares anteriores. Perceba como Vega, Deneb e delta Cygni estão próximas do círculo.

De Volta à Era de Escorpião

Sendo assim, o que dizer da serpente na base da Árvore do Mundo? Poderíamos identificá-la também? Teria sido parte da visão cosmológica do início do Neolítico? Hoje, estamos no limiar da era astrológica de Aquário, na qual as estrelas dessa constelação irão nascer junto com o Sol no equinócio vernal, ou da primavera, nos próximos 2.160 anos, ou um doze avos do ciclo precessional de 25.920 anos. Quando isso acontecer, deixaremos para trás a era de Peixes, que vigorou desde a época de Cristo. Antes disso, a humanidade passou pela era de Áries, precedida, por sua vez, em enumeração inversa, pelas eras de Touro, Gêmeos, Câncer e Leão (que terminou c. 9220 a.C. e marcou a transição entre o estilo de vida caçador-coletor, do final do Paleolítico, e o início da era agrícola).

Mas quero voltar ainda mais no tempo, até a era de Escorpião, entre c. 16500-14300 a.C. Foi exatamente nesse período que Deneb, primeiro, e depois delta Cygni atuaram como Estrela Polar – um fato que depois criou uma possibilidade incrível. Durante essa era distante, antes do nascer do sol, no equinócio da primavera, as estrelas de Escorpião seriam vistas na parte baixa do horizonte oriental, onde uma hora depois o novo sol se ergueria no céu. A Via Láctea subiria, indo de Escorpião até onde Cygnus, a ave cósmica, ocupava a posição polar. Tendo em mente que Escorpião era identificado como a serpente celeste em diversas partes do mundo, será que suas estrelas teriam sido a "cobra" original que se enrolava em torno da base da Árvore do Mundo (a Via Láctea)?

Se isso fosse correto, então significaria que o conceito da Árvore do Mundo teria natureza astronômica, originando-se quando as estrelas de Cygnus ocupavam a posição do polo no céu noturno, c. 15000 a.C. Isso representava outro enigma – nessa época, grandes porções do hemisfério Norte sofriam com a última Era Glacial.

Mais importante, porém, é o que essa nova informação poderia nos dizer sobre centros pré-históricos de culto, como Karahan Tepe, no sudeste da Turquia. Ele parece estar orientado para o norte, tanto na direção de Deneb como da linha do meridiano, e para lés-nordeste, na direção do Sol nascente no solstício de verão, onde as garras de Escorpião marcavam o ponto de ascensão da Via Láctea antes da aurora, em 9500 a.C. Será que mesmo depois que Deneb e delta Cygni deixaram sucessivamente de ser a Estrela Polar, c. 13000 a.C., as estrelas de Cygnus, como a "ave" da "Árvore do Mundo", mantiveram sua importância mitológica anterior – com Deneb chegando até a ser vista como a "maior" Estrela Polar?

Será que Cygnus tornou-se um símbolo do eixo cósmico, como a ave sobre o *sanjak* dos yezidi, ou os dois totens de pedra encontrados em pedaços por Harald Hauptmann em Nevali Çori (*ver figs. 3 e 4*)? Lembre-se, eles mostravam cabeças humanas, e da parte superior destas emergia uma ave, identificada positivamente em um dos casos como um abutre. Será que as estrelas da ave celeste pareciam funcionar como o portal para o céu, o lugar do pós-vida? Seria essa a verdadeira razão pela qual os sabeus e sua gente veneravam o Mistério do Norte, pois estariam refletindo crenças extremamente antigas no poder de Cygnus como Causa Primeira – literalmente, a fonte pontual de Deus, em pessoa?

Por incríveis que possam parecer tais conceitos, eles implicam que, em algum lugar do continente eurasiano,[32] os povos do Paleolítico superior criaram um sistema cosmológico completo, que sobreviveu intacto até os tempos modernos, fazendo ainda parte das práticas mágicas e religiosas das culturas xamânicas tradicionais, mais obviamente em partes da Ásia. Além disso, esse mesmo sistema de crenças inspirou ainda o culto aos mortos do início do Neolítico, no qual o abutre, equiparado a uma ave celeste com as estrelas de Cygnus, era o veículo para a transmigração da alma – um conceito que os povos do início do Neolítico simplesmente herdaram de seus ancestrais paleolíticos.

No entanto, será que essas ideias cosmológicas *realmente* teriam origem paleolítica? Teriam mesmo sobrevivido até o período Neolítico? Deneb e as estrelas de Cygnus seriam vistas universalmente como um portal para o mundo celeste, ligado não só à transmigração da alma, como também à vida e à morte celestes? Só havia um meio de descobrir: examinar as tradições mágicas e religiosas praticadas pelos povos indígenas do continente americano, para saber se elas refletiam essas mesmas ideias profundas sobre o universo.

Descoberta das Américas

Teorias ortodoxas sobre os primeiros povos a habitar o continente americano sugerem que eles viajaram por uma ponte terrestre temporária, conhecida hoje como Beríngia, que se estendia entre a Sibéria e o Alasca durante a última Era Glacial. Essas migrações do norte da Ásia ocorreram, segundo a visão acadêmica tradicional, pouco antes que uma súbita alteração climática fizesse com que as placas de gelo desaparecessem rapidamente e as águas fizessem com que a ponte submergisse c. 9500-8000 a.C. A oportunidade de ouro representada pela ponte terrestre de Beríngia permitiu que grandes grupos de caçadores-coletores asiáticos encontrassem novas terras, e, ao fazê-lo, criaram as culturas nativas americanas, que viveram em suposto isolamento até a época de Colombo.

A maioria dos estudiosos da antropologia americana com postura mais aberta descarta hoje essas ideias, muito disseminadas, relativas às origens dos povos nativos da América do Norte, dizendo que elas não podem explicar o surgimento gradual de assentamentos humanos pelo continente americano por volta do final da última Era Glacial. Deve ter havido outras rotas migratórias, provavelmente por mar, incluindo, segundo alguns, rotas originadas no sudeste asiático e até na Austrália. E mais: há agora evidências que sugerem que alguns dos mais antigos habitantes do continente chegaram de barco da Europa Ocidental no momento de mudança da Era Glacial, c. 15000 a.C.

Durante muito tempo, acreditou-se que dentre os primeiros povos das Américas estaria a cultura "Clovis", que surgiu c. 11.600 anos atrás. Seu nome deriva do sítio onde foram encontradas as primeiras evidências de sua existência, na cidade de Clovis, no Novo México, e caracteriza-se por sua singular tecnologia para trabalhar a pedra. Exemplo desta é uma lâmina de dupla face e com estria, facilmente identificável, chamada de "ponta de Clovis".

Apesar de muitas evidências apontarem para níveis de ocupação ainda mais antigos em diversos sítios da América do Norte, muitos pré-historiadores têm se recusado a aceitar tal possibilidade. Entretanto, quando a teoria sobre a migração dos primeiros povos da América sobre a ponte terrestre da Beríngia foi posta à prova, não se encontrou na Sibéria – suposta terra natal dos povoadores de Clovis – nenhuma evidência apoiando uma tecnologia de manuseio da pedra igual à de Clovis. O dr. Bruce Bradley, especialista em técnicas de confecção de pedras lascadas do Smithsonian Institution, em Washington, ficou intrigado com a semelhança entre as pontas de pedra de Clovis e a tecnologia em pedra, aparentemente idêntica, dos povos solutreanos do sudoeste da França e da vizinha Península Ibérica, que viveram entre 20.000 e 17.000 anos atrás, aproximadamente. Ele visitou museus na França que continham milhares de ferramentas de pedra solutreanas e convenceu-se de que não só elas se assemelhavam ao estilo singular da indústria de pedra de Clovis, como de que foram confeccionadas usando-se exatamente as mesmas técnicas manuais.

Esta foi uma descoberta incrível, e, na verdade, incrível demais para a maioria dos pré-historiadores. Eles queriam muitas outras evidências antes de aceitar que os europeus foram os mais antigos ancestrais dos povos nativos norte-americanos. Entretanto, novas evidências da ligação entre os solutreanos e Clovis surgiram com a descoberta, em Cactus Hill, Virginia, de uma ponta de dupla face, no estilo Clovis, anterior ao horizonte de Clovis – de c. 11600 a.C. – em 4.000 a 6.000 anos, pelo menos. Isso nos levaria ainda mais perto, em estilo, às ferramentas solutreanas, produzidas até 15000 a.C., aproximadamente. Com efeito, essa ponta parece representar um estágio intermediário entre as tecnologias de pedra solutreanas e de Clovis, conferindo mais peso à teoria.

Com base nas semelhanças entre as pontas solutreanas, de Clovis e de Cactus Hill, Bruce Bradley e seu colega Dennis Stanford, também do Smithsonian, propuseram que europeus ocidentais, na virada da última Era Glacial, c. 15000 a.C., usaram uma tecnologia de navegação simples, semelhante à dos nativos inuit, do Alasca, para navegar sobre o degelo e as geleiras em versáteis esquifes cobertos de pele, chegando até o continente americano.[33]

Não importa se essas extraordinárias descobertas são corretas ou não, e se não são aceitas pelos pré-historiadores mais ortodoxos,[34] pois acredito que a postura mágico-religiosa dos primeiros povos nativos da América foi fortemente influenciada por ideologias xamânicas que se originaram no continente eurasiano. Depois que a ponte terrestre da Beríngia submergiu, e que não havia mais a oportunidade de voltar à Ásia, quaisquer ideias cosmológicas transferidas ao continente americano por essa linha de transmissão teriam se desenvolvido em isolamento, o que significa que, se elas ainda se ajustavam àquelas presentes nas culturas xamânicas do mundo antigo, então as duas, quase certamente, teriam uma origem comum, datada da época paleolítica.

Se eu pudesse descobrir uma veneração, até então desconhecida, de Cygnus, do eixo cósmico e da Via Láctea entre os habitantes originais das Américas, então isso aumentaria muito as chances de minhas teorias relativas às origens cosmológicas do culto neolítico dos mortos estarem corretas. Como veremos na próxima seção do livro, essa linha de indagação iria proporcionar as primeiras pistas importantes para uma melhor compreensão das mentes daqueles que estabeleceram os primeiros templos de pedra conhecidos no sudeste da Turquia, há uns 11.500 anos.

PARTE DOIS

AMÉRICAS

CAPÍTULO CINCO

Na Trilha do Lobo

Uma lenda antiquíssima, contada de geração em geração por membros da tribo blackfoot, cujos territórios incluem as Montanhas Rochosas no noroeste dos Estados Unidos, é a seguinte: Quando a Terra era jovem, e os spomi-tapi-ksi (seres do espaço) que viviam na terra celeste ainda nos visitavam, seres humanos mortais vagueavam pelas florestas e trilhas, incapazes de caçar animais selvagens ou de sobreviver a longos invernos. Assim, o primeiro dos ksahkomi-tapi-ksi (seres terrestres) a se apiedar deles foram os makoiyi, os lobos. Eles perceberam que um jovem e sua família estavam famintos, e apareceram para eles como rapazes, dando-lhes carne, que levaram para sua tipi.* Depois, os lobos deixaram a família correr junto com eles, para que aprendessem a cooperar uns com os outros quando fossem caçar búfalos e outros animais. Foram os lobos que disseram que eles só deveriam comer animais com cascos e chifres, devendo deixar de lado animais com patas e garras.

Quando chegou a primavera, foi também hora dos lobos partirem. Com tristeza, assumiram sua forma original e partiram para sempre. No entanto, ainda são visíveis no céu noturno como estrelas, lembrando-nos de que podemos viver juntos. E mais, para celebrar sua grande compaixão pela humanidade, o caminho para a terra celeste é chamado de Trilha do Lobo, embora aqueles que não são da linhagem blackfoot o conheçam como Via Láctea.

A Trilha do Lobo sempre foi um caminho sagrado que permite aos espíritos dos mortos entrarem no mundo seguinte, onde podem levar vidas harmoniosas em unidade com o lobo. Com efeito, não resta dúvida de que o lobo é um blackfoot com características xamânicas, pois eles acreditam que os olhos do animal

---
* Cabana. (N. do T.)

são uma só coisa com os seus: em outras palavras, eles podem enxergar com eles para caçar ou sair em viagens astrais. O lobo sempre foi reverenciado pelos blackfoot, e tanto homem como fera fizeram um pacto para não se matarem – um pacto que funcionou bem até a chegada do homem branco.

Escudo de Guerra dos Blackfoot

Pudemos encontrar uma representação da Trilha do Lobo no escudo de guerra dos blackfoot.[1] Ele mostra uma barra branca longitudinal em meio a uma região mais escura, no meio da qual há uma linha externa e uma cruz de braços iguais no centro (*ver fig. 9*). Em cada extremidade da linha branca, há círculos envolvendo grandes cruzes, com seus braços terminando em figuras em forma de T (cruz tau), encontradas universalmente no simbolismo celeste.

É quase certo que a linha horizontal e longitudinal do desenho representa a Via Láctea, a Trilha do Lobo, estendendo-se de um horizonte até o outro, o que significa que os círculos contendo as cruzes tau simbolizam a Terra, dividida em quatro quadrantes (cada círculo tem ainda um duplo jogo de vinte "dentes" em forma de V, pois vinte é um número sagrado, associado, na mitologia dos nativos americanos, à raça humana, uma vez que temos dez dedos e dez artelhos). Sem dúvida, as cruzes simbolizam um reflexo quádruplo do eixo cósmico, com a barra horizontal representando o conceito blackfoot da terra celeste. Isso nos deixa apenas a cruz alongada no centro da Trilha do Lobo, e, em minha opinião, ela significa as estrelas de Cygnus, ou o Cruzeiro do Norte, como é mais conhecida nos Estados Unidos.

Se o escudo blackfoot de fato mostra o Cruzeiro do Norte no centro da Via Láctea, então é bem provável que esse conhecimento arcano tenha sido passado por incontáveis gerações, sendo levado para o continente americano por povoadores do continente eurasiano em algum momento anterior ao afundamento da

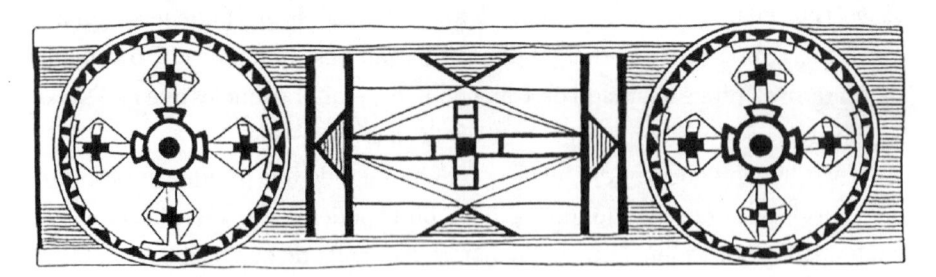

Fig. 9. Conceito blackfoot da Trilha do Lobo, com a longa barra branca representando a Via Láctea e a cruz central representando, provavelmente, Cygnus como "Estrela da Cruz".

ponte terrestre da Beríngia, c. 9500-8000 a.C. A maneira pela qual o mito da Trilha do Lobo incorporou um cenário que falava dos primeiros seres humanos aprendendo a caçar, a sobreviver e a cooperar, tanto entre eles quanto com o reino animal, tem um quê de autenticidade, sugerindo que poderia muito bem ter se originado entre os caçadores-coletores da era paleolítica superior.

O Homem-aranha e o Nabo Gigante

Como tantas outras tribos nativas americanas, os blackfoot preservam histórias que falam do eixo cósmico que liga a Terra ao céu por meio da Estrela Polar. Para eles, chega-se a esse eixo por um buraco na base do mundo celeste, tampado no alto por um nabo gigante. Em uma ocasião, uma mortal chamada Mulher Pena, que fora raptada para a terra celeste por um ser divino chamado Estrela da Manhã para ser sua esposa, desobedece às suas ordens e decide retirar o nabo para espiar o que havia debaixo dele. Incapaz de fazê-lo, pede ajuda para duas cegonhas que passavam por ali.[2] Uma delas entoa a Música de Cura em cada uma das quatro direções e o nabo se solta. Olhando pelo buraco, Mulher Pena vê a Terra e seu povo, ocupado com seus afazeres diários, e sente saudades. Essa indiscrição faz com que seja mandada para casa, e, assim, com a ajuda de outra entidade, chamada Homem-aranha, ela e seu bebê, Garoto das Estrelas, são baixados num cordão.[3]

Se ela usa ou não a Trilha do Lobo em sua viagem de volta, não ficou registrado, embora, na mesma história, saiba-se depois que um ser chamado Poïa, filho do Sol e da Lua e mensageiro divino dos blackfoot, usa a Trilha do Lobo como o "atalho para a Terra".[4]

Os personagens e lugares mencionados nesse tradicional relato blackfoot são, com quase toda certeza, estrelas e outros corpos celestes. Homem-aranha, por exemplo, é a constelação que hoje conhecemos como Hércules, enquanto sua morada é o grupo estelar próximo conhecido como Coroa do Norte.[5] Hércules estava no caminho do polo celeste c. 9500 a.C., sugerindo que as duas cegonhas seriam também constelações dessa vizinhança, e meu palpite é que eram estrelas. Imagens de cegonhas, geralmente em grupos de quatro, aparecem com destaque em diversos adornos gravados em conchas e encontrados em montes tumulares da cultura pré-histórica conhecida como hopewell. Elas rodeiam uma cruz "solar" de quatro braços que mais provavelmente representam o eixo cósmico do que o Sol, como muitos estudiosos parecem acreditar. Se for assim, então é bem provável que ela represente o Cruzeiro do Norte, que, como descobrimos, era conhecida coletivamente pela tribo tipai da Califórnia como a "Estrela da Cruz".[6] A ligação entre a Estrela Polar e cruzes, suásticas e serpentes da arte nativa americana é confirmada pelas descobertas do arqueoastrônomo Thaddeus M. Cowan, cujo trabalho nessa área vamos abordar em breve.[7]

O Legado dos Hopewell

Acho que preciso examinar o rico legado que nos foi deixado pela cultura de construtores de montes de Ohio, conhecida como hopewell, que apareceu em algum ponto do primeiro milênio a.C. Eles construíram milhares de obras de arte com terra, em todas as formas e configurações, embora seja desconhecido seu propósito exato. Contudo, e de maneira frustrante, os hopewell deixaram para trás muito pouco sobre suas crenças e práticas antes de passarem o bastão da construção de montes para seus sucessores – a cultura Fort Ancient, que se tornou proeminente c. 1000 d.C. e que ainda estava presente quando os primeiros europeus chegaram ali, no século XVI.

Para conhecer melhor o mundo silencioso dos hopewell, Sue e eu nos reunimos a nossos amigos Greg e Lora Little, ambos autores de livros nessa área de estudos.[8] Eles se ofereceram para nos mostrar uma seleção de sítios dos nativos americanos nos estados de Ohio, Kentucky e Tennessee,[9] o primeiro dos quais foi atingido pouco antes do pôr do Sol, numa tarde de julho de 2004.

Localizada num parque estadual, numa área suburbana de Newark, Ohio, ela consiste numa gigantesca obra em terra, coberta por árvores, de aparência anelar, com uma única entrada que leva o visitante a uma maciça área gramada de recreação, coberta por árvores. Conhecida localmente como Grande Círculo, ou Praça da Feira, devido a seu uso comunitário pelos colonizadores no século XIX, esse monumento cênico é, na verdade, um aro circular elevado, com uns 366 m de diâmetro e 3 m de altura, com uma vala interna de igual profundidade, preenchida hoje com densa vegetação rasteira. Os arqueólogos determinaram que foi construído por volta de 100 a.C. pelos hopewell, embora o motivo seja um grande enigma.

No centro do imenso platô circular, há uma curiosa obra de arte em terra, conhecida localmente como Eagle Mound (ou "Monte da Águia"; *ver fig. 10*). Formado por quatro montes elípticos reunidos, é visto por arqueólogos como um monte em "efígie", pois tem a aparência geral de uma ave com "cabeça", "corpo" e "asas". Seu posicionamento específico no centro do aro permite que o observador contemple o nascer do Sol dentro da lacuna formada pela única abertura do sítio, no momento do solstício de verão. A data exata de sua construção é incerta, embora deva ter funcionado antes como plataforma cerimonial ou monte fúnebre coletivo, talvez ambos.

Minhas primeiras impressões sobre o Grande Círculo de Newark é que ele se parece muito com Avebury, o maior e segundo mais famoso complexo megalítico da Inglaterra, perdendo em renome apenas para Stonehenge. Com 427 m de diâmetro, tem tamanho e altura similares aos de sua contrapartida em Ohio. Além disso, ambos têm uma vala profunda posicionada *dentro* da obra terrosa circular, implicando que ambos foram construídos com finalidade cerimonial e não defensiva. A única diferença importante entre os dois círculos é que, diferentemente de Avebury (apresentado no Capítulo Oito), o Grande Círculo não tem anéis de pedras eretas – a terra foi considerada suficiente para as necessidades do povo hopewell.

Para mim, o Eagle Mound é que chamou a atenção, o que levou Greg a me perguntar o que eu achara do lugar. Após ponderar, disse que o aspecto do monte, semelhante ao de uma ave, deveria ser proposital. Se não fosse um simples totem de clã, então a aparente orientação do Eagle Mound na direção da única entrada e saída do sítio sugeria algum modo de psicopompo aviário, um "portador de almas", papel representado por abutres no mundo do início do Neolítico do sudeste da Turquia.

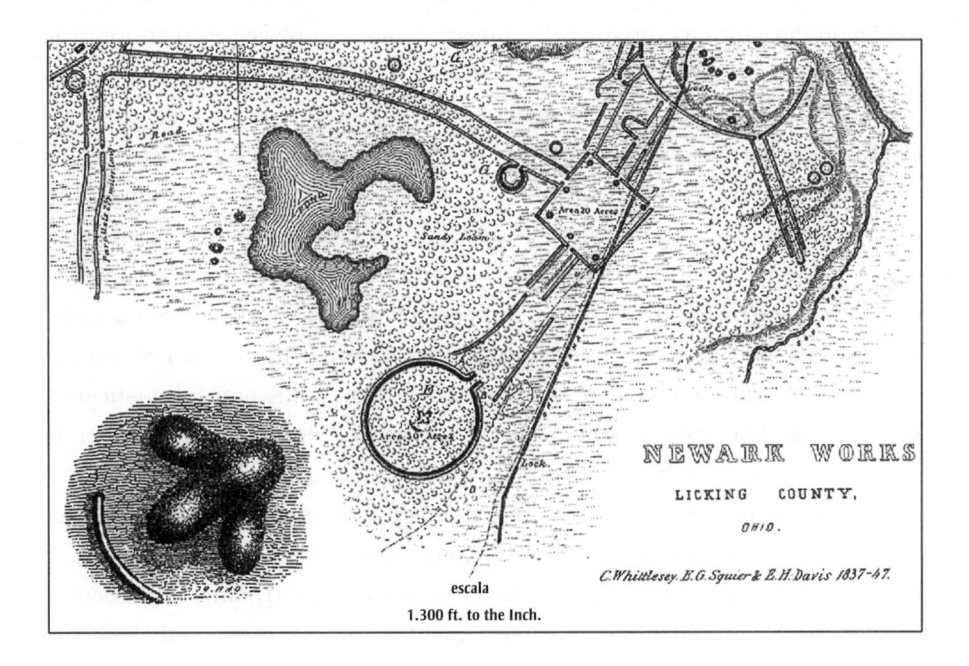

Fig. 10. Grande Círculo envolvendo o Eagle Mound, segundo Squier e Davis, 1837-47, com o Eagle Mound tanto ao centro como ampliado (abaixo, à esquerda).

Sugeri que seria possível que os corpos daqueles que estavam prestes a viajar para além da morte até o mundo celeste estariam sujeitos ao processo de escarnação, que, como se sabe, era praticado por diversas tribos nativas americanas. Imaginei ainda que, durante algumas horas antes do nascer do Sol do solstício, seria realizado um ritual no próprio monte. Se fosse assim, perguntei-me se a abertura do círculo marcaria também a direção de uma constelação que se ergueria junto com o Sol, ou seja, imediatamente antes do Sol nesse mesmo dia. Poderia até ser que a Via Láctea se ergueria no céu nessa posição.

Muitas tribos nativas americanas viam a Via Láctea como o "caminho fantasma" até a terra dos mortos, com acesso pelo horizonte local. Os chumash do sul da Califórnia, por exemplo, viam a Via Láctea como a estrada fantasma até Shimilaqsha, a Terra dos Mortos, que eles situavam a oeste.[10] Do mesmo modo, os cheyenne – índios das planícies americanas que, até o século XIX, habitavam as regiões próximas dos rios Platte e Arkansas – identificavam a Via Láctea como a Estrada Pendurada, que os espíritos percorriam para entrar no pós-vida.[11] A história era bem parecida entre os povos iroquois, delaware, ojibway, menominee, cree, Thompson, paiute do norte e do sul, ute e karok, para mencionar apenas alguns.[12] Todos viam a Via Láctea como uma estrada celeste usada pelos mortos para chegarem ao mundo seguinte, sugerindo que esse conceito poderia muito bem ter se originado em culturas muito mais antigas, como a hopewell, construtores do Grande Círculo de Newark.

Após manifestar minhas primeiras impressões sobre o sítio, Greg me disse que escavações arqueológicas revelaram que, de fato, eram realizadas escarnações ali. Além disso, os ossos de nada menos do que dezoito indivíduos foram encontrados no Eagle Mound. Por conta dessa informação, perguntei-me se essa obra chegaria a representar uma águia, pois poderia também ser uma ave sarcófaga, como um corvo ou abutre. Dito isso, respeitei o fato de tanto a águia como a misteriosa ave semelhante à águia conhecida como Pássaro-Trovão serem reverenciadas como símbolos do Grande Espírito entre muitas tribos nativas americanas. Elas eram geralmente esculpidas no alto de totens, que, repito, seriam representações claras de uma ave celeste no alto do eixo cósmico (*ver acima, página 63*).

Ficou claro, analisando diversos sítios hopewell que pudemos visitar nos dias seguintes, que esse povo sem rosto expressou uma visão mágico-religiosa do universo extremamente antiga, refletida em sua arte incrivelmente refinada e também na complexidade de seus monumentos, que apontam para atividades comunitárias em uma escala inacreditável. Seus festivais e procissões deveriam ser muito bonitos, e, não importa se fossem baseados em períodos estelares, solares ou lunares, imagino que refletiam o fluxo e as marés da própria essência da Terra – contudo, no final, os hopewell simplesmente desapareceram sem deixar vestígio. Quem eram, e o que aconteceu com eles, é um mistério completo, que só enriquece sua mística permanente, ecoada no silêncio das obras de arte feitas com terra, como octógonos, círculos, quadrados e montes que estavam intactas até serem destruídas pelos colonizadores europeus, que não entenderam sua graça e beleza.

Descendo até Nashville

Sentindo-nos irritados diante daquilo que existira, mas não existia mais, chegamos à cidade natal de Greg e Lora – Memphis, Tennessee. Nela, as investigações prosseguiram com uma visita à Vanderbilt University, de Nashville, onde passamos uma tarde na Heard Library pesquisando o folclore estelar dos nativos americanos.

Agora, eu tinha certeza de que a Via Láctea, como um caminho fantasmagórico até o mundo dos espíritos, tinha um papel significativo nas práticas fúnebres dos hopewell no Grande Círculo de Newark, uma suposição que se mostrou extremamente precisa. De volta ao Reino Unido, Rodney Hale conseguiu determinar que antes da aurora no solstício de verão, há uns 2.100 anos, um observador em pé sobre o Eagle Mound veria a Via Láctea erguer-se verticalmente em uma posição sobre a cabeça do observador, na única abertura do Grande Círculo, onde o próprio Sol iria se erguer exatamente duas horas depois.[13]

Tive a forte sensação de que eles imaginavam que as almas dos mortos saíam do Grande Círculo e subiam pelo caminho fantasma, quer como aves, quer sob a proteção de um psicopompo aviário. Sua jornada os levaria às maiores altitudes da Via Láctea, onde ganhariam acesso ao mundo celeste por meio de um "buraco", correspondente à posição da ave celeste. Esse "buraco", e disso estou certo, não era Polaris, a atual Estrela Polar, mas Deneb, a mais brilhante estrela de Cygnus, que teria sido vista quase diretamente sobre a cabeça do observador no meio da Via Láctea (ver fig. 11).

O Pé de Ave

Acrescentando peso a essa afirmativa ousada, temos o trabalho do arqueoastrônomo Thaddeus M. Cowan, do departamento de psicologia da Kansas State University.[14] Ele sugeriu que muitos montes em efígie são representações terrestres de constelações, pois ficam de frente para o céu; são de difícil identificação para quem está no chão, e são extremamente grandes – um monte em efígie em forma de ave, com mais de 3.500 anos de idade, em Poverty Point, Louisiana, tem 195 m de ponta a ponta das asas.[15] Mais importante ainda é que, segundo as conclusões desse estudioso, por motivos apresentados no Capítulo Seis, muitos montes em efígie em forma de ave, inclusive o Eagle Mound de Newark, *representam as estrelas de Cygnus*.[16]

Levando o assunto um pouco mais adiante, temos o escritor Jim Brandon e seu irresistível livro *The Rebirth of Pan* (1983),[17] que fala de antigos e novos mistérios americanos. Ele sugere que o Eagle Mound não representa uma águia, mas o pé de uma ave. Esse parece ter sido um *insight* extraordinário, pois pesquisas realizadas na Heard Library em Nashville revelaram que os skidi pawnee (ou os pawnee "lobo") identificaram uma constelação conhecida como Rikutski/Rikucki (Pé de Ave) ou Kit-u-rau-us-u (Pé de Peru). Além disso, há fortes evidências a sugerir que eles a identificaram com as principais estrelas de Cygnus.[18]

Fig. 11. A Via Láctea se estendendo até a constelação de Cygnus conforme vista do Grande Círculo, em Newark, duas horas antes do nascer do Sol no meio do verão em 100 a.C.

O pé de ave era um símbolo pintado como marca obrigatória na testa dos guerreiros durante certos rituais, conforme lemos:

Com os dedos, ele espalha tinta vermelha e faz duas marcas retas verticais no lado direito do rosto, e duas no lado esquerdo (...) depois, ele faz o sinal do pé de ave sobre a testa. Esse pé de ave não é um pé de ave de verdade; é a imagem da garra da ave na Via Láctea do céu.[19] (Ao mesmo tempo, seria posta uma bola de plumas em sua cabeça e uma pena de águia seria enfiada na presilha de seus cabelos.)[20]

Havia, na extremidade norte da Via Láctea, e diretamente relacionada com a constelação de Pé de Ave, "uma estrela (...) que guardava o caminho, [e que] recebia os espíritos dos mortos" enquanto estes entravam no mundo superior.[21] A identidade dessa estrela "na Via Láctea" causou muita discussão, e Von Del Chamberlain, famoso especialista no folclore estelar dos skidi pawnee, concluiu inicialmente que poderia ser qualquer estrela situada entre Cygnus e Perseu. Depois, ele propôs que seria delta Cephei, uma débil estrela na constelação de Cepheus, ligada, na mitologia clássica, a um rei coroado. Entretanto, essa identificação não faz sentido, uma vez que delta Cephei sequer está na Via Láctea. Chamberlain chegou a propor Deneb como uma possível candidata,[22] uma opção bem melhor, não só porque ela está na Via Láctea, como também por ser conhecida pelos skidi pawnee com o nome misterioso de Segunda Estrela Negra, descrição que sugere relações com a morte e o pós-vida.[23] Mais peculiar ainda é o fato de a "estrela na extremidade norte da Via Láctea", que imagino ser Deneb, ser confundida pelos skidi pawnee com a verdadeira Estrela Polar, Polaris. Isso implica que os skidi pawnee consideravam Deneb mais importante do que a atual Estrela Polar, um fato que Chamberlain não pôde explicar.[24]

Na tradição dos skidi pawnee, a constelação de Pé de Ave estava ligada à Estrela da Manhã, que Chamberlain entendia como sendo Marte, protetor dos guerreiros.[25] Sua "marca" – três linhas retas convergentes em um único ponto, formando um V – era usada quando um deles tinha de procurar e capturar uma virgem para sacrifício em nome do planeta. Durante essa prática arcaica, a infeliz jovem usava um falcão na cabeça enquanto subia pelo cadafalso, pois o falcão e a águia eram símbolos da Estrela da Manhã (em alguns textos, a constelação de Pé de Ave é chamada de "garra de águia"[26]).[27]

O sacrifício ritual da virgem realizado pelos skidi pawnee trouxe à mente a história contada pelos blackfoot sobre como a Estrela da Manhã raptou Mulher-

Pena, levou-a à terra celeste e a tomou como esposa (*ver acima, p. 73*). O fato de ter sido ela quem removeu o nabo gigante que cobria o buraco no eixo celeste com a ajuda de duas cegonhas que passavam por ali sugere que ela seria uma personificação feminina da Estrela Polar, provavelmente até um asterismo formado pelas estrelas de Cygnus.

A constelação de Pé de Ave também era familiar para a nação tewa/tano, do Arizona, relacionada com os hopi. Para eles, era o pé de um peru celeste, uma ave valorizada pelos fazendeiros pueblo da região de Four Corners ("Quatro Cantos"). O etnólogo John P. Harrington escreveu, em 1916, que ela é "uma constelação facilmente identificada com a forma exata de um pé de peru",[28] embora não a tenha identificado, o que é frustrante. Etnoastrônomos aceitam que provavelmente ela era formada, como a constelação de Pé de Ave dos skidi pawnee, pelas principais estrelas de Cygnus.[29] Isso faz muito sentido, pois a "marca" de Pé de Ave pode ser desenhada facilmente usando-se Deneb (alfa Cygni), Gienah (épsilon Cygni), Sadr (gama Cygni) e delta Cygni, que não tem nome formal (*ver fig. 12*). Com efeito, na astronomia ocidental essas quatro estrelas são ocasionalmente chamadas de "Os Triângulos", devido à sua formação, facilmente identificável.

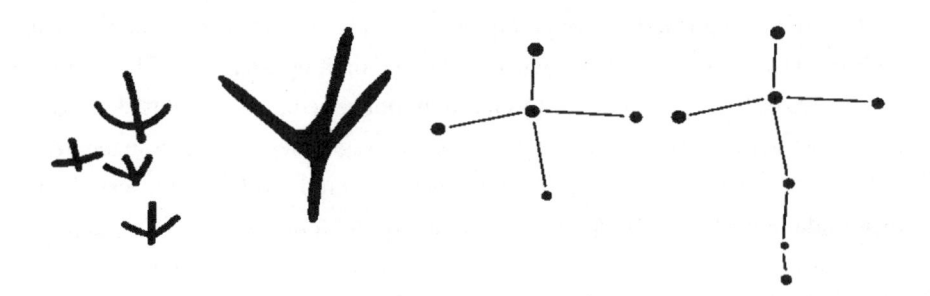

Fig. 12. Petróglifos de Pé de Ave de um local próximo ao Rio Grande (esquerda) e as estrelas de Cygnus usadas para formar o mesmo símbolo, segundo Miller.

Tudo isso implica que o Eagle Mound de Newark pode não ser uma ave de rapina genérica, mas apenas, como propõe Jim Brandon, o símbolo do pé de uma ave. Se for esse o caso, então o fato de esse monte em efígie parecer representar a constelação de Cygnus implica que os hopewell, como os posteriores skidi pawnee e tewa/tano, identificavam esse asterismo em termos de Pé de Ave ou Pé de Peru. E mais: o fato de o Grande Círculo parecer ter sido orientado na direção da Via Láctea na noite mais curta do ano diz-nos que os hopewell também viam a constelação de Pé de Ave, ou seja, Cygnus, como o destino da alma após a morte.

Passando para a tribo louiseño da Califórnia, vemos que eles imaginavam um urubu celeste formado pelas três estrelas que constituem o "Triângulo de Verão", como o chamam os astrônomos – Deneb em Cygnus, Vega em Lira e Altair em Áquila. Isso mostra, mais uma vez, a identificação universal dessas três estrelas, bem como dessa área específica do céu, com algum tipo de ave celeste.[30] Será que essa conexão aviária proviria do continente eurasiano, como eu estava começando a concluir?

A Mãe Cisne

A tribo oneida do estado de Nova York preserva um mito da criação que diz como Mulher Céu desceu do mundo superior através de um furo, ou "buraco", ou seja, o eixo cósmico, criado quando uma macieira foi desenraizada por seu pai, o Grande Espírito. Sua queda até o mundo inferior foi amortecida por um bando de cisnes, que a abaixaram suavemente até as costas de uma tartaruga gigante, que emergiu das águas primordiais para criar a primeira terra. É por isso que os oneida homenageiam o cisne em rituais.

Temos aqui mais um vínculo entre a Estrela Polar e uma ave celeste, nesse caso um cisne, forma mitológica da constelação de Cygnus. É uma relação que também existe entre os tungus criadores de renas do nordeste da Manchúria e Sibéria, que erguiam mastros celestes representando o eixo cósmico, sobre o qual afixavam um cisne voador esculpido em madeira (*ver fig. 13*).[31] Esses totens de aves eram dispostos em associação com al-

Fig. 13. Cisnes de madeira em mastros celestes erguidos perto de altares pelos xamãs dos tungus criadores de renas da Mandchúria, nordeste da Ásia.

tares ao ar livre, pois era assim que o xamã conseguia chegar ao mundo celeste durante seus estados de transe, conhecidos como "voos da alma".[32]

O mesmo processo é mostrado em obras de arte sobre a pedra encontradas em Perinos, no cabo sul do lago Onega, na Rússia. Lá, em meio a uma variedade de figuras e aves aquáticas, principalmente cisnes, há a imagem de um cisne sobre um mastro celeste, que está sendo escalado em ângulos retos por uma pequena figura, obviamente um xamã.[33]

É uma prática mágico-religiosa que também é refletida pelos xamãs lapões da Finlândia, que, segundo se diz, teriam sido levados nas costas de um cisne chamado *Saivo-lodde*, a ave de um lugar mágico chamado *Saivo*, "até aquele lugar misterioso onde eles aprendiam o que se ocultava dos mortais comuns".[34]

Relacionada com a lenda da criação dos oneida, existe outra contada pelos antigos ainos, os habitantes não mongois originais do Japão. Eles dizem que sua raça foi criada pela união de uma deusa que desceu do paraíso e adotou a aparência de um cisne para criar e eventualmente se casar com uma criança solitária, último aino vivo após uma intensa batalha contra um inimigo mortal.[35]

Os xamãs buriat da Sibéria dizem que sua tribo descende de uma águia e de um cisne, e, como os ainos do Japão, homenageiam uma ancestral mãe-cisne em cerimônias migratórias durante a primavera e o outono.[36] Eles acreditam que, se alguém fizer mal a um cisne ou manusear mal as penas de um cisne, isso provocará doenças ou mesmo a morte, e que se um homem fizer mal a uma mulher, ele sofrerá a ira dos cisnes.

Por fim, na Ásia Central, os turcos de Altai preservam um mito cosmológico no qual, antes mesmo da criação do céu e da Terra, o maior dos deuses, Tengere Kaira Khan e seu companheiro, o primeiro homem, são representados como gansos negros,[37] enquanto os xamãs da tribo tatar lebed de Altai dizem que a criação se deu depois que Deus ordenou que um cisne branco mergulhasse no oceano primordial e trouxesse lodo, que se tornou a primeira terra.[38] Essa forma de mito envolvendo uma ave de mergulho (embora nem sempre seja um cisne) que criou a primeira terra é muito comum entre os povos tribais da Ásia central e do norte, e costuma incluir um ovo cósmico que emerge das águas primordiais para formar o universo físico.[39]

Histórias como essas proporcionam evidências firmes de um culto antiquíssimo que via o cisne como animal sagrado, tanto no continente americano como no eurasiano, e cujos xamãs ou sacerdotes usavam mantos com penas de cisne para realizar viagens para outros mundos usando o eixo celeste. A forte associação de Cygnus com uma ave celeste – um urubu, ou peru, cegonha, águia, cisne ou ganso, como nos exemplos citados neste capítulo – confirmam que esse grupo es-

Fig. 14. Entalhes em pedra de Perinos, cabo sul do lago Onega, na Rússia, mostrando vários cisnes e a subida de um "xamã" por um mastro celeste, em cujo topo há um cisne.

telar, com sua brilhante estrela Deneb, era visto tanto como a ave celeste suprema, quanto como o eixo cósmico do espaço. Este era assinalado por um buraco, como aquele que aparece nas lendas dos oneida e dos blackfoot, que permitia às almas dos xamãs e dos mortos entrarem no mundo celeste.

É bem provável que a própria crença dos oneida numa Mulher Céu original, que desceu pelo eixo celeste com a ajuda de cisnes do mundo superior a fim de levar a vida para o mundo inferior, derive de uma fonte semelhante às fontes do leste e do norte da Ásia citadas aqui, sendo levada para o continente americano durante o final do Paleolítico.

Essa excursão inicial pelo folclore estelar dos nativos americanos convenceu-me de que Cygnus exerça um papel crucial na etnoastronomia da América do Norte, recuando além dos construtores de montes hopewell e chegando à época dos primeiros povos a chegar do continente eurasiano. Como tantas culturas do mundo antigo, os nativos americanos parecem ter identificado Deneb como a principal Estrela do Norte e como portal para o mundo celeste (embora Polaris, a atual Estrela Polar, tenha ficado confusamente enredada nesse antigo mito estelar).

Tal como o domínio do pós-vida, imaginava-se que o mundo celeste teria sido habitado por seres celestes, tais como os spomi-tapi-ksi dos blackfoot, que, embora na forma de constelações, eram vistos como seres sensíveis, capazes de viajar à Terra pelo eixo celeste, entendido como a linha do meridiano norte-sul, ou pela própria Via Láctea. Eram as mesmas rotas que os xamãs dos dois continentes usavam para se comunicar com os seres celestes, fosse para pedirem seu auxílio em prol da tribo, fosse para adquirirem conhecimentos e sabedoria.

Eu precisava revisar muitas coisas para compreender melhor como os povos nativos americanos viam as estrelas de Cygnus. Contudo, naquele momento, eu quis dedicar minha atenção à etnoastronomia encontrada em outras partes do continente americano. Eu precisava ver se encontraria os mesmos padrões de folclore estelar e de cosmologia, e em pouco tempo ficou claro que um profundo conhecimento de Cygnus, e sua relação com o polo norte celeste e com a Via Láctea, estava presente em meio a muitos povos antigos das Américas. E mais, suas estrelas eram, quase sempre, vistas em associação com a vida e a morte cósmicas e com a transmigração da alma.

CAPÍTULO SEIS

Cosmogênese Maia

A misteriosa origem da civilização olmeca do México central ainda é obscura, e seu legado permanente está nos diversos complexos urbanos deixados por eles, geralmente na planície costeira do Golfo do México, ao sul de Vera Cruz e de Tabasco. Entre esses, o mais enigmático é o complexo de La Venta, construído c. 1200 a.C. numa ilha próxima a um pântano costeiro, visível desde o rio Palma, então existente.

Antes de a extremidade sul do sítio ser parcialmente demolida para abrir caminho para uma refinaria de petróleo, impossibilitando o acesso ao local, a praça central de La Venta consistia num grupo de montes elípticos posicionados dos dois lados de um campo de esporte com bola, com uma singular "Grande Pirâmide" construída sobre uma base quadrada na extremidade sul. Feita com 99.109 m³ de terra, supunha-se que tivesse sido projetada para dar a impressão de ter dez faces. Contudo, hoje os arqueólogos imaginam que esse efeito distinto seja o resultado de quase três mil anos de erosão, e que antes ela era uma estrutura de quatro faces, como todas as pirâmides do México.

Embora nunca tenha sido escavada, é provável que a pirâmide contenha a tumba de um governante muito importante, cuja aparência pode ser deduzida das maciças cabeças de pedra encontradas em sítios como La Venta. Cada uma tem um capacete no estilo dos jogadores de futebol americano, provavelmente usado nos jogos sangrentos que, como sabemos, tinham lugar nos campos que parecem dominar os diversos centros cerimoniais. As feições dessas cabeças de basalto, com a maior chegando a 2,75 m de altura e pesando várias toneladas, têm sido consideradas como africanas, embora os olhos inclinados, tal como os povos do leste da Ásia, sugiram que a verdadeira resposta para as origens etnológicas dos olmecas são mais complicadas do que as pessoas imaginam.

O eixo central do sítio está alinhado um pouco a oeste do norte verdadeiro, com uma pirâmide de degraus, muito menor, em seu extremo (*ver fig. 16*). Os montes entre eles continham pilhas de oferendas e de outros itens, inclusive ferramentas de jade e espelhos de ferro, bem como uma série de pisos pavimentados soterrados. Quatro destes, os mais impressionantes, tinham 4,6 m por 6 m e eram cobertos por exatos 485 blocos de serpentina, um minério de sílica. Antes de serem cobertos propositalmente com espessas camadas de lama e adobe, foram adornados com máscaras abstratas de jaguar, animal associado à visão olmeca do céu noturno.

Os entalhes em pedra e os artefatos móveis recuperados em La Venta – dos quais muitos estão em exibição num museu local – aumentaram nosso conhecimento acerca dos olmecas, embora, de várias maneiras, também os tenham tornado ainda mais enigmáticos do que antes. Tudo que sabemos com certeza é que antes de seu desaparecimento c. 400 a.C., os olmecas passaram o bastão da civilização na área para uma cultura que era, na época, apenas uma promessa, e que hoje conhecemos como maias. Embora a relação exata entre essas duas culturas ainda não seja conhecida, os maias adotaram elementos da linguagem escrita e do sistema de calendário dos olmecas, e viam-se como seus sucessores materiais e espirituais.

Oito Graus a Oeste do Norte

A primeira coisa que intrigou a arqueóloga Marion Popenoe Hatch, no início da década de 1970, sobre o sítio de La Venta, foi sua orientação, precisamente oito graus a oeste do norte verdadeiro. Ela ficou determinada a compreender o propósito maior do sítio, inclusive a função de sua pirâmide de dez faces. Um colega sugeriu que La Venta poderia ter tido uma função astronômica, pois, como em vários sítios olmecas, aquele parecia apontar para algum ponto do céu setentrional. Começando pela premissa de que a astronomia olmeca levou mil anos de observações até vingar, Hatch começou com a data inicial de 2000 a.C. (*ver fig. 15*).

Trabalhando em parceria com um astrônomo acadêmico, a primeira coisa que Hatch percebeu foi que não havia Estrela Polar naquela época. Isso significa que, se a pirâmide de La Venta e os complexos de montes tivessem sido, como achava ela, "construídos com a finalidade de fazer observações astronômicas e cálculos calendáricos",[1] então ela precisaria procurar uma estrela que pudesse se alinhar com o eixo de alinhamento nor-noroeste do sítio.[2]

Uma constelação chamou imediatamente a sua atenção: a Ursa Maior, também chamada de Grande Ursa. Há muito essa constelação tem servido de "relógio estelar", pois sua "vasilha", um trapezoide formado por quatro estrelas brilhantes, é facilmente identificada no céu noturno. Além disso, a constelação costuma ser circumpolar nessa latitude e mantém-se visível (se as nuvens deixarem) ao longo do ano. Assim, após consultar diversos mapas estelares, Hatch percebeu que, à meia-noite de 21 de junho, solstício de verão, o ponto central da "vasilha" da Ursa Maior cruzava o meridiano em seu ponto *mais baixo*. De fato, suas estrelas inferiores parecem quase roçar o horizonte norte. Isso a intrigou, e assim, analisando melhor o céu noturno, ela percebeu que, ao mesmo tempo, Sadr (gama Cygni), a estrela bem no centro do padrão cruciforme de Cygnus, atravessava o meridiano em seu ponto *mais elevado*.

A visão das duas constelações passando pelo meridiano em direções opostas, uma sobre a outra e com o eixo celeste no centro, teria sido atraente, na opinião de Hatch, para quem quer que testemunhasse tal fenômeno celeste. Como

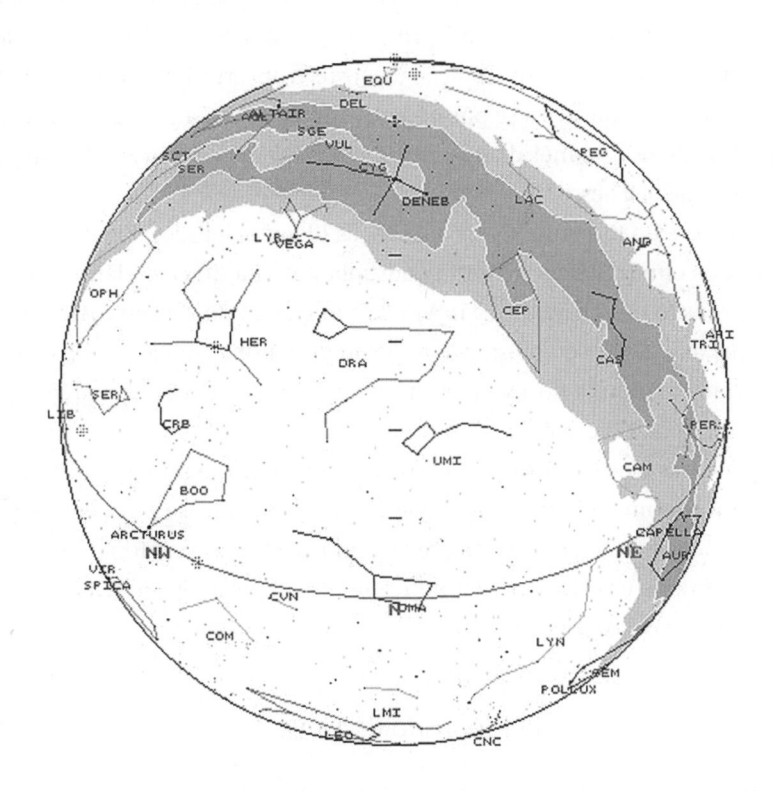

Fig. 15. O céu setentrional visto do México à meia-noite, na noite do meio do verão, c. 2000 a.C, mostrando Cygnus em seu trânsito meridiano superior e a Ursa Maior em seu trânsito meridiano inferior.

também era o dia que assinalava o início da estação chuvosa, quando a vegetação começava a brotar, o evento todo pode muito bem ter sido visto como um momento de transição, marcando o novo ano, o início e o final de um ciclo calendárico. Como a própria Hatch comentou: "Tal evento teria sido espetacular, tendo lugar ao longo de metade da noite do mesmo dia em que o Sol se levanta e se põe em sua posição mais ao norte de todo o ano".[3]

O Calendário Quádruplo dos Olmecas

Por trás de todo esse cenário celeste, à meia-noite de 21 de junho de 2000 a.C., havia o simples fato de que, quando Sadr cruzou o meridiano, o Sol estaria exatamente a 180 graus, ou a 12 horas de distância, perto da constelação de Leão (na verdade, entre Leão e a vizinha Câncer). O fato de esse asterismo ficar em seu próprio trânsito meridiano à meia-noite, exatamente seis meses depois, em 21 de dezembro, dia do solstício de inverno, situou Cygnus em oposição direta a ela.[4]

Além disso, se um observador dirigisse sua atenção para o leste, à meia-noite de 21 de junho de 2000 a.C., veria o grupo de estrelas das Plêiades nascendo naquele momento. Virando-se na direção do oeste, o observador teria visto a constelação de Escorpião prestes a se pôr no horizonte, o que significa que a Via Láctea faria uma faixa desde o meridiano, onde Cygnus estaria em seu zênite, até a posição de Escorpião, a oeste.[5]

Essa relação fixa entre Cygnus, Leão, as Plêiades e Escorpião deu aos antecessores dos olmecas uma divisão quádrupla perfeita do calendário solar. Pois, além do trânsito meridiano de Leão à meia-noite de 21 de dezembro de 2000 a.C., vemos que, em 22 de setembro, o equinócio de outono, as Plêiades fizeram seu próprio trânsito meridiano à meia-noite, enquanto que, em 21 de março, equinócio da primavera, Escorpião fez o mesmo.[6]

Cygnus, as Plêiades, Leão e Escorpião. Cada uma atingiu seu zênite no meridiano à meia-noite em 2000 a.C., fosse num solstício, fosse num equinócio, os quatro grandes momentos de transição do ano. Será que esses foram os mais importantes grupos estelares do céu noturno nessa época distante? Tal suposição parece difícil de se negar.

O Propósito de La Venta

O mesmo fenômeno básico de Sadr e o ponto central da vasilha da Ursa Maior alinhando-se no meridiano, à meia-noite de 21 de junho, teria continuado praticamente sem alteração no céu noturno durante os 800 ou 1.000 anos seguintes, levando-nos à era da cultura olmeca e à construção de La Venta. A lenta trajetória de precessão teria mudado muito pouco o momento em que as estrelas cruzavam o meridiano. Em 1000 a.C., algumas das estrelas que formam a vasilha da Ursa Maior se punham no horizonte todas as noites, assim que Sadr atingia seu ponto mais elevado. Contudo, por volta de meia-noite e meia, Dubhe (alfa Ursa Maior), a mais brilhante estrela dessa constelação, atravessava o meridiano em direção ao leste, enquanto Sadr passava sobre o observador em direção ao oeste.

Por causa da precessão, o ponto central da vasilha agora ficava levemente fora da direção norte, e parecia desaparecer no horizonte num azimute de oito graus a oeste do norte – exatamente a orientação de La Venta.

Além disso, um pequeno monte posicionado a noroeste da principal pirâmide de La Venta estava orientado precisamente para o ponto onde Sadr se punha no horizonte, em 1000 a.C.⁷ Logo, um acúmulo gradual de fatos acabou convencendo Marion Popenoe Hatch de que os olmecas tinham usado cálculos astronômicos que já contavam 1.000 anos quando La Venta foi construída, e que Cygnus, movendo-se juntamente com a Ursa Maior, anunciava o aparente ano novo desde 2000 a.C. até o início da civilização olmeca.

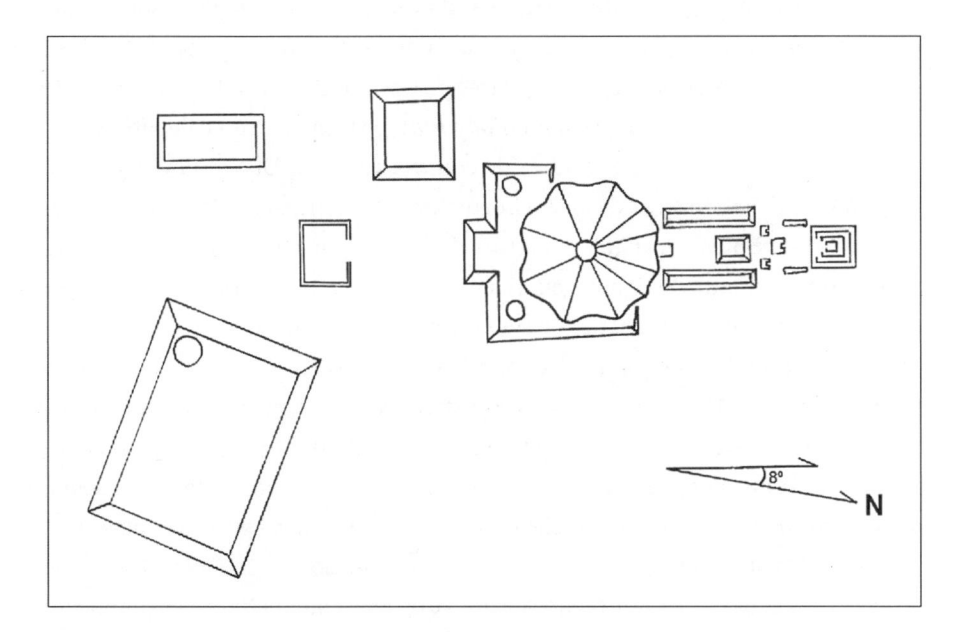

Fig. 16. Planta da cidade olmeca de La Venta, mostrando seu eixo central deslocado oito graus para oeste do norte, focalizando assim o ponto central da vasilha da Ursa Maior em seu trânsito inferior em 1000 a.C.

Hatch sugeriu que as observações astronômicas de La Venta, no meio do verão, eram acompanhadas de ritos mágico-religiosos que se iniciariam antes da meia-noite e culminariam pouco depois do nascer do Sol. A apoiar essa ideia, ela mencionou o fato de que, na tribo maidu da Califórnia, um dos papéis do sacerdote-xamã era calcular com precisão a contagem regressiva até a celebração da aurora no meio do verão, observando as estrelas da Ursa Maior.[8]

Tudo isso me lembrou de minhas posições a respeito das festividades de solstício, que supus que acompanhariam o surgimento da Via Láctea no horizonte do Grande Círculo de Newark nas horas que antecediam o Sol do meio do verão c. 100 a.C. (*ver acima, página 75*). Tive a certeza de que esse evento teria envolvido práticas cerimoniais que continuavam até o nascer do Sol, quando o disco solar aparecia no horizonte em meio à única brecha no grande banco de terra da construção.

Ursos Marchando e Efígies de Pássaros

Também me lembrei do Eagle Mound de Newark, alinhado com essa mesma abertura, e no papel que Cygnus parece ter tido no mundo cosmológico da cultura hopewell. O arqueoastrônomo Thaddeus M. Cowan, que identificou com Cygnus certos montes em efígies em forma de aves dos nativos americanos, observou que eles costumam aparecer perto de montes em efígies em forma de *ursos*.[9] Ele vê esses montes como representações terrestres da Grande Ursa, ou Ursa Maior – uma atribuição do Velho Mundo que, com quase toda certeza, data do Paleolítico.

Um conjunto de montes conhecido como "Grupo dos Ursos Marchando", no Effigy Mounds National Park, em McGregor, Iowa, está situado na vizinhança imediata de três montes em efígies em forma de ave. Cowan suspeita que eles representam o movimento de Cygnus em relação à posição da própria Ursa Maior em torno do polo celeste. Em agosto e setembro, há uns 2.000 anos, a Grande Ursa chegou à parte inferior de sua "oscilação de verão" no céu setentrional, ou seja, *o ponto mais baixo* de seu trânsito pelo meridiano à meia-noite. Ao mesmo tempo, como Marion Popenoe Hatch tinha percebido de modo independente em conexão com La Venta, as estrelas de Cygnus cruzaram o meridiano diretamente acima das estrelas da Ursa Maior. Esse relacionamento harmonioso entre as duas constelações se ajusta muito bem à maneira pela qual os montes em efígies de urso e de pássaro ficam dispostos no chão, levando Cowan a concluir que eles significam o movimento giratório de Ursa Maior e de Cygnus ao redor do polo celeste no final dos meses de verão.[10]

Não só essa nova informação reforça as descobertas de Hatch referentes ao uso que os olmecas faziam dessas duas constelações, como também confirma que os hopewell e seus sucessores representavam Cygnus em montes em efígies de aves, e viam esse grupo estelar como um indicador celeste de tempo. E mais: se Cowan estiver certo e os hopewell realmente identificavam as estrelas de Ursa Maior com um urso cósmico, então é provável que essa associação realmente recue até o Paleolítico e tenha sido importada do continente eurasiano para as Américas antes de c. 9500-8000 a.C., quando a ponte terrestre de Beríngia finalmente submergiu.

Os Were-Jaguar

Ao propor que os olmecas viam as estrelas de Ursa Maior e de Cygnus como importantes relógios noturnos, Hatch ofereceu diversos exemplos de arte olmeca para ajudar a reforçar essa hipótese (*ver fig. 17*). Estátuas de pedra e figuras de jade daquele que seria o "were-jaguar" – um híbrido felino-humano – costumam ter símbolos abstratos que parecem representar essas duas constelações. Ele tem a cabeça chata, com uma fenda no meio, enquanto seus lábios são quadrados e voltados para baixo, exatamente como a "vasilha" de Ursa Maior.[11] Às vezes, o lábio é representado com uma linha entalhada ou incisa que liga quatro furos que também lembram a clara disposição dessas quatro estrelas.

Características abstratas semelhantes também são encontradas nos altares e estelas (pedras eretas entalhadas) olmecas, que parecem ter um arco ou nicho aberto, sugerindo a mandíbula de um jaguar, com linhas quase retas. Além disso, o símbolo de "faixas cruzadas", típica da astronomia maia e identificada por Hatch como sendo Cygnus, aparece nos olhos, na testa ou no peito dessas figuras e entalhes dos were-jaguar.[12]

Hatch lembra ainda que o símbolo usado para indicar observações astronômicas na arte dos maias era, mais das vezes, um par de gravetos cruzados na entrada de um templo, ou a cabeça de um homem olhando através de gravetos cruzados, ou mesmo um olho em um entalhe. Todos esses símbolos podem ter resultado do uso das estrelas de Cygnus para determinar eventos relacionados com o tempo no calendário solar, bem como a posição exata do norte verdadeiro, importante para a orientação na construção de estruturas (*ver Capítulo Doze em conexão com o antigo Egito*).[13] Indiscutivelmente, os were-jaguar, que, segundo se imagina, representariam um xamã que se transformou em uma criatura felina, mostra a inteligência celeste responsável pelo movimento dessas constelações como mantenedor do tempo cósmico.

É interessante comentar que, em pelo menos um relevo olmeca, o símbolo das "faixas cruzadas" aparece como o olho visível de uma serpente com cabeça humana (*ver fig. 18*).[14] Sua existência sugere que, num dado momento, as estrelas de Cygnus podem ter feito parte de uma superconstelação, indiscutivelmente uma serpente emplumada, ou pássaro-serpente, que incluía as estrelas de Draco (Dragão), que, conforme Marion Popenoe Hatch descobriu, estariam intimamente ligadas ao registro maia do tempo, assim como Ursa Maior e Cygnus na época dos olmecas.

Fig. 17. Machado votivo olmeca da cidade do México na forma do were-jaguar, símbolo do céu noturno. Observe seus lábios voltados para baixo, representando a vasilha de Ursa Maior de cabeça para baixo, juntamente com o tênue símbolo de "faixas cruzadas" (levemente entalhado no peito, acima de suas mãos) representando Cygnus.

Fig. 18. Imagem olmeca de uma serpente com o símbolo de faixas cruzadas no lugar do olho, segundo Xu. Sugeriria uma superconstelação com as estrelas de Draco e de Cygnus?

Chegou-se a essa conclusão após o cuidadoso exame de um texto maia conhecido como Códice de Madri. Estudando o surgimento de glifos de faixas cruzadas em relação à posição de uma serpente retratada em diferentes ângulos e em páginas consecutivas, Hatch determinou que eles representavam a relação funcional entre Sadr em Cygnus e as estrelas de Draco.[15] Mais uma vez, era seu trânsito pelo meridiano, à meia-noite, que assinalava pontos de transição no calendário maia solar, que era dividido em três estações iguais – duas com 122 dias e uma com 121 dias, com um dia extra a cada ano bissexto. Isso levou-a a concluir o seguinte:

> Parece-me que a consistência do ajuste entre o glifo das faixas cruzadas e o caminho de Cygnus está além da coincidência. Se a relação foi analisada corretamente, fica evidente que os maias, por algum motivo, estavam profundamente interessados nessa constelação (ou estrela) específica.[16]

Assim, Sadr, ou Cygnus, era vista como um marcador de tempo importante na cosmologia maia, que se esforça para explicar sua conexão com a ave celeste que encontramos no alto da Árvore do Mundo maia, conhecida como *Wakah-Chan* ou "Céu Elevado" (*ver fig. 19*).

Tal como em mitos cosmológicos similares do mundo todo, a Árvore do Mundo dos maias representa o eixo cósmico, o pivô do céu noturno. Ela teria raízes em *Xibalba*, o mundo inferior dos maias, com o tronco emergindo do meio da Terra e seus galhos superiores no céu. Hoje, a árvore ainda é um símbolo importante nos costumes religiosos e crenças maias, e costuma ser retratada como uma cruz que se parece muito com a cruz cristã do Calvário. Também pode ser vista sobre altares tradicionais, encontrados por toda a península do Iucatã, onde é conhecida como Yax Che', a Primeira Árvore (ou Árvore Verde).[17]

O Universo Maia

No trabalho acadêmico *Maya Cosmos: Three Thousand Years on the Shaman's Path*, publicado em 1993, os estudiosos americanos David Freidel, Linda Schele e Joy Parker pintam um quadro notável da cosmologia maia. Eles dizem que, como em culturas do mundo inteiro, a Árvore do Mundo dos maias parecia penetrar com o eixo celeste o "coração do céu", que eles descrevem como a região sombria "perto de Polaris, a Estrela do Norte".[18] Acrescente a isso o fato de que diversas imagens da Árvore do Mundo na arte maia mostram um escorpião em sua base (ver abaixo), e fica claro que a Árvore do Mundo é uma representação da Via Láctea. Como escreveu Linda Schele logo após essa importante descoberta:

> Desenhei Escorpião e a Estrela do Norte e olhei o resultado. Meu coração pareceu saltar pela boca. Lá estava. A Via Láctea se estendia de sul a norte, desde Escorpião até a Estrela do Norte. A *Wakah-Chan* ("Céu Elevado") era a Via

Láctea, conhecida também como *Sak Be* ("A Estrada Branca") e *Xibalba Bih* ("Estrada do Encanto").[19]

Se for assim, então isso significa que a barra transversal da Árvore do Mundo, que lhe confere a aparência nítida da cruz cristã, significa a eclíptica – o ponto ocupado pelas estrelas de Escorpião e Sagitário. Geralmente, essa barra horizontal sobre a Árvore do Mundo dos maias termina com cabeças de serpente, associando as estrelas de Escorpião, mais uma vez, a essa criatura mítica, embora Escorpião pareça ter sido identificada separadamente com um asterismo maia chamado *sinaan*, "escorpião", mostrado na base da árvore cósmica que simboliza a Via Láctea. Se essa constelação for a mesma que nosso Escorpião, então temos um estranho paralelo, pois não pode ser por coincidência que tanto os maias como os babilônios tenham concebido originalmente o mesmo conjunto de estrelas do céu noturno como um escorpião. Há de haver uma raiz comum recuada no tempo, embora o valor exato ainda seja passível de discussão.

O conceito maia de firmamento, conhecido como "coração do céu", está situado no mesmo lugar das outras tradições examinadas até o momento – além do ponto onde a Árvore do Mundo penetra o polo norte celeste. Empoleirada sobre ela, vemos um *Itzam-ye*, o Pássaro Serpente ou Pássaro Celeste, cujo nome significa o "Caminho de Itzamna", um deus-serpente maia. Itzam-ye tem uma contrapartida direta entre os maias de Yucatec em *K'inich K'ak'mo*, "Arara de Fogo com Sol no Olho",[20] bem como um ancestral na forma de um monstro alado, conhecido pelos estudiosos como "Principal Divindade-Pássaro".[21] Ele parece ter sido o vistoso rei-abutre (*Sarcoramphus papa*), que costuma aparecer na arte maia com uma cobra no bico. Arara, abutre e cobra reúnem-se na América Central na crença dos cakchiquel, uma tribo das montanhas da Guatemala aparentada com os maias. Eles veneram *Xib'alb'ay Kaqix*, "Arara do Mundo Inferior", descrita como um "pássaro como um abutre que come cobras".[22]

A Queda de Sete Arara

No *Popol Vuh*, mito da criação dos maias quiche da Guatemala, Itzam-ye torna-se o fabuloso pássaro *Vucub-Caquix*, "Sete Arara". Há éons, quando tudo estava nas trevas, Sete Arara iluminou o mundo com sua beleza. Mas o pássaro tornou-se orgulhoso, a ponto de pensar que era o Sol e a Lua, senhor de tudo. Depois, surgiu *Hunahpu* ("Atirador de zarabatana Um"), um dos dois mitológicos Gêmeos Heróis, que decidiu colocar Sete Arara em seu lugar. Na luta, Hunahpu usou sua zarabatana para atingi-lo em seu rosto e dentes, tirando a valentia do pássaro. Esse ato destruiu o orgulho de Sete Arara, que acabou morrendo.

É claro que esse pássaro, como os were-jaguar da tradição olmeca, teve um papel como guardião do tempo cósmico, e seu reino altivo foi abreviado quando a era primordial se encerrou. Assim, seria interessante procurar a verdadeira identidade de Itzam-ye/Sete Arara entre as estrelas. Contudo, fiquei intrigado ao descobrir que os autores de *Maya Cosmos* equiparavam o pássaro cósmico com as estrelas de Ursa Maior. Essa identificação pode derivar do comentário que acompanha uma tradução do *Popol Vuh* feita pelo professor Dennis Tedlock da State University de Nova York, publicada pela primeira vez em 1985. Nela, ele diz que o papel etnoastronômico de Sete Arara é indicado "pelo fato de que alguns falantes atuais de quiche (uma língua maia) usam seu nome para indicar as sete estrelas da Grande Ursa".[23] Não se apresenta outra evidência para apoiar a associação entre o pássaro e a Ursa Maior, e não consegui constatá-la em outro lugar.

Fig. 19. Ave cósmica maia, Sete Arara, ou uma variação desta, sentada no alto de Wakah Chan, a Árvore do Mundo, representando a Via Láctea desde Escorpião até o extremo norte, na proximidade de Cygnus.

Para mim, havia alguma coisa errada. Para começar, se Itzam-ye se senta entre os galhos da Árvore do Mundo, uma expressão da Via Láctea, então é aí que alguma busca para encontrá-lo deve começar. Além disso, o fato de os galhos superiores da árvore penetrarem o eixo celeste sugeriu que deveríamos procurar a identidade do pássaro celeste na proximidade do caminho do polo, um caminho em permanente mudança.

Só um grupo estelar situado na Via Láctea ocupa o caminho do polo celeste, e esse grupo, como sabemos, é Cygnus. Em contraste, Ursa Maior não fica perto do polo celeste, e se situa a uma distância considerável da Via Láctea. Diante dessa informação, não parecia haver modo de Itzam-ye/Sete Arara ter sido originalmente Ursa Maior – essa denominação era claramente uma invenção moderna. É muito mais provável que Sete Arara e suas variações tenham sido personificações de Cygnus, como o pássaro celeste no alto do eixo cósmico.[24]

Situar efetivamente Itzam-ye/Sete Arara na Via Láctea faz com que a história encontrada no *Popul Vuh* tenha sentido ao tratar das aventuras e feitos dos Gêmeos Heróis. Depois de causarem a morte do pássaro, eles se insurgiram contra os senhores maléficos de Xibalba, lugar ao qual se chegava percorrendo a Estrada Xibalba. Podemos identificar essa estrada com o Grande Vale da Via Láctea, que começa na proximidade de Cygnus e termina abaixo da linha da eclíptica, no "mundo inferior", Xibalba. Aqui, os Gêmeos Heróis são encarregados de concluir uma série de tarefas e testes impossíveis, criados para eles pelos senhores de Xibalba, os quais eles acabam derrotando valendo-se de truques e ardis. Após recuperar e ressuscitar os restos de seu pai e de seu tio, mortos anteriormente pelos senhores das trevas, os Gêmeos Heróis sobem ao céu. Como narra o *Popol Vuh* com relação a essa vitória:

> E então os dois garotos subiram por este caminho, aqui no meio da luz, e subiram reto pelo céu, e o Sol pertence a um e a Lua a outro.[25]

A Contagem Longa

A relação precisa entre o final de uma era anterior, ou "sol", na cosmologia maia, e o início da atual, era determinada por um complexo calendário conhecido como "Longa Contagem". Implementado pelos maias por volta de 355 a.C., relaciona-se com um ciclo que dura exatamente treze *baktuns*, correspondendo a um período de pouco mais do que 5.125 anos solares. Curiosamente, a Longa Contagem foi idealizada para iniciar não no momento em que foi introduzida, mas no ano 3114 a.C., uma data que, com quase toda certeza, está em sincronia com um sistema olmeca anterior de Longa Contagem.[26] A razão para tal data ter sido escolhida com essa finalidade ainda não está clara, embora, com grande probabilidade, esteja relacionada com algum cálculo astronômico. Se tem alguma relação com o fenômeno da precessão, é impossível afirmar, embora devamos observar que 5.125 anos é aproximadamente um quinto de um ciclo precessional.

A tudo isso podemos acrescentar, com certeza, que, como a Fênix das lendas greco-romanas, que volta a Heliópolis e é consumida em sua própria pira ao final de cada era mundial, Itzam-ye/Sete Arara significaria a culminação de um sol e o início de outro. Assim, acredito que mitos cosmológicos dessa natureza, envolvendo um pássaro celeste, a Árvore do Mundo e o uso de estrelas e de constelações para monitorar o tempo cósmico, têm uma origem universal que recua à época paleolítica. Entretanto, não posso deixar o assunto por aqui, pois recentemente tem aumentado um fenômeno em torno do final do atual ciclo de treze *baktun*, programado para o dia 21 de dezembro de 2012.

Cosmogênese 2012

Em 1975, o escritor, explorador e filósofo psicodélico Terence McKenna, em um livro intitulado *The Invisible Landscape* (1975), que escreveu com seu irmão Dennis, usou um processo que chamaram de "Timewave Zero" ou Onda do Tempo Zero (*ver Capítulo Vinte e Um*) para calcular os momentos-chave da "novidade", localizando a rápida evolução do desenvolvimento humano desde o início da espécie. Isso destacou diversos períodos de progresso da tecnologia, da civilização, da religião e da cultura. Depois, os McKenna usaram essa mesma fórmula para proporcionar um "Ponto Zero" no qual o atual ciclo iria terminar. Esse ponto cai no final de 2012, e só depois eles perceberam que o momento equivalia à conclusão do ciclo maia de treze *baktun* na aurora do dia 21 de dezembro de 2012.[27]

No momento em que esse evento deve acontecer, o Sol irá se alinhar, na linha do horizonte, não só com o Grande Vale da Via Láctea, na vizinhança das estrelas de Sagitário, como também com o ponto do céu que é o centro visual de nossa galáxia, o centro astronômico de tudo que fica em um raio de 26.000 anos-luz. Em outras palavras, no instante em que o disco solar aparecer, dará a impressão de ter saído do sombrio e nebuloso coração de nossa própria galáxia.

Na opinião de diversos escritores bem-informados, inclusive John Major Jenkins, autor do recomendadíssimo *Cosmogenesis 2012*, o próximo alinhamento galáctico será algo que os maias não só planejaram, há 2.300 anos, como descobriram na história do *Popol Vuh* sobre os Gêmeos Heróis que anunciam o nascimento do novo sol. A interpretação de Jenkins para a cosmologia maia é de excelente qualidade, e ele se vale de seu conceito para fortalecer seu ponto. Para ele, o Grande Vale da Via Láctea, a "Estrada para Xibalba", pode ser vista como uma espécie de "canal de nascimento cósmico", do qual o importantíssimo sol emergirá no dia 21 de dezembro de 2012.

Embora as implicações escatológicas do alinhamento de 2012 sejam imensas para muitos integrantes do movimento Nova Era, fiquei surpreso ao ver que o importante livro de Jenkins, que contém diversas ilustrações do Grande Vale, não observou que ele emerge na vizinhança da constelação de Cygnus. Com efeito, se quiséssemos ampliar a analogia do canal de nascimento, vendo os ramos separados da Via Láctea em cada lado do Grande Vale como "pernas" de mulher, então Deneb e Sadr estariam exatamente na vizinhança do "útero". Logo, se os maias estavam mesmo a par desse alinhamento galáctico, pode ser que tenham visualizado a conclusão do atual ciclo solar em 21 de dezembro de 2012 em termos levemente diferentes.

Surgimento do Sol-Ovo

Lendas mexicanas de origem pré-colombiana comparam o nascimento do Sol ao nascimento de um "ovo cósmico". Uma fonte fala da Montanha do Mundo, outra expressão universal do *axis mundi*, que se abre bastante para dar passagem ao "sol-ovo", como se emergisse de uma caverna profunda, em analogia com a Estrada para Xibalba.[28] Outra história folclórica, registrada pelo escritor americano John L. Stephens durante sua primeira expedição ao Iucatã em 1839, parece lançar ainda mais luzes sobre o assunto, apesar do fato de que seu propósito material era ajudar a explicar a extraordinária base da Pirâmide ou Templo do Anão, uma enigmática edificação piramidal na cidade maia de Uxmal, a 77 km da cidade de Mérida, na península do Iucatã.

A história contada a Stephens fala de uma anciã que vive sozinha em sua cabana. Ela não pode ter filhos, e por isso aceita cuidar de um ovo. Quando ele se abre, dele sai um radiante menino que estende seus braços para ela. Abençoada com um filho, ela o cria como se fosse seu, e no primeiro ano ele cresce muito depressa, mas depois para completamente de crescer e permanece depois como "anão".

Quando chega a hora, ela o lança contra o *gobernador*, o chefe local, numa série de provas de força. Nenhum dos dois consegue vencer o outro, o que faz com que o governador, angustiado, diga ao anão que, a menos que ele consiga construir uma cidade mais imponente do que a dele, o anão será morto. Ele fala da ameaça para a anciã, que lhe diz para não se desesperar. Na manhã seguinte, todos acordam e se veem dentro de um grande palácio, sem rival em sua beleza e magnificência (ou seja, o Templo do Anão). Ao ver isso, o *gobernador* manda buscar o anão na mesma hora. Ele lhe diz que deveria reunir dois feixes de cogoiol (um tipo de madeira). Com um deles, o *gobernador* vai açoitar o anão. Em troca, o *gobernador* concorda em ser atingido com o segundo feixe. O anão volta para a anciã e chora, mas ela coloca simplesmente uma *tortilla* na cabeça dele e o manda de volta ao palácio.

O ordálio começa com os súditos do *gobernador* aguardando os eventos. Primeiro, ele golpeia o anão, sem nenhum efeito. Usa todos os troncos, mas não causa mal algum a seu oponente. Percebendo que será golpeado, o *gobernador* procura anular o acordo, mas sabe que isso é impossível, pois tem como testemunhas seus chefes e oficiais. Então, o anão o golpeia na cabeça, e com o segundo golpe esmaga seu crânio. O povo rejubila, e dali em diante o anão torna-se o novo *gobernador*. Ao mesmo tempo, a anciã desaparece misteriosamente.

A continuação da história diz que, na aldeia de Mani, uma anciã está sentada à margem de um rio, dentro de um poço profundo que leva a uma passagem subterrânea que, por sua vez, conduz à cidade de Mérida. Uma grande árvore lhe dá sombra, e a seu lado há uma serpente. Ela vende pequenas quantidades de água, embora não aceite dinheiro, pois seu preço é cobrado em bebês humanos, usados para alimentar a serpente. Dizem que essa anciã é a mãe do anão.[29]

A história é uma parábola que pode ser decomposta em componentes mitológicos. A anciã é a mãe-terra mexicana, associada com o poder fertilizador da água. A cobra é seu símbolo, como a deusa nahua do milho, Chicomecohuatl (Sete Serpente), e a árvore que lhe dá sombra, naturalmente, é a Árvore do Mundo. A caverna é a Estrada para Xibalba, e o *gobernador* é o velho sol, que governa por providência divina, mas que é desafiado e vencido pela força e astúcia de um novo sol, o anão. Como a criança radiante nascida do ovo cósmico, ele passa a ser o regente por direito da próxima era mundial.

Será que tudo isso sugere que os maias viam o novo sol como algo surgido de um ovo cósmico deixado no Grande Vale da Via Láctea por um pássaro celeste (ou seja, Cygnus), agindo como um guardião do tempo cósmico?

Nenhuma dessas elucubrações abola o trabalho de cosmólogos da Nova Era como John Major Jenkins. O que de fato destacam é um aparente ponto cego no que diz respeito a levar em conta a importância de Cygnus na cosmologia olmeca e maia, algo notado inicialmente por Marion Popenoe Hatch. Ela se pergunta por que poucos estudiosos que exploram o mundo cosmológico dessas duas importantes civilizações não valorizaram seus estudos nesse campo. Estou convencido de que Cygnus agia não apenas como relógio astronômico para os olmecas e os maias, mas também como arauto e progenitor do sol-ovo, o papel (ainda não reconhecido) que ele terá nos eventos cósmicos de 2012.

Agora, vamos deixar para trás a América Central e viajar para a América do Sul, onde o papel de Cygnus como criador cósmico não fica mais aparente do que em Cuzco, que um dia foi a capital do império inca.

CAPÍTULO SETE

Caminho para os Deuses

Foi com menos de 200 homens armados que, em 1532, o general espanhol Francisco Pizarro (1471-1541) provocou a destruição de uma das maiores civilizações da Terra. O império inca da América do Sul se estendia por mais de 6.400 km ao longo dos Andes, e compreendia montanhas, vales costeiros, desertos e planícies tropicais. Incluía os atuais Peru, Equador, Bolívia e partes do Chile e da Argentina, uma massa de terra maior do que a Europa medieval e até que a do Império Romano. Levou 250 anos de guerras e conflitos para ser criado, e duraria menos de cem anos até seu desaparecimento estranhamente fatalista. No final, foi a cobiça dos espanhóis pelo ouro que os impediu de chegarem a conhecer os segredos de um povo que recepcionou os homens brancos barbados como deuses e irmãos, mas cuja civilidade e cortesia foram traídas a um ponto quase inimaginável.

Umbigo do Mundo

A capital real dos incas era Cuzco, situada a uma altitude de 3.246 m, em meio à cadeia de montanhas dos Andes, que forma a espinha dorsal do Peru. Segundo a tradição, a cidade foi construída no século XIII d.C. por um rei chamado Manco Capac, que se intitulava "filho do Sol". Contudo, arqueólogos acreditam que antes a cidade teria sido uma fortaleza dos wari, uma nação que floresceu durante várias centenas de anos antes do surgimento do império inca.

O nome original de Cuzco, na língua quéchua local, era *Qosqo*, que significa "umbigo" ou "centro", lembrando-nos de Göbekli Tepe na distante Turquia (*ver acima, página 28*) e em outros sítios *axis mundi* espalhados pelo mundo. Refletia o fato de que Cuzco era o centro do império, conhecido por sua vez como *Tawantinsuyu*, que significa "Quatro Quadrantes da Terra", o coração pulsante do fabuloso complexo templário da cidade, ou Corincancha (Curral de Ouro), dedicado a Viracocha, o criador, e a Inti, o deus-sol.

Além da adoração que tinha lugar em seus diversos templos, o Corincancha também era um esplêndido observatório astronômico e instrumento calendárico, usado para calcular tanto o movimento dos corpos celestes como a posição das estrelas. Diz-se que, saindo do centro de Cuzco, havia 40 (ou 42) *seques* (também grafados *ceques*) ou raios, que se espalhavam pelo cenário das redondezas e continuavam sem interrupção, às vezes por dezenas de quilômetros, através de planícies e de montanhas. Vistas no solo como trilhas batidas, marcavam a posição de não menos do que 328 *wakas* (ou *huacas*), expressão discutida abaixo e que, nesse contexto, pode ser lida como "santuários" ou "locais sagrados". Os mais importantes *seques* estariam alinhados com pontos do horizonte onde o Sol se erguia e se punha nas épocas dos equinócios e solstícios, enquanto outros poderiam estar alinhados com o nascimento de estrelas. Cada um era cuidado por um sacerdote de diferentes partes do império, cuja responsabilidade era manter os *wakas* em seu *seque* específico.

Quando os primeiros espanhóis entraram em Cuzco, testemunharam festivais aparentemente intermináveis no Corincancha, onde as paredes e tetos estavam literalmente cobertos de ouro. Mesmo depois que o complexo de templos foi privado de suas riquezas e substituído pela grande igreja de São Domingos, as cerimônias continuaram, embora, ao menos nominalmente, em nome de Cristo, de Maria e dos santos. Hoje, o Festival do Sol, ou *Ind Raymi*, que acontece todo dia 24 de junho, o solstício de inverno, ainda é um espetáculo animado e maravilhoso. Proporciona significado espiritual não apenas para os milhares de turistas estrangeiros que visitam a antiga cidade, todos os anos, mas também para o povo local, de língua quéchua, que ainda reverencia o lugar.

No meio da quadra central de Coricancha, há uma curiosa caixa de pedra octogonal chamada *Cuzco Cara Urumi*, a "Pedra Descoberta do Umbigo". Antes forrada com 55 kg de ouro, assinalaria o meio de Tawantinsuyu, embora como ela tenha chegado lá e qual teria sido sua função ainda sejam pontos obscuros. Entretanto, agora surgem evidências que explicam melhor a antiga importância de Cuzco como *axis mundi* do povo inca, e não deve surpreender ninguém saber que a resposta tem natureza evidentemente cosmológica.

O Rio Celeste

Os incas – palavra que se traduz como "Filhos do Sol" – possuíam um conceito ao qual se referiam como *waka* (*huaca*), que pode ser traduzido de várias maneiras em função do contexto. Descreve o espírito de um lugar sagrado, como um cemitério, santuário ou templo, como também qualquer lugar em que tal espírito resida. Um *waka* se situa além da presença habitual da natureza – em um lugar enfatizado por mãos humanas com finalidade religiosa, ou pelo fato de se fazerem oferendas regularmente. Com efeito, fica em qualquer lugar onde haja um sentimento da espiritualidade.

Waka também pode ser aplicado a lugares que têm a aparência de uma criatura viva, como colinas proeminentes e áreas rochosas. Tais lugares, geralmente considerados apenas como divertidos simulacros na cultura ocidental, sempre foram venerados como sagrados por povos indígenas do mundo todo. Para as raças nativas da América do Norte, os bosquímanos *san* do sul da África e os aborígines da Austrália, formações rochosas naturais são vistas como forças sobrenaturais personificadas, que podem afetar comunidades locais e aqueles que entram em contato com elas. Esse fenômeno fica muito aparente na paisagem rochosa dos Andes peruanos. Representações terrestres de animais, árvores e figuras antropomórficas não apenas são identificadas, como realçadas pela escultura da paisagem, que inclui a construção e localização de cidades, fortalezas e terraços agrícolas.

Essas efígies da paisagem estavam intimamente ligadas à mitologia andina. E mais, há, perto de Cuzco, um profundo vale fluvial, com mais de 100 km de extensão, pelo qual corre o Urubamba, rio também conhecido como Vilcanota ou Willcammayu, que significa "Rio Sagrado".[1] Ele vai da cidade de Pisac à fortaleza montanhosa de Machu Picchu – conhecida pelos estrangeiros apenas desde 1911, após sua descoberta pelo arqueólogo americano Hiram Bingham – e contém diversas formações *waka* naturais, que reforçam e se ligam à crença de que ele é um reflexo especular do *Mayu*, ou Rio Celeste, nome andino para a Via Láctea.[2]

Conhecido como Valle Sagrado de los Incas, essa paisagem secreta foi palco de diversos festivais religiosos importantes, homenageando as formas sobrenaturais que o folclore andino via em meio às regiões de luz e de sombra da Via Láctea. Entre elas, havia as grandes peregrinações cerimoniais feitas na época do solstício de junho e registradas por Cristobál de Molina, sacerdote do hospital de Cuzco para os nativos, em seu livro *Fábulas y Ritos de los Incas*, escrito entre 1570 e 1584.[3]

Os sacerdotes começavam na cidade e depois iam para sudeste, acompanhando o caminho do Rio Celeste, até chegarem à passagem de La Raya, onde começa o Vilcanota e, na lenda inca, o Sol teria nascido.[4] Feitas as oferendas e após a conclusão dos ritos, os sacerdotes voltavam para Cuzco antes de rumarem para noroeste a fim de encontrarem novamente o Vilcanota, que flui de sudeste para nordeste. Era assim que os incas conseguiam sincronizar o Rio Celeste com seu equivalente terrestre.

Além desses festivais, outra cerimônia importante, conhecida como *Mayucati*, tinha lugar em Cuzco na época do equinócio de outono, por volta de 21 a 23 de março. Eram feitas ofertas ao rio Huatanay, afluente do Vilcanota, na crença de que elas seriam levadas até a antiga cidade de Ollantaytambo, e depois iam para o norte, rumo ao mar.[5]

Constelações de Nuvens Escuras

No Ocidente, identificamos as constelações em virtude de linhas traçadas de estrela a estrela, mas na América do Sul os povos tradicionais identificam, além disso, as chamadas constelações de "nuvens escuras" em meio aos espaços nebulosos da Via Láctea. O exemplo mais óbvio é o Grande Vale, embora haja diversas outras lacunas na trilha branca e estrelada da Via Láctea, especialmente no Hemisfério Sul, onde ela atinge seu extremo sul nas vizinhanças da constelação conhecida como Crux Australis, ou Cruzeiro do Sul, que, embora muito menor, reflete Cygnus, a Cruz do Norte dos céus setentrionais.[6]

Além de constelações de estrelas pontuais e de nuvens escuras, a etnoastronomia andina inclui outras constituídas de uma mistura de ambas, e são encontradas representações de todas essas variantes como efígies ao longo do Vale Secreto. É extraordinário, mas incluem um enorme condor que emerge da Montanha do Condor, acima da antiga cidade de Pisac, onde o vale começa;[7] uma "Árvore das Origens" acima da cidade de Ollantaytambo;[8] um lhama sagrado (*Catachillay*), com seus filhotes, esculpido em uma montanha chamada Tamboqhasa, também próxima a Ollantaytambo;[9] e um poderoso Caimã Voador (*Amaru Tupac*), que cobre completamente Machu Picchu em seu voo.[10]

A realidade espiritual dessas efígies nas paisagens é evidenciada em um livro intitulado *The Sacred Valley of the Incas*, escrito por E. Elorrieta e Edgar Elorrieta Salazar. Eles citam relatos de antigas fontes coloniais, como o respeitado jesuíta espanhol Bernabé Cobo (1582-1657), que, em 1653, registrou:

> Eles dizem que esses primeiros homens, tendo gerado descendentes, foram transformados nesse mesmo lugar; alguns se tornaram pedras, outros fal-

cões e condores e outros animais e aves, e é por isso que os templos e Huacas que eles adoram têm diferentes formas e figuras.[11]

A importância desses *wakas* da paisagem não pode ser subestimada. Tal como ocorre com suas contrapartidas celestes, as efígies terrestres eram, e de fato são, elementos que reforçam a fertilidade e a prosperidade de uma comunidade local – indiscutivelmente, o motivo pelo qual a comunidade foi fundada nesse lugar.

O Puma Terrestre de Cuzco

O mais poderoso de todos esses *wakas* da paisagem foi reservado para a própria Cuzco. A tradição local afirma que a antiga cidade pode ser vista como um gigantesco puma terrestre, com sua forma identificável tanto em características naturais quanto artificiais. Sacsahuaman – a fortaleza de Cuzco, construída no alto de uma colina e famosa por suas muralhas feitas de espantosas pedras ciclópicas – constitui a cabeça do grande felino, enquanto seus blocos recortados, multifacetados, alguns pesando até 200 toneladas, tornam-se os dentes pontiagudos da criatura. A praça principal da cidade, Huacaypata, corresponde à barriga e às pernas, enquanto o Coricancha, substituído pela igreja colonial de São Domingos, fica na proximidade de sua genitália. Finalmente, a espinha e a cauda do puma são representadas pelos rios Tullumayu e Huatanay, que fluem até o rio Vilcanota.

A cosmologia inca alude ao puma como totem de *kay pacha*, literalmente "este mundo", ou o mundo físico, do qual Cuzco era o *axis mundi*. Mas se as efígies de paisagem do Vale Sagrado, que celebram o curso sinuoso do Vilcanota, devem ser vistas como representações terrestres de constelações que se acham dentro da Via Láctea, então seria possível identificar a contrapartida celeste do grande puma de Cuzco?

Centro de Origem

Foi esse mistério que Giulio Magli, professor de matemática e física do Instituto Politécnico de Milão, na Itália, se dispôs a resolver em 2003. Ele observou que constelações de nuvens escuras só costumam ser identificadas dentro da área da Via Láctea no Hemisfério Sul, tal como vistas de Cuzco, na época do equinócio de outono austral (inclusive uma "serpente" escura que rodeia as estrelas de Escorpião[12]). Contudo, a parte da Via Láctea que se destaca no Hemisfério Norte fica visível perto de outubro, começo da estação chuvosa, e o aspecto mais característico dessa seção é, como vimos, o Grande Vale, marcado, em seu ponto mais elevado, pelas estrelas de Cygnus.

Do solo, tem-se a impressão de que Mayu, o Rio Celeste, dividiu-se em duas vertentes, um fato relevante, pois o antropólogo Gary Urton – que fez um estudo exaustivo da etnoastronomia andina – registra que era essa a interpretação no passado. Segundo seu informante:

> A Via Láctea (...) é feita de dois rios, na verdade, e não um. Os dois Mayus [rios] se originam em um ponto comum no norte, fluem em direções opostas de norte para sul, e colidem de frente no sul da Via Láctea (...) Esses dados indicam que o Rio celeste tem um segundo centro, um "centro de origem", no norte.[13]

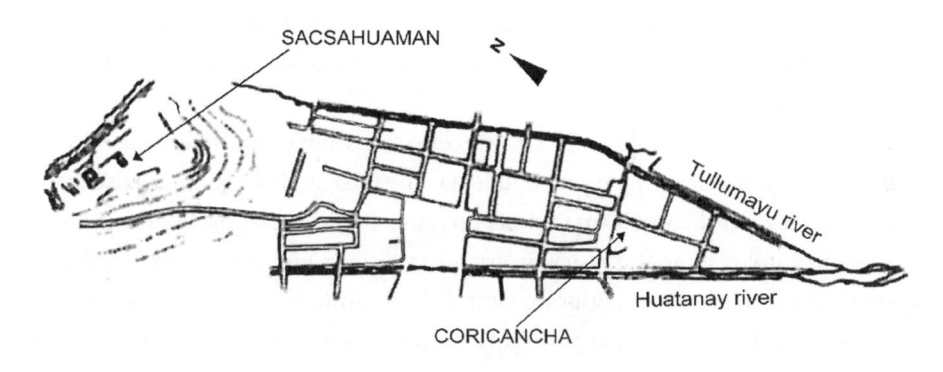

Fig. 20. Cuzco como a Cidade do Puma, símbolo do *kay pacha*, literalmente "este mundo", o *axis mundi*, ligado a Cygnus na Via Láctea.

Essa foi uma descoberta extremamente importante. Cuzco situa-se na latitude de 13,5 graus ao sul do equador, mas, apesar disso, o norte é considerado "acima", ou "mais alto", embora seja visível o polo celeste sul; seu polo correspondente no norte é invisível, mesmo a um grau ao sul do equador.[14] Ademais, o solstício do meio de inverno no sul (junho) era, e ainda é, celebrado na cidade, e não o solstício do meio do verão no sul (dezembro), que marca o mais longo dia do ano. Isso, apesar de o sol de dezembro chegar a dez graus do zênite – com o solstício de junho consideravelmente mais baixo. Além disso, "Cuzco Superior" é a parte norte da cidade, enquanto a mais alta montanha do império, ligada ao solstício de junho e situada na área mais ao norte do império, era marcada por um rio chamado "a mais elevada parte da casa do azul-céu".[15]

Tudo isso é indicado em *The Secret of the Incas* (1996), uma obra de importância inestimável que expõe a postura cosmológica dos incas e foi escrita pelo historiador cultural William Sullivan. Diz que:

> Como as cabeceiras dos dois ramos do rio celeste encontram-se ao norte e desembocam no sul, na vizinhança do Cruzeiro do Sul, o norte deve ser "mais alto" do que o sul. E, como os rios saem de montanhas, a montanha cósmica também deve estar no céu do norte.[16]

As conclusões tiradas disso tudo são claras. Os incas acreditavam que o centro celeste daquilo a que se referiam como *hanaq pacha*, o "mundo de cima", o mundo celeste, estava ligado ao "umbigo" de *kay pacha*, "este mundo", marcado por *Cuzco Cara Urumi*, a "Pedra Descoberta do Umbigo", situada no centro do Coricancha. Esse "centro de origem" celeste podia ser encontrado no coração da Via Láctea, e, possivelmente, onde o Grande Vale dividia o Mayu, o Rio Celeste, em dois ramos distintos.

Sabendo disso, Giulio Magli convenceu-se de que o "centro de origem" nos céus setentrionais ficava na proximidade da constelação de Cygnus. Usando essa premissa, ele identificou a forma celeste do puma de Cuzco, equivalente do jaguar celeste da mitologia mesoamericana, criado a partir da forma das nuvens escuras que constituem a seção superior do Grande Vale, onde ficam as estrelas de Cygnus. Essa conclusão é apoiada pelo fato de que perto de Cuzco, os rios Tullumayu e Huatanay convergem no Vilcanota, simbolizando o ponto de divergência da Via Láctea e com isso correspondendo, na terra, ao "centro de origem" inca servindo ao hanaq pacha, o "mundo de cima". Para Magli, o relacionamento céu-terra de Cuzco tornou-se um perfeito exemplo do axioma hermético, "o que está em cima é como o que está embaixo".

Segredos do Inca

Não foi sem motivo que fiquei atônito ao saber que Magli tinha identificado Cygnus como o "centro de origem"[17] cósmico dos incas, malgrado o fato de Cuzco ficar a 13,5 graus ao sul do equador, e por isso, em tese, toda a atenção dos astrônomos-sacerdotes do império deveriam se concentrar no céu noturno meridional. Contudo, estava claro que não era esse o caso, como os trabalhos de Urton, Sullivan e Magli mostraram, e a explicação seria ou que os ancestrais dos incas teriam vindo do norte, levando com eles seu folclore estelar, o que é bem possível, ou que o céu noturno setentrional tinha um significado especial para eles. Se fosse esse o caso, a resposta poderia estar em seu intenso interesse em Cygnus e na Via Láctea, que era tanto um rio celeste como uma estrada para os vivos e os mortos.

A Via Láctea fora tão importante na visão pré-inca que Sullivan propôs que, quando a Via Láctea deixou de ter ascensão helíaca (deixou de nascer com o Sol), em 650 d.C., na época do solstício de junho, o fato foi tido como prenúncio de catástrofe.[18] Para essas pessoas, isso significava que o caminho até os deuses e os ancestrais não estava mais acessível para os vivos ou para os mortos, o que significava um desastre. Mitos andinos registram que foi nessa época que a "ponte" celeste caiu nas águas e o deus criador Viracocha "deixou a Terra". Os arqueólogos dizem que também foi por volta de 650 d.C. que começaram violentos confrontos entre diferentes facções guerreiras nos Andes, levando ao colapso da lei e da ordem e o surgimento do novo império militarista dos wari, que assumiram o controle da região do norte dos Andes a partir de sua vasta e ampla capital, Huari, situada a noroeste de Cuzco. Ocorreu uma situação semelhante c. 1432 d.C., quando o outro "ramo" da Via Láctea não se ergueu mais com o solstício de dezembro, um evento portentoso que, para o filho do primeiro imperador inca, assinalou o início do fim do estado inca, justamente quando esse atingia seu maior poderio.

Menos de um século depois, em 1529-1530, o império foi atingido por uma devastadora epidemia – provavelmente varíola, viajando mais depressa pelo continente do que os europeus que a levaram – e que dizimou 80% da população em algumas áreas. Muitos membros da família real dos incas sucumbiram, inclusive o rei e seu herdeiro, levando a uma intensa guerra civil entre os candidatos rivais ao trono. Foi em meio a esse caos que, em 1532, Pizarro e seus homens desembarcaram nas costas do Peru.

O Mundo de Cima

No entanto, a relação entre a humanidade e o rio ou estrada a *hanaq pacha*, o "mundo de cima" dos incas, se estende para além do simples fato de um mundo refletir o outro. Segundo a crença andina: "Neste mundo, estamos exilados de nossa terra natal no mundo de cima".[19] Isso, apesar do fato de que, quando pessoas comuns morriam, não iam para o céu, mas para *ukhu pacha*, o "mundo de baixo". Sullivan ficou confuso, e perguntou, "O que queriam dizer ao afirmar que sua morada final ficava 'lá em cima' no céu?"[20]

Parece que a resposta pode ser encontrada no fato de que só aqueles nobres de nascimento tinham permissão para entrar no "mundo de cima"; os demais precisavam se contentar com o "mundo de baixo". *Mas isso não fez com que os plebeus parassem de chamar* hanaq pacha, *o mundo celeste, de terra natal*. Essa crença nativa era tão forte que Sullivan viu-se levado a traçar comparações com crenças tribais encontradas em outros pontos do continente americano. Ele mencionou, por exemplo, a tribo seminômade naskapi, de Labrador, no Canadá. Aparentemente, os naskapi "falam da possibilidade de contato entre mundos ao longo da Via Láctea, que eles chamam de 'trilha fantasma' ou 'caminho das pessoas mortas'".[21] Além disso, para esses povos indígenas, "as almas dos vivos se originam no céu, onde descansam no firmamento até reencarnar".[22] Isso remete à crença das sociedades xamânicas do centro e do norte da Ásia relativa ao modo pelo qual as almas das crianças ficariam empoleiradas como avezinhas na Árvore do Mundo, onde os xamãs iam encontrá-las para que pudessem reencarnar (*ver acima, página 63*).[23]

Estranho, mas quer um inca fosse para o pós-vida no "mundo de cima", quer no "mundo de baixo", *ambos* os destinos eram atingidos pela Via Láctea. Os que iam para o primeiro destino seguiam a "ponte" norte da Via Láctea, nas proximidades de Cygnus, enquanto aqueles que iam para o mundo inferior viajavam pelo sul até a região de Crux, o Cruzeiro do Sul.[24] Era pela conexão do Rio Celeste com o horizonte, nos solstícios, que os povos andinos encontravam seu destino para onde quer que fossem no pós-vida (embora a precessão fizesse com que, mais cedo ou mais tarde, a Via Láctea não se erguesse mais junto com o Sol nos solstícios). Achei que um sistema de crenças semelhantes estava presente na cultura hopewell do Vale de Ohio (*ver acima, página 74*), que também via a Via Láctea como a estrada fantasma para o mundo celeste, ou seja, Cygnus, acessada pelo horizonte terrestre no momento do solstício de verão.

Se as descobertas do estudioso italiano Giulio Magli estiverem corretas, então o verdadeiro "centro de origem" e portal para a "terra natal" andina, para todos os exilados na Terra, estaria na região de Cygnus. Ademais, parece que para os incas, pelo menos, o ponto de acesso terrestre desse reino celeste, na entrada do Grande Vale na Via Láctea, seria Cuzco – o "umbigo" ou *axis mundi* do império inca.

A fortuita viagem de campo para os Estados Unidos em julho de 2004 deu início a uma pesquisa extraordinária, que me levou da cultura hopewell do Vale de Ohio aos olmecas e maias do México, e aos incas do Peru. Tendo ficado satisfeito com o fato de se encontrar associações entre Cygnus, criação cósmica e transmigração da alma por todo o continente americano – que pode facilmente terem sido importadas do continente eurasiano no final do Paleolítico –, comecei a procurar perto de casa novas pistas para o que agora eu considerava como o "mistério de Cygnus".

PARTE TRÊS

ALBION

CAPÍTULO OITO

A Serpente Alada

Na década de 1720, William Stukeley (1687-1765), maçom, arquidruida e antiquário notável, podia ser visto, bengala na mão, passeando pelos prados e pomares da pré-histórica Avebury em Wilshire, Inglaterra. Ele indicava características notáveis para as pessoas em sua companhia e falava apaixonadamente sobre seus grandes mistérios religiosos. Tampouco se cansava de sua querida "Abury" (escrevia tal como se pronunciava o nome na região), e, por mais distorcida que os arqueólogos modernos considerem a postura de Stukeley sobre as origens divinas do sítio, sua extraordinária pesquisa sobre esse enigmático monumento torna-se a etapa seguinte em nossa compreensão do mistério de Cygnus.

Para entrar no vasto platô circular de Avebury, primeiro o visitante precisa circundar seu enorme banco circular, que tem aberturas em quatro direções. Com 6,7 m de altura, 427 m de diâmetro e envolvendo 11,3 hectares de terra, foi construída com giz e pedras removidas do fosso interior, que originalmente tinha uma profundidade de 7 a 10 m. Ele cerca o Grande Círculo de Avebury, um anel com diâmetro de 166 m, composta de aproximadamente 100 pedras eretas, cada uma com 3 m de altura. Dentro de seu perímetro, há mais dois círculos de pedras, conhecidos como Círculo Norte e Círculo Sul. Stukeley estimou que cada um tenha consistido em 30 pedras, com diâmetros de 98 m e 104 m, respectivamente. Um círculo de pedra muito menor seria encontrado no centro do Círculo Norte, com outro "círculo", que hoje é considerado como um monumento em forma de D, no meio de seu equivalente ao sul.

Avenidas de Pedra

Além do Grande Círculo – que, na época de Stukeley, compreendia a "cidade" de Avebury, constituída então por 30 cabanas e algumas hospedarias – fica suas duas avenidas de 15 m de largura, formadas por pedras eretas. Uma delas aponta para fora do anel, para uma trilha sinuosa que segue rumo sudeste e forma o que hoje se conhece como a avenida Kennet, antes de subir a colina Overton e terminar a 2,5 km de Avebury, em um enigmático monumento megalítico conhecido como Santuário. O herói de Stukeley, o antiquário e biógrafo John Aubrey (1626-97) – que escreveu sobre Avebury depois de encontrar o sítio durante uma cavalgada em 1648 – descreveu o Santuário como dois círculos de pedra concêntricos, que, infelizmente, mesmo na época de Stukeley estavam sendo quebrados e usados como pavimento de estradas.

A segunda avenida começava na extremidade nordeste do Grande Círculo de Avebury e serpenteava na direção oés-sudoeste, rumo ao povoado de Beckhampton, antes de terminar na proximidade de diversos montes, circulares ou ovalados, perto da aldeia de Cherhill.[1] No meio do caminho, havia três enormes pedras agrupadas e formando um monumento conhecido como Longstone Cove (também chamado de Devil's Quoits). Ele fica do lado norte da avenida, com sua pedra "traseira" formando parte da própria avenida.[2] Originalmente, havia 200 pedras na avenida Beckhampton,[3] mas hoje resta apenas uma. Junto com a pedra final de Longstone Cove, forma um par conhecido como Adão e Eva.

O Kneph

Entre as ilustrações do livro de Stukeley, *Abury: A Temple of the British Druids*, publicado em 1743, há uma bela planta alta da paisagem local, mostrando o monumento inteiro com seus círculos e avenidas. Ele a usou para apoiar sua tese de que Avebury era uma representação terrestre de um gigantesco disco solar, com suas avenidas sinuosas simbolizando uma serpente alada.[4] Para ele, sua cauda era o final da avenida Beckhampton, e sua cabeça era o monumento do Santuário na Overton Hill. Isso, segundo escreveu ele, fazia parte de uma crista de colina maior conhecida como "Hakpen" (Hackpen Hill), um nome de lugar que ele decompôs em dois componentes – o prefixo seria, afirmava, uma raiz semítica que significaria "cobra", e o sufixo *pen* derivaria da antiga palavra inglesa para "cabeça".[5] Stukeley identificou essa serpente megalítica como Kneph, uma forma greco-egípcia do deus criador egípcio Khnum.[6] Esse nome, deduziu ele, seria formado do hebraico *ganaph volare* – "voar", "asa", ou "alado",⁷ expressando a relação integral entre pássaro e serpente, uma interpretação estranhamente significativa, como veremos.

O que Foi Construído e Quando?

Avebury sofreria considerável degradação antes de ser finalmente restaurada na década de 1930, sob a direção de Alexander Keiller (1889-1955), fundador do Morven Institute of Archaeological Research. Keiller comprou o que pôde de terras próximas a fim de garantir o futuro de Avebury, e até se tornou senhor de Avebury Manor, convertendo sua garagem num museu para abrigar as diversas descobertas que fez durante as escavações. Na década de 1960, a propriedade foi transferida para o National Trust, que até hoje mantém o sítio.

Keiller também adquiriu um monumento local a noroeste de Avebury chamado Windmill Hill, no qual um campo neolítico fortificado fora construído no início do quarto milênio a.C. Escavações realizadas no local mostraram que ele foi contemporâneo de um extenso monte tumular, localizado na vizinha West Kennet e considerado o maior de seu tipo na Inglaterra. Ele se situa na direção sul da extremidade oeste do anel de terra de Avebury, e foi construído dentro do alcance visual do Santuário, posicionado a lés-nordeste em Overton Hill. Escavações em West Kennet, feitas pelos arqueólogos Stuart Piggott e Richard Atkinson entre 1955 e 1956 revelaram uma grande quantidade de esquifes secundários, com muitos de seus ocupantes sem o crânio, indicando que, até seu fechamento final, uns 1.200 anos após sua construção, aproximadamente em 3700 a.C., o lugar provavelmente foi um centro cerimonial servindo ao culto neolítico aos mortos.

Mais ossos foram encontrados durante escavações em 1930, feitas por Maud Cunnington no sítio do Santuário, construído mais ou menos na mesma época que o longo monte tumular de West Kennet. Sua presença indica que originalmente funcionava ali um local de escarnação. Entretanto, só em 2600 a.C., aproximadamente, ou seja, 1.100 anos depois, é que se supõe que os dois círculos internos de Avebury teriam sido erguidos. Foram seguidos, um século depois, pelo Grande Círculo de Avebury, e depois, finalmente, pelo gigantesco fosso e pelo banco de terra, coberto pela grama.

Encaixando-se no emergente cenário local, temos o igualmente enigmático Silbury Hill, o maior monte europeu feito pelo homem, situado ao sul da extremidade ocidental do anel de Avebury. Stukeley registrou que ele tinha um diâmetro de base de 152 m, um diâmetro superior de 32 m, uma altura de 52 m e um volume de 383.943 m³.⁸ Imagina-se que Silbury teria sido construído por volta de 2600 a.C., a mesma época em que se iniciaram os trabalhos nos círculos internos de Avebury. Entretanto, sua finalidade ainda é obscura – não foi encontrado nenhum túmulo contemporâneo.

Investigações estruturais revelaram que Silbury se situa sobre uma colina natural de calcário, que depois foi aumentada com camadas alternadas de calcário e terra. Um caminho espiralado que leva até o cume plano deve ter feito parte do projeto original, sugerindo que o monumento teria uma função puramente cerimonial. O fato de ter sido propositalmente posicionado, de modo que a cada inverno seria cercado pela água das chuvas, tende a sugerir que ele representa um primitivo monte da criação emergindo das águas do caos, um princípio incluído em cosmologias do mundo todo.

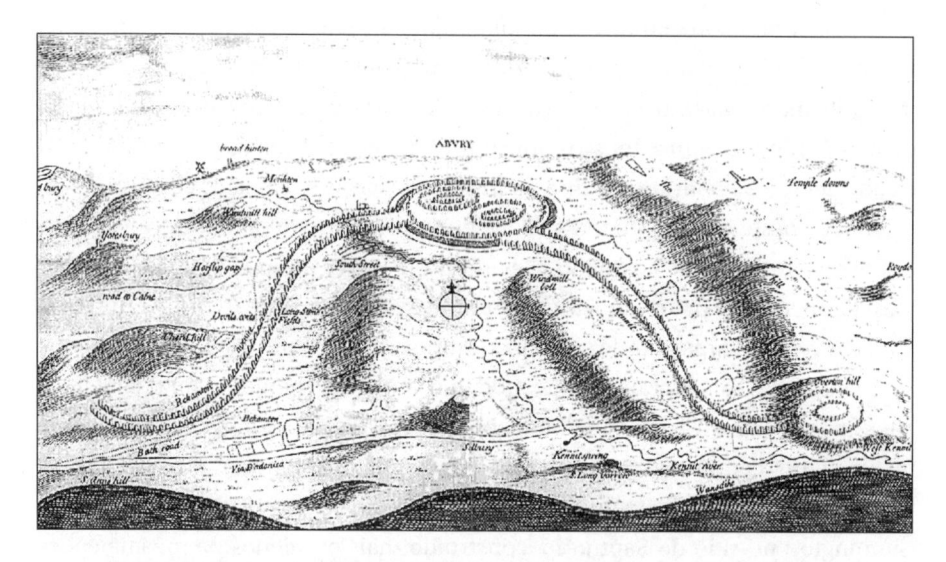

Fig. 21. Monumento de Avebury, incluindo as duas avenidas, conforme desenho de William Stukeley para seu livro *Abury*, publicado em 1743.

Completando o projeto grandioso de Avebury, temos um fato curioso: acredita-se que as avenidas Kennet e Beckhampton só teriam sido construídas após 2000 a.C., a mesma época da segunda fase de Stonehenge, a 32 km de distância.

Culto aos Mortos

A hipótese de Avebury ter sido um centro de culto aos mortos é convincentemente exposta por Aubrey Burl, uma das maiores autoridades em práticas funerárias neolíticas da Grã-Bretanha. Muitos crânios, em particular, parecem ter sido removidos dos túmulos longos das proximidades, bem como do Santuário, e depois levados pelas avenidas até o monumento em forma de anel, onde teriam sido usados em rituais envolvendo os espíritos dos mortos.[9] Burl diz ainda que três grandes pedras conhecidas, de forma confusa, como Cove, que ficavam no meio do Círculo Norte (uma das pedras foi destruída desde sua época), apontavam para o ponto mais setentrional de nascimento da Lua. Ele suspeita que a pedra Longstone Cove, da avenida Beckhampton, estava alinhada com o ponto onde o Sol se erguia no meio do inverno.

Na opinião final de Burl, o Círculo Norte e sua pedra Cove, cujo acesso se dava pela avenida Beckhampton, deveria ser reservado para rituais durante o inverno, nos quais os mortos "recebiam oferendas levadas até a 'praça frontal' da própria Cove".[10] Ele especula que essa estrutura pode ter funcionado como os dolmens monumentais da ilha de Ambryn, perto de Malekula, na Melanésia, que ele descreve como "pedras dispostas de modo a simbolizar tanto o túmulo, o útero da mãe e a Caverna dos Mortos, pelos quais o fantasma do morto tinha de passar ao rumar para o outro mundo".[11] Em contraste, Burl concluiu que o Círculo Sul de Avebury, ao qual se tinha acesso pela avenida Kennet, era reservado para "rituais de regeneração da época da primavera" e "a fecundidade da terra".[12]

Um Legado Megalítico

Tudo isso pode ter sido assim, mas as opiniões de Burl, embora ousadas, não levaram em consideração outras descobertas bem distintas referentes aos interesses celestes de Avebury, feitas uma década antes por Alexander Thom, professor de Engenharia na University of Oxford. Ele visitou cerca de 450 sítios pré-históricos na Grã-Bretanha, e fez levantamentos topográficos em nada menos do que 300 deles. Em livros importantes como *Megalithic Sites in Britain* (1967), ele delineou teorias revolucionárias propondo alinhamentos estelares para muitos monumentos megalíticos, sugerindo que haveria uma unidade geométrica entre eles. Ele também propôs que tais estruturas foram construídas usando-se uma unidade padronizada, que ele calculou como sendo de 82,967 cm, que ele chamou de "jarda megalítica" (JM ou, em inglês, MY). Essa medida faz com que o diâmetro do Grande Círculo de Avebury tenha 200 JM, e o Círculo Sul, exatas 125 JM. Ele também escreveu sobre a precisão absoluta da forma e desenho dos círculos de pedra, que, como demonstrou, envolviam o emprego de triângulos retângulos ou pitagóricos – isso, dois milênios antes de esse princípio ser "inventado" pelo matemático grego cujo nome ostentam.

Thom e Thom em Avebury

Quando Alexander Thom e seu filho Archie foram a Avebury para realizar levantamentos topográficos em seus círculos de pedra e avenidas, perceberam rapidamente aquilo que Stukeley tinha proposto em sua própria época – que seu eixo ia de uma maciça pedra "Obelisco", que antes se erguia no centro do Círculo Sul, às três pedras Cove do Círculo Norte, que Burl vê como um "útero" simbólico e como "Caverna dos Mortos".[13] Essa linha axial produziu um azimute de 339,2 graus,[14] confirmados ao se saber que deveria haver um terceiro círculo no mesmo eixo nor-noroeste além do Círculo Norte, enquanto uma pedra erguida com um furo feito horizontalmente, chamada por Stukeley de "pedra-anel", ficava posicionada além do limite sul-sudeste do Círculo Sul (da qual resta hoje apenas um pedaço), exatamente alinhada com o centro dos dois círculos internos.[15] É claro que essa pedra pode ter sido usada para criar uma linha de visão, mostrando que o monumento ficava, com quase toda certeza, na direção nor-noroeste, e não na contrária. Além disso, as maiores pedras do anel eram também as pedras mais próximas das entradas nor-noroeste e sul-sudeste.

Tendo concluído seu levantamento, Thom e Thom procuraram ver se havia alguma estrela que se punha no horizonte num azimute de 339,2 graus na latitude de Avebury, por volta de 2000 a.C. Concluíram que só uma se encaixava nesse critério, e era Deneb, a estrela mais brilhante de Cygnus. Foi uma descoberta que os levou a comentar:

> Em pé ao lado do obelisco, na linha dos centros, e olhando através das pedras Cove, veríamos, ao longo da linha, o lugar onde Deneb "se punha" por volta de 1600 a.C.[16]

Essa foi uma descoberta importante, pois implicava que o interior escuro do Cove poderia ter funcionado como uma espécie de "plataforma de lançamento astral" até os domínios celestiais de Cygnus, o ponto de origem e lugar do pós-vida das crenças cosmológicas de culturas do mundo todo. Stukeley registrou que, antes de cair e ser fragmentada para uso como material de construção, a terceira pedra Cove tinha 5 m de altura, e, segundo sua descrição, fica claro que, com sua parceira, o par deveria ser parecido com os dois chifres de um touro olhando para o horizonte nordeste.[17]

A descoberta de crânios de bovinos na base do Cove, depositados quando o monumento ainda era usado em cerimônias, apoia a ideia de que ele era visto como um local simbólico da vida e do renascimento. Quando vistos de frente, os crânios de bovinos lembram o útero de uma mulher, com cérvix, tubas uterinas e ovários, um fato que nossos ancestrais remotos certamente não deixaram de perceber.[18] Além disso, os chifres de touros eram usados como símbolos da vida, morte e renascimento desde 6500 a.C. nos locais subterrâneos de culto de Çatal Hüyük, na Turquia, bem como em outros antigos sítios da Ásia Ocidental e do Egito.

O Alinhamento com Deneb

Avebury não estava sozinha como lugar onde se focalizava Deneb, pois Thom descobriu muitos outros sítios com orientações semelhantes. Entre eles, uma fileira de pedras de 100 m de extensão, chamada de Nove Virgens, composta originalmente por nove pedras, das quais restam hoje apenas seis, em St. Columb Major, na região de Bodmin Moor, na Cornualha.[19] Diante dessa informação, o topógrafo procurou racionalizar a importância de Deneb aos olhos do homem megalítico.

Thom lembrou que na Escócia, onde Deneb era circumpolar durante essa época, o trânsito noturno dessa estrela do meridiano faria dela uma boa opção como parte de um relógio estelar, que também se valia de outras três – Capela, Vega e Arcturus.No entanto, em latitudes mais ao sul, nessa mesma época – aproximadamente 2000 a.C. – Deneb se punha abaixo do horizonte durante seu percurso diurno, tornando completamente invisível seu trânsito inferior na época do solstício de inverno. Mas isso significaria que, exatamente seis meses depois, na época do solstício de verão, ela faria seu trânsito meridiano superior, fazendo novamente dela um importante marco do tempo. Malgrado essa informação, Thom não compreendeu por que Deneb aparecia no eixo de diversos sítios megalíticos, e por que, por exemplo, sua importância era enfatizada por "tantas pedras como as que há em [o alinhamento de] Nove Virgens".[20]

Um Palpite Improvável

O fato de o eixo central de Avebury poder estar alinhado com o ocaso de Deneb não fazia sentido naquela época, e certamente não para Aubrey Burl, que comentou:

> O brilho fraco de Deneb, tão fraco que essa estrela não pode ser observada no horizonte, e a improbabilidade de uma data 800 anos após a Pedra Anel ter sido erguida diminui bastante a probabilidade desse alinhamento, e, pelo menos em seu atual estado, Avebury não pode ser considerado um observatório científico.[21]

Fig. 22. Avebury, pelo artista Alan Sorrell. Observe a orientação quase a noroeste dos círculos internos, que apontam para o ocaso de Deneb em Cygnus.

As palavras duras de Burl devem ter soado como uma péssima notícia para Alexander Thom, que via Deneb como parte integral de um proeminente relógio celestial que dominava o céu noturno setentrional. Seu maior problema, porém, foi afirmar que o eixo central de Avebury focalizava o ocaso da estrela em 1600 a.C., se os arqueólogos estabeleceram firmemente que os dois círculos internos tinham sido erguidos uns 1.000 anos antes disso, c. 2600 a.C. Essa clara discrepância de tempo pode ser explicada?

A única solução seria aceitar que Thom teria errado na data da construção do monumento e voltar ao programa de computador Skyglobe para determinar o ocaso de Deneb para as coordenadas de Avebury na data anterior de 2600 a.C. Esse simples exercício produziu alguns resultados muito úteis (*ver fig. 23*), pois, ao que parece, entre 3000 e 2500 a.C., aproximadamente, época na qual os círculos internos foram planejados e construídos, Deneb se punha no horizonte a meio grau de distância da estimativa originalmente estimada por Thom para o alinhamento axial de Avebury.[22] Como nenhuma outra estrela se punha nesse mesmo

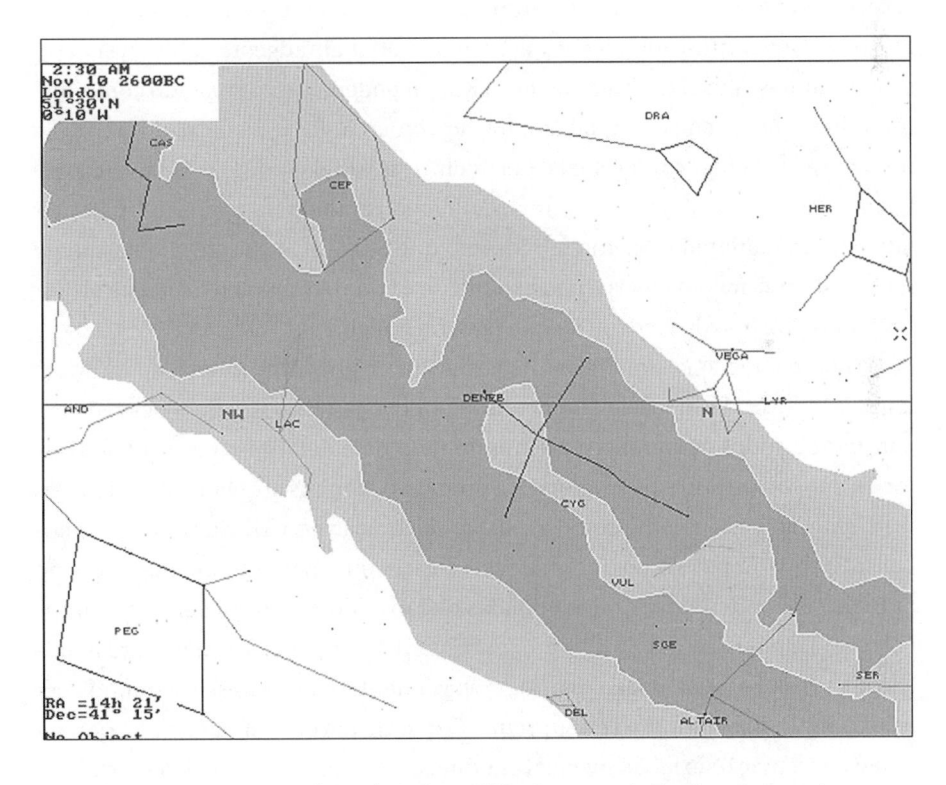

Fig. 23. O céu setentrional visto de Avebury, 2600 a.C., mostrando Deneb prestes a se pôr na direção nor-noroeste – exatamente o eixo do monumento de Avebury.

azimute na época em questão, então isso sugere que o eixo central de Avebury realmente incluía Deneb.

Burl, indiscutivelmente por motivos apropriados, preferiu descartar as descobertas de Thom sobre o proposto alinhamento entre Avebury e Deneb. Contudo, ao fazê-lo, demonstrou quão pouco se sabia sobre arqueoastronomia na década de 1970. Hoje, podemos aceitar que houve uma proliferação mundial de interesse por Cygnus como símbolo cósmico de vida e de morte. E mais, situada no extremo norte da Via Láctea – vista universalmente como estrada ou rio astral que percorre o mundo celeste –, marcava a entrada do reino da luz, a morada dos deuses e lugar do pós-vida, uma crença que pode muito bem recuar a tempos paleolíticos.

Tal conhecimento profundo teria sido considerado sagrado também pelos sacerdotes-xamãs do Neolítico que presidiam o culto aos mortos, surgidos inicialmente nas ilhas britânicas entre 4500 e 4000 a.C. E mais, evidências concretas da existência dessa religião pré-histórica não podem ser mais bem exibidas do que em Avebury, com seu grande centro cerimonial, sua base para adoração aos ancestrais no longo monte tumular de West Kennet e a probabilidade de que ritos de escarnação tenham ocorrido no Santuário, a cabeça da "serpente" megalítica de Stukeley. Fiquei intrigado ao ver que, em sua obra abrangente sobre Avebury e seus arredores, Stukeley observou que o Kneph poderia ser comparado com a história do herói "Cycnus", o qual, conforme comenta, foi transformado por Zeus numa ave, na verdade um cisne, e posto entre as estrelas como a constelação de Cygnus, por causa da grande compaixão demonstrada para com seu irmão (alguns dizem namorado) Faetonte.[23] Mesmo que Stukeley estivesse simplesmente tentando brincar com ideias e não explorasse a conexão, agora parece que ele estava mais próximo da verdade do que poderia imaginar.

Tais ideologias cosmológicas não estavam no horizonte mental dos arqueólogos ortodoxos da época de Thom. Muito poucos estudiosos teriam pensado em consultar estudos etnográficos do mundo todo para determinar a visão pré-histórica dos construtores de Avebury. Na opinião de muitos arqueólogos, tais sítios funcionavam basicamente como locais de celebração e sacrifício ritual, ou, mais controvertidamente, como observatórios solares ou lunares, onde mudanças no ano agrícola poderiam ser determinadas observando-se a passagem dos corpos celestes. Pelo que sei, só Burl levou em conta uma origem xamânica para a função desses sítios, relacionada, muito provavelmente, com o acesso ao mundo celeste, o lugar dos mortos, o céu supremo. O que ele deveria ter percebido, porém, é que a orientação axial de Avebury na direção do ocaso de Deneb só fortalecia sua hipótese.

Decodificamos Avebury?

Uma pessoa que deveria estar mais bem preparada para compreender o que havia em Avebury era o astrônomo britânico Gerald Hawkins (1928-2003), autor de *bestsellers* internacionais como *Stonehenge Decoded* (1965) e *Beyond Stonehenge* (1973).[24] Poucos sabem que, tendo usado cálculos de computador para determinar que Stonehenge era um observatório astronômico neolítico idealizado para prever eclipses solares e lunares, o que o tornou famoso, Hawkins tentou decifrar as funções astronômicas de Avebury.

A questão é discutida por Hawkins em *Mindsteps of the Cosmos* (1983), uma de suas obras menos conhecidas. Nela, ele cita a crença de Burl de que o Cove ficava de frente para o nascer da Lua mais setentrional, um evento que teria ocorrido uma vez a cada 18,61 anos, acrescentando que isso estaria ligado, de algum modo, "à morte, ou quem sabe ao renascimento, ou às almas dos mortos".[25] Até aqui, tudo bem, mas depois ele voltou sua atenção para os comentários de Thom sobre Avebury, sem lhe dar crédito algum. Hawkins reiterou aquilo que Thom havia observado sobre a orientação axial do sítio através dos centros dos dois círculos interiores, que produziam uma linha de "340 graus", admitindo que "a estrela alfa Cygni [ou seja, Deneb] está nessa linha".[26] Dizendo isso, comentou:

> Duvido que fosse esse o alvo, pois a estrela é apenas a 18ª mais brilhante do céu, e, além disso, há cinco planetas brilhantes e o Sol e a Lua.[27]

Hawkins propôs que, se um observador girasse 180 graus e ficasse de frente para o sul-sudeste, em vez do nor-noroeste, o nascimento de Vênus poderia ser testemunhado em algum ponto de seu ciclo. Se não fosse isso, então talvez o alinhamento focalizasse "a extremidade da faixa do zodíaco (...) ou (...) um objeto explosivo, há muito desaparecido, como uma supernova".[28]

Como Burl antes dele, Hawkins não conseguia aceitar o fato de que o maior monumento megalítico da Grã-Bretanha poderia ter focalizado uma pequena e incompreendida estrela como Deneb, e achava que deveria haver uma explicação alternativa.

O Homem Neolítico e o Universo

Hawkins poderia ter mudado de opinião sobre a orientação astronômica de Avebury caso tivesse lido o monumental trabalho do professor John North, *Stonehen-*

ge: *Neolithic Man and the Cosmos* (1996), que ele deve ter conhecido antes de sua pranteada morte em 2003. North, antes do University College London (UCL), fez o levantamento dos monumentos neolíticos funerários e cerimoniais pela antiga Wessex, território de Stonehenge e Avebury. Ele descobriu que um grande número de sítios tinha alinhamentos – entre diversas outras estrelas – com o nascer e ou ocaso de Deneb, que, diz ele, "aparece repetidas vezes na análise de monumentos neolíticos".[29]

Entre os sítios que o professor North considera alinhados com Deneb – que incluem o famoso monte tumular de Wayland Smithy, explorado no Capítulo Onze – encontram-se alguns nas proximidades de Avebury. Temos aí os longos montes tumulares da avenida Beckhampton e da rua Sul,[30] e, mais importante, três das câmaras revestidas de pedras pertencentes ao longo monte tumular de West Kennet.[31] Se os alinhamentos de North mostrarem-se precisos e significativos, então não há motivo para duvidar do alinhamento axial de Avebury com o local onde Deneb se localizava. Além disso, se passarmos agora a examinar os únicos exemplos registrados de arte em pedra de Avebury, eles também irão nos proporcionar evidências ligando o maior complexo megalítico da Grã-Bretanha ao culto a Cygnus.

Sinais de Cygnus

John Wakefield é o autor de um livro intitulado *Legendary Landcapes: Secrets of Ancient Wiltshire Revealed* (1999), que aborda de maneira completa a realidade geomítica da paisagem em volta de Avebury e em Alton Barnes, próxima dali, que a cada verão atrai entusiastas dos círculos das plantações do mundo todo. Em suas páginas, Wakefield chama atenção para o fato de que, quando Keiller e seu colega Stuart Piggott estavam descobrindo e reerguendo pedras enterradas no lado sul da avenida Kennet na década de 1930, encontraram uma que rotularam de Pedra nº 25S (*ver fig. 24*). Ao examinarem o lado de baixo da pedra, que não fora exposto aos elementos por muitas centenas de anos, viram que tinha duas nítidas incisões circulares, que descreveram como um ornamento de "cálice e anel" em torno de um furo natural – uma característica habitual da arte megalítica em outras partes das ilhas britânicas.[32] O desenho superior pode ser apenas isso – a gravação de um anel, mas o exemplo inferior é um pouco diferente. Wakefield vê nele o longo pescoço e a cabeça de um híbrido cisne-serpente.

O desenho linear que aparece no livro de Wakefield (*ver fig. 25*) sugere um cisne, sem dúvida, com olho, bico e leves detalhes que podem até indicar suas penas do peito e da cauda. "O ouroboros (uma serpente que morde a própria cauda) na pedra nº 25S tem bico", observa ele, "e a cauda implica, de modo artístico, a plumagem da cauda de um cisne, dando a impressão geral de uma serpente com a capacidade de voar – a serpente alada e um círculo (Cneph)".[33]

O que Wakefield não menciona é que, ao mesmo tempo em que Keiller e Piggott perceberam as incisões na Pedra nº 25S, encontraram um túmulo muito importante em sua base. Estava posicionado no canto nordeste e continha até um jarro cerimonial. O fato de haver embaixo dele pedras volumosas, que inicialmente mantinham ereta a pedra, e sobre ele uma camada final de terra e pedregulho significa que os restos fúnebres foram enterrados enquanto isso ocorria, o que, na opinião dos arqueólogos, era uma característica singular.[34] Outros três túmulos foram encontrados em associação com outras pedras da avenida. Do mesmo modo, estavam posicionados nos cantos nordeste; entretanto, cada um estava levemente afastado do furo da pedra – *só* a pessoa enterrada sob a Pedra nº 25S o fora em relação direta com o erguimento da pedra, tornando-o particularmente importante, por algum motivo.

Reservei algum tempo para visitar Avebury e examinar a Pedra nº 25S num dia frio de inverno do início de 2005, e rapidamente me convenci de que suas incisões circulares eram realmente artificiais. Um exame mais minucioso revelou facilmente a presença de marcas de cinzel, enquanto as arestas externas das incisões eram tão lisas que só poderiam ter origem pré-histórica. Infelizmente, tendo visto antes o desenho da incisão inferior feito por Wakefield, ficou difícil ver nele algo *que não fosse* a cabeça e o pescoço de um cisne. Contudo, outras pessoas a quem mostrei uma foto das incisões comentaram que elas se pareciam com uma vista superior dos dois círculos interiores do monumento, uma observação muito interessante. Isso sugere que a pedra pode ter sido uma espécie de mapa abstrato, com a cabeça e o pescoço do cisne significando um dos dois círculos, indiscutivelmente o Círculo Sul, o maior dos dois.

Embora a curadora residente do Museu Alexander Keiller do National Trust de Avebury tenha sido extremamente atenciosa ao me permitir localizar a Pedra nº 25S na avenida Kennet, ela discorda das conclusões de Keiller e Piggott com relação a seu suposto ornamento. Ela disse que a comunidade arqueológica não considerava mais as marcas artificiais, uma posição que dificilmente eu adotaria, especialmente porque Keiller e Piggott declararam que os círculos foram feitos, em sua opinião, usando-se uma técnica identificada anteriormente em conexão com a arte megalítica em pedras na Irlanda.[35]

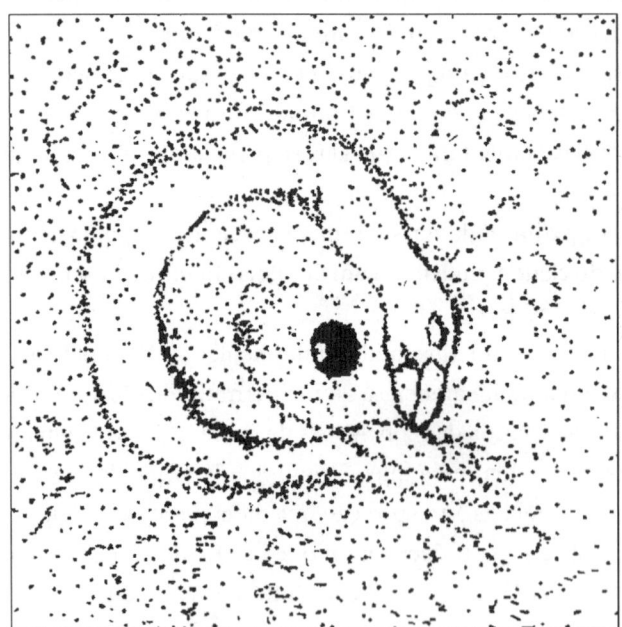

Fig. 24. Pedra nº 25S de Avebury mostrando as duas imagens entalhadas em sua face ocidental. A inferior mostra claramente a cabeça e o longo pescoço de uma criatura semelhante a um cisne.

Fig. 25. Representação artística da imagem inferior entalhada na Pedra nº 25S de Avebury, segundo John Wakefield.

Lugar dos Cisnes

A existência da incisão de um pescoço de cisne em Avebury é uma evidência notável de um culto ao cisne em tempos pré-históricos nesse local, que, como procurarei demonstrar nos dois próximos capítulos, estava associado à constelação de Cygnus. Pessoas mais velhas da aldeia me contaram que, até pouco tempo, colônias de cisnes migrantes se reuniam a cada inverno nas vizinhanças de um fosso cheio d'água que envolve Silbury Hill, e também nos rios próximos, Winterbourne e Kennet, que também fazem parte da paisagem ritual de Avebury. As aves ficavam lá até o início da primavera, quando voavam de volta a seus locais de acasalamento na região ártica. Se essas migrações já ocorressem na época pré-histórica, então as aves teriam feito parte de um ciclo ritual anual em Avebury, no qual as festividades refletiam a chegada das colônias de cisnes em novembro e, mais especificamente, sua partida na primavera. Essas observações simples acompanhariam o fato de que, em termos astronômicos, a constelação de Cygnus é regida por Aquário ou por Peixes, um período que vai de 21 de janeiro a 20 de março segundo a contagem atual. Com efeito, um calendário antigo de correspondências que consultei situa "Cygnus" na mesma coluna que "Febrvarivs" e "Peixes".[36]

Naturalmente, a primavera é a época da renovação do mundo natural, e suas primeiras manifestações são marcadas em termos sazonais por um dia de fevereiro entre o solstício e o equinócio celebrado desde o advento do cristianismo como a festa de Candlemas, que ocorre em 2 de fevereiro. Entretanto, antes esse festival tinha lugar em 1º de fevereiro, dia de uma deusa celta muito importante chamada de Brighid, Bride, Bridget, Breeshey ou Brigantia, equivalente a uma deusa gaulesa que os romanos equiparavam a Minerva.

Teria sido ela a deusa primeva dos povos neolíticos que viviam em Avebury? Seria ela a padroeira de seu culto aos mortos, bem estabelecido pelo importante estudioso da pré-história Aubrey Burl? Mais importante ainda, poderia ela fornecer a chave para compreendermos o desenvolvimento do culto de Cygnus na Grã-Bretanha pré-histórica? Vou procurar responder a essas questões no capítulo seguinte.

CAPÍTULO NOVE

Deusa do Cisne

Brighid, Brid ou Bridget da Irlanda, Bride da Escócia e Breeshey da Ilha de Man é uma antiga deusa celta reverenciada em diversas formas há mais de 2.500 anos. Sua presença se fazia quase certamente sentir no cenário ritual que acompanhava o monumento de Avebury, pois pedras *sarsen* encontradas espalhadas pela região são chamadas localmente de *bridestones* (pedras de Bride). Ademais, uma importante fonte local de água, situada abaixo da longa pedra tumular de West Kennet, conhecida como Swallowhead Spring, que alimenta o rio Kennet, foi proposta como local de seu culto. No passado, a intensa evaporação superficial do final do verão faria com que a fonte secasse, mas, no início de fevereiro, perto da festa celta de Bride, as águas sagradas jorravam milagrosamente uma vez mais, assinalando o retorno da natureza à vida no início da primavera.[1]

Uma Deusa Santificada

Na antiga Irlanda, Bridget era uma de três filhas, todas com o mesmo nome, que presidiam, respectivamente, sobre a cura, a serralharia e a poesia, a última das quais governava o uso de encantamentos mágicos.[2] Ela também era padroeira dos exércitos de Leinster,[3] com seu principal centro de cultos no condado de Kildare. Como santa cristã, Santa Brígida era filha de um chefe irlandês do século V convertido por São Patrício. Foi erguido um mosteiro dedicado a ela em Kildare, e nele nove virgens fazem vigília sobre sua chama sagrada, representando o papel de Bride como "a responsável pelo brilho do Sol, pelo calor, pelo crescimento e pela abundância".[4]

Uma tradição à parte encontrada na Escócia vê a santa como a ama de leite de Jesus, que teria amamentado Jesus na hospedaria de Belém, bem como a "Maria dos galeses".[5] Histórias irlandesas mais ousadas chamam-na até de mãe de Jesus, talvez dando prosseguimento à crença pagã de que ela era a mãe dos deuses.[6] Por causa dessas histórias, Jesus já foi chamado de "filho adotivo de Bride", enquanto a Estrela de Belém tornou-se *rionnag Brideog*, "a estrela da pequena Bride".[7] Na arte popular, era representada como "algo como uma cruz de Malta", ou uma cruz de três pontas, presa a uma bonequinha de espigas de milho chamada de *Brideog*, "pequena Bride".[8]

Bride presidia também "sobre o fogo, sobre a arte e sobre a beleza... sob o céu e sob o mar".[9] Como Brigantia (que significa "Elevada"), a Grande Mãe tutelar da antiga tribo britânica dos brigantes, que era cultuada desde Firth of Forth, na Escócia, até o distrito de Peak em Staffordshire, Bride-Bridget era ainda a padroeira da realeza.[10] De fato, não resta dúvida de que Bride-Bridget, e Brigantia, cujo culto e veneração atestam-se por diversas inscrições em altares da Grã-Bretanha romana, bem como por um relevo entalhado encontrado em Birrens, em Dumfriedshire, no qual ela aparece como uma Minerva romana usando uma coroa mural e segurando um orbe e um cetro, são evoluções da mesma divindade feminina. Embora sua origem seja inquestionavelmente celta, é muito provável que Brigantia e suas diversas formas, até Bride-Bridget de Kildare, substituíram uma divindade muito mais antiga da Era do Bronze, cujas próprias origens poderiam facilmente recuar a tempos neolíticos.

Totens de Bride

Como todas as deusas pagãs anteriores, Santa Brígida tinha totens e símbolos zoomórficos. Já se falou de seu papel como ama de leite, enquanto a tradição irlandesa diz que ela teria sido amamentada por uma vaca branca com orelhas vermelhas.[11] Essa conexão deve vir do fato de sua mãe, Morrigan, esposa de Dagda, ser também Boann, deusa do rio Boyne no condado de Meath, Irlanda, onde "*Bóinne*" (*bo fhionn*) significa "vaca branca".[12]

A poesia escocesa – colecionada em meio a alguns dos mais antigos moradores das Western Isles pelo folclorista Alexander Carmichael para sua épica obra *Carmina Gadelica* (1899), em vários volumes – fala da forma de cobra de Bride, que, diz-se, "vem da colina" para sua festa; em outras palavras, ela desperta de seu sono de inverno e arrasta-se para fora de seu buraco.[13] Contudo, de todas as criaturas do reino animal, é a ave que mais personifica os atributos zoomórficos de Bride.

A águia era a "ave de Brigit",[14] o pintarroxo era *bigein Bride*, a "avezinha de Bride", o ostraceiro era *gille Bride*, o "servo de Bride", enquanto todas as atividades relacionadas a galos novos geralmente ocorriam em seu dia festivo,[15] ou seja, 1º de fevereiro, que se tornou conhecido como *La Cath Choileach*, o "Dia da Briga de Galos".[16]

No entanto, acima de tudo isso, o "belo cisne de Bride" é que se mostraria a mais enigmática das formas aviárias da santa.[17] Além da poesia escocesa que alude à sua conexão com essa bela criatura, um grande número de lugares com nomes como "Bride", "Bree", "Brid", "Bright" e "Brig" pode ser encontrado na Inglaterra e em Gales, alguns com nítidas associações com cisnes, algo observado por Julian Cope, um músico que se tornou pré-historiador, em seu livro de referência *The Modern Antiquarian* (1998). Para ele, "Bridgit está em toda parte: em nossa paisagem, em nossos nomes, em nossa linguagem. Ela é Bree – ela é Bridgit – ela é Bretanha".[18]

Cope considera o nome original de Bride como "Bree", derivado de sua forma Briid ou Breeshey (*bree-sidhi*, a "bela Bree"),[19] em manx, língua da Ilha de Man. Mais precisamente, a maioria das fontes diz que Bride deriva da antiga raiz celta *brig-*, que significa "elevada", "exaltada". Essa seria a fonte de Brigantia e do antigo irlandês Brighid (Brid é a moderna forma irlandesa), bem como de "Bree", do manx (o próprio manx é, essencialmente, uma forma do irlandês escrito em uma ortografia fonética baseada no inglês e idealizada apenas no século XVII). Essa raiz etimológica não encontra melhor expressão que no topônimo Bredon Hill, encontrado no condado inglês de Worcestershire. O sítio – provavelmente associado com um culto aos mortos da era do Ferro inglesa (aproximadamente de 700 a.C. a 43 d.C.), devido à horrenda descoberta no local de uma série de crânios que provavelmente ficaram postos sobre estacas num portal de entrada – deriva seu nome de "don", do inglês antigo *dun*, que significa "colina", enquanto o prefixo "bre-" (do galês *bre*, colina) tem a mesma raiz que Bride e por isso relaciona-se indiscutivelmente com a deusa. Na época de sua festa, no início de fevereiro, um observador em pé sobre o cume da colina e olhando para o oeste verá um cisne em voo, formado pela inundação dos pastos, nas proximidades de uma curva em U do rio Avon conhecida como Pescoço do Cisne.[20] Tal como ocorre com o retorno das águas sagradas na primavera, na Swallowhead Spring de Kennet Hill, esses fenômenos naturais teriam sido importantes para as crenças geomíticas de nossos ancestrais.

A Pegada de Bride

A mais notável das tradições que incluem a forma aviária de Bride é a busca anual por sua marca. Na festa de St. Bride's Eve (Véspera de S. Bride), na Escócia, acendia-se uma fogueira e faziam-se orações em seu nome. A família ia para a cama e, na manhã seguinte, as cinzas ainda quentes eram remexidas para ver se a santa teria concedido suas graças àquele lar com seu "naipe de paus",[21] ou *lorg*, "pegada".[22] Supomos que seja um graveto que não queimou, parecido com um garfo de três pontas, como o pé de uma ave. Se fosse encontrado, esse sinal seria presságio de uma boa colheita e de um ano próspero. Se não estivesse presente, o único modo de reconquistar as graças da santa seria ir imediatamente até o lugar onde três riachos se encontram e enterrar um galo ou um frangote como oferenda em seu nome.[23]

A conexão entre Bride e o símbolo do pé de ave também pode estar relacionada com a interpretação de seu nome como "flecha de fogo",[24] que, como desenho simples, lembra o pé de uma ave. É tentador ver no "naipe de paus", na "pegada" e até na "flecha de fogo" de Bride as quatro estrelas principais de Cygnus, com Deneb e suas três estrelas adjacentes, conhecidas pelos astrônomos como "os Triângulos".[25] Isso deixaria a "pegada" de Bride alinhada com as crenças dos povos nativos americanos que, como vimos no Capítulo Cinco, identificavam as estrelas de Cygnus com um grupo estelar ao qual se referiam como Pé de Ave, ou Pé de Peru. Na tradição dos bardos (poetas ou contadores de histórias) galeses, esse mesmo símbolo (embora invertido) era conhecido como Awen. Estava diretamente associado com a deusa galesa Minerva, nome pelo qual os romanos conheciam Brigantia ou Bride.[26] A antiguidade dessa tradição é difícil de se avaliar, pois as mais remotas referências vão apenas até o século XV.[27]

A Tradição dos Bardos

Diz-se que os bardos celtas originais usavam um *tuigen*, ou manto de ave, descrito numa obra galesa chamada *Sanas Chormaic* [Glossário de Cormac], supostamente criado por Cormac Mac Cuilleanáin (836-908), rei e bispo de Munster, na Irlanda. A obra se refere ao traje como uma "capa com penas" feita "com as peles de aves brancas e coloridas... e com o pescoço de patos-reais e suas cristas, desde a barra [do traje] até o pescoço".[28] Uma descrição separada de um *tuigen* fala dele como feito "predominantemente com as penas de pequenas aves canoras, mas com o colarinho feito com a pele e as penas do cisne... o pescoço do cisne fica pendurado atrás, como a palatina do moderno traje universitário".[29]

A natureza quase grotesca do *twigen* do bardo lembra um manto ou capa de xamã, bem como as asas das aves sarcófagas e de rapina encontradas na caverna Shanidar do norte do Iraque. Estas, como vimos no Capítulo Três, eram usadas em práticas xamânicas pela elite sacerdotal das primeiras comunidades neolíticas da Mesopotâmia Superior. Suspeito que o *tuigen* se baseasse em práticas e costumes pagãos extremamente antigos, relacionados com o culto ao cisne, e possivelmente até a Bridget. O fato de o *Sanas Chormaic* ter sido finalmente publicado em 1868 implica que os bardos do movimento de renascimento dessa época adotaram ideias semelhantes para sua própria parafernália ritual.

Via Lattea

Além dessas deduções, o papel de Bride como simples ama de leite, alimentada pela vaca branca com orelhas vermelhas, sugere outras implicações astronômicas. Segundo a tradição popular, essa conexão relaciona-se com Olmelg (ou Imbolc), nome dado a seu dia festivo, 1º de fevereiro. Traduz-se como "leite da ovelha", significando o fluxo de leite que anuncia o retorno das forças revigorantes da primavera, fazendo com que os animais produzam leite.

No entanto, talvez signifique mais do que isso, pois a Via Láctea (*Via Lattea* na Itália e *Voie lactée* na França), associada na fé católica à Virgem Maria, tem sido vista há milhares de anos como um rio de leite,[30] enquanto em certos lugares da Inglaterra ela "marca o caminho para o Céu".[31] Como dizem que Bride/Bridget teria sido amamentada por uma vaca branca, personificada como um rio sagrado (*Bóinne*, a vaca branca), estaria associada à Via Láctea, na qual o cisne celeste voa todas as noites? Se a resposta for *sim*, então teremos em Bride uma candidata perfeita para a personificação de Cygnus como deusa pagã e santa cristã.

O Cisne como Psicopompo

Como vimos, na antiga Anatólia e na Ásia Ocidental a primeira opção para um psicopompo (portador da alma) foi o abutre, devido a seu envolvimento no processo de escarnação (*ver Capítulo Três*). No entanto, em regiões onde o abutre não era nativo, outras espécies o substituíram, e normalmente estas se achavam associadas à sua capacidade de migrar de e para locais de acasalamento no extremo norte.

Não restam dúvidas de que, na Europa Ocidental, o papel de "portador de almas" tenha recaído sobre espécies migratórias de aves aquáticas, especialmente o cisne. Por causa desse relacionamento, por séculos elas estiveram envolvidas em histórias supersticiosas do folclore popular. Na Grã-Bretanha, por exemplo, dizem que as "almas das pessoas" incorporavam-se em cisnes.³² Além disso, o povo de Corofin, na Irlanda, perto de Loch Inchiquin, no condado de Clare, achava que, se um dos cisnes no lago fosse morto, então um aldeão morreria também.³³ Na Alemanha, o cisne era visto como símbolo da morte e do mundo inferior.³⁴ *Es schwanet mir* (literalmente, "isso me cisna") era dito sempre que se sentia que alguém teria, como se diz na Inglaterra, "caminhado sobre sua sepultura", no sentido de se ter um arrepio, um mau pressentimento.³⁵ Finalmente, na aldeia de Kemnitz, na antiga Alemanha Oriental, ver um cisne entrando numa igreja à meia-noite era tido como prenúncio de morte.³⁶

Uma associação mais direta entre cisnes e a transmigração setentrional da alma encontra-se no conhecimento de que, nas ilhas ocidentais escocesas, as pessoas achavam que os cisnes selvagens (e também os gansos comuns) migrando para o norte até seus locais de acasalamento na Islândia, a cada primavera, levavam as almas dos mortos ao céu, que ficava "ao norte, além do vento norte", uma expressão emprestada da mitologia clássica. Além disso, se uma pessoa estivesse viva quando as aves partissem, então acreditava-se, de modo supersticioso, que os idosos não seriam afetados pela morte até os cisnes voltarem no outono.³⁷ O norte, naturalmente, é a direção de Cygnus, o cisne celeste, que, sendo basicamente circumpolar na Escócia, ficava sempre visível no céu noturno setentrional. Teria sido assim que as estrelas de Cygnus ficaram associadas com o cisne, e por que a ave estava associada não apenas com o eixo cósmico, como também com a jornada da alma para o pós-vida – porque ela era vista voando para o polo celeste? Se assim foi, então essa conexão só poderia ter começado quando Deneb ocupou a posição da Estrela Polar, aproximadamente em 15000 a.C.

O Culto a Bride na Inglaterra

Até agora, as evidências da veneração a Bride na Inglaterra têm sido escassas, além de um punhado de topônimos com *brig-* e suas variações, e a presença de diversos sítios dedicados a ela, como os poços de S. Bride na cidade de Londres (*ver Capítulo Dez*) e em Glastonbury, em Somerset. Recentemente, porém, surgiram excitantes evidências arqueológicas na Cornualha, no sudoeste da Inglaterra, de um culto ao cisne que pode ter durado até o século XVII, aparentemente em nome de Bride.³⁸ Desde 2003, escavações na margem de um rio próximo de uma fonte votiva na vila de Saveock, norte do país, descobriram 28 buracos de terra forrados com penas, principalmente de cisne.

O conteúdo de alguns dos buracos revestidos de penas – que são quadrados ou retangulares, com um tamanho máximo de 47 cm de comprimento e uma profundidade de 20 cm – foi removido antes da descoberta, embora não se saiba por quem e quando. Alguns continham penas, pedras de faísca, plumas de cisnes e pequenos fragmentos de quartzo. Em seis deles, o conteúdo estava intacto. Às vezes, os buracos continham aves inteiras, galinhas ou frangos, junto com os restos de ovos, alguns com pintos plenamente formados. Com efeito, foram encontrados tantos ovos que se tinha a impressão de que toda a comunidade local fazia oferendas dessa natureza. Testes de carbono-14 feitos nas penas de cisnes de um buraco indicaram uma data próxima a 1640 d.C.

Perto dos buracos, os escavadores – sob a direção de Marie Jefferis da unidade Saveock Water Archaeology – desenterraram um tanque de água revestido de pedras que servia a fonte votiva. Esta continha grande quantidade de alfinetes de latão, bem como fragmentos de tecidos, cabelos humanos, tiras de couro e um pedaço de caldeirão de ferro, tudo indicando que o sítio permaneceu em uso ritual até o século XVII.

Jefferis acredita que os buracos estão relacionados, de algum modo, com um culto local a Bride, pois, em suas palavras:

> Parece haver diversas conexões com Brigit ligadas aos buracos de Saveock. O cisne, cujas penas foram encontradas na maioria dos buracos, é dedicado a Brigit. O mesmo se diz do costume de oferecer ovos para agradá-la nas épocas de colheita.

Jefferis acrescenta que, "Brigit costuma estar associada a poços, fontes e águas curativas", relembrando a Swallowhead Spring perto de Avebury. Jefferis também observou que as brigas de galos costumam acontecer no dia de S. Bride, e aqueles que desagradam à santa podem reconquistar suas graças enterrando um galo ou frangote na junção de três córregos:

> O sítio de Saveock está situado perto de um rio que, embora não seja a junção de três córregos, é um de três rios interligados, conhecidos como Três Águas. Todas essas evidências reunidas parecem indicar que os buracos têm algum tipo de qualidade ritual, seja como oferenda, seja como parte de um amuleto ou feitiço.[39]

Devo acrescentar que o uso de cristais estava envolvido no culto a Bride, e em seu dia festivo as moças faziam uma trouxa de milho na forma de uma mulher, e a decoravam com:

> ... conchas reluzentes, cristais brilhantes, prímulas, campânulas-brancas e quaisquer vegetais que pudessem obter... Uma concha ou cristal particularmente brilhante era posto sobre o coração da figura. Este era chamado de *reul-iuil Bride*, a estrela-guia de Bride, e tipifica a estrela sobre a porta do estábulo em Belém.[40]

Depois, a efígie era exibida aldeia afora por moças vestidas de branco e com os cabelos soltos, simbolizando pureza e juventude.[41]

O fato de que um culto secreto a Bride estava presente em Saveock, Cornualha, parece indiscutível, sugerindo que os aldeões corriam o risco de castigos severos, ou mesmo de vida, para participar daquilo que era então uma fé pagã, fora da lei, que recuava à época em que o cisne estava associado com a migração da alma. Tais práticas acabaram desaparecendo, mas há firmes evidências de que até hoje o culto a Cygnus permanece numa arcaica cerimônia real que tem lugar todos os anos no rio Tamisa. Um exame de suas possíveis origens e desenvolvimento lança ainda mais luzes sobre os ritos sazonais da Grã-Bretanha pré-histórica, especialmente aqueles que ligam o monumento de Avebury ao cisne celeste e ao culto aos mortos.

CAPÍTULO DEZ

As Águas da Vida

Grande pompa e cerimônia ainda cercam a santidade e a preservação dos cisnes na Grã-Bretanha, e tal fato não aparece melhor do que no pitoresco costume estival do "Censo dos Cisnes". É a pesagem e contagem de todos os cisnes brancos que vivem permanentemente no rio Tamisa.[1] Desde o século XV, ele tem sido organizado por membros de duas das mais antigas corporações profissionais de Londres – os Vintners (Vinhateiros ou Comerciantes de Vinho) e os Dyers (Tintureiros) – que receberam o direito exclusivo de criar cisnes no rio.[2]

A viagem de cinco dias, que começa na terceira segunda-feira de julho,[3] parte de um cais na cidade de Londres e termina em Abingdon, perto da cidade de Oxford (embora fosse, antigamente, até a "Oxford Bridge" dentro da própria cidade). O processo do "censo" em si é realizado pelo "Marcador de Cisnes" da rainha, que usa um paletó vermelho com uma pena de cisne no boné, e é supervisionado por um "Guarda dos Cisnes" real. No galpão ao lado do Tâmisa, próximo ao castelo de Windsor, residência real, a flotilha de esquifes se detém para que todos os presentes possam saudar Sua Majestade como "Senhora dos Cisnes", um costume de centenas de anos.[4]

Além de pesarem e contarem as aves, os jovens cisnes são alocados, dependendo de seus pais, a uma das duas empresas (qualquer ave sem a marca dos pais torna-se automaticamente propriedade da Coroa). Até o século passado, os recenseadores dos Vintners marcavam seus cisnezinhos com duas riscas no bico inferior, enquanto os dos Dyers marcavam os seus com uma única risca (hoje, todas as aves recebem apenas um anel em torno da perna). Além dessas simples marcas de identificação, eram usadas centenas de marcas nos cisnes por outros criadores espalhados pelo país.[5] Talvez não de todo inesperado, uma das marcas mais comuns nos cisnes era o símbolo do pé do animal, demonstrando uma vez mais sua associação com o cisne,[6] embora todas as aves aquáticas sejam, naturalmente, palmípedes.

Embora o termo inglês *upping* derive do ato de erguer (*take up*) a ave da água, aplica-se também à "viagem" em si,[7] com todos os destaques de um encantador passeio ao longo do Tâmisa até a fonte das águas da vida. Curiosamente, a cerimônia anual do Censo dos Cisnes coincide com uma chuva anual de meteoros conhecida como *Alpha Cygnids*, que atinge seu apogeu em 18 de julho. Por uma semana, mais ou menos, são vistos meteoros provenientes da direção de Deneb, em Cygnus, uma exibição de fogos de artifício celestes que não poderia passar despercebida.

Antes das mudanças feitas no calendário britânico no século XVIII, a *Alpha Cygnids* teria coincidido com a conclusão da cerimônia do Censo, pois sabemos que uma festa dos cisnes deu-se no dia de S. Swithin, 15 de julho – como também em 11 de novembro, dia de S. Martin de Tours (*ver abaixo*). Embora não se saiba se os fundadores do Censo dos Cisnes tinham noção desse fenômeno astronômico, eu não seria o primeiro escritor a fazer a conexão.[8]

Registros oficiais sugerem que o Censo dos Cisnes teve lugar pela primeira vez no século XV, embora tal data se refira apenas à época em que a Coroa concedeu aos Vintners e aos Dyers o direito de terem seus próprios cisnes no Tâmisa. Não há motivo para concluir que o Censo, ou alguma variação da cerimônia, não existiria antes dessa época. De fato, o *site* oficial *Royal Windsor* diz que ela data pelo menos da época em que os cisnes ganharam status real, no século XII.[9] O que eu queria saber, porém, é se essa prática arcana foi o desdobramento de uma cerimônia ainda mais antiga relacionada com o rio Tâmisa.

A Vintners' Company

Originalmente, o Censo dos Cisnes incluía todos os cisnes localizados entre a Ponte de Londres e a Ponte de Oxford, e começava no Vintry Wharf, um cais localizado ao lado do Vintners' Hall na Upper Thames Street, que existia desde o século XIII.[10] A leste dali fica a Ponte de Londres, e entre as duas havia uma antiga taberna chamada Old Swanne Inn (Antiga Hospedaria do Cisne), que existe desde 1323.[11] Como ela ficava a apenas 200 m do Vintner's Hall e fazia parte do Vintry Ward,[12] é pouco provável que fosse ignorada pelos comerciantes de vinho locais, membros da Vintner's. A taberna deu nome ao Old Swan Wharf (Antigo Cais do Cisne), localizado perto daquele que hoje é o Swan Pier na Swan Lane, ao lado da Upper

Thames Street. Esta, em si, é uma evidência circunstancial de que o Censo dos Cisnes é, no mínimo, tão antigo quanto essa taberna.

A Vintners' Company, que controlava as importações de vinhos e regulava as licenças de funcionamento das tabernas, ficou conhecida por documentos datados desde o século XIII.[13] Contudo, membros da guilda, ou do "mistério",[14] como era chamada, se reuniam desde o século XII na igreja de St. Martin's Vintry,[15] localizada ao norte do atual Vintner's Hall (a igreja pegou fogo no Grande Incêndio de Londres em 1666 e não foi reconstruída). Nessa época, muitos dos prefeitos de Londres eram também mestres dos Vintners.[16] De fato, há uma lenda famosa que diz que em 13 de novembro de 1363, nada menos do que cinco reis compareceram a uma festa dada por um certo Henry Picard, Mestre dos Vintners e prefeito de Londres. Eram os soberanos da Inglaterra, da França, da Escócia, Dinamarca e de Chipre, e, em memória dessa ocasião, até hoje são feitos cinco brindes nos banquetes da Vintner's Company, no lugar dos costumeiros três. O chamado "Banquete dos Cinco Reis" é lendário na história da corporação, embora os historiadores tenham sérias dúvidas de que todos os citados monarcas teriam estado presentes nesse dia.[17]

Ísis do Tâmisa

Imaginando que o "mistério" dos Vintners fosse anterior à conquista normanda de 1066, como um desdobramento de uma guilda saxônica já existente,[18] fiquei intrigado ao saber que a área ao redor do Vintry Wharf teria sido, com quase toda certeza, o centro do comércio de vinho de Londres desde a época dos romanos.[19] Isso me levou a uma linha de pesquisa aparentemente insignificante, que, no início, parecerá irrelevante para esta discussão. A apenas 300 m do local onde ficava a igreja de St. Martin's Vintry e o antigo muro romano ao lado do rio, havia um templo dedicado à deusa egípcia Ísis.[20]

A presença do templo no coração da cidade foi confirmada pela descoberta de uma série de itens relacionados a ele,[21] inclusive um altar do século III registrando a restauração e nova consagração do tempo. Foi descoberto durante escavações no muro romano ribeirinho de 1975.[22] A mais enigmática de todas foi a descoberta em Southwark, no lado sul do rio, no início da década de 1920, de um jarro romano do final do século I d.C.[23] Ele tem um desenho onde se lê, *Londinii ad fanum Isidis* (Londres, no templo de Ísis; *ver fig. 26*),[24] que alude à existência de um comerciante de vinhos nas proximidades do templo de Ísis, do qual o jarro de vinho e seu conteúdo saíram.

Como o desembarque de vinho importado do continente deve ter se dado num cais romano a poucas centenas de metros ao sul do templo, e a deusa Ísis era tida como inventora do vinho, conhecida até como "Senhora do Vinho e da Cerveja", então a existência do recipiente poderia implicar que o templo teria jurisdição sobre a distribuição de vinho para as tabernas da Londres romana. Sendo assim, então seria possível que a Vintner's Company tivesse herdado os ecos de práticas religiosas e os costumes associados com o culto a Ísis, inclusive sua veneração ao cisne. Mais importante ainda é que essa informação proporciona, de modo estranho, uma base crucial para as origens do Censo dos Cisnes e seus vínculos que recuam ao culto aos mortos do Neolítico.

Com a expansão do império romano, foram feitas tentativas de integrar deusas e deuses estrangeiros às divindades romanas já existentes, ou vice-versa, dependendo de sua popularidade. Assim, vemos o culto a Ísis sendo assimilado ao da divindade greco-romana do amor, Afrodite/Vênus, dando à irmã e esposa egípcia de Osíris (Serápis, no culto greco-romano) novas formas e atributos. Estes incluiriam uma associação com o cisne, símbolo da deusa do amor, especialmente

Fig. 26. Jarra de vinho encontrada em Southwark, na margem sul do Tâmisa, em Londres, com a inscrição **LONDINI AD FANVM ISIDIS** (Londres, no templo de Ísis), sugerindo a presença de um templo de Ísis na cidade.

pelo fato de o ganso já ser consagrado a Ísis.[25] Fiquei curioso ao saber que o Vintner's Hall possui uma "Sala do Cisne", que pode ser visitada pela Internet.[26] Está repleta de imagens de cisnes, incluindo, até recentemente, uma estátua de Leda e o Cisne (*ver Capítulo Dezoito*). Mas o orgulho do local recai sobre uma mesa semelhante a um altar, sobre a qual fica um cisne empalhado.

Durante um dia de visitação em setembro de 2005, fiquei sabendo que essa ave recebe um desfile cerimonial num grande banquete realizado todos os anos em 11 de novembro, festa de S. Martin de Tours (Martinmas). No passado, esse evento – ao qual comparecia o soberano ou seu representante – incluía um cisne assado, embora hoje, graças à proteção a essa ave, serve-se ganso. Na verdade, fica claro que o mencionado Banquete dos Cinco Reis foi um banquete de Martinmas, embora os historiadores o situem no dia 13 de novembro de 1363.[27]

Como tanto o cisne como o ganso eram símbolos associados com a forma romana de Ísis, desconfio que essas aves eram importantes em seu culto londrino. Sabe-se ao certo que colônias de cisnes faziam ninhos nessa parte do Tâmisa na Idade Média,[28] o que significa que provavelmente estariam presentes em tempos romanos. Logo, é possível que as práticas de cultos cercando a adoração a Ísis possam ter incluído a veneração pelo cisne. Suspeito ainda que seu culto incluísse uma viagem simbólica até a fonte do rio, visto como as águas sempre fluidas da vida.

Dia dos Mortos

Outra pista para a origem pagã do Censo dos Cisnes é S. Martin de Tours (c. 315-397), patrono da França, do vinho e da Vintner's Company. Por toda a Europa, gansos eram servidos em sua homenagem em Martinmas, devido a alguma vaga história sobre sua vida. Contudo, o fato de gansos e frangos também serem sacrificados nesse dia sugere uma origem mais antiga para essa tradição.[29] De fato, sabemos que Martinmas surgiu como uma extensão do antigo dia de Samhain, o ano-novo celta, também chamado de Dia de Todas as Almas, Hallowe'en ou Dia dos Mortos, no meio da estação. Por volta dessa época, os cisnes migrantes (e os gansos, ligados a Cygnus no folclore estelar galês[30]) voltam do Ártico, normalmente à noite, sob uma lua cheia.[31] Cisnes selvagens, em particular, fazem sons estranhos em voo, e tais sons devem ter sido considerados como os mortos voltando a este mundo, talvez a origem da associação entre Hallowe'en e os céus repletos de bruxas, fadas e espíritos dos mortos.

Embora essas práticas arcaicas estejam bem distantes do Censo dos Cisnes, é provável que os Vintners, muitos originários da França, celebrassem Martinmas com um banquete de gansos. Contudo, em Londres essa tradição se fundiu com costumes e cerimônias mais antigos em torno do cisne, o qual, suspeito, tenha sido observado no Tâmisa desde o tempo dos romanos (há, por exemplo, uma antiga igreja e poço sagrado dedicado a S. Bride na Fleet Street, próxima dali, que ficam sobre uma estrutura romana anterior). Ademais, há nada menos do que seis igrejas de S. Martin na cidade medieval, o maior número de igrejas que não as dedicadas à Maria, S. Miguel e Todos os Santos).

Como resultado desse processo, o cisne se tornou a ave de honra nos banquetes reais, enquanto o mistério ou guilda dos Vintner's, que depois se tornou a Vintner's Company, graças às suas fortes ligações reais, tornou-se – juntamente com a Dyer's Company – a guardiã de todos os cisnes do Tâmisa. Era um ritual celebrado na época do Censo dos Cisnes, que, sem dúvida, seria apenas a ressurreição de alguma coisa bem antiga.

O Círculo se Fecha em Avebury

Assim como o Dia de S. Martin marcava a chegada de cisnes e gansos migrantes, o Dia de S. Bride marcava o início da primavera, quando as aves partiam rumo ao norte, levando as almas dos recém-falecidos para um céu setentrional. É por esse motivo que Bride, ou Brigit, ficou associada aos cisnes e à Via Láctea, pois ela é, muito provavelmente, a personificação da constelação de Cygnus, venerada desde o Neolítico, com quase toda certeza. Essa nova informação começou a proporcionar uma estrutura para rituais anuais no centro pré-histórico de culto de Avebury, que se tornou o mais óbvio sítio de culto de Cygnus da Grã-Bretanha, com sua associação com os cisnes e alinhamento axial com o ocaso de Deneb.

Imaginava-se que a nova vida começava quando os cisnes chegavam do mundo celeste perto da época de Samhain, o ano-novo celta (Martinmas, etc), enquanto as almas dos mortos pareciam partir com as aves no início da primavera, após a festa de Olmelg (Dia de S. Bride), que também coincidia com a regeneração da natureza, simbolizada pelo retorno da vida à fonte de Swallowhead. No meio desse período de quatro meses, em torno da metade do inverno, eram realizados ritos para assegurar a passagem tranquila dos mortos para o além, e também o retorno do Sol após o dia mais curto do ano.

Concordo com Aubrey Burl que o Círculo Sul de Avebury, com sua avenida, relacionava-se com a regeneração da vida na primavera, enquanto o Círculo Norte, sua Cove e a avenida Beckhampton relacionavam-se mais com os aspectos sombrios de Samhain, associado especificamente com o culto aos mortos. Nessas épocas, os véus entre este mundo e o outro se abriam, permitindo a comunicação bilateral com os habitantes do mundo celeste através das estrelas de Cygnus. Para mim, é estranhamente curioso perceber que se alguém, numa viagem hipotética até a fonte do rio Tâmisa, chegando a Reading, em Berkshire, tomar o afluente esquerdo até o rio Kennet em vez de seguir pela direita até o Tamisa, acabará chegando à sua fonte em Swallowhead Spring, pouco ao sul de Avebury.

Cisnes e não Cegonhas

O conceito de aves que trazem almas de volta da terra dos mortos pode tornar compreensível uma poderosa lenda preservada entre os povos do Báltico, que fala de cisnes que trazem bebês recém-nascidos a este mundo, um papel normalmente reservado à cegonha.[32] É possível que se imaginasse que cisnes migrantes voltando à Europa de seus locais de acasalamento estivessem trazendo novas almas para a terra dos vivos, assim como eles os acompanhavam ao mundo celeste na morte. Aqui, lembramo-nos dos crânios de abutres encontrados nas paredes das salas de culto em Çatal Hüyük no centro-sul da Turquia. Estavam cobertos de argamassa, para que as pontas de seus bicos formassem mamilos, traduzindo a ideia de nutrição e nova vida. Talvez o papel do abutre não fosse apenas o de acompanhar os mortos ao pós-vida, mas também o de trazer novas almas ao mundo, uma percepção que pode muito bem proporcionar novas provas para a crença na transmigração das almas no mundo neolítico.

Há claras indicações de que, tanto na Inglaterra como na Europa, o cisne e o ganso substituíram o abutre do início do Neolítico no Oriente Próximo como expressão de profundo significado religioso do psicopompo aviário, transportando as almas dos mortos para *e de* um céu situado ao norte, associado a Cygnus. Essas crenças e práticas ligadas a cultos continuaram indiscutivelmente além do Neolítico, sobrevivendo até a época romana, e além dela. Contudo, será que agora podemos prosseguir e encontrar evidências quantificáveis que possam ajudar a provar a aparente relação entre o culto neolítico aos mortos e a constelação de Cygnus? A resposta é sim, mas para isso devemos sair da ilha inglesa e atravessar o Mar da Irlanda até o Boyne Valley, na Irlanda. Lá, vamos encontrar aquele que é, indiscutivelmente, um dos maiores exemplos da influência de Cygnus sobre a mente de nossos ancestrais neolíticos.

CAPÍTULO ONZE

Cavaleiros do Cisne e Virgens-Cisnes

O túmulo de passagem de Newgrange, perto de Slane, em Country Meath, a uns 50 km de Dublin, é um monumento bastante especial. Construído aproximadamente em 3000 a.C., consiste num grande monte de formato elíptico, com tamanho variando entre 79 m e 85 m. Tem uma parede externa curva, com altura variando entre 10,5 m e 12 m, revestida de quartzo branco reluzente e de formas irregulares e intercalado com nódulos pretos de sílex. Ao redor de sua base, vemos enormes pedras decoradas com arte neolítica abstrata, como círculos concêntricos, diamantes, losangos, ziguezagues e símbolos "solares". À sua volta, havia originalmente um imenso anel com 97 megálitos conhecidos como o Great Circle, restando hoje apenas 12 pedras. Tal como o South Circle de Avebury e o círculo de pedra conhecido como Anel de Brodgar nas ilhas Órcades, tem um diâmetro de 104 m, precisamente 125 das jardas megalíticas de Alexander Thom, um fato que deve fazer alguns erguerem as sobrancelhas.

Além disso, há o conhecimento de que Newgrange expressa o profundo interesse do homem neolítico por alinhamentos precisos com corpos celestes. A cada manhã do meio do inverno, exatamente quatro minutos e meio após o nascer do Sol, um feixe de luz solar dourada penetra uma pequena "caixa de telhado" acima da entrada sudeste. Depois, ela penetra um fino tubo de pedra com 18 m antes de atingir um ponto escavado atrás de uma câmara semelhante a um útero, localizado no meio do monte. É um espetáculo espantoso e altamente simbólico, que dura pouco mais de um minuto antes que a luz desapareça subitamente e as paredes internas tornem a mergulhar na escuridão.

Angus e a Virgem-Cisne

Como é de se esperar, Newgrange está cercado por mitos e lendas arcaicas. Conhecido antigamente como *Brugh na Bóinne*, "Palácio de Boyne", esse grandioso monumento teria sido o túmulo de "três vezes cinquenta filhos de reis", pertencendo ao lendário reino de Tara.[1] Em épocas mais antigas, era o *brugh* (palácio) ou *sidhe* (monte) de Angus (ou Oenghus) Mc Og, "Angus, o Filho Caçula", líder dos lendários Tûatha dé Dânann, filhos da deusa Danu.[2] No entanto, antes de Angus pôr as mãos em Newgrange, ele pertenceu a seu pai, Dagda, o "Bom Deus". Angus conseguiu enganá-lo, perguntando se poderia ficar lá por uma noite e um dia. Tendo lhe concedido esse favor, o matreiro chefe declarou que o local era seu, dizendo que sempre haveria uma noite seguida por um dia.

Numa lenda irlandesa, *O Sonho de Angus*, o herói, em torno do qual quatro pássaros voavam constantemente como expressão de seus beijos,[3] teria tido um sonho no qual se apaixona por uma bela virgem.[4] No dia seguinte, ele não se alimentou, e naquela noite ela lhe apareceu novamente, dessa vez brincando, cantando e conquistando seu coração. Ao acordar, Angus não comeu novamente, e esse ciclo prosseguiu durante um ano. Durante longo tempo, ele não disse nada àqueles que o cercavam, mas depois acabou revelando a causa dessa doença à sua mãe, Bóinne, que ficou tão preocupada que pediu a Bodb o Vermelho, novo rei dos Dananns de Munster e irmão de Dagda, para ir à procura dessa bela virgem. Após muito procurar, ele descobriu que ela era Caer Ibormeith (Yew Berry), filha de Etal Ambuel, um Danann do *sídhe* de Uaman, em Connacht.

Dagda enviou Bodb o Vermelho para convencer Etal Ambuel a deixar que sua filha se casasse com Angus. Mas isso seria impossível, disse-lhe o chefe de Connacht, pois ela alternava sua forma entre a de uma jovem virgem e um cisne ao final de cada ano, e na próxima festa de Samhain (1º de novembro), ela se uniria a três vezes 50 cisnes em Lough Bel Dragon (Lago da Boca do Dragão), forma na qual ela permaneceria pelos 12 meses seguintes. Etal Ambuel disse que a única esperança de Angus conquistá-la seria distinguir Caer dos outros cisnes e perguntar se ela gostaria de ser sua esposa.

Assim, Angus foi até o lago, onde a identificou corretamente dentre os outros cisnes, que estavam ligados em pares com correntes de prata presas em seus pescoços (Caer era a única com uma corrente de ouro), e ela concordou em se casar com ele. Com a magia de Caer, Angus foi transformado num cisne, e juntos voaram três vezes em torno do lago antes de voarem, lado a lado, até seu *brugh* (ou seja, Newgrange), onde ficaram juntos pelo resto da vida. Aparentemente, o belo canto da virgem-cisne e de seu marido deixou todos adormecidos, como se em transe, lembrando o modo pelo qual ele próprio a conheceu. Outro relato diz que, enquanto voavam para o *sidhe*, os dois cisnes estavam "murmurando, em seu voo, uma música tão divina que todos que a ouviram adormeceram por três dias e noites".[5]

É uma história singular, e mais, nas ilhas ocidentais escocesas, Bride era conhecida como esposa de Angus, confirmando seu papel como virgem-cisne.[6] Mas isso implica que o *brugh* de Angus – uma palavra-raiz que sobrevive em Brow, toponímico local próximo a Newgrange, desde 1541,[7] no mínimo – era a morada mítica de seres humanos que assumiam a forma de cisnes e/ou se comunicavam com seres de outro mundo que apareciam como cisnes machos ou fêmeas. Tudo isso num país descrito por um poeta irlandês do século XVII como "terra abundante em cisnes".[8] Se há alguma verdade em *O Sonho de Angus*, então isso pode sugerir que Newgrange foi antes um centro cerimonial para o culto ao cisne.

O Enigma de Cygnus de Murphy e Moore

Foi sabendo disso que dois pesquisadores de mistérios irlandeses, Anthony Murphy e Richard Moore, decidiram investigar essa possibilidade. Tendo observado bandos de cisnes migrantes ocuparem os prados alagados do Boyne Valley, eles se perguntaram se haveria algo mais no projeto e função de Newgrange que pudesse refletir seu histórico mitológico. Os dois também questionaram se a existência sobrenatural de Caer poderia ter alguma base astral – uma base que ligasse *O Sonho de Angus* e Newgrange a Cygnus, o cisne celeste.

Murphy e Moore começaram suas investigações comparando a forma de Cygnus com a planta baixa do monte central de Newgrange. As câmaras internas do monumento tinham, de fato, alguma relação com estrelas importantes. Deneb, por exemplo, recaía em seu recesso norte, enquanto Sadr (gama Cygni), a estrela do "bico" do cisne, localizava-se na boca da passagem de entrada, quase como se estivesse ali para receber a luz do Sol, que então, simbolicamente, passaria por seu corredor à procura do coração ou ventre da ave. Com essas informações, Murphy e Moore observaram que a passagem interna do monumento e suas câmaras "podem ter sido construídas na forma de Cygnus".[9]

Apesar dessa descoberta, o corredor de entrada de Newgrange não estava alinhado com Cygnus, pois aponta para o nascer do Sol do meio do inverno. Mas Murphy e Moore perceberam algo extraordinário. Se a orientação axial do corredor de entrada de Newgrange fosse prolongada para além do ponto do nascer do

Sol, ou seja, sobre Roughgrange Hill ou Red Mountain, um azimute de 136 graus, levará o observador a uma distância de 15 km para outro túmulo de passagem, ou monte, chamado Fourknocks. Muito menor do que Newgrange, Fourknocks tem uma câmara cruciforme com 12 pedras decoradas, e numa delas há um relevo entalhado, que se supõe ser um rosto humano estilizado. Fica claro que essa relação solsticial entre Newgrange e Fourknocks não deve ser mera coincidência, pois os dois monumentos fazem parte do mesmo cenário cerimonial.

O Segredo de Fourknocks

Murphy e Moore viram rapidamente que o ângulo e a elevação do corredor de entrada de Fourknocks não permitiam sequer focalizar o Sol. Assim, consultaram o Sky-globe, e esperaram para ver se alguma estrela poderia se erguer sobre as distantes montanhas Mourne e Cooley, que apareciam na "janela" criada pela câmara de entrada do monte, vista desde o seu interior. Pressupondo uma data de construção de 3000 a.C. para Fourknocks, determinaram que apenas uma estrela se ajustava a esse critério. Era Deneb, que, sendo circumpolar na Irlanda nessa época, tangenciava o horizonte e depois se erguia lentamente para passar justamente diante de sua proposta "janela celeste".

Assim, Newgrange, que Murphy e Moore consideravam o reflexo do cisne celeste, recebe sua luz solar no meio do inverno desde Fourknocks, onde um dia a luz estelar de Deneb penetrou em sua câmara interior. Além disso, puderam determinar que:

> Na noite do solstício do meio do inverno, Deneb assinala a localização do Sol do momento em que se põe até o momento em que nasce, com uma variação de alguns minutos, tempo que leva para Deneb surgir no céu que se escurece. Assim, os observadores em qualquer dos montes podem situar a posição do Sol abaixo do horizonte, usando Deneb como guia.[10]

Os dois pesquisadores notaram também que, nessa época, Deneb atravessa o meridiano em seu trânsito inferior, pouco acima do nível do mar; de fato, é o ponto mais baixo que ela atinge durante todo o ciclo precessional. Foi esse mesmo fenômeno que ocorreu em Karahan Tepe no sudeste da Turquia em 9500 a.C., a observação que me alertou inicialmente para a importância de Deneb. Para os dois, as descobertas feitas no Boyne Valley representaram um momento de revelação cósmica, que Anthony Murphy registrou assim:

Vi, pela primeira vez, o sistema tal como foi idealizado, e fui tomado por uma revelação espantosa, causada por um antigo conhecimento cosmológico, e pela visão da realização suprema de um povo destro e capaz.[11]

Essa foi uma nova e poderosa evidência em nossa busca pela compreensão do verdadeiro significado de Cygnus e da importância do norte para nossos ancestrais neolíticos. Um sistema de crenças mágico-religioso que se desenvolveu na Mesopotâmia Superior c. 9500 a.C. como culto aos mortos, envolvendo o abutre como psicopompo e totem xamânico, transformou-se, na Grã-Bretanha e na Irlanda, em algo bem diferente.

O Enterro do Cisne

Por trás desses pensamentos, existe a possibilidade de que os construtores megalíticos da Europa Ocidental pudessem ter herdado a conexão entre o cisne e o pós-vida de uma era anterior, conhecida pelos arqueólogos como Era Mesolítica (na metade da Idade da Pedra). Foi quando os habitantes da Europa Ocidental passaram gradualmente de nômades caçadores-coletores para pastores e agricultores mais assentados, marcando a transição para o Neolítico, c. 4500 a.C. Para investigar mais a fundo o assunto, devemos visitar a cidade dinamarquesa de Vedback, situada a uns 20 km ao norte de Copenhagen.[12] Nela, perto de uma enseada da costa, arqueólogos descobriram um singular cemitério mesolítico, um dentre apenas dois na Escandinávia. Uma cova em particular chama a atenção, pois sob uma pequena elevação havia um túmulo duplo, com uma mulher de não mais do que 18 anos e um menino, presumivelmente seu filho.

Deitada de costas com as mãos ao lado do corpo, trajava um vestido com conchas de caramujo e outros pingentes. Uma túnica dobrada servia de travesseiro sob sua cabeça, e ainda era possível ver seus cabelos loiros sobre ele. Em seu rosto e na região pélvica, havia traços de pó de ocre vermelho, uma pedra ferrosa ligada à morte e ao pós-vida desde tempos paleolíticos. De fato, pedaços de ocre foram encontrados no local do monumento santuário de Overton Hill, perto de Avebury, onde se imagina que ocorria a escarnação.

O mais incrível desse túmulo neolítico é que o menino, que tinha um machado de sílex a seu lado, para uso no além, estava abraçado a uma asa de cisne. Além disso, ele também estava polvilhado com ocre vermelho, sinal de que esse enterro ritual permitiria tanto ao menino como à mãe fazer uma transição suave entre este mundo e o outro. Dezesseis outros túmulos foram desenterrados nesse cemitério, todos datados de 4800 a.C., aproximadamente, mostrando que, tal como a jovem mencionada, praticamente todas as pessoas foram enterradas de costas, com os pés juntos e as mãos ao lado do corpo.[13]

A presença de uma enorme asa de cisne protegendo o corpo de um menino ao lado da mãe, no Túmulo nº 8 do chamado "grupo do cemitério Bogebakken", não foi vista como algo trivial por Steven Mithen, professor de Pré-História Primitiva e chefe da Escola de Ciências Humanas e Ambientais da University of Reading. Em seu livro *After the Ice* (2003), ele comenta:

> Para os saami, povo do norte da Europa do século XIX, cisnes e aves selvagens eram mensageiros dos deuses. Afinal, essas aves podiam caminhar na terra, nadar na água e voar no ar – eram destras no movimento entre mundos diferentes. Talvez os povos do Neolítico tivessem reverenciado seus cisnes de modo parecido, fazendo com que um deles levasse aquela pobre criança até o além, onde poderia viver a vida que lhe fora negada na terra.[14]

São evidências tangíveis de que os povos do Mesolítico, pelo menos na Escandinávia, reconheciam o cisne como psicopompo, "portador da alma". Além disso, há claras evidências de que esse culto à morte relacionado com o cisne prosperou no norte e no centro da Europa. Embora não pareça haver consenso quanto à localização de Valhalla, reino dos mortos na tradição nórdica, a obra clássica de Jacob Grimm, *Teutonic Mythology* (1888), menciona os nórdicos contemplando a "porta" do norte durante suas preces (*norðr horfa dyr*).[15] Ademais, como disse antes, os povos germânicos e nórdicos da Europa Ocidental alinhavam seus túmulos no eixo norte-sul, uma tradição interrompida pelos primeiros cristãos, que preferiam a orientação leste-oeste.

Cavalgada das Valquírias

Na religião nórdica, os cisnes eram vistos como valquírias, guerreiras que mudavam de forma, heroínas que se reuniam em torno do deus Odin e de sua esposa Freya no Valhalla, onde os guerreiros mortos eram recebidos no pós-vida. De fato, as valquírias eram "as condutoras das almas até a terra das sombras".[16] A crença em suas visitas ao mundo físico eram muito populares nos países escandinavos, onde as antigas tradições falavam de virgens que se adornavam com "trajes de cisnes, plumagens de cisnes (...) segundo a ingênua moda folclórica".[17]

Já vimos, em *O Sonho de Angus* (*ver acima, página 142*), que Caer Ibermoith alternava anualmente sua forma entre a de uma virgem e a de um cisne. De fato, o folclore europeu é rico em histórias de virgens-cisnes parecidas com fadas, que geralmente apareciam em grupos de três ou de sete. Histórias passadas entre incontáveis gerações dizem que elas chegavam num lago onde removiam seus trajes de cisnes (ou "asas") e anéis de cisnes (ou seja, um colar, como a corrente de ouro de Caer), que eram deixados para trás sobre a grama. Aparece um camponês que, vendo as mulheres, furta seus pertences e passa a observá-las a uma distância segura. Quando as moças se cansam de suas distrações, abordam o homem e pedem-lhe que lhes devolva o que é delas, com o que ele diz que, se uma delas tornar-se sua esposa, as outras poderão sair livres dali. É o que acontece, e o camponês e a virgem-cisne vivem como marido e mulher durante sete anos, até que um dia ele lhe mostra – ou ela encontra – o traje e o anel que ele escondeu nesse tempo todo. Apossando-se deles, ela foge e o marido morre de desgosto.[18]

Por toda a Europa, e também pela Ásia, a história é mais ou menos a mesma. Numa versão, um fazendeiro descobre que, todo dia de S. João (24 de junho), seu campo é pisoteado, e por isso ele pede aos dois filhos mais velhos que fiquem de vigília nessa noite. Durante dois anos seguidos, eles escutam ruídos antes de caírem inesperadamente num sono pesado. No terceiro ano, o fazendeiro manda o filho caçula, que tampa os ouvidos e se esconde, à espreita. De repente, ele vê três virgens que pousam, põem de lado suas asas e pisoteiam a plantação com suas danças. O jovem furta as asas das moças e as esconde sob uma pedra e, quando as virgens ficam cansadas, pedem-lhe que as devolva. Em resposta, ele diz que duas delas podem levar suas asas, desde que a terceira se torne sua esposa.

É quando a história toma um rumo diferente, pois, em vez de uma delas lhe obedecer, elas simplesmente lhe oferecem uma bebida numa caneca de ouro, como as fadas costumam fazer.[19] Com isso, ele fica encantado com a graça dessas criaturas do outro mundo, e decide devolver-lhes as asas, permitindo que escapem. Outras variações da história substituem as virgens-cisnes por virgens-pombas, indicando que o pombo tornou-se simplesmente um substituto do cisne, possivelmente por influência cristã.[20]

Para começar, essa história mostra a forte superposição que existiu entre o conceito de fadas e o de virgens-cisnes. De fato, em islandês e norueguês antigo as palavras para cisne e fada são praticamente a mesma,[21] enquanto "Elba", nome do rio do norte da Europa, deriva de *cisne branco*, embora *elb* também seja o indicativo de elfo ou fada.[22] Também é interessante saber que em gaélico a palavra para cisne, *eala*, *eal* ou *ai*, é a mesma usada para "pilar de pedra", no qual um criminoso podia buscar refúgio como num santuário. Também há *elad* ou *ealadh*, um "túmulo" de pedra, ou casa dos mortos, como um dólmen,[23] ou um cemitério, o que nos leva de volta à associação entre o cisne, a mortalidade e a transmigração da alma. Com efeito, na ilha escocesa de Iona, em Port nam Marbh, "Porto dos Mortos", onde antigamente os cadáveres eram levados para a terra, havia um *eala* na forma de um altar. O caixão era levado três vezes no sentido horário ao redor da pedra antes de serem levados para seu enterro na ilha sagrada.[24]

Manto de um Cisne

Além deste ponto, voltamos ao conceito de seres humanos que mudam de forma e tornam-se cisnes. O poder da virgem-cisne parece provir de suas asas e do anel de cisne, que simbolizam os trajes e parafernália totêmica do sacerdote-xamã, ou feiticeira. Ao remover esses itens, o poder da virgem-cisne diminui completamente, tornando-a uma mortal como outra qualquer. Mas assim que ela põe as mãos em seus trajes, recupera o poder de voar.

O símbolo do anel do cisne também é importante, pois quando está no pescoço do cisne significa que este é de outro mundo, pois em sua forma totêmica representa a virgem-cisne. Em algumas histórias, os homens jogam o traje, o anel ou a corrente sobre a virgem, que então transforma-se instantaneamente em cisne.[25]

Poderes semelhantes de voo mágico e de profecia também são atribuídos às penas de cisnes. Na Alemanha, por exemplo, se alguém descobre que tem o dom da profecia pode dizer: "Es wachsen mir Schwan-federn" (Crescem penas de cisne em mim).[26] Como vimos no Capítulo Cinco ao tratar dos xamãs buriat da Sibéria, as penas de cisnes eram muito valorizadas entre esses feiticeiros, que adotavam o disfarce da ave para tentar a comunicação com outros mundos. Também não devemos nos esquecer do manto de aves *tuigen* do bardo celta, que incluía a pele, o pescoço e as penas do ganso (*ver acima, página 129*).

A Linhagem do Cisne

Outra lenda norueguesa conta que um nobre estava caçando numa floresta e encontra uma bela virgem-cisne banhando-se num rio e remove seu colar de ouro, deixando-a impossibilitada de voar. O nobre casa-se com ela e ela lhe dá sete filhos, todos nascidos com um colar de ouro no pescoço. Isso lhes permite transformarem-se em cisnes à vontade, como a mãe.[27]

O significado dessa história, e de muitas outras como ela, é evidente. Mostra-nos que a capacidade de mudar de forma e transformar-se em cisne poderia ser vista como hereditária. Sendo assim, isso explicaria por que, em toda a Europa, havia uma tradição arcaica sugerindo que o processo xamânico de mudar de forma costumava passar pela linhagem feminina, e que o cisne era o totem mais poderoso assumido por essas mulheres. Essa suposição explica os relatos europeus de lendários "cavaleiros do cisne" como Lohengrin. Ele aparece em diversos romances do Graal escritos em alemão durante o século XIII, e tornou-se o principal personagem na ópera *Lohengrin*, de Richard Wagner, que estreou nos palcos em 1850.

Além disso, certas casas reais europeias, como a de Bouillon – da qual provém o cruzado Godofredo de Bouillon (1058-1110), duque da Lorena Inferior e primeiro rei de Jerusalém –, alegam provir de Helyas, um "cavaleiro do cisne", enquanto ordens de cavalaria dedicadas ao nome do cisne foram criadas para homenagear os reis. Dentre elas, tínhamos a Ordem do Cisne, fundada em 1440 pelo *elector* Frederico de Brandemburgo* para homenagear a Virgem Maria, enquanto em Cleves havia a ordem dos Cavaleiros do Cisne.[28] Além disso, registra-se que quando, em 1304, o rei inglês Eduardo I foi feito cavaleiro, fez seu juramento a Deus sobre dois cisnes decorados com redes douradas.[29] Há outros exemplos de reis jurando sobre cisnes, e tenho a impressão de que essa tradição está ligada ao fato de que juramentos semelhantes eram feitos sobre pilares de pedra, que, como vimos, em gaélico tinham o nome *eala*, que também significa "cisne".

Em algum ponto desses podemos encontrar o verdadeiro significado da cerimônia do Censo dos Cisnes no rio Tâmisa, que, como o leitor vai se lembrar, inclui uma saudação ao rei ou rainha governante como "Senhor (ou Senhora) dos Cisnes". Além disso, a poucas centenas de metros de onde se situava o templo de Ísis em Londres, há um antigo pilar de pedra, o resto de um *miliarium*, que na época romana assinalava o ponto de convergência de todas as estradas na Grã-Bretanha. Conhecida como Pedra de Londres, era ali que os prefeitos da cidade faziam um juramento de obediência ao rei ao serem investidos no cargo. Como vimos, na época medieval o prefeito de Londres era invariavelmente o Mestre da Vintner's Company, organizador da festa dos cisnes de Martinmas.

As rainhas também estavam ligadas aos cisnes e gansos graças à associação com o chamado "pé de ganso". Como observou Jacob Grimm, a deusa "fiandeira" Berhta ou Bertha, a rainha *de pés de ganso* do folclore alemão, pode muito bem sugerir virgens-cisnes, indicando uma associação tanto com reis e rainhas como com

---

* Membro do colégio eleitoral do Império Romano, com a função de eleger o imperador. (N. do T.).

aves de outro mundo.³⁰ De fato, alguns veem no "pé grande" de Bertha o pé de um ganso ou de um cisne.³¹ Seria ela uma personificação da constelação de Cygnus?

Como veremos, crenças semelhantes referentes a linhagens do cisne são encontradas em outras partes do mundo. No momento, porém, devemos retornar à Inglaterra para averiguar um vínculo mais direto entre o conceito de virgens-cisnes que mudam de forma e a arquitetura megalítica de túmulos associada às estrelas de Cygnus.

Wayland's Smithy

Um dos mais interessantes monumentos megalíticos pesquisados pelo professor John North foi Wayland's Smithy, um túmulo longo neolítico muito conhecido, situado ao sul de White Horse Hills, próximo a Lambourn, em Berkshire. Fica a uns 40 km a nordeste de Avebury, e provavelmente foi construído pela mesma cultura wessex responsável pelo túmulo longo de West Kennet.

Escavações realizadas em Wayland's Smithy em 1919 revelaram oito esqueletos, inclusive o de uma criança, e estudos feitos em 1962-1963 demonstraram que o monumento foi construído em dois estágios, inicialmente em 3700 a.C., aproximadamente, e depois em 3400 a.C. Durante a fase inicial, foi construída uma câmara mortuária de madeira, dentro da qual foram encontrados catorze corpos, articulados e desarticulados. Posteriormente, a câmara foi bloqueada por um alinhamento de pedras sarsen. Estas foram escondidas atrás de um monte de calcário tirado dos fossos próximos, que não são mais visíveis.

Na segunda fase de construção, acrescentou-se um longo monte trapezoidal de calcário medindo 60 m de comprimento, com largura variando entre seis e 15 m. Como em Newgrange, esse monte foi cercado por pedras. Em uma extremidade, havia seis lousas de bloqueio com 3 m de altura, das quais restam apenas quatro. Elas cobriam a entrada para uma câmara central que se abria para outros três cubículos revestidos de pedra, formando um crucifixo.

North descobriu que Wayland's Smith tem um alinhamento quase ao norte exato, apontando para o ocaso de Deneb no final do quinto milênio a.C. (uma data que alguns arqueólogos mais ortodoxos podem questionar). Outros alinhamentos do local parecem focalizar as estrelas do Cruzeiro do Sul, que, na época, era visível no sul da Inglaterra. Esse grupo estelar cruciforme, como vimos na etnoastronomia peruana (*ver acima, página 103*), agia como "contrabalanço" da Cruz do Norte na "extremidade" sul da Via Láctea. North comentou ainda que:

Ao pensar na importância de Deneb, imaginamos que ela estaria relacionada com o fato de que nenhuma estrela mais brilhante se erguia e se punha tão perto do ponto mais ao norte do horizonte. Do mesmo modo, nenhuma estrela mais brilhante do que alfa Crucis (ou seja, a estrela mais brilhante do Cruzeiro do Sul) se erguia e se punha tão perto do ponto mais ao sul, até deixar de erguer-se em Wayland's Smithy no século XXVIII a.C.[33]

Isso tudo evidenciava que os principais monumentos de Wessex refletiam um interesse básico pela estrela mais brilhante de Cygnus. Mais importante ainda é o fato de a história de Wayland Smithy, como Newgrange na Irlanda, estar entremeada de histórias folclóricas que parecem apenas acentuar sua associação com o cisne celeste, pois as lendas falam que era lá a morada de Wayland (também grafado Weland, Wieland ou Voland), o ferreiro divino da tradição germânica (que inclui a tradição nórdica e a anglo-saxã). Com efeito, dizem que se você deixasse à noite seu cavalo amarrado ali, com uma moeda de prata como pagamento, ao retornar na manhã seguinte ele estaria com ferraduras novas.

O Voo Mágico de Völand

Embora seja apenas uma história do folclore local, influenciada pelo fato de Wayland's Smithy situar-se ao lado de uma antiga estrada britânica chamada de Ridgeway, no livro *Edda Poética*, da Islândia, a figura de Völand tem um papel bem diferente. Ele passa a juventude como príncipe e ferreiro, criando belas armas que ninguém consegue destruir. Depois, ele e seus dois irmãos conseguem furtar os trajes de cisne de três virgens-cisnes, ou valquírias, que eles encontram banhando-se numa lagoa. Então, convencem as moças a se tornarem suas esposas, o que fazem durante nove anos, antes de as esposas dos irmãos de Völand fugirem.

No entanto, Völand foi esperto, pois ele possui um anel que lhe foi dado por sua esposa Alwit, o que significa que, enquanto o objeto estiver sob seus cuidados, ela não poderá escapar. Mas o rei malvado Niðuð captura Völand e furta seu anel. Ele corta o tendão do ferreiro, tornando-o coxo, e força Völand a trabalhar na forja real, localizada numa ilha da qual não há como escapar.

Numa versão do *Edda Poética* encontrada na *Thithrekssaga*, o irmão de Völand, Ægil, abate três aves e lhe dá as penas, que Völand usa para criar um traje de penas para conseguir escapar da ilha.[34] No painel que representa esse episódio no Caixão Franco – uma caixa de osso de baleia decorada, possivelmente originária da Nortúmbria, datada de c. 700-750 d.C. e hoje exposta no Museu Britânico – fica claro que as aves abatidas por Ægil são cisnes (*ver fig. 27*).

Fig. 27. Painel do Caixão Franco (c. 700-750 d.C.), com Völand do lado esquerdo. À direita da mesma cena, Ægil captura cisnes para obter asas, permitindo assim que seu irmão Völand possa escapar.

Fig. 28. Eolhx (ou elhaz), runa do pé de ave, visto sobre Alwit, a alquíria virgem-cisne e esposa de Völand no Caixão Franco.

Noutras versões da história, Völand é auxiliado por sua esposa Alwit, que transforma o ferreiro em cisne para que este escape. Ela também aparece no painel Völand do Caixão Franco e, ao lado dela, vê-se um símbolo rúnico conhecido como *eolhx*, forma rígida do símbolo do pé de ave (*ver fig. 28*). Dizem que representa uma "palha de planta", que significa uma virgem-cisne, ou Valquíria, e em particular sua origem no extraterreno Valhalla.[35]

Assim, a conexão entre Wayland e Wayland's Smithy, construído 4.000 anos antes da chegada dos anglo-saxões, exemplifica a relação entre virgens-cisnes e voo mágico, sugerindo que o foco desse sítio em Deneb indica ritos xamânicos realizados no local durante tempos neolíticos. Relatos desses atos ritualistas podem muito bem ter sido passados oralmente como histórias abstratas, até que, finalmente, na época anglo-saxã, qualquer ideia de sacerdotes-xamãs adquirindo a capacidade xamânica de voar na forma de cisne pode ter se fundido com histórias folclóricas tratando da própria fuga mágica de Wayland usando o mesmo disfarce.

Um Rei-Sacerdote em Penas de Pato Real

Antes de sairmos das ilhas britânicas para tentar compreender melhor o mistério de Cygnus, há outro monumento que considero digno de análise, que é o círculo de pedras megalíticas de Callanish. Situado na ilha de Lewis, nas Hébridas Exteriores da Escócia, é uma obra magnífica, situada numa colina bem ao sul da aldeia de Calanais, um passeio de uns 40 km desde Stornoway.

Um arranjo multilinear de pedras altas, finas e rústicas dá a Callanish a aparência de uma cruz celta alongada, algo único nas ilhas britânicas. Treze pedras formam um anel de 13,1 m por 11,3 m de diâmetro, no meio do qual se acha um menir notável, com 4,75 m de altura. Ele apoia a extremidade oeste de um monte de pedras dotado de câmara e datado de um período pouco posterior, com um corredor de entrada voltado para leste. Afastando-se do círculo, rumo ao norte, há uma avenida de pedras com 82,3 m de comprimento. Sua orientação é nor-nordeste, e termina em duas imensas pedras de bloqueio. Na extremidade sul do círculo, há uma pedra alinhada no eixo norte-sul, com 27,4 m de comprimento e uma única pedra em seu lado leste, indicando que pode ter feito parte de uma avenida. Dos lados leste e oeste do círculo principal vêm outras duas linhas de pedras, que são avenidas inacabadas ou destruídas.

Fig. 29. Vista aérea de Callanish a partir do norte.

A lenda diz que Callanish é obra de um "grande sacerdote-rei" adornado por um manto de "penas de pato real", relembrando os mantos de aves *tuigen* dos bardos irlandeses (*ver acima, p. 129*), que também continha penas de patos reais. Ele chegou na companhia de muitos "homens negros", que foram até lá numa frota de navios e usaram sua força e habilidade para erguer o monumento que vemos hoje.[36] É uma história fascinante, que atraiu meu interesse muito antes de eu me dedicar a este livro.[37] Mas agora eu me perguntava se o "sacerdote-rei" coberto de penas e seus companheiros não seriam a chave para compreender o papel de Callanish, que há muito se supunha ter sido um observatório astronômico.

Observatório Astronômico

Durante anos, muitos tentaram desvendar esse mistério. O revivalista druida e panteísta John Toland (1670-1721) acreditava que Callanish deveria ser um sítio dedicado à adoração do Sol e da Lua. O astrônomo Boyle Somerville, num artigo publicado em 1913, concluiu que a avenida norte do monumento focalizava a ascensão de Capela, a mais brilhante estrela da constelação do Cocheiro, entre dezembro e maio do ano 1800 a.C. Em sua opinião, a fileira oeste está alinhada com o ocaso do equinócio, enquanto a fileira leste marcava a ascensão das Plêiades em 1750 a.C. Além disso, Somerville deduziu que a fileira sul apontava efetivamente para o sul, enquanto pedras isoladas, localizadas dentro do círculo, determinavam um alinhamento nordeste-sudoeste que marcava a máxima lunar a cada 18,61 anos.[38]

Logo após seu sucesso em Stonehenge, Gerald Hawkins também tentou determinar o plano celeste de Callanish, que ele ligou a uma data de 1500 a.C. Ele também concluiu que o complexo era um observatório lunar, indicando que em sua latitude "a Lua, em sua declinação extrema, permanece oculta pouco abaixo do horizonte sul". Entretanto, ele determinou que a cada 18,61 anos o orbe lunar apenas tocaria o horizonte sul caso alguém a observasse pela fileira sul.[39]

Alexander Thom também foi a Callanish para aquilatar a importância astronômica do monumento. Ele confirmou a avaliação anterior de Somerville quanto ao alinhamento preciso da fileira sul com o eixo norte-sul (para ser exato, ele fica a 180 graus e 1 minuto), e por isso servia de marcador dos meridianos. Além disso, propôs que a fileira leste do sítio estava orientada para o nascer de Altair, a estrela mais brilhante de Aquila, a águia, em 1760 a.C., enquanto a avenida norte mirava a estrela Capela em 1790 a.C. Pesquisas posteriores indicaram que se um observador olhasse na direção sul-sudeste pela avenida norte, veria o ponto máximo de ocaso da Lua sobre o monte Clisham, situado a uns 25,5 km de distância, na ilha de Harris.

Callanish era claramente um observatório múltiplo, com alinhamentos solares, lunares e estelares. No entanto, como Aubrey Burl se esforçou para mostrar, os alinhamentos oferecidos por Somerville, Hawkins e Thom refletiam uma data de construção relativamente tardia para o monumento, algo entre 1800 e 1500 a.C. Logo, mesmo que os eventos estelares propostos *tivessem* um dia sido relevantes para o monumento, não fariam muito sentido com uma data de construção de muitas centenas de anos antes. De fato, Burl sugeriu que qualquer trabalho futuro nos alinhamentos astronômicos do sítio deveriam se concentrar numa janela entre 3250 e 1500 a.C.[40]

Apesar da vagueza relativa à data de construção de Callanish e da hesitação natural de Burl para aceitar os alinhamentos astronômicos propostos, a conexão entre o monumento e o ciclo lunar de 18,61 anos mostrou-se mais difícil de ignorar. À parte isso, há outras possibilidades para a função astronômica geral de Callanish. Por exemplo, costuma-se presumir que sua fileira sul deveria ser entendida como uma linha de visão que aponta para o sul, e daí os alinhamentos lunares já mencionados. No entanto, o que não costumo ver mencionado é que essa linha de visão é bloqueada por um rochedo situado a uns 150 m ao sul do círculo, obstruindo quase que por completo a vista das colinas distantes. O observador teria de subir nesse rochedo para contemplar o horizonte sul. Isso implica que a fileira sul deve ter funcionado mesmo como um marcador de visão, usado para observar o trânsito meridiano das estrelas que circulavam o polo norte celeste.

O que mais esse sítio ainda poderia nos dizer sobre sua função original na era pré-histórica? Querendo conhecer melhor as funções astronômicas de Callanish, meu colega Rodney Hale visitou a ilha de Lewis com sua esposa Joan em agosto de 2005. Além de fazer seus próprios comentários, que são a base de minhas descobertas aqui relatadas, ele descobriu que os arqueoastrônomos mencionados anteriormente não foram os únicos a realizar pesquisas no sítio. Na década de 1980, uma equipe dirigida por C. L. N. Ruggles passou algum tempo no local, e depois traçou uma vista panorâmica do horizonte visível a partir do círculo de pedras.[41] Mais importante ainda é que incluíram as linhas de declinação, que determinam a distância em graus entre qualquer estrela e o polo celeste.

Dito de maneira simples, a declinação pode ser entendida como os anéis de um alvo hemisférico, com a "mosca" do alto representando o polo norte celeste, que fica a 90 graus. Cada anel significa um grau de distância do polo celeste, indo de 90 até 0, no equador celeste. Uma série idêntica de anéis contando desde

-1 grau até -90 graus compõe os ângulos de declinação desde o equador celeste até o polo sul celeste. Unindo os dois hemisférios invisíveis, temos o globo celeste.

Por que Cygnus?

Um ponto muito importante que pode ser deduzido da planta feita por Ruggles é que, quando não cortam o horizonte norte, as estrelas de Cygnus costumam cruzar o meridiano em seu trânsito inferior bem perto do nível do mar, ou seja, numa elevação zero. De fato, como vimos, Deneb tocava o horizonte em Karahan Tepe no sudeste da Turquia em 9500 a.C., tal como fazia em Boyne Valley, na Irlanda, em 3000 a.C. Mas nas Hébridas Exteriores da Escócia, entre 3000 e 2000 a.C., data aproximada de construção de Callanish, Deneb estava um pouco mais alta, o que significa que poderia ter sido usada, como sugeriu Alexander Thom, em conjunto com outras estrelas, como relógio celeste, mas não muito mais do que isso. Por outro lado, algumas das estrelas de Cygnus tinham uma declinação menor do que Deneb. Uma delas, Sadr (gama Cygni), ponto central da cruz e "peito" do cisne celeste, pode ser especialmente interessante.

Entre 3000 a.C. e 2000 a.C., aproximadamente, a declinação de Sadr caiu de 34 graus para 33,5 graus, o ponto mais baixo que chega no ciclo precessional, após o qual ela se ergue lentamente do horizonte. Esses dados astronômicos básicos são importantes, pois significam que, durante essa janela de mil anos, Sadr, uma estrela de magnitude 2,14, desceu nessa latitude a até 2 ou 2,5 graus do nível do mar em seu trânsito meridiano mais baixo. Numa altitude tão pequena, ela teria caído abaixo de seu ângulo de extinção, o que significa que, embora não se pusesse, teria perdido sua luminosidade devido à turbidez do ar, fazendo-a reluzir e depois desaparecer de vista ao chegar ao meridiano, vindo de nor-noroeste. Contudo, milagrosamente, recuperaria sua luminosidade ao subir até uma altura suficiente, indiscutivelmente próxima de 2,5-3 graus. Isso teria ocorrido num azimute de 10-11 graus a leste do norte tal como vista de Callanish, e a apenas um grau acima de uma colina inominada com altura de 140 m, situada a uns 3,5 km na direção nor-nordeste.

A importância dessa observação é que o azimute em questão, 10-11 graus a leste do norte, é exatamente a orientação da avenida norte do monumento, que focaliza precisamente a mesma colina. Essa apresentação visual da estrela Sadr teria dado a impressão de que ela recuperaria sua luz nessa elevação sem nome, que Rodney Hale e eu suspeitamos ser uma razão suficiente para que os construtores da avenida norte de Callanish tivessem focalizado esse evento astronômico

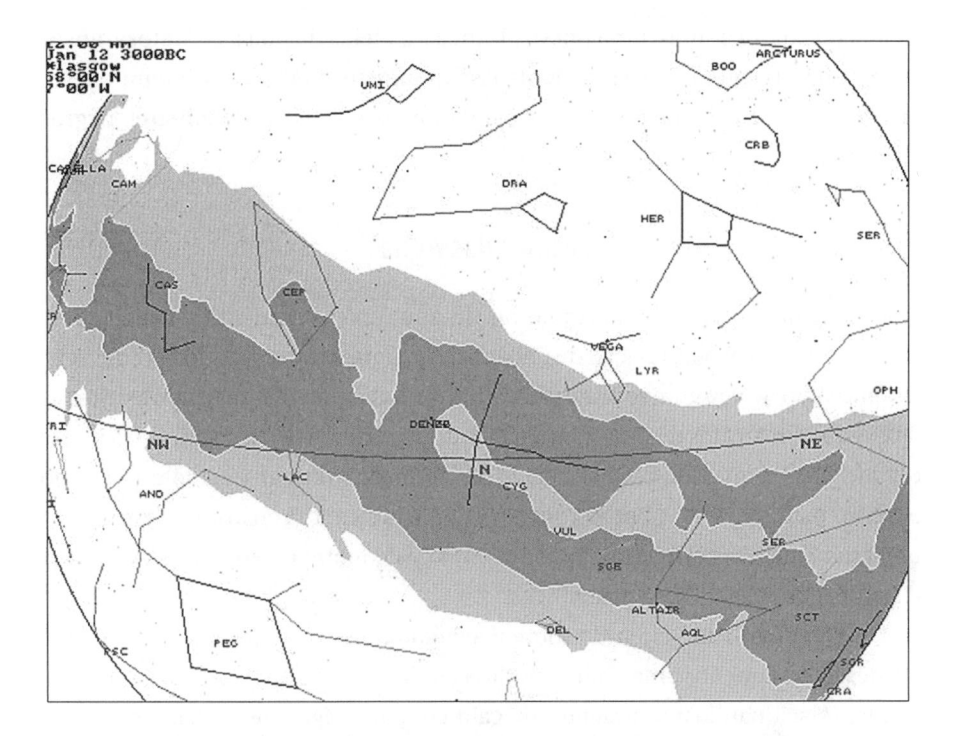

Fig. 30. Céu setentrional visto de Callanish em 3000 a.C., mostrando Sadr (gama Cygni) pouco acima do horizonte.

extremamente sutil. É importante lembrar aqui que entre 3000 e 2000 a.C., aproximadamente, quando Callanish quase certamente estava sendo construído, nenhuma outra estrela estava exatamente nessa mesma declinação.

É preciso observar uma foto ou mapa aéreo de Callanish para ver que o monte rochoso ao sul representa seu principal posto de observação, pois dela é possível obter uma vista panorâmica da paisagem local. Portanto, o mero fato de todo o monumento megalítico estar espalhado à sua frente na direção norte indica claramente que foi erguido como um instrumento astronômico para monitorar as nuanças celestes do céu noturno setentrional. Ademais, a principal estrada sobre a qual a aldeia de Calanais foi construída parece, se vista num mapa, uma extensão virtual da avenida norte de Callanish.

Rodney Hale e eu achamos que, com quase toda certeza, os responsáveis por Callanish viam Sadr como uma estrela extremamente importante para suas atividades cerimoniais, até mais do que Deneb, a mais brilhante estrela de Cygnus. Que os proto-olmecas do centro do México possam ter usado a mesma estrela aproximadamente na mesma época, c. 2000 a.C., é um fato curioso, e poderia levar a discussões sobre uma possível troca de ideias devida a contatos transoceânicos. Certamente, tive em mente isso quando escrevi pela primeira vez sobre o fundador de Callanish, seu traje de penas e seus companheiros negros em 2000.⁴²

Festival das Águas

Se o mencionado "grande sacerdote-rei" foi um representante fiel da elite governante responsável pela criação de Callanish, será que eles – como seus equivalentes em Avebury, Newgrange, Wayland's Smithy e assim por diante – viam as estrelas de Cygnus em termos de uma morada do outro mundo, associada à vida e à morte cósmicas? Será que a ênfase na capa de penas de pato real do sacerdote-rei, como o *tuigen* da tradição dos bardos, sugere que Callanish foi construído para refletir práticas xamânicas concernentes à ave como psicopompo e totem, recuando indiscutivelmente a tempos paleolíticos?

Aubrey Burl, comentando sobre a avenida norte de Callanish, observa que ela desce lentamente uma colina na direção de Tob na Faodhail, a Baía do Vau. Lendas relacionando monumentos megalíticos com a água são extremamente comuns, e muitos outros lugares sagrados são propositalmente situados perto de rios, lagos e riachos, e isso, sugere ele, pode não ser apenas por uma questão de facilidade de transporte. Em suas palavras, "a água era parte intrínseca das cerimônias",⁴³ e desde o Neolítico até a Era do Ferro, fontes de água, poços e rios eram o foco de crenças e práticas de culto que obviamente nunca desapareceram, como implicam claramente a cerimônia do Censo dos Cisnes no rio Tâmisa e a recente descoberta dos poços de penas de Saveock, na Cornualha. Nesse espírito, Burl sugere que a avenida norte de Callanish pode ter "ligado o círculo a uma fonte de água para ritos que há muito foram esquecidos", pois ele afirma:

> Antigas lendas irlandesas contam que as festas de Samhuin em 1º de novembro eram observadas nas margens dos lagos, e nessa época as deusas da água se transformavam em aves com correntes de prata ou de ouro.⁴⁴

Como vimos, essas aves eram cisnes, e os ritos de Samhain (Samhuin é a forma em galês escocês) a que ele se refere tratam da transformação de Caer em *O Sonho de Angus*, que Anthony Murphy e Richard Moore usam para demonstrar a relação entre Newgrange e o culto a Cygnus. Burl não sabia de nada disso quando escreveu:

Mas as imagens mentais do povo de Callanish se perderam, e só podemos imaginar (...) uma procissão percorrendo a avenida desde a baía até o círculo. Será que seu líder usava penas de pato real?[45]

É pouco provável que essa cerimônia imaginária conjurada por Burl não esteja relacionada com o fato de que a estrela para a qual a avenida norte de Callanish parece apontar forma o peito, e até o útero, do cisne celeste. Sim, Cygnus era, ou é, um cisne, ou um ganso, mas não há motivo para que o pato real não tenha representado a mesma influência geral. Ademais, é possível que as espécies de aves aquáticas associadas ao "grande sacerdote-rei" tenham se confundido ao longo dos milênios. Teria sido originalmente um cisne ou ganso, ambos associados a Cygnus e ao céu setentrional?

A aparente escolha de orientação de Callanish, apontando para a estrela central da Cruz do Norte, não significa que todos os círculos ou monumentos de pedra reflitam o mesmo interesse. A obra notável dos primeiros arqueoastrônomos, como Boyle Somerville, Gerald Hawkins, Alexander Thom e seu grande mentor, o astrônomo britânico *sir* Norman Lockyer (1836-1920), demonstrou uma ampla gama de funções astronômicas dos monumentos pré-históricos, tanto nas ilhas britânicas como no exterior. Entretanto, agora parece difícil negar que alguns dos sítios mais visíveis na Grã-Bretanha e na Irlanda foram construídos e mantidos com um foco específico em Cygnus. E mais, há toda razão para crer que essa reverência pelo cisne celeste, e suas associações com o além, teria sido uma herança de povos mesolíticos vivendo entre 8000 e 4500 a.C., como mostra o conteúdo do Túmulo nº 8 do cemitério de Bogebakken em Vedbaek, na Dinamarca (*ver acima, página 145*).

Mas, como disse John North, as evidências que ele reuniu acerca da orientação de monumentos funerários do Neolítico apontam claramente para o fato de que os interesses estelares da cultura wessex acabaram suplantados por sítios que tinham alinhamentos mais nitidamente solares.[46] Isso deve-se ao fato de que, com a exceção de Cygnus, situada na extremidade da região circumpolar setentrional, a posição das estrelas no céu noturno muda muito por causa da precessão. Só o Sol e a Lua se mantêm constantes em seu nascer e ocaso ao longo dos séculos, algo que os preservou como marcos do tempo e objetos de veneração mais óbvios. Embora eu pudesse gastar mais páginas explorando diversos outros sítios que, segundo determinou John North, refletem alinhamentos com Deneb, agora é importante deixarmos para trás as ilhas britânicas e viajar até o Egito, onde estaremos ainda mais perto da compreensão da verdadeira origem do secular interesse pelas estrelas de Cygnus.

PARTE QUATRO

EGITO

PARTE QUATTRO

ECO

CAPÍTULO DOZE

A Chave para a Ascensão

Mencione dois milhões e meio de blocos, com peso entre 2 e 70 toneladas, cobrindo uma área de cinco hectares e pesando incríveis seis milhões de toneladas, somados a um nível de sofisticação superior a qualquer coisa encontrada sobre a Terra, e não restará dúvidas sobre o monumento de que estamos falando até agora. Até a Torre Eiffel ser erguida no final do século XIX, a Grande Pirâmide era a estrutura artificial mais alta do planeta.[1] As quatro arestas da base, cada uma com o comprimento médio de 230,36 m, estão alinhadas com tal precisão com os pontos cardeais que os engenheiros modernos nem se esforçam para atingir tal perfeição.[2]

Segundo a mais tênue das evidências, na forma de algumas linhas nas obras do historiador grego Heródoto, c. 450 a.C.,[3] bem como de *grafitos* de operários numa das câmaras de alívio dentro da estrutura, ficamos sabendo que a Grande Pirâmide foi construída para abrigar os restos mortais de um faraó chamado Khufu (em português, Quéops, do grego Cheops), que reinou no início da Quarta Dinastia, aproximadamente entre 2596-2573 a.C.[4] As duas pirâmides próximas, que representam um feito mais ou menos similar, foram construídas em benefício dos sucessores de Khufu, Khafre (ou Quéfren, que reinou entre 2550-2525 a.C., aproximadamente) e Menkaure (ou Miquerinos, que governou entre c. 2512-2484 a.C.). São conhecidas respectivamente como a Segunda e a Terceira Pirâmides.

Juntos, esses três faraós mudaram a face da antiga Gizé. Num prazo de três gerações, o lugar se transformou: de cemitério discreto na extremidade norte da imensa necrópole da cidade real de Mênfis, tornou-se uma extravagância visual que deve ter sido um espetáculo para os olhos. Por exemplo, o brilho refletivo do alvo calcário *tura* que cobria as superfícies externas da Grande Pirâmide – retiradas na Idade Média para a construção das mesquitas do Cairo – devia ser visto a uma distância considerável.

A Tumba da Perfeição

Malgrado a grandiosidade que cerca a Grande Pirâmide, fica bem claro que tudo nela – seu projeto, função e propósito final – foi o resultado de pouco mais de 500 anos de realizações e inovação na arquitetura funerária. Começando pela Primeira Dinastia do Egito, c. 3100 a.C., os túmulos reais eram feitos de tijolo de barro retangulares, com laterais inclinadas e interior revestido de pedra. Conhecidos como *mastabas* (palavra derivada do árabe, que significa "banco"), aos poucos se desenvolveu em tamanho, forma e sofisticação, até a primeira pirâmide emergir desse projeto básico. Construída em Saqqara, ao sul de Gizé, para o faraó Djoser (que governou aproximadamente de 2672-2653 a.C.), da Terceira Dinastia, era basicamente uma série de mastabas quadradas de tamanho decrescente, postas uma sobre a outra e criando uma estrutura em degraus, como as pirâmides de outras partes do mundo.

Estruturas monumentais subsequentes, construídas para o faraó Snefru (c. 2620-2596 a.C.), primeiro rei da Quarta Dinastia, em Meidum (outra pirâmide em degraus) e depois em Dahshur, ao sul de Saqqara (a Pirâmide Torta e a Pirâmide Vermelha, a primeira pirâmide "de verdade"), foram tentativas de aperfeiçoar a arte do projeto de pirâmides. Assim, quando Khufu, filho de Snefru, assumiu o trono, c. 2596 a.C., havia uma tradição centenária que culminou na Grande Pirâmide, pois depois desta, embora numerosas estruturas do tipo tenham sido construídas ou iniciadas, *nada jamais* chegou perto de eclipsar essa grande maravilha do mundo antigo.

Ainda há muita discussão em torno da função da Grande Pirâmide e de seus vizinhos no Platô de Gizé. Embora cada um fosse usado como o túmulo perfeito, é possível que, antes do enterro do faraó, esses monumentos fossem cenário de complexos rituais mágicos centralizados no culto egípcio aos mortos. Ficaram conhecidos após a descoberta de uma série de textos funerários (os chamados Textos das Pirâmides) encontrados nas paredes internas de pirâmides construídas para reis (e algumas rainhas) do final da Quinta Dinastia, c. 2400 a.C., até a Oitava Dinastia, c. 2200 a.C.

Deuses do Céu Inferior

Os Textos das Pirâmides, juntamente com os "Textos dos Sarcófagos", usados em sarcófagos a partir da Oitava Dinastia até o início do período conhecido como Novo Reino (c. 1575-1087 a.C.) e Período Tardio (c. 1087-332 a.C.), visavam permitir que a alma (*ba*) do falecido subisse ao além, visto como um reino paradisíaco, não muito diferente da própria Terra, que tinha o nome de Sekhet-Aaru, ou "Campo dos Juncos". Eram os Campos Elíseos egípcios, onde só se podia entrar depois que o falecido tivesse se tornado um *akh*, palavra que significa "espírito glorioso", em unidade com o *Ihmw-šk*, "Estrelas Imperecíveis" ou "Estrelas Indestrutíveis", equiparadas com os "Grandes no norte do céu".[5] Estas eram as estrelas circumpolares, que aparentemente nunca "morriam", pois não se erguiam e não se punham.[6] Mas mesmo nessa era havia alguma vagueza sobre o que, exatamente, representava a expressão "Estrelas Indestrutíveis", com todos os agrupamentos estelares a norte da eclíptica ou a norte da Via Láctea sendo incluídos, independentemente de serem circumpolares ou não.[7] Entretanto, para os propósitos deste livro, vamos entendê-las como o grupo de constelações setentrionais, chamados "Os Grandes", resumidos a seguir.

Ainda mais revelador é o fato de, no mínimo, um Texto das Pirâmides aludir especificamente à jornada do faraó morto ao pós-vida para se tornar um só com o polo norte celeste:

> (...) e vocês me darão saciedade no Polo, no ponto onde fica o mais proeminente de seus mastros.[8]

Declarações como essa coadunam-se perfeitamente com a orientação norte das mastabas e pirâmides, e demonstram que originalmente Sekhet-Aaru, o conceito egípcio de céu, onde os mortos viveriam no além, era visto como sendo próximo às estrelas que circundam o polo norte celeste. Além disso, a alma do falecido, como sabemos, era vista como uma ave com cabeça humana que voava rumo ao norte à maneira de uma ave migratória,[9] unindo as crenças funerárias egípcias a aquelas já encontradas no Oriente Próximo, na América do Norte e em boa parte da Europa.

A Tumba de Senmut

As primeiras pistas efetivas sobre a natureza da astronomia egípcia vieram de uma tumba muito interessante, feita para Senmut, ou Senenmut, principal conselheiro da faraó Hatshepsut, da Décima Oitava Dinastia, que reinou de 1490 a 1468 a.C., aproximadamente. Situada em Deir el-Bahri, na margem oeste do Nilo, na necrópole que servia à antiga cidade de Tebas, a tumba de Senmut contém o mais antigo mapa estelar egípcio conhecido. Seu teto arqueado está coberto de figuras míticas e horóscopos circulares, mapeando tudo o que se podia ver no céu noturno dessa época.[10] Por que esse profundo, e indiscutivelmente oculto, conhecimento da astronomia teria sido inserido na tumba inacabada de Senmut (que nunca a usou, uma vez que caiu em desgraça)? Isso pode ser respondido por uma declaração ousada feita por ele: "Tive acesso a todos os escritos dos profetas – não há nada, desde o início dos tempos, que eu não conheça".[11]

O teto da tumba, orientado para o norte, contém uma série de representações astronômicas, inclusive um leão, um boi, um crocodilo, uma divindade com cabeça de falcão e um hipopótamo com um crocodilo nas costas (ver fig. 31). A maioria tem estrelas sobre suas imagens, indicando que são personificações de asterismos individuais. Formas anteriores de algumas dessas figuras, que constituem o grupo setentrional de constelações mencionado anteriormente, aparecem de maneira fragmentária em pelo menos um sarcófago, o de Heny, que viveu na Décima Primeira Dinastia, c. 2134-1991 a.C.[12] Contudo, na tumba de Senmut vemos todas juntas em sua plena glória pela primeira vez.

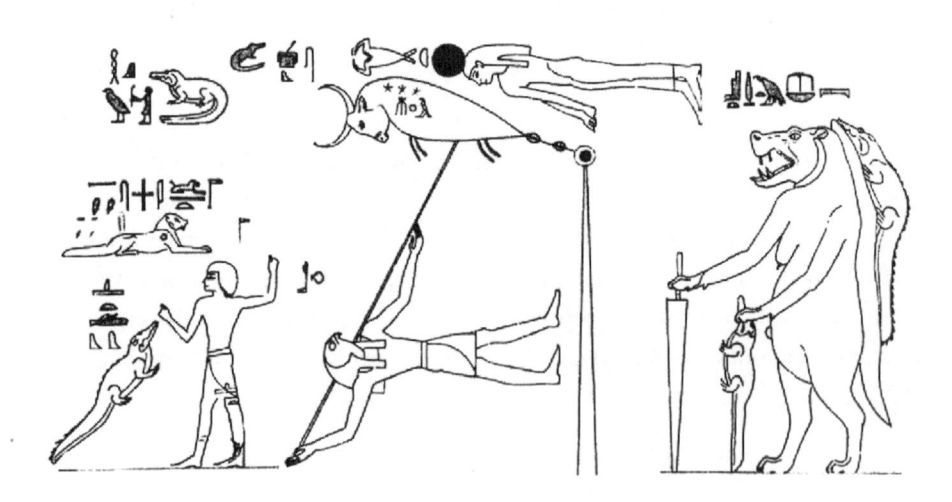

Fig. 31. Grupo de constelações setentrionais mostrado no teto da tumba de Senmut em Deir el-Bahri, datado de c. 1490-1468 a.C. Note o deus Dwn-'nwy (Cygnus) com cabeça de falcão, atravessando com uma lança a constelação da "coxa de boi", Mshtyw (Ursa Maior).

Inscrições acompanham o grupo setentrional de constelações, que figuram nos túmulos e cenotáfios de diversos reis posteriores. Citando um exemplo, o asterismo de hipopótamo, *Reret*, tem o nome de uma forma da deusa Ísis, irmã e esposa de Osíris.[13] Também está associado com a deusa Apet e com Ammit, ou Ammut, um ser híbrido de hipopótamo, leão e crocodilo, que devora as almas daqueles que não são dignos de entrar no reino do pós-vida. Essa imagem surpreendente costuma ser identificada como a constelação de Draco,[14] que assinala a posição do polo da eclíptica, em torno do qual o polo celeste faz sua viagem circular durante o ciclo precessional de 26.000 anos. Às vezes, as sete estrelas são identificadas como parte da Ursa Menor, mas isso não é muito certo. Quanto ao crocodilo geralmente mostrado nas costas do hipopótamo, deve ser outra forma de dragão, talvez de uma tradição separada.

À esquerda do hipopótamo está *Mšhtyw*, o Boi ou Touro, mostrado como uma forma oval com cabeça de touro. No entanto, em mapas estelares mais recentes, ele é representado como uma coxa de boi, sua forma usual, ou um boi completo. Esse asterismo de bovino é, sem dúvida, a Ursa Maior, ou pelo menos seu componente central, o Arado. Com efeito, se virarmos a constelação para cima é fácil imaginá-la como uma coxa de boi. Além disso, os beduínos do deserto ocidental do Egito sempre se referiram à Ursa Maior como "A Perna".[15]

Às vezes, o boi, na forma de um torso, é encontrado ligado a um mastro ou pilar, conhecido como "Grande Mastro de Amarração" (*Mnit*), o qual, na tumba de Senmut, está sendo escalado pela divindade com cabeça de falcão. Geralmente, fica em frente do hipopótamo, e muito provavelmente constitui o eixo cósmico, ligando o mundo físico ao polo norte celeste, em torno do qual a Ursa Maior, como a coxa de boi, torso ou boi completo, gira constantemente, incapaz de se livrar de suas amarras.[16]

O Deus com Cabeça de Falcão

A mais enigmática de todas as figuras no grupo setentrional de constelações é o deus com cabeça de falcão, conhecido pelo nome de Dwn-'nwy (também 'Nw ou 'N(w)), às vezes abreviado como An ou Anu.[17] Como título Dwn-'nwy pode ser interpretado como "aquele que abre duas asas",[18] ou "aquele que ergue asas ou garras".[19] Essa figura, com cabeça de ave e corpo de homem, é de fato uma divindade muito antiga. Aparece nos Textos das Pirâmides como proclamador dos espíritos,[20] bem como uma forma de Osíris,[21] Senhor do Mundo dos Mortos, cuja identidade é assumida pelo falecido após a morte. O nome Dwn-'nwy é pronunciado com o mesmo destaque que Hórus, Set, Thoth e Osíris,[22] mostrando que até no Antigo Reino ele tinha a mesma estatura que esse importante panteão de deuses.

Quem teria sido mesmo Dwn-'nwy? Esse tema foi explorado por Gerald Avery Wainwright, egiptólogo britânico que se especializou na religião celeste do antigo Egito. Num artigo intitulado "A Pair of Constellations", publicado em 1932,[23] ele disse que o deus com cabeça de falcão do teto de Senmut é visto com um cordão estirado entre seus dois braços estendidos e ligado ao touro Mšhtyw, ou Ursa Maior. Outras cenas dessa mesma constelação mostram a figura segurando uma lança no lugar do cordão. Este aponta para baixo, num ângulo de uns 45 graus, e apenas toca o touro, qualquer que seja a forma que este assuma.[24] É claro que havia uma relação entre essas duas constelações, que, como observou Wainwright, remontava pelo menos a c. 2100 a.C., quando aparecem juntas no mencionado sarcófago de Heny.[25]

Wainwright tentou identificar o deus de cabeça de falcão valendo-se do seguinte critério. Primeiro, a constelação em questão tinha de estar visível no céu setentrional, onde aparece no teto astronômico de Senmut; segundo, deveria estar em oposição a uma Ursa Maior em posição ereta, como a coxa de boi. Assim, após tecer as devidas considerações, ele apresentou seu veredicto:

> Orientado por essas condições, um observador verá rapidamente as quatro magníficas estrelas que se espalham amplamente pelo céu setentrional na forma de um duplo ângulo reto. Na verdade, formam a parte mais notável da constelação que hoje chamamos de Cygnus.[26]

Cygnus, como lembra Wainwright, é imaginada como "uma ave voando pelo céu com as asas estendidas".[27] As quatro estrelas principais de Cygnus – Deneb (alfa Cygni), Sadr (gama Cygni), Gienah (épsilon Cygni) e delta Cygni – se encaixam em todos os critérios, sugerindo que seriam de fato o deus Dwn-'nwy, com cabeça de falcão. No entanto, como Mšhtyw, o Touro ou Boi, era visto pelos antigos egípcios como a personificação de Set, deus da desordem e do caos (como era o hipopótamo com um crocodilo às costas, representado pelas estrelas de Draco), então o deus de cabeça de falcão teria de representar seu inimigo mortal, Hórus, filho de Osíris (embora os dois nomes apareçam separadamente nos Textos das Pirâmides). Hórus, o Jovem, assim conhecido para se distinguir de Hórus, o Velho, filho de Hathor (*ver Capítulo Catorze*), vinga a brutal morte do pai nas mãos de Set, irmão de Osíris. De fato, uma inscrição encontrada junto de uma representação do deus celeste de cabeça de falcão diz, "Hórus que combate os rebeldes", aludindo aos quase míticos "Seguidores de Set".[28] Assim, os velhos inimigos estariam para sempre lutando em torno do polo norte celeste, algo que os mitos e trabalhos artísticos do antigo Egito captaram com clareza.

Esticando a Corda

Wainwright lembra que a Ursa Maior, ou Mšhtyw, era plenamente circumpolar durante a era das pirâmides, e que na falta de uma Estrela Polar mais precisa, seu movimento ao redor do polo norte celeste poderia muito bem ter sido usado pelos antigos egípcios para determinar o norte verdadeiro.[29] Isso era feito durante uma cerimônia conhecida como *Pedj Shes*, o "Esticamento da Corda", realizada na presença do faraó com o uso de um *merkhet*, o "instrumento do saber", um antigo fio de prumo ligado à extremidade de uma vara horizontal com uma fenda vertical semelhante a uma mira (lembrando instrumentos muito parecidos usados pelos astrônomos-sacerdotes dos maias). Depois, o faraó, trabalhando em conjunto com a deusa Sheshat (sem dúvida, uma sacerdotisa atuando em seu nome), esticaria uma corda entre duas estacas ou mastros. Isso significaria a localização da linha de meridiano norte-sul, que então definiria a orientação da edificação ou estrutura planejada. Embora a cerimônia tivesse grande importância simbólica e espiritual (*ver abaixo*), e a presença do faraó fosse crucial, seu envolvimento físico era, provavelmente, um detalhe ornamental, tal como hoje o prefeito de uma cidade lança a pedra fundamental de um novo edifício.

Diversas soluções foram propostas para explicar como os antigos sacerdotes-astrônomos egípcios conseguiam obter o norte verdadeiro. Medir a distância entre as posições de nascer e de pôr do Sol mais ao norte na época do solstício de verão foi uma delas, mas não seria precisa o suficiente para alinhar as pirâmides, que geralmente ficavam apenas a alguns minutos de arco de distância do norte verdadeiro.[30] Depois, há a teoria de que um gnomon, uma estaca enfiada no solo, pode ter sido empregado – sua sombra mais curta determinaria a direção do norte verdadeiro. Mas essa solução também não teria a precisão necessária para alinhar as pirâmides.[31] Outros métodos sugeridos incluem a observação da posição mais elevada e da mais baixa de uma estrela em seu trânsito superior e inferior pelo meridiano, ou a simples observação do paradeiro da Estrela Polar, ou pelo menos da estrela mais próxima do polo, mas sempre com a ressalva de que esses métodos nunca produziriam a precisão necessária.[32]

Isso deixou apenas outras duas possibilidades, ambas envolvendo a observação de estrelas do céu noturno setentrional. No primeiro caso, uma estrela quase circumpolar seria escolhida, e um falso horizonte criado para formar um pano de fundo perfeitamente preto e para eliminar o fato de que uma estrela brilhante se extingue (deixa de ser visível) por volta de um grau acima do horizonte verdadeiro. Depois, o ponto exato de aparecimento e desaparecimento em relação ao falso pano de fundo seria registrado. Dividindo-se a distância resultante por dois, a direção do norte verdadeiro seria revelada.

Essa teoria, proposta pelo falecido I. E. S. Edwards (1909-1996), uma das maiores autoridades em pirâmides egípcias de todos os tempos,[33] é, definitivamente, uma forte candidata, mas existe outra técnica possível, que foi o método proposto inicialmente por Wainwright em 1932. Ele sugeriu a observação do movimento de uma constelação, ou mesmo as estrelas de duas constelações, em torno do polo celeste, com a escolha de duas ou mais estrelas que se alinham verticalmente para realçar a localização da linha do meridiano. O *merkhet* poderia ter sido usado para essa finalidade, especialmente em conexão com estrelas fazendo seu trânsito meridiano superior.[34] O único problema aqui é saber onde está o meridiano, sugerindo que, se esse método for válido, então deve ser usado em conjunto com a opção anterior, ou seja, medindo-se a distância entre o nascimento e o ocaso de uma estrela quase circumpolar.

Qualquer que seja a solução, a cerimônia do Esticamento da Corda não era apenas um processo prático. Era essencial para a harmonia cósmica experimentada pelo faraó, não apenas durante seu reinado, como também no pós-vida, quando a precisão de seu alinhamento com o norte verdadeiro poderia determinar se ele chegaria ou não ao seu destino final. Logo, quaisquer estrelas ou asterismos usados para se estabelecer a linha do meridiano teriam sido reverenciadas como guardiães do pós-vida, e era exatamente esse o caso com respeito às quatro estrelas formando a "vasilha" da Ursa Maior. Estas, como percebeu Wainwright, eram identificadas nos antigos textos funerários egípcios como as "Quatro Estrelas do Norte",[35] sinônimo de "Quatro Filhos de Hórus". Seus nomes são "Imsety, Hapi, Duamutef, Qebhsenuf (...) que estão atrás da Perna Dianteira no céu setentrional".[36] Como filhos de Hórus, o Velho (o deus poderoso e maduro, em contraste com sua forma infantil, Hórus, o Jovem), eram tidos como protetores dos órgãos internos do falecido, postos dentro de vasos canópicos, representando essas quatro divindades menores. Assim, Wainwright concluiu que, na ausência de uma Estrela Polar (com a última sendo Thuban, alfa Draconis, que havia se afastado bastante do polo celeste por volta de 2780 a.C.), a Ursa Maior, como coxa do boi, fora usada para determinar o norte verdadeiro, e com isso a linha do meridiano norte-sul.[37]

Os Trabalhos de Zába e Stecchini

Ninguém conseguiu acompanhar as descobertas de Gerald Wainwright sobre a relação entre Cygnus e a Ursa Maior na época do Antigo Reino até 1953, quando o assunto foi revisitado pelo egiptólogo e astrônomo Zbynek Zába, da Czechoslovak Academy de Praga. Tendo aceitado o fato de que o norte verdadeiro poderia ser obtido na era das pirâmides usando-se estrelas circumpolares ou quase circumpolares, ele concluiu que a cerimônia do "Esticamento da Corda" deveria ter envolvido o uso de Cygnus como o deus de cabeça de falcão, Dwn-'nwy, e os braços estendidos representariam, obviamente, a linha do meridiano.[38] Zába propôs que quatro estrelas secundárias dessa constelação (chi, iota, teta e zeta Cygni) teriam sido usadas com essa finalidade.[39]

Essa teoria ganhou o apoio da obra de Livio Catullus Stecchini (1913-1979), matemático e metrologista, e antigo professor de História Antiga no William Patterson College de New Jersey. Entre as diversas descobertas feitas por ele, havia fortes evidências de que os antigos egípcios calculavam latitudes e longitudes, incorporando esse conhecimento na determinação dos limites do Alto e do Baixo Egito, bem como na determinação das dimensões da Grande Pirâmide.[40] Stecchini foi uma das mais brilhantes mentes a se dedicar ao tema do Egito antigo, e o que ele tinha a dizer sobre o modo como os construtores das pirâmides calculavam o norte verdadeiro não deve ser lido com desatenção.

Em seu espetacular *magnum opus* intitulado *A History of Measures*, um trabalho compilado em estágios e disponível na Internet,[41] Stecchini concordou em princípio com a descoberta de Zába sobre o uso de Cygnus como principal constelação envolvida na determinação do norte verdadeiro na era das pirâmides. No entanto, ele descartou a sugestão de Zába de que isso teria sido feito mediante o uso de quatro estrelas secundárias, afirmando, por sua vez, que esse sistema precisaria ter envolvido Deneb, "pois, exceto por essa luminosa estrela, não teria havido motivo algum para escolher essa constelação como indicadora".[42]

Stecchini aceitou, porém, que uma segunda estrela de Cygnus também deve ter sido usada, pois juntas formariam o cordão estirado ou a lança da mão do deus com cabeça de falcão. Para descobrir qual seria a estrela, ele se concentrou na Ursa Maior, e deduziu que provavelmente o meridiano foi determinado com um fio de prumo sob Deneb, percorrendo a linha divisória natural entre as quatro estrelas que formam a panela e o grupo das três restantes. Essa linha, segundo descobriu, passaria entre delta e epsilon Ursa Majoris, o que significa que a segunda estrela de Cygnus utilizada teria sido zeta Cygni, que fica na asa superior direita do cisne celeste. Alinhando essas quatro estrelas, duas em Cygnus em seu trânsito superior pelo meridiano e duas em Ursa Maior em seu trânsito inferior, o norte verdadeiro poderia facilmente ser obtido usando o instrumento de medição, *merkhet*.

Mas Stecchini notou outra coisa importante relativa ao grupo setentrional de constelações. A constelação da coxa de boi costumava ser representada amarrada como um balão a uma corda que o hipopótamo segurava, como personificação celeste de Draco. Isso, como o Grande Mastro de Amarração ao qual se aludiu antes, diz respeito a uma época em que Thuban, alfa Draconis, ficava a sete minutos de arco do polo celeste, o que, segundo calculou Stecchini, teria acontecido entre c. 3000 e 2780 a.C. Durante esse período, ter-se-ia a impressão de que a coxa do boi celeste estava girando ao redor do hipopótamo, como se presa por um laço. Depois, alfa Draconis se afastou demais da posição do polo celeste para servir de Estrela Polar, e por isso foi substituída como marcador de meridiano pelas estrelas de Cygnus e Ursa Maior.

Por mais que Stecchini tivesse a dizer a respeito, no final ele deixou de dizer o que, em sua opinião, foi usado para alinhar a Grande Pirâmide e seus vizinhos, tanto em Gizé como nos outros campos de pirâmides relacionados com a antiga cidade de Mênfis. A seu favor, diga-se que ele admitiu que não dispunha de todos os dados necessários relativos às datas de fundação das pirâmides e às necessárias posições das estrelas para poder julgar. A honestidade de Stecchini é digna de elogios, mas a justificativa que fez dos trabalhos anteriores de Wainwright e Zába confirmam que, qualquer que tenha sido o método empregado para alinhar a Grande Pirâmide, uma linha meridiana norte-sul, criada simbolicamente pelas estrelas de Cygnus e da Ursa Maior, certamente corresponde à expectativa.

Não resta muita dúvida de que acima e além da adoração de uma variedade de divindades do Alto e do Baixo Egito, havia uma religião celeste indígena com uma profunda base estelar, que com quase toda certeza teria raízes na pré-história. Esta, com certeza, foi a conclusão de Stecchini, que escreveu: "Levando em conta o modo de pensar dos egípcios, é possível que tenha havido uma cosmologia [na época das pirâmides] que presumia um mundo que terminava ao norte do Egito, no Mediterrâneo".[43] Noutras palavras, os egípcios antigos reconheciam um mundo celeste situado ao norte, uma conclusão com a qual concordo plenamente.

Recentemente, a ideia de que estrelas circumpolares girando ao redor do polo norte celeste teriam sido usadas para determinar a linha meridiana durante a era das pirâmides passou por um renascimento. Kate Spence, da Faculty of Oriental Studies, de Cambridge, propôs em 2000 que as estrelas Kochab, da Ursa Menor, e Mizar, da Ursa Maior, foram usadas para se determinar o norte verdadeiro.[44] No ano seguinte, Juan Antonio Belmonte, do Astrophysics Institute of the Canary Islands (IAC), apontou para sérios problemas com a teoria de Spence, e propôs, por sua vez, que o norte verdadeiro foi determinado usando-se as estrelas Merak (beta Ursa Majoris) e Dubhe (delta Ursa Majoris).

A Chave para a Ascensão

Qualquer que seja a resposta, e claramente há diferenças de opinião até entre especialistas em arqueoastronomia, na religião celeste dos antigos egípcios eram o deus com cabeça de falcão, Dwn-'nwy (Cygnus), e a coxa do boi, Mšhtyw (Ursa Maior), os guardiães ocultos da linha do meridiano, e assim eram a chave para a ascensão. Esse é um conceito conectado nos Textos das Pirâmides, e em textos funerários posteriores, a uma corda, escada ou cordão celeste, que ligava este mundo ao polo norte celeste, e é visto nos braços estendidos de Dwn-'nwy.

Lemos, por exemplo, num dos chamados textos de "ascensão", que os deuses do céu e da terra se reuniram para "criar uma escada para que você possa subir por ela até o céu, as portas do céu estão abertas para você, as portas do firmamento estrelado (*Shdw*, ou *Sehedu*, que significa uma entidade ou região estelar) se abrem para você".[46] Outra frase dos Textos das Pirâmides é a "invocação da escada para o céu", construída para que "Osíris [isto é, o falecido] possa subir por ela", e na qual "meus ossos são montados para mim, meus membros são reunidos para mim, e salto até o céu na presença do deus e Senhor da escada".[47] Aqui, há diversas referências à "escada de Seth" (Set), e apenas uma à "escada de Hórus", sugerindo que, como Set era o mais óbvio senhor da constelação da coxa do boi, o Hórus mencionado aqui pode estar associado a Dwn-'nwy como Cygnus. Gerald Wainwright tinha muito a dizer sobre esse simbolismo da ascensão nos Textos das Pirâmides, comentando: "Os antigos egípcios consideravam a escada como um bom meio para subir a íngreme ladeira até o céu. Fazia parte da adoração das estrelas pelos egípcios, pois ajudava o faraó 'para que este pudesse se sentar entre as estrelas do firmamento'".[48]

A Estrada para o Céu

O que é mais intrigante nesse conceito de escada celeste é que ela aparece universalmente nas tradições xamânicas, onde sempre foi vista como a "estrada dos mortos", associada especificamente com a "ascensão".[49] Segundo o renomado especialista em xamanismo Mircea Eliade, existem "incontáveis" exemplos de "ascensão xamânica ao céu por meio de uma escada".[50] Além disso, "o mesmo meio também é empregado para facilitar a descida dos deuses à Terra ou para garantir a ascensão da alma dos mortos".[51]

Eliade mostrou habilmente que o tema da escada é encontrado entre os povos do arquipélago indiano, as tribos mangar do Nepal, as tribos malaias do sul das Filipinas, os dudun do Bornéu e os russos de Voronezh, isso para mencionar apenas alguns.[52] Também está presente nos mistérios religiosos envolvendo o deus Mitra no mundo romano, e o meio de ascensão pela escada também era conhecido nas antigas Grécia, África e América do Norte.[53] Além disso, obviamente, há a história bíblica na qual Jacó adormece e vê uma escada, pela qual os anjos sobem e descem entre o céu e a Terra (Gênesis 28:11-22), e a escada que o profeta Maomé vê saindo do Templo de Jerusalém e chegando ao céu, com anjos em ambos os lados. Por esta escada, as almas dos justos sobem ao céu.[54]

Em todos os casos, supunha-se que a escada para o céu, como Eliade comentou, ligava o céu ao *axis mundi*, o centro imaginário do mundo,[55] o que significa que essas escadas mencionadas nos textos funerários egípcios deviam derivar de uma religião de base xamânica de origem pré-dinástica. Ademais, como Wainwright suspeitava,[56] ela fazia parte de um culto estelar original que foi absorvido pela crescente religião solar – um tema ao qual voltaremos no Capítulo Catorze.

O Lugar do Julgamento

O conceito de ascensão por uma escada celeste representada pela linha do meridiano também aparecia no solo. A uns 17 km ao norte de Gizé fica Ausim, local da antiga cidade de Khem, ou Sekhem, a Letópolis grega. Diversas referências são feitas nos Textos das Pirâmides, ligando Letópolis especificamente à escada de ascensão. Um deles fala dos Quatro Filhos de Hórus "de Khem", ou seja, de Letópolis, amarrando uma "escada de corda para esse Rei" e deixando firme "a escada de madeira para esse Rei",[57] mostrando que, na verdade, havia dois tipos de escada na religião celeste egípcia.

Os Textos das Pirâmides também falam dos mortos que ascendem pelas "portas do céu",[58] às quais se chegava, segundo o *Livro dos Mortos*, por Letópolis: "as portas que estão em Sekhem [Letópolis] estão abertas para mim".[59] Elas aparecem num capítulo que antes louva a "Coxa [Mšhtyw, ou seja, Ursa Maior] que habita o céu setentrional (...) que é vista e não morre", e fala depois dos mortos que viajaram da Terra ao céu a fim de entrar num "barco no céu".[60] Mas falam também do deus Shu, que ficou vigoroso "dos dois lados da Escada, e as estrelas que nunca descansam...",[61] ou seja, as estrelas circumpolares do céu noturno setentrional.

Logo, a escada, corda ou meridiano ascenderiam desde um ponto zero em Letópolis, exatamente ao norte de Gizé. Tinha-se a impressão de que os mortos enterrados em Gizé deveriam rumar para o norte em linha reta até chegarem a Letópolis, onde, em algum plano alternativo, realizar-se-ia o julgamento da alma e iniciar-se-ia o processo de ascensão. Como observou Wainwright: "Letópolis não era apenas um lugar onde os mortos eram julgados e os rebeldes repelidos pelo fogo, mas também um lugar onde a alma justificada ascendia ao céu".[62]

Abertura da Boca

Letópolis não é apenas a morada mítica dos Quatro Filhos de Hórus, como também da forma de Hórus conhecida como *khnty-irty*; seu sacerdote-chefe era chamado de "Abridor da Boca", indicando que presidia aquela que era conhecida como a cerimônia da "Abertura da Boca".[63] Era um ritual realizado sobre a múmia embalsamada e envolta em gaze (ou, às vezes, uma estátua representando o falecido), enquanto estava em seu caixão e logo antes de ser enterrada, como mostram diversas pinturas em tumbas e textos funerários.

A cerimônia da Abertura da Boca visava despertar a múmia como veículo para o *ka*, ou "duplo espiritual", do falecido. Além da purificação, da unção e dos encantamentos, era usada simbolicamente uma enxó ritual para "abrir" a boca, de modo que o morto pudesse falar e tornar a comer. Ao mesmo tempo, o instrumento era usado para tocar outras partes da múmia, como os olhos, ouvidos e nariz, para que o falecido pudesse, respectivamente, ver, ouvir e respirar novamente. Além disso, a perna direita de um boi, especialmente sacrificado para a cerimônia, era, às vezes, estendida na direção da múmia, recordando Mšhtyw, a constelação da coxa de boi. Essa mesma influência cósmica também era refletida na enxó, semelhante a um gancho, lembrando o padrão formado no céu noturno pelas sete estrelas da Ursa Maior (e também pela Ursa Menor, ocasionalmente vista como uma segunda enxó celeste).[64]

Na mitologia do antigo Egito, a cerimônia da Abertura da Boca foi realizada pela primeira vez por Hórus em seu pai Osíris, que fora assassinado por Set. Durante a era faraônica, a cerimônia era realizada sobre o corpo do falecido por seu herdeiro, que assumia o título honorário de "Abridor da Boca".

Nos períodos pré-dinástico e protodinástico (c. 3500-3100 a.C.), o instrumento usado na Abertura da Boca era uma faca de pederneira com ponta dupla e haste angulada, mas no período dinástico ela foi substituída por uma enxó, geralmente feita de ferro de origem meteórica (*bja*), que se supunha dotado de qualidades celestes e que teria vindo de "Setesh", uma forma do deus Set, deus da desordem e do caos, associado com a constelação da coxa de boi.[65] O biógrafo e moralista grego Plutarco (m. 50 d.C.) chega a comentar que os egípcios chamavam esse ferro de "osso de Tifão", nome grego de Set.[66] Nos Textos das Pirâmides, o ferro *bja* está intimamente associado com o conceito de céu, uma vez que seu cofre, seus portões e o trono celeste no qual o falecido se senta seriam feitos com ele.[67] Ademais, são muitas as indicações de que os antigos egípcios viam as próprias estrelas como sendo feitas de ferro *bja*, e que os ossos dos falecidos seriam feitos com essa mesma substância celeste.[68]

O ferro meteórico estava associado a relâmpagos e raios, tidos pelos antigos egípcios como as mais poderosas forças do universo, capazes de fender, explodir e esmagar.[69] Logo, como conclui Wainwright num texto intitulado "Ferro no Egito" (1931), o "*bja*, com o qual a boca era aberta, tinha origem estelar, ou seja, meteórica. Era o relâmpago".[70] Interessa aqui o fato de que, segundo se diz, os Quatro Filhos de Hórus teriam aberto a boca "com seus dedos de *bja*", ou seja, ferro meteórico.[71]

Uma enxó cerimonial especial, feita de ferro meteórico, teria sido mantida no templo de Letópolis, "a cidade do relâmpago",[72] e se ele estava em uso na época de Khufu ou de qualquer outro faraó da Quarta Dinastia que construiu algum monumento no platô de Gizé, então o "Abridor da Boca" de Letópolis teria feito a viagem até o sul, seguindo a linha do meridiano, levando consigo a enxó sagrada para usá-la, para "abrir até mesmo aquilo que fora selado na morte".[73]

Como o ferro meteórico estava intimamente associado com Letópolis, morada dos Quatro Filhos de Hórus, parece correto que tenha se tornado o lugar onde se realizava a cerimônia da Abertura da Boca. Além disso, a conexão entre Letópolis e Hórus também é reveladora, pois a raiz de seu nome (*Hor* ou *Har* em egípcio) é *hr*, ou *her*, que pode significar "superior", ou "acima", sendo geralmente usada para determinar "céu", implicando algo como "pertencente ao céu" ou "do céu" – sugerindo, uma vez mais, um lugar de ascensão.

Logo, Letópolis – focalizada exatamente pela passagem de entrada da Grande Pirâmide, voltada para o norte – era vista como um reflexo do poder celeste da Ursa Maior, na forma da enxó sagrada. Essa dedução é confirmada quando se sabe que o símbolo para o distrito de Letópolis, situado imediatamente ao norte de Mênfis, era a coxa de boi.[74] Outra confirmação da íntima relação entre Letópolis e Gizé (*ver Capítulos Treze e Catorze*) é que os hieróglifos denotando o nome Dwn-'nwy, o deus com cabeça de falcão do grupo setentrional de constelações, aparecem em certas formas do nome usado para descrever a enxó sagrada usada na cerimônia da Abertura da Boca.[75]

Mas, se Letópolis representava a Ursa Maior, haveria algum ponto dessa linha meridiana que representasse o deus de cabeça de falcão identificado com as estrelas de Cygnus? A pista está no fato de que Dwn-'nwy pode ter outra identidade – uma identidade que ressoa diretamente com a necrópole de Gizé.

CAPÍTULO TREZE

Em Busca de Sokar

Segundo o eminente egiptólogo inglês *sir* Ernest Alfred Wallis Budge (1854-1934), curador de antiguidades egípcias do Museu Britânico durante 30 anos e tradutor de muitos antigos textos egípcios, o deus com cabeça de falcão, Sokar (ou Seker), era "provavelmente o mais antigo de todos os deuses dos mortos" no Egito.[1] Embora a crescente influência de Sokar tivesse sido cortada pela raiz pelo importante culto a Ptah, deus criador da cidade real de Mênfis, seu papel como guardião dos mortos no mundo inferior manter-se-ia forte, especialmente em seu centro de culto principal, Rostau (ou Restau), que significa "boca das passagens", que era, como se sabe, a antiga Gizé.[2] Sua conexão com o local era mesmo muito antiga. É mencionada nos Textos das Pirâmides,[3] c. 2400 a.C., embora deva recuar até os primórdios da história do Egito.

Por volta de c. 3000 a.C., com certeza, Gizé era usada como extensão norte da necrópole de Mênfis, da qual Sokar era o protetor divino, pois foi nessa época que um grande túmulo de orientação norte-sul, conhecido como Mastaba V, foi construído lá. Data do reino de um faraó da Primeira Dinastia chamado Djet, e foi descoberta em 1904 a uns 2,5 km a sul-sudeste do atual grupo de pirâmides. Quando escavada, descobriu-se que estava cercada pelos túmulos de nada menos do que 56 auxiliares, mostrando a importância do indivíduo enterrado ali.[4] Não se sabe por que esse oficial sem nome escolheu Gizé como local de seu túmulo. Mas os registros mostram que, duas vezes durante o reino do pai de Djet, Djer, aconteceu o importante festival de Sokar.[5]

Como a tradição afirma que Djer construiu os palácios reais de Mênfis,[6] há motivos para suspeitar que o mais antigo festival de Sokar aconteceu nessa necrópole, indiscutivelmente chegando até ao platô de Gizé, que nessa época era, provavelmente, um cemitério. Tal conclusão fica evidente graças à descoberta, nesse local, de jarros de argila e outros artefatos contemporâneos, anteriores às fundações do Egito dinástico, inclusive quatro frascos cerâmicos intactos, desenterrados pouco a oeste da Esfinge em 1907.[7] Foram, com quase toda certeza, enterrados como objetos sepulcrais e pertencem à chamada cultura buto-maadi, ou maadiana, que floresceu na região do Cairo e do Delta do Nilo durante o período calcolítico, ou do cobre (c. 3900-3200 a.C.). No total, 12 sítios maadianos foram detectados, inclusive um cemitério em Heliópolis, a nordeste da moderna cidade do Cairo.

Evidências de uma ocupação ainda anterior do platô de Gizé provêm da descoberta de uma ferramenta de pedra do Neolítico tardio encontrada *in situ* perto da calçada sobrelevada da Terceira Pirâmide.[8] Além disso, lascas de sílica retocadas, que se supõe datadas do mesmo período, foram recolhidas pelo autor em duas ocasiões em uma camada exposta de cascalho próxima da base da Formação Maadi, uma crista de montanhas que segue o eixo leste-oeste a poucas centenas de metros a sudoeste da Terceira Pirâmide.[9]

Sokar como Cygnus

Normalmente, Sokar é representado como um homem com cabeça de falcão, seja sentado num trono celeste, seja como múmia, significando a nova vida graças ao voo astral. Livio Stecchini via-o como o deus que presidia o estabelecimento dos limites geográficos do Alto e do Baixo Egito, com base em unidades de medida que mostravam que os antigos egípcios conheciam as latitudes e longitudes da Terra.

Por esse motivo, Sokar era representado com suas asas abertas de modo a abraçar ou cobrir a extensão geográfica do Egito. Foi nesse papel que ele ganhou o título "grande deus com suas duas asas abertas",[10] algo tão semelhante ao título de Dwn-'nwy, "aquele que abre duas asas", que certamente os dois são a mesma entidade; se isso estiver correto, significa que, em termos astronômicos, Sokar é Cygnus. Essa relação entre as duas divindades com cabeça de falcão é confirmada pelo conhecimento de que tanto Dwn-'nwy como Sokar parecem figurar na cerimônia do "Esticamento da Corda",[11] enquanto que, nos Textos das Pirâmides, os dois deuses são identificados com Osíris, senhor dos mortos, e por isso com os falecidos em seu papel com Osíris.[12]

Além disso, Sokar, como Hórus, era o deus dos artesãos, artistas e ferreiros.[13] Nos Textos das Pirâmides, Sokar está ligado especificamente a *bja*, o ferro meteórico, um tema importante da religião estelar, com o qual ele confecciona os ossos do falecido.[14] Uma frase diz que ele abre a casca *bja* do ovo solar, dentro do qual está o rei recém-nascido na forma de Hórus, o Jovem, que se levanta para vingar a morte de seu pai, Osíris.[15] Como vimos no capítulo anterior, o ferro meteórico estava associado tanto com a enxó usada na cerimônia da Abertura da Boca, e por isso com o centro de culto de Letópolis.

Além disso, Sokar está ligado ao *Benben*, uma pedra sagrada e ovoide que simboliza a criação cósmica, que também pode ter origem meteórica.[16] Esse vínculo entre Sokar e o Benben é encontrado nos Textos das Pirâmides, que dizem que a pedra ovoide "está na Mansão de Sokar".[17] Em outro texto, é dito que a pedra era mantida no antigo centro de culto de Heliópolis (*Iunu*, em egípcio, e "On", na Bíblia), situada a nordeste da atual cidade do Cairo. A pedra Benben era colocada, provavelmente, sobre um pedestal dentro de uma estrutura conhecida como "Mansão da Fênix". A palavra "fênix" é a forma grega do Benu, nome que se dava em Heliópolis para a ave da criação em seu papel como garça-real. Está sempre representada empoleirada na pedra Benben ou sobre um monte sagrado, assim como a garça faz seu ninho nas ilhas temporárias de lama que surgem no rio Nilo depois da inundação anual.

Na arte greco-egípcia, ou seja, na arte helênica de inspiração egípcia, especialmente em pedras mágicas, a fênix, tendo se transformado numa ave de criação cósmica associada à ave Benu, aparece em seu monte com um crocodilo sob ela. Em outras ocasiões, a fênix é vista realmente em pé sobre um crocodilo.[18] É quase certo que o crocodilo significa Set, o Tifão grego, que era habitualmente representado nessa forma reptiliana durante sua luta com Hórus, o Jovem.

Como o crocodilo é visto nas costas do hipopótamo celeste, Reret, nos mapas estelares egípcios, é provável que na arte greco-egípcia o crocodilo representasse a constelação do Draco. Tudo isso sugere que a fênix, que aqui assume o lugar de Hórus, o Jovem, como vitorioso sobre Set, deus das trevas e do caos, fosse identificada, como Hórus e Sokar, com as estrelas de Cygnus, próximas dali. Essa conexão entre Cygnus e Draco também é encontrada na astronomia olmeca e maia (*ver Capítulo Seis*), onde também parece haver uma forte interação entre essas duas constelações.

Fig. 32. Pedra mágica greco-egípcia de data desconhecida, mostrando a fênix como a ave Benu, em pé sobre um crocodilo, provavelmente representando Set, o Tifão grego.

O Festival de Sokar

A conexão entre Sokar, o ferro meteórico e o ovo solar demonstra não só seus atributos solares, como também seu relacionamento com o grupo setentrional de constelações, ou as "Grandes", como eram conhecidas. Com efeito, vemos que durante o festival de Sokar, o rei entrava nos "Salões de Sokar" e se identificava com o deus, já equiparado a Osíris, depois do que ele se submetia a ritos funerários simbólicos, incluindo a "Abertura da Boca", com o que ele se renovava e se tornava "triunfante".[19] Esse aspecto celeste da divindade de cabeça de falcão se expressa também numa inscrição do Novo Reino encontrada no templo de Medinet Habu, no sul do Egito, que proclama, "Foram abertas as portas do céu, que o deus [Sokar] saía",[20] que reflete exatamente a noção de Cygnus como constelação do Pé de Ave dos povos nativos da América do Norte (*ver acima, página 77*).

Durante esse evento, o faraó, simbolizado por uma estátua de Sokar, seria levado a bordo do barco *henu*, veículo pessoal do deus-falcão, com um teto cônico sobre o qual havia uma cabeça de falcão e uma proa com cabeça de antílope voltada para trás, numa "capela" ou gabinete cerimonial. A estátua ficava em seu próprio "quarto" quando o barco desfilava sobre uma base ao redor das muralhas da cidade ou no complexo de templos. Após dez dias de cerimônias e procissões, o festival tinha seu apogeu na ressurreição simbólica de Sokar, refletida na inevitável transformação da morte numa nova vida, a mesma que, em última análise, o rei faria.

Guardião do Portal nas Trevas

Sem dúvida, o barco *henu* era o modelo para os barcos solares posteriores, que permitiam ao falecido chegar ao reino do além. Tanto em Gizé como em Abidos (o grande centro de culto de Osíris e necrópole do sul do Egito), foram desenterrados muitos barcos colocados em covas especialmente preparadas, situadas perto de tumbas ou de pirâmides. Barcos capazes de navegar pelo mar eram enterrados, inteiros ou desmontados. Era uma prática que datava da fundação do Egito dinástico, e acredita-se claramente que quem fosse enterrado nas tumbas próximas poderia usar os duplos astrais dos barcos para chegar ao mundo celeste.

Entretanto, antes que essa viagem fosse feita, a alma do morto no antigo Egito precisava antes ir *para debaixo da terra*, a fim de percorrer o mundo mítico conhecido como *Duat*, ou mundo inferior, que se parecia com um sistema labiríntico de cavernas. Personificado como deus solar, ou como o Osíris mumificado, ele atravessava 12 divisões relacionadas com as 12 "horas" que o Sol leva para ir da aurora até o crepúsculo. É claro que não eram horas reais, apenas períodos simbólicos aumentados ou reduzidos dependendo da duração da noite.

No reino mítico do Duat – imaginado como existente tanto sob a terra, lugar para o qual o Sol se dirigia à noite, como também na completa escuridão do espaço, onde nenhuma luz podia penetrar –, o morto precisava superar uma série de obstáculos sobrenaturais e enfrentar seus habitantes espectrais. Só depois que estes tivessem sido dominados, com a ajuda de seus auxiliares, que puxavam o "barco da noite" através das horas, é que a alma do falecido poderia renascer. Na religião solar, isso era visto em termos do deus solar, que trocaria a luz que antecede a aurora pela "barca do dia", para poder viajar rumo às Estrelas Imperecíveis e ao Sekhet-Aaru, o Campo dos Juncos, bem como pelo "Curso d'Água Sinuoso". Esse era o nome, em egípcio antigo, da Via Láctea, que, graças à sua identificação com o rio mítico conhecido na tradição clássica como Eradinus, Córrego do Oceano ou Rio do Céu,[21] era considerada a contrapartida celeste, ou mesmo uma extensão, do Nilo.[22]

O modo como o morto poderia navegar com sucesso pelo Duat foi tema de diversos textos gravados nas paredes das tumbas, sarcófagos e caixões, ou registrados em papiros depositados nas tumbas. Diversas obras são conhecidas, com nomes como *Livro dos Portais*, *Livro das Cavernas*, *Livro de Sair à Luz* (mais conhecido por seu nome popular, *Livro dos Mortos*) e *Shat-ent-am-Duat*, ou *Am-Duat*, o *Livro daquilo que está no Duat* ou *Livro da Câmara Secreta*.

O mais interessante sobre o texto do *Am-Duat*, o mais antigo desses "livros do céu e do inferno", como Budge, seu tradutor para o inglês, os chamava, é a descrição que fazem das chamadas Quarta e Quinta horas da noite. Essas duas "horas" específicas têm um caráter todo próprio, e já foi sugerido que elas contêm interpolações extraídas de uma teologia diferente, associada diretamente com o culto a Sokar.[23] Essas duas "horas" em questão relacionam-se com uma área do domínio inferior chamada de "reino", "terra" ou "casa" de Sokar em Rostau (também transliterada como Restau e Rosetau), a "boca das passagens" para o mundo inferior, que era, naturalmente, Gizé.[24] Nesse papel, o deus de cabeça de falcão personificava a escuridão de uma tumba ou caixão enterrado, do qual o morto poderia sair para chegar à luz oferecida pelo mundo celeste.[25]

Sokar era "deus da morte e *refúgio* das almas dos mortos [grifo do autor]",[26] o que talvez estivesse refletido no próprio nome Sokar, que tem conotações como a de "um lugar fechado, o caixão", ou "silenciar".[27] Ele foi o "grande deus que leva embora a alma", bem como o " guardião do portal nas trevas",[28] e "um deus terrestre cuja morada é escura como a noite".²⁹ Como veremos no Capítulo Vinte, esse conceito de um ambiente totalmente escuro, de caverna profunda, usado para percorrer lugares do além e encontrar seres sobrenaturais, torna-se crucial para compreendermos as origens do mistério de Cygnus, e em nenhum lugar isso fica tão aparente quanto em Gizé.

Na Quinta Hora, no próprio coração do Duat – sob a imagem de um monte oco e um objeto alaranjado, ígneo, em forma de sino, sobre o qual ficam dois falcões – o morto se defronta finalmente com Sokar. Ele é visto sobre uma serpente com duas ou três cabeças, com uma cabeça humana barbada na extremidade de sua cauda. Com os braços estendidos, Sokar abre suas asas, lembrando-nos de que ele é o "grande deus com suas duas asas abertas". Tanto Sokar como a serpente estão apoiados em um oval de areia, o que, segundo Budge, significa "uma ilha oval no rio de Tuat [Duat]".³⁰ Ela é guardada por um leão de duas cabeças, e tem o nome de "Terra de Sekri", outra forma de Sokar, sendo descrita como "O horizonte da terra oculta de Sekri, que guarda o corpo (ou a carne) oculto".³¹

Quem a serpente representa exatamente não está claro, embora uma legenda próxima de Sokar leia: "Seu trabalho é proteger sua própria forma",³² o que, juntamente com outras pistas, aponta para o deus falcão como um vitorioso em combate contra a serpente, como a vitória de Hórus, o Jovem, contra Set, com paralelo também nas gemas greco-egípcias mostrando a fênix, ou a ave Benu, triunfante sobre o crocodilo. Também fica claro que a barca noturna não consegue passar sobre o alto do monte subterrâneo que parece proteger esse local ainda mais profundo. Tudo isso sugere algum tipo de lugar oculto, afastado até mesmo do resto do Duat, onde nem o deus-sol consegue entrar. Seja qual for o propósito dessa imagem estranha e claramente interpolada no texto do *Am-Duat*, ela existe separadamente, e, como veremos, encontra eco nas origens mitológicas de Gizé como lugar dos mortos.

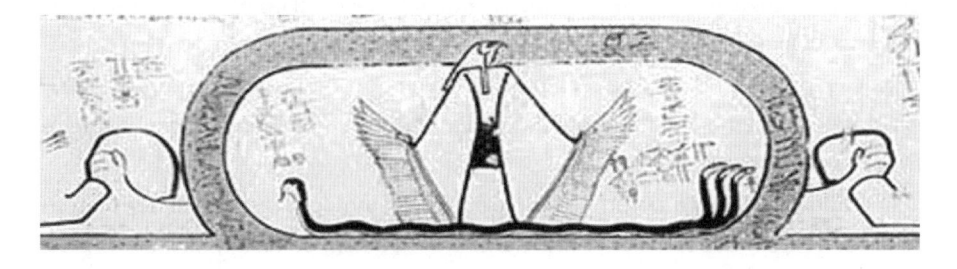

Fig. 33. O deus falcão Sokar em seu papel como guardião do mundo inferior de Rostau, antiga Gizé, da tumba de Tutmósis III (c. 1490-1436 a.C.), no Vale dos Reis, a oeste de Tebas (Luxor).

Será que o Duat, com sua "Terra de Sekri", existiu num nível físico, ou terá sido apenas uma fantasia mental usada como auxiliar espiritual para se entrar no além? Se de fato existiu, teria ele a chave para a compreensão do verdadeiro papel de Cygnus na antiga Gizé? O que podemos dizer é que um importante templo dedicado a Sokar, conhecido como Shetayet, existiu lá.[33] A chamada Estela do Sonho, ou Estela da Esfinge, encomendada pelo rei da Décima Oitava Dinastia, Tutmósis IV (que governou c. 1413 – 1405 a.C.), alude justamente a tal templo. Encontrada entre as patas da Grande Esfinge, onde ainda pode ser vista, essa enorme pedra ereta traz uma inscrição que recorda como, enquanto caçava, certo dia, o então príncipe Tutmósis descansou à sombra da Esfinge. Ele adormeceu e sonhou que Harmakhis (em egípcio, *Hor-em-Akhet*, Hórus no Horizonte, uma forma de Hórus), o *genius loci* do monumento da Esfinge, dirigiu-se a ele, dizendo que, se ele tirasse dali a areia que o sufocava, ele se tornaria faraó. O jovem príncipe o fez, e de fato sucedeu ao trono como faraó. O importante aqui é que o texto fala de "Harmarkhis, ao lado de Sokar em Rosta [ou seja, Rostau]",[34] indicando que, na época do Novo Reino, pelo menos, um altar, templo ou até um ídolo homenageando o deus de cabeça de falcão estava localizado por perto. Contudo, onde ficava ele, e o que se conhece sobre suas origens e função? Embora, originalmente, a Grande Esfinge fosse esculpida com cabeça humana representando – segundo o atual pensamento dos egiptólogos – o faraó Khafre (construtor da Segunda Pirâmide, localizada perto dela), na época do Novo Reino o monumento era associado com Hórus, o Velho, com sua cabeça de falcão, e não com um monarca específico. Teria essa identificação alguma ligação com a presença do culto a Sokar no platô de Gizé?

Ilha do Ovo

Até pouco tempo atrás, não havia evidências concretas para se localizar o Shetayet de Sokar em Gizé, embora se acreditasse que ficava ao sul do platô. Tampouco se sabia se o Duat ou mundo inferior de Rostau, sob o comando do deus de cabeça de falcão, poderia ter alguma realidade tangível. Contudo, como veremos, a solução para o problema foi um ponto de vista diferente, com o que, finalmente, deciframos esse enigma milenar.

Tudo começou com a análise de registros cosmológicos encontrados nas paredes do templo de Hórus em Edfu, a uns 87 km ao sul de Luxor, no sul do Egito. Conhecidos como Textos do Templo de Edfu, falam da fundação do primeiro templo do Egito, cujas dimensões e proporções foram incorporadas a todo templo construído posteriormente no reino. Incluía-se aí o próprio templo de Edfu, que, em sua forma presente, começou em 237 a.C. e só foi concluído em 57 a.C., quando cessou o trabalho de construção.

Os Textos do Templo de Edfu falam de um monte primordial conhecido como "Ilha do Ovo" que emerge das águas primevas, como Silbury Hill, na distante Inglaterra. Como a Terra de Sekri, dizem que seria cercada por um "canal" de água,[35] sem dúvida um rio, e que em suas margens, em meio ao "campo de juncos", surge um reino sagrado conhecido como Wetjeset-Neter (ou Wetjeset-Hor).[36] Nele, são colocados pilares *djed*, ou postes, usados como "poleiros" pelos primeiros 60 habitantes da ilha,[37] conhecidos como falcões *Drty*, ou Sábios. Seu líder tem o nome de deus *Pn*, ou, simplesmente, "Este Aqui".[38] Tudo isso acontece durante uma era mítica, chamada de "Primeira Ocasião" – *Sep Tepi* –, quando o mundo ainda não tinha sido cultivado.[39]

Senhor do Poleiro

Um dia, após um período de violento conflito e destruição, causado por uma "cobra inimiga", chamada de "Grande Saltadora" (*Nhp-wr*),[40] as águas subiram e cobriram a ilha, destruindo Wetjeset-Neter e matando seus habitantes, que passaram a ser chamados de *ddw*, ou fantasmas. Depois, a ilha reaparece e dá-se uma segunda fase de construção. Um único pilar *djed* é preservado do período anterior,[41] mas mesmo este é substituído por um novo, construído para um líder mítico chamado de "o Falcão", conhecido ainda como "Senhor do Poleiro" e "o Alado".[42] O monte recebe o novo nome de Ilha do Pisoteio, Ilha do Combate ou Ilha da Paz, lembretes da destruição anterior e do fato de que agora ela se tornou o local de enterro dos habitantes originais de Wetjeset-Neter.[43] Inclui-se aí o deus *Pn*, que, como divindade ctônica, é considerado o primeiro deus morto da mitologia egípcia, personificado como a figura mencionada antes e nomeada como Falcão.[44]

Coletivamente, esse domínio sagrado, conhecido apenas como "terra natal", assume o nome *Bw-tepi*, Primeiro Lugar ou Lugar do Primeiro. Mais importante ainda é que foi erguido um edifício chamado "Templo do Falcão", homenageando seu glorioso líder.[45] Essa estrutura, segundo consta, teria "30 cúbitos de oeste a leste, e 20 cúbitos de sul a norte", com um grande pátio contendo uma série de edificações menores.[46] Ali, uma série de grupos míticos faz sua residência, inclusive a "Equipe do Falcão", os "Shebtiw" e os "Mais Idosos".[47]

A egiptóloga checa Eve A. E. Reymond (1923-86), um dos únicos estudiosos a ter feito um estudo detalhado e comentado sobre os Textos do Templo de Edfu, não tinha dúvidas de que a Ilha do Ovo e o Templo do Falcão tenham existido de fato. Com efeito, ela menciona evidências filológicas para mostrar que os relatos se originaram não na área de Edfu, no sul do Egito, mas dentro do *nome*, ou distrito, de Mênfis, que incluía o platô de Gizé. Em suas palavras, os Textos do Templo de Edfu "preservam a lembrança de um centro religioso pré-dinástico que existiu perto de Mênfis, o qual os egípcios consideravam (...) a terra natal do templo egípcio".[48] Essa suposição deve ter sido apoiada pelo fato de que o templo original de Edfu teria sido construído por Imhotep, arquiteto da pirâmide de degraus de Djoser em Saqqara, "segundo um projeto lançado do céu à terra perto da cidade de Mênfis".[49]

Será que esse material trata da Terra de Sekri, o monte oco e ilha associado com Sokar e Rostau na Quinta Hora do Duat (*ver acima, página 182*), e que a cobra de várias cabeças sobre a qual ele se apoia representa a derrota imposta pelo Falcão à "cobra inimiga", que causou a destruição da primeira fase de edificações de Wetjeset-Neter, matando ao mesmo tempo todos os seus habitantes? Creio que há todos os motivos para considerar que Sokar foi o mesmo ser mítico tratado nos Textos do Templo de Edfu como Falcão, responsável pela criação do Templo do Falcão, provavelmente um antigo altar dedicado a Sokar, talvez mesmo o Shetayet perdido da divindade. Essa suposição é apoiada pelo fato de a divindade conhecida como Falcão ser considerada o primeiro deus morto do Egito, uma referência certa a Sokar de Rostau, descrito, como vimos, como "o mais antigo de todos os deuses dos mortos" e como "um deus da Terra cuja morada era negra como a noite". Essas são conexões que nos levarão a um vínculo mais direto entre as estrelas de Cygnus e o platô de Gizé.

Mundo Inferior da Alma

Os Textos do Templo de Edfu falam de um domínio ctônico conhecido como "Mundo Inferior da Alma" (*Duat-n-Ba*), que existia *dentro* da Ilha do Ovo.[50] Ele continha algo chamado *bnnt*, "embrião"[51] ou "semente",[52] também chamado de "Grande Lótus" ou "trono", que, segundo se diz, emitiria um "brilho",[53] conceito equiparado a algo conhecido como o "Olho São" (*Wdat*), visto por Reymond como "o nome do centro da luz que iluminava a ilha".[54]

A palavra raiz *bnnt* é, simplesmente, a forma feminina do masculino *bnn*, associada de perto a Benben (ou *bnbn*), que pode ser traduzido como "copular, gerar, ser gerado, viril, falo", ligado ainda à palavra *weben*, "aumentar o brilho" ou "reluzir".[55] Logo, a expressão "Ilha do Ovo" deve aludir ao ovo solar visto como algo feito de ferro *bja* e fendido por Sokar, bem como ao ígneo objeto em forma de sino representado acima de Sokar na Quinta Hora do mundo inferior ou Duat.

Na Quarta Casa do Duat, o texto *Am-Duat* se refere à "estrada das coisas secretas de Re-stau [Rostau] (...) pela qual se entra no corpo de Seker [Sokar], que está na areia, cuja imagem está escondida, e nem é vista, nem percebida".[56] Repetidas vezes, os textos antigos falam de uma "câmara secreta" ou "caverna secreta" de Sokar que existiu em Rostau,[57] e um oficial do reinado do faraó Pepi I (que governou c. 2300 a.C.) tinha o título de "Chefe dos Segredos da Câmara de Sokar".[58]

O que, exatamente, seria essa "câmara secreta" ou "caverna secreta", e será que pode ser encontrada hoje em dia? Já foi sugerido que seria algum tipo de "tumba de Sokar-Osíris".[59] No entanto, existe uma pista melhor no nome alternativo para " Mundo Inferior da Alma", apresentado nos Textos do Templo de Edfu. É *Bw-hmn*,[60] que Reymond interpretou como "Lugar do Poço",[61] embora o sufixo *hmn* possa também significar "construir", como "juntar algumas coisas". Logo, Bw-hmn parece implicar uma construção subterrânea, como uma representação física do Duat. De fato, Reymond sugeriu que seria uma referência a algum tipo de "poço primevo" que teria existido perto de Mênfis, e por isso, indiscutivelmente, até em Gizé.[62] Era uma ideia fantástica, e em meu livro anterior, *Gods of Eden* (1998), eu propus que talvez fosse "algum tipo de complexo subterrâneo ao qual se teria acesso por meio de uma escadaria localizada na ilha, que se assemelhava a um monte".[63]

Como veremos, essas palavras mostraram-se proféticas, mostrando a veracidade das origens xamânicas da religião funerária do antigo Egito, como imaginou Mircea Eliade, e seu relacionamento com o culto universal de Cygnus. Se Sokar é Cygnus, o deus com cabeça de falcão do grupo setentrional de constelações, então, como Letópolis mostrava a influência estelar da Ursa Maior, a constelação da coxa de boi (*ver acima, página 173*), Gizé deve, de algum modo, refletir o potencial celeste de Sokar/Cygnus como o mais antigo deus da morte e do mundo inferior do Egito. Mas onde eu poderia começar a procurar por pistas, e exatamente o quê eu estaria procurando? A resposta veio de maneira bastante reveladora.

CAPÍTULO CATORZE

A Estrada para Rostau

Foi nesse ponto de minhas pesquisas sobre a possível influência de Cygnus na era das pirâmides que Rodney Hale teve uma intuição inesperada. Sem conseguir dormir numa noite de janeiro de 2005, ele se lembrou de que, quando o revolucionário livro *The Orion Mistery*, escrito pelo engenheiro civil Robert Bauval e pelo escritor Adrian Gilbert, surgiu em 1994, ele tentara, em vão, superpor as estrelas do cinturão de Órion* sobre as três pirâmides de Gizé, uma correlação céu-terra que eles propunham como parte de uma dramática reavaliação da antiga astronomia egípcia.

Foi muito fácil ajustar duas das estrelas – Alnitak e Al Nilam – às pirâmides de Khufu e Khafre, mas quando chegou a vez da terceira estrela do cinturão, Mintaka, e da pirâmide de Menkaura, via-se claramente que havia um desvio para o lado. Estendendo esse gabarito terra-céu para incluir outras pirâmides da necrópole de Mênfis – que os autores achavam que remeteriam a outras estrelas, tanto de Órion como da constelação de Touro, próxima àquela e que inclui o asterismo menor conhecido como as Hiades –, Hale ficou ainda mais desapontado, pois o ajuste era ainda pior. Sequer fazia sentido do ponto de vista geográfico.

Deitado em sua cama, Hale teve um lampejo de inspiração. E se as estrelas de Cygnus fossem superpostas sobre o campo de pirâmides de Gizé? Ansioso para verificar seu palpite, acordou cedo e usou programas de computação gráfica para superpor o campo estelar de Cygnus sobre o platô de Gizé. O que ele viu deixou-o espantado, pois as três estrelas que compõem as "asas" internas da ave ou a barra transversal da Cruz do Norte, Gienah (épsilon Cygni), Sadr (gama Cygni) e delta Cygni, ajustavam-se *exatamente* à colocação das três principais pirâmides, Khufu,

---
* Conhecidas no Brasil como "Três Marias" (N. do T.).

Khafre e Menkaure. Para confirmar essa extraordinária revelação, ele sincronizou, ao todo, quatro fotos diferentes de Cygnus com o campo de pirâmides de Gizé e o ajuste foi praticamente perfeito em todas as ocasiões, sem nenhum desvio óbvio.

Quanto à orientação das pirâmides com relação à posição no solo das três estrelas de Cygnus, percebi que, durante a era das pirâmides, Deneb – posicionada na superposição Cygnus-Gizé sobre a extremidade do campo de mastabas do Antigo Reino, a noroeste da Segunda Pirâmide – criava um azimute de aproximadamente 313 graus, dois graus fora da direção noroeste. Se um observador situado no platô fosse imaginar que as estrelas, no lugar de se porem atrás do horizonte, movessem-se pela paisagem, como projetadas sobre o deserto por uma imensa lanterna, acabariam "chegando" em Gizé na mesma posição proposta por Rodney Hale para a correlação terra-céu, um fato que poderia ter influenciado o posicionamento das pirâmides. Parece estranho, mas, quando Cygnus se põe, suas quatro estrelas principais, chamadas de Triângulos pelos astrônomos, dão a clara impressão de uma pirâmide perfeita de quatro faces, uma observação casual que não deve ter passado em branco para os astrônomos-sacerdotes do Antigo Reino.

Cygnus em Saqqara

Ciente de que Bauval e Gilbert tinham sido criticados por não examinarem outros campos das pirâmides, para ver se a correlação de Órion poderia ser encontrada noutro lugar, Rodney Hale se concentrou em Saqqara, que, como parte da necrópole maior de Mênfis, poderia ter sido nomeada em homenagem a Sokar (malgrado as crônicas árabes medievais sugerirem que o nome fosse derivado de uma tribo árabe local). Superpondo as três estrelas cruzadas de Cygnus ao grupo principal de três pirâmides – de Djoser, Userkaf e Teti –, Hale obteve um ajuste perfeito. Fosse por acaso, fosse intencionalmente, o nível de correspondência era espantoso. Superpondo as três estrelas do cinturão de Órion às mesmas três pirâmides de Saqqara, ele não obteve nada com um grau de precisão próximo daquele.

Na frente da pirâmide de degraus de Djoser em Saqqara, há um cômodo de pedra selado conhecido como *serdab*, no qual era posto o *ka*, ou duplo espiritual, do falecido, geralmente na forma de uma estátua em tamanho natural. Dentro, havia a estátua de Djoser, hoje substituída por uma réplica, que olha para fora por meio de dois visores na parede norte, orientada para o meridiano, como se observasse para assegurar a passagem segura de seu *ba*, ou alma, rumando para o além. Dito isso, o *serdab* de Djoser parece orientado para uns cinco graus a leste do norte, sugerindo que ele estaria olhando para uma linha meridiana um pouco fora de alinhamento. É curioso observar que, c. 2650 a.C., data em que se supõe ter sido construída a pirâmide, uma linha meridiana com essa orientação poderia ser obtida traçando uma linha vertical de Sadr (gama Cygni) através do ponto central da vasilha da Ursa Maior – um meio de determinar o norte verdadeiro, que Marion Popenoe Hatch descobriu ter sido utilizado pelos proto-olmecas do México desde 2000 a.C. (*ver Capítulo Seis*).

Gebel Ghibli

Voltando a Gizé, fiquei intrigado por saber que a posição de Albireo (beta Cygni), uma estrela dupla luminosa, com magnitudes de 3,5 e 7, fica logo ao sul do cume de uma curiosa formação rochosa chamada Gebel Ghibli (colina do sul, em árabe). Situada a uns 300 m ao sul da Esfinge, ela se destaca do deserto como uma espécie de colina primordial. Numa época em que o Nilo ficava bem mais a oeste, a inundação anual do rio teria feito com que as águas envolvessem sua base, fazendo dessa colina a personificação ideal do Monte da Criação, bem como da Ilha do Ovo, mencionada nos Textos do Templo de Edfu (*ver Capítulo Treze*). Além disso, eu sabia que outros já haviam investigado essa formação, intuindo que ela seria a chave para a localização de Shetayet, o altar perdido do deus Sokar, e até mesmo um "portal" para as dimensões ocultas de Gizé.[1]

A Linha Lehner

Além das correlações relacionadas com Cygnus, mencionadas acima, agora outra se revelava. Tendo calculado a ascensão de Cygnus na era das pirâmides, c. 3000-2500 a.C., descobri que, na mesma era, Deneb teria aparecido no horizonte nordeste com um azimute de 46,6 graus, e teria sido vista na época em que o azimute chegava a 47,6 graus. De fato, se a refração atmosférica fosse levada em conta, supõe-se que ela poderia estar visível no céu mais cedo ainda.[2] Essa seria exatamente a posição no horizonte do antigo centro de culto de Heliópolis, que fica a uns 28 km a nordeste de Gizé, no vale do Nilo.

Querendo saber mais, decidi que a única maneira de levar adiante a questão seria realizar uma inspeção pessoal no platô, o que fiz em maio de 2005. Uma das primeiras coisas que verifiquei foi o claro alinhamento nordeste-sudoeste dos cantos sudeste de todas as três pirâmides, que, segundo se diz, estão voltadas para Heliópolis. Esse alinhamento, observado pela primeira vez pelo estudioso norte-americano Mark Lehner quando liderava o Projeto de Mapeamento de Gizé

(1984-1986) e depois chamado de "Linha Lehner",[3] começa em uma colina rochosa situada a 400 m a sudoeste da Terceira Pirâmide, abaixo do que encontrei as lascas de sílica retocadas do final do Neolítico (*ver acima, página 179*).[4] Fazendo parte da cadeia de colinas da Formação Maadi, a chamada "linha de mira" usada por engenheiros e estudiosos para propor que as três pirâmides foram construídas como parte de um projeto maior, ou plano unificado, originalmente concebido por Khufu e estritamente seguido por seus sucessores.[5]

É claro que havia uma estrada sagrada entre Gizé e Heliópolis, pois há uma mencionada na Estela do Sonho de Tutmósis IV, encontrada entre as patas da Grande Esfinge (*ver acima, página 184*). Sua inscrição se refere ao "esplêndido lugar do início dos tempos, contra os senhores de Kheraha, a estrada sagrada dos deuses até a necrópole a oeste de On [Heliópolis]".[6] Embora o contexto exato aqui de "esplêndido lugar do início dos tempos" tenha sido perdido, alude, quase certamente, à existência de uma estrada cerimonial extremamente antiga, que antes ligava Gizé e Heliópolis.

Árvore da Virgem

Infelizmente, a Linha Lehner não resiste a uma análise mais detalhada, pois a Terceira Pirâmide está levemente desalinhada para sudeste, ou, observando de outro modo, a Segunda Pirâmide está levemente deslocada para noroeste. Quando tudo isso é levado em conta, o desvio médio para leste do norte apresentado pelo desenho geral das três pirâmides, canto a canto, ponta a ponta, é de uns 45 graus, uma distância de mais de 2 graus da ascensão de Deneb vista de Gizé c. 3000-2500 a.C. Embora essa linha focalize um obelisco de granito reerguido, que fica no lugar do antigo templo dinástico de Atum em Heliópolis, a verdade é que a cidade cobria uma vasta área, com algumas das seções mais antigas, inclusive um cemitério do Antigo Reino, localizadas nas vizinhanças da antiga aldeia de Matariyeh.

Aqui, podemos encontrar uma antiga figueira-brava ou sicômoro, conhecida como Árvore da Virgem, que lança sua sombra sobre uma fonte sagrada, venerada como o lugar onde a Virgem Maria abrigou o menino Jesus durante a fuga da Sagrada Família para o Egito. Essa fonte lembra o nome árabe de Heliópolis, que é *'Ain Shams* e que significa "Olho do Sol" ou "Fonte do Sol", sugerindo que o local era tão importante que preservou seu status de lugar sagrado mesmo após o final do Egito dinástico. Logo, o conhecimento de que a proposta "Estrada para Rostau", a estrada para o Duat ou o mundo dos mortos (*ver Capítulo Treze*), cobria o caminho entre Gizé e Matariyeh, permite-nos calcular um azimute mais preciso, que é de 46,5 graus a leste do norte, exatamente o mesmo (com margem de um grau, mais ou menos) que a ascensão de Deneb vista do platô c. 3000-2500 a.C.

Guardião do Meridiano

Existiu algum tipo de conexão sagrada entre Gizé e Heliópolis, devido, quase que com certeza, ao fato de ambos serem importantes centros de culto para a doutrina estelar exposta nos Textos das Pirâmides. Mais importante ainda é o fato de haver visibilidade entre os dois lugares. O observador que contempla Heliópolis a partir da extremidade leste do platô de Gizé em algum momento entre c. 3000-2500 a.C. teria visto Deneb se levantar da localização de Matariyeh. Para eles, creio, isso significava a primeira aparição de Sokar como Dwn-'nwy, ou seja, Cygnus, a divindade com cabeça de falcão associada, pelo menos do ponto de vista ritual, com o ato de encontrar a linha meridiana durante a cerimônia conhecida como "Esticamento da Corda" (ver Capítulo Treze).

Vou além, propondo que a ascensão e o ocaso de Deneb também eram usados para determinar o norte verdadeiro, utilizando o método do falso horizonte sugerido inicialmente por I. E. S. Edwards (ver acima, página 170). Isso, creio, é relembrado pelo fato de que, na era das pirâmides, Deneb podia ser vista de Gizé erguendo-se da posição do horizonte correspondendo à localização de Heliópolis. Embora não fosse a mais brilhante estrela perto do polo (seria muito mais fácil usar Vega), creio que Deneb teria sido escolhida por causa de sua clara conexão com as antigas práticas funerárias do antigo Egito e porque as estrelas de Cygnus eram vistas como uma das guardiãs celestes do meridiano. Era isso que o deus de cabeça de falcão, Dwn-'nwy, segurava entre seus braços estendidos como corda ou lança, assim como Sokar abre as asas da serpente de várias cabeças na Quinta Hora do Duat ou mundo inferior, como descreve o texto do Am-Duat.

Para mim, não resta dúvidas de que o alinhamento entre Gizé e Heliópolis era a verdadeira "estrada das coisas secretas de Re-stau", a verdadeira Estrada para Rostau, com a palavra "estrada" usada num sentido muito fluente; "caminho" seria uma descrição melhor.

Sei que qualquer estudioso de egiptologia que leia estas páginas pode alegar que não há nada no campo das pirâmides de Gizé que o torne melhor ou mais digno de atenção do que qualquer outro da necrópole de Mênfis. Os outros são igualmente antigos, e pode-se dizer que antes do surgimento do Egito dinástico a margem leste do Nilo era mais importante do que a margem oeste, onde fica a necrópole de Mênfis. Além disso, eles vão lembrar que Gizé não é o único local com pirâmides que apontam para Heliópolis, pois se supõe que a linha reta criada pelos cantos noroeste das principais pirâmides de Abusir, situada a uns 13 km a sul-sudeste de Gizé, também aponte para a antiga morada do deus solar. No entanto, na minha opinião, as implicações do alinhamento Gizé-Heliópolis apontando para a ascensão de Deneb são bastante extraordinárias.

Alinhamentos Antigos como o Tempo

O egiptólogo francês Georges Goyon chama a atenção para a óbvia relação triangular entre Gizé, Letópolis e Heliópolis, estas duas últimas situadas na mesma latitude.[7] Sabemos ainda que Letópolis tinha a influência celeste da constelação da coxa de boi, bem como a da enxó sagrada, ambas representações da Ursa Maior (*ver Capítulo Doze*). Assim, se a correlação Gizé-Cygnus resistir a uma análise rigorosa, em Gizé e em Letópolis temos dois locais, um ao norte do outro, que refletem a relação dupla entre Cygnus e a Ursa Maior, respectivamente,

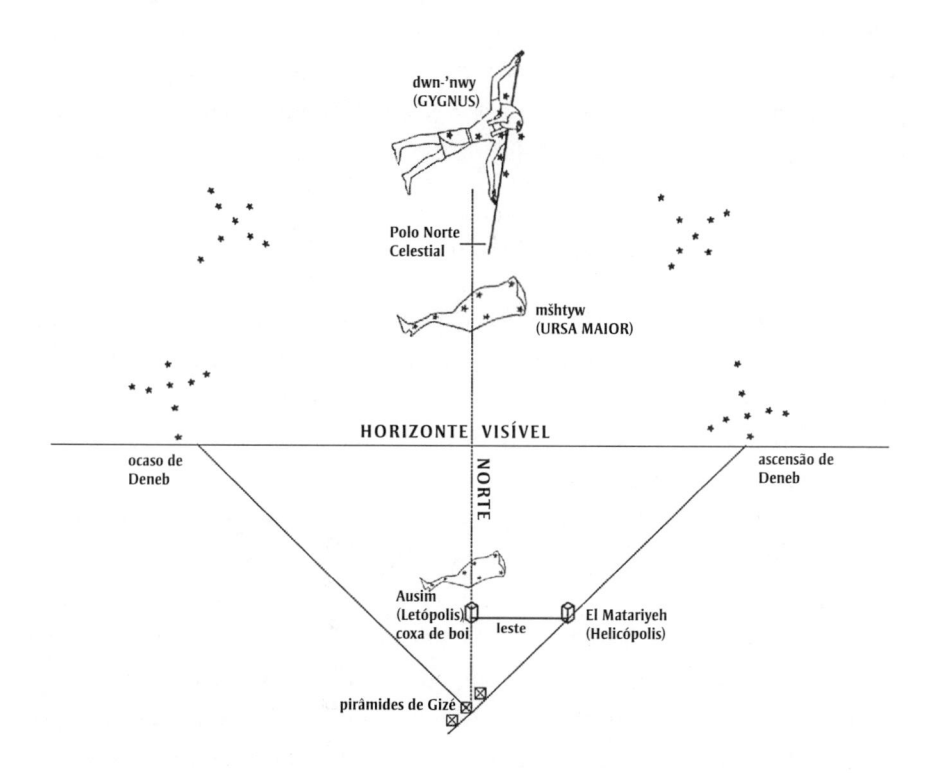

Fig. 34. Geometria de Gizé, Ausim (Letópolis) e el-Matariyeh (Heliópolis) em relação ao meridiano e ao nascer e ao ocaso de Cygnus em conjunção com a Ursa Maior em 2600 a.C.

usadas em uníssono para realçar a linha do meridiano, e, por isso, o caminho para a ascensão.

Teria sido ótimo dizer que as pirâmides de Gizé focalizavam a ascensão de Deneb na época de sua construção. Mas por maior que fosse a precisão de seu alinhamento com o norte verdadeiro, sua relação geométrica tanto com o horizonte como entre elas é irregular e ainda sujeita a discussões, e não me sinto capaz de entrar num labirinto técnico nesse estágio. Basta dizer que o estranho posicionamento das pirâmides, refletindo as posições das três estrelas da cruz de Cygnus, bem como o simples fato de que suas passagens de entrada focalizam exatamente o meridiano, confirmam sua submissão a essa importante constelação.

Como vimos, a declinação das estrelas de Cygnus varia muito pouco de século para século, o que significa que elas alteram seu relacionamento com o horizonte visível de modo extremamente lento. Examinando o ponto de ascensão de Deneb através dos séculos, descobri que ele se desloca muito lentamente para o sul. Se o envolvimento de Deneb com o proposto alinhamento entre Gizé e Heliópolis mostrar-se significativo, então o fato de que o alinhamento se torna ainda mais preciso quanto mais se recua no tempo sugere que ele é um pouco mais antigo do que a faixa de tempo que estamos examinando. Além disso, como sabemos que a cultura buto-maadi usava tanto Gizé como Heliópolis como local de enterro, c. 3900-3200 a.C., então a possibilidade é tentadora.

O Maior Segredo de Gizé?

Então é real a relação entre Cygnus e Gizé? Será mais válida que a correlação Órion-Gizé, proposta por Bauval e Gilbert em 1994? Durante a era das pirâmides, diversas religiões funerárias lutavam pela superioridade na antiga corte real do Egito. A própria Grande Pirâmide parece incorporar alinhamentos estelares que focalizam, pelos chamados dutos de ar, nada menos do que quatro estrelas diferentes, inclusive Síreis, a mais brilhante estrela do céu noturno, e Alnitak ou Al Nilam, estrelas do "cinturão" da constelação de Órion. Mas, no chão, fica claro que, nos séculos anteriores ao começo do domínio do culto sulista de Órion sobre a religião funerária egípcia, o reino do Baixo Egito – governado pelo faraó da capital real de Mênfis – praticava uma religião celeste muito mais antiga e de base xamânica. Esta centrava-se no grupo setentrional de constelações, as chamadas Grandes, que, como vimos, eram personificações celestes das Estrelas Imperecíveis, bem como guardiãs de Sekhet-Aaru, o conceito egípcio de céu.

Para essa religião, era crucial a divindade de cabeça de falcão, Dwn-'nwy, personificada no céu noturno como Cygnus, guardião da linha meridiana ou do caminho de ascensão juntamente com Mšhtyw, o Touro/Boi ou a coxa de boi – ou seja, a Ursa Maior. A resposta à pergunta sobre qual será mais válida, a correlação Cygnus-Gizé ou a correlação Órion-Gizé, está no fato de que o ajuste entre as estrelas em cruz de Cygnus e as pirâmides de Khufu, Khafre e Menkaure é preciso e significativo. É uma expressão perfeita da influência celeste de Dwn-'nwy no solo, ele que, como Sokar, também é a mais antiga divindade funerária do Egito e cuja morada era Rostau, a própria Gizé. De fato, há motivos de sobra para concluir que ele era o ser mítico e semelhante a uma ave de que tratam os Textos do Templo de Edfu, conhecido como o Falcão (*ver acima, página 185*), tido como responsável pela fundação – provavelmente na vizinhança de Gebel Ghibli, sítio da estrela dupla Albireo – do primeiro templo do Egito. Se é assim, então isso também significaria que outros elementos dos Textos do Templo de Edfu tinham precisão histórica, e que o recém-descoberto ajuste entre Cygnus e Gizé nos ajudará a descobrir a verdadeira localização do Duat, o Mundo Inferior da Alma, no qual se entra pelo "Lugar do Poço"? Será outro dos disfarces de Cygnus na rica coleção egípcia de mitos da criação, proporcionando a chave para desvendar o maior de todos os segredos de Gizé.

CAPÍTULO QUINZE

O Poço das Almas

Mitos da criação encontrados em diferentes centros antigos de culto espalhados pelo Egito falam de um ganso cósmico chamado *Gengen-wer* (também grafado *Negneg* ou *Kenken-wer*), que significa "O Grande palrador". Essa ave mágica teria causado a criação do universo ao emitir um grande grasnido, cacarejo ou pio. Isso quebrou o silêncio eterno que existia no vazio do nada, fazendo com que um ovo se manifestasse; a partir dele, o universo, e tudo que ele continha, tomou forma.

Um desses centros de culto era Tebas (a atual Luxor) no sul do Egito, onde os sacerdotes do deus Amun, o Oculto, viam o Grande palrador como o método pelo qual seu deus "despertou" a criação.[1] Assim, o ganso tornou-se o totem ou avatar de Amun, papel que ele também tinha no culto ao deus Atum em Heliópolis, que também alegava que o Grande palrador era deles. Nessa cidade, diziam que o ganso teria posto o ovo que se tornou o monte primevo; noutras palavras, a pedra Benben (*ver acima, página 180*), da qual emergiu o Benu, o primeiro espírito ou essência do universo, visto em termos da garça real e do conceito greco-egípcio da fênix. É também a base por trás da Ilha do Ovo que emergiu das águas primordiais, segundo os Textos do Templo de Edfu.

Como Ser Primevo, ou O Primevo, o ganso aparece nos textos funerários egípcios onde o falecido ou monta guarda ou torna-se um só com o ovo cósmico.[2] Com efeito, em algumas ocasiões o morto assume a forma do ganso a fim de chegar às Estrelas Imperecíveis, aparentemente a razão pela qual os gansos, e também os cisnes, eram representados graficamente nas paredes das tumbas do Novo Reino. Os cisnes, devo acrescentar, tinham um papel pouco compreendido nas antigas práticas funerárias egípcias, pelo menos desde a Quinta Dinastia,[3] embora a completa falta de evidências textuais relativas a seu propósito dificulta a avaliação de sua importância a esse respeito.

Nos Textos dos Sarcófagos, o falecido é identificado como "o grande falcão que passou a existir com o ovo",[4] recordando aqui o papel de Sokar como criador do ovo de *bja* (ferro meteórico). Em um dos Textos dos Sarcófagos, o Grande palrador é sinônimo de Sokar em seu papel como artífice divino. Na Declaração 223, o falecido iguala-se ao ovo e Sokar é mencionado como "aquele que fende o ferro", ou seja, o ferro *bja* do céu; noutras palavras, a casca meteórica do ovo. Como Sokar também era um guardião da pedra Benben, então fica óbvio que seu papel é semelhante ao do ganso cósmico, um ponto importante a lembrar, agora que sairemos à procura da identidade celeste do Grande palrador.

O Zodíaco de Dendera

A importância do ganso na astronomia do antigo Egito não fica clara antes do seu aparecimento no "zodíaco" circular de Dendera no Médio Egito, datado da metade do século I a.C. Originalmente posicionado no teto da Capela Leste de Osíris, no fabuloso templo ptolomaico de Hathor, foi descoberto em 1799 pela missão científica que acompanhou Napoleão ao Egito, e foi levado para a França em 1822. Hoje, pode ser visto no Museu do Louvre, em Paris (foi posta uma réplica em Dendera). Como o nome sugere, o zodíaco entalhado em pedra, conhecido como Dendera B, é circular, como um disco. Outro zodíaco feito de uma série de painéis retangulares – denominado Dendera E – pode ser visto no teto da sala hipostila externa.

O zodíaco circular procura reproduzir fielmente o céu noturno completo, de um modo que nunca fora registrado antes pela antiga astronomia egípcia. Figuras míticas, animais, seres humanos e objetos inanimados desfilam em sentido anti-horário pelo céu. Incluem-se nele os planetas, as 12 constelações zodiacais e a sequência de 36 estrelas e asterismos usados a partir do Médio Reino para dividir a noite em divisões chamadas decanatos, com base na ordem de sua aparição, começando com Sahu, o "Que Caminha para Longe", identificado como a constelação de Órion. Além disso, vemos Os Grandes, o familiar grupo de constelações circumpolares ou quase circumpolares associadas especificamente com o céu setentrional.

Homem-Maça e o Ganso

É particularmente interessante, no zodíaco circular de Dendera, uma figura masculina, com as pernas afastadas, como se caminhasse, que veste um traje cerimonial e segura uma maça em forma de pêra na mão direita. Sob seus pés, há um ganso, e do seu lado esquerdo um signo duplo, mostrando um falcão sobre um íbis, este o pássaro da criação no centro de cultos de Hermópolis, dedicado a Thoth, deus da Lua. O íbis também é um hieróglifo que representa o *akh*, espírito glorificado do falecido que assumiu seu lugar entre as Estrelas Imperecíveis. Nenhuma inscrição fornece qualquer informação adicional, seja com relação ao ho-

Fig. 35. O zodíaco circular de Dendera, segundo Aubourg. Veja o homem segurando a maça com o ganso a seus pés, assinalando respectivamente Cygnus e Águia.

mem que segura a maça, seja sobre o significado do ganso, que, com quase toda certeza, é o Grande palrador. No entanto, se determinarmos onde essas figuras se localizam no firmamento, poderemos decidir qual asterismo, ou quais asterismos, elas representam.

O zodíaco de Dendera mostra o homem-maça, como passo a chamá-lo, em oposição a Mšhtyw, o Boi/Touro ou coxa de boi. Essa constelação está situada um pouco adiante de sua região central, ocupada por duas figuras distintas. Uma, indiscutivelmente cobrindo o ponto central e por isso marcando o polo celeste, é um chacal em movimento, que pode ser identificado como *Wapwawet* (ou *Upuat*), o "Abridor de Caminhos". Diz-se que ele ajudaria o outro deus com cabeça de chacal, Anúbis, a realizar a cerimônia da Abertura da Boca. Com efeito, imagina-se que as duas divindades acompanhariam o falecido até o pós-vida. A outra figura central é o hipopótamo, reret, personificando as estrelas de Draco.

Sabendo que a coxa de boi é a Ursa Maior, então parece certo que o chacal peregrino é a Ursa Menor. Se for assim, e eu não seria o primeiro a fazer essa conexão,[5] então é fácil ver por que Wapwawet foi escolhida para esse propósito. Seu padrão estelar parece-se tanto com o da Ursa Maior, o Arado, que ela facilmente passou a representar uma segunda enxó celeste, a ferramenta em forma de gancho usada na cerimônia da Abertura da Boca (*ver acima, página 175*).

O homem-maça e seu ganso são encontrados numa área do céu entre o polo norte celeste e as constelações de Sagitário e de Capricórnio, ambas claramente representadas na linha da eclíptica logo abaixo delas. Isso reduz o campo, embora a maior pista quanto à sua identidade deva estar no fato de que o homem-maça ocupa a posição que em outras representações é ocupada por Dwn-'nwy, a divindade de cabeça de falcão do grupo setentrional de constelações, que está visivelmente ausente do zodíaco circular. Isso se sabe graças ao zodíaco retangular do templo – Dendera E – onde Dwn-'nwy substitui o homem-maça na região entre Capricórnio e Sagitário. Isso nos proporciona a extraordinária possibilidade de que o homem-maça seria Cygnus, na verdade, uma suposição confirmada se observarmos um planisfério moderno, que mostra que a posição no zodíaco circular da coxa de boi, do hipopótamo, do chacal peregrino e do homem-maça correspondem exatamente, na ordem, à Ursa Maior, Draco, Ursa Menor e Cygnus, uma observação que se alinha com o atual pensamento acadêmico.[6]

Isso faz com que reste apenas a identificação do ganso, que, situado entre o homem-maça e as constelações zodiacais de Sagitário e Capricórnio, só pode ser Áquila, a águia – uma conclusão feita pelo astrofísico Éric Aubourg, que fez um estudo detalhado do zodíaco original de Dendera no Louvre.[7] É interessante comentar que o ganso foi identificado inicialmente como Áquila já em 1862, num livro incrivelmente vanguardista de autoria do escritor cristão Frances Rolleston.[8]

A razão para que a divindade de cabeça de falcão Dwn-'nwy tenha sido substituída no zodíaco circular de Dendera por um homem brandindo uma maça é difícil de dizer, especialmente porque ele aparece com uma cabeça de falcão no zodíaco retangular de Dendera, erroneamente posicionado entre Aquário e Capricórnio, onde está *apoiado* no ganso. Embora segure aqui um cetro e não uma maça, essa forma da divindade de cabeça de falcão deve ser o mesmo homem-maça visto no zodíaco circular, confirmando suas associações com Dwn-'nwy. Se isso significa que a divindade de cabeça de falcão aparece duas vezes no zodíaco retangular, não há um problema, pois apenas sugere que os astrônomos greco-egípcios de Dendera, que criaram esses zodíacos em meados do século I a.C., podem ter usado como fonte mapas conflitantes. Num deles, por exemplo, Dwn-'nwy pode aparecer em sua forma habitual, segurando um cordão ou cetro, enquanto em outro só se via um homem com cabeça de falcão brandindo um cetro, e num terceiro ele foi completamente substituído por um homem com maça.

Tais diferenças poderiam facilmente ter causado duplicações do tipo visto aqui. Fosse qual fosse o caso, a informação proporcionada pelos dois zodíacos de Dendera confirmam, de certo modo, que Dwn-'nwy é Cygnus, uma vez que o homem-maça ocupa exatamente a posição desse grupo estelar específico no zodíaco circular.

O Papel do Ganso

O papel do ganso, tanto no zodíaco circular de Dendera, quanto no retangular, é o de um avatar ou totem zoomórfico. Ele fica sob os pés do homem-maça, enquanto a divindade de cabeça de falcão fica de pé nas suas costas. Logo, parece provável que, embora represente as estrelas de Áquila, o ganso significa apenas sua estrela mais brilhante, Altair, mostrada aqui como parte de uma constelação expandida de Cygnus.

Nunca antes o ganso havia atingido uma posição tão elevada, sugerindo que havia um motivo para ter conquistado tal distinção ali. A forma exata como isso se deu não ficava clara para mim, mas então descobri que Dendera era considerada "a casa dos filhos de Geb",[9] o deus-Terra, cujo animal totêmico era, tal como para Amun e Atum, o Grande palrador. Além disso, a aldeia de Hamra Dun, perto de Nag Hammadi, nas cercanias de Dendera, onde foi descoberta uma biblioteca completa de textos gnósticos em 1945, era conhecida antes como Chenoboscium. O nome significa "refúgio dos gansos", ou "viveiro de gansos", o que teria tido um sentido místico e prático.[10] Mas quem seria Geb, e qual o seu papel nesse mistério?

Geb, o Deus-Terra

No mito heliopolitano de criação, Geb era, juntamente com sua irmã gêmea, a deusa do Céu Nut, filho de Shu (ar) e Tefnut (umidade), que Atum criou sozinho, seja com sua saliva, seja com seu sêmen. Antes que Shu os separasse, Geb e Nut se uniram permanentemente num ato sexual, ato que produziu dois pares de gêmeos homem-mulher: Osíris/Ísis e Set/Néftis. Juntos, esses deuses e deusas formavam a Grande Enéade, os nove deuses do panteão de Heliópolis, depois expandido para incluir duas Enéades Menores, reunindo, no total, 27 deuses.

Fig. 36. A deusa Nut sendo afastada de seu gêmeo Geb, com o Grande palrador a seus pés. Detalhe do Papiro de Tameniu, c. 1000 a.C.

A forma mais comum de representação de Nut (ou Nuit) mostra-a arqueada sobre Geb que, ainda com o pênis ereto, acaba de ser afastado dela por Shu, para que o par possa formar o céu e a Terra (*ver figura 36*). Quando não está apresentado nesse papel, Geb é mostrado usando uma coroa branca, símbolo do sul, ou como uma figura masculina com o ganso Gengen-wer sobre a cabeça. De fato, às vezes a ave é mostrada grasnando aos pés de Nut, arqueada sobre Geb.

A associação entre o deus-Terra e o Grande palrador pode ter surgido porque ele também se movia pelo ar dessa maneira,[11] uma alegação bastante forte que invoca a ideia de avatarismo ou xamanismo aviário, e explica seu papel no zodíaco de Dendera. Geb aparece várias vezes nos Textos das Pirâmides, e, tal como Sokar, tinha "autoridade sobre as tumbas onde os mortos eram postos".[12]

Embora os textos não especifiquem a qual centro de culto pertencia Geb, ele estava intimamente ligado a Heliópolis. No entanto, ele também estava ativo em Dendera, o grande centro de culto da deusa Hathor. Ela era basicamente uma forma egípcia da deusa do amor do Oriente Próximo, que, como vimos, aparecia com nomes como Allat, al-Uzza e Manat, que, na época clássica, era equiparada às deusas gregas Afrodite e à romana Vênus. Como elas, Hathor governava tudo, desde a dança até o sexo, a promiscuidade e até a prostituição sagrada (papel que, no Egito, compartilhava com Ísis). Curiosamente, tanto Nut como Hathor eram deusas-vacas, ou vacas sagradas, e ambas estavam associadas com a divindade-hipopótamo chamada Apet.[13] Além disso, os sacerdotes de Dendera acreditavam que seu templo era literalmente a residência de Nut, e que a câmara de nascimentos onde ela deu à luz Ísis na forma de uma criança de pele escura seria encontrada sob seu teto, circunstâncias nas quais Nut usurpou até Hathor para tornar-se a "Senhora de Dendera".[14]

Senhora do Sicômoro

Mais importante ainda é que as duas deusas – que tinham vários atributos em comum – eram vistas como personificações da árvore sagrada, o sicômoro, na qual apareciam oferecendo ao falecido um líquido, seja água, seja vinho, de um jarro de libações, quando sua alma aparecia na base na forma de uma ave de cabeça humana.[15] Como Senhoras do Sicômoro (*nehet*, refúgio, em egípcio), as duas deusas tornaram-se guardiãs do ovo solar posto entre as plantas da base da árvore pelo Grande palrador, no papel de veículo de Geb.

É interessante ver que Nut presidia os proeminentes sicômoros encontrados tanto em Hermópolis quanto em Heliópolis, e, nesse último caso, como vimos no capítulo anterior, existe um sicômoro chamado de Árvore da Virgem na aldeia de Matariyeh, próxima dali. Em sua base, há uma fonte sagrada identificada como '*Ain Shams*, o "Olho do Sol" ou "Fonte do Sol".[16] A árvore atual tem apenas 400 anos, mas substituiu outra muito mais antiga, que por sua vez deve ter ocupado o lugar de outra ainda anterior, recuando até o período dinástico. Se ligarmos essa árvore ao sicômoro de Nut, teremos uma perspectiva fantástica, pois os textos funerários egípcios aludem a um poço de água na base das árvores das deusas.[17] Desde a época em que os Textos das Pirâmides foram escritos, no Antigo Reino, os sicômoros eram associados tanto com as almas dos mortos quanto com o horizonte oriental, onde o Curso d'Água Sinuoso, ou seja, a Via Láctea, aparecia no céu.[18] Isso se encaixa muito bem com a descrição da Árvore da Virgem em Matariyeh, que fica na extremidade leste do imenso sítio da antiga Heliópolis, cercada por diversos cemitérios, inclusive um que data da época do Antigo Reino.[19]

O fato de se dizer que os deuses do céu inferior, ou seja, do grupo setentrional de constelações, sentavam-se no sicômoro ou se abrigavam sob seus galhos, indica que a árvore seria uma forma da Árvore do Mundo,[20] um símbolo do eixo cósmico, acessado, nesse caso, por meio da Via Láctea. Tornou-se uma rota alternativa para o céu, trilhada pela alma do falecido na forma de uma ave, pois se imaginava que outras almas já teriam chegado aos galhos superiores, onde agora ficavam como *akhu* ou "espíritos gloriosos", em meio às estrelas circumpolares.

O *Livro dos Mortos*

Como já mencionei, Nut e Hathor compartilhavam o título de Senhora do Sicômoro ou Senhora da Árvore,[21] e eram apresentadas em pé entre seus galhos. O *Livro dos Mortos* associa tal tradição ao Grande Palrador. Por exemplo, o Capítulo 59 do Papiro de Ani, preservado no Museu Britânico e datado de c. 1300 a.C., é chamado de "De Como Aspirar o Ar e Ter Domínio Sobre a Água no Mundo Inferior", e reza o seguinte:

> Salve, ó sicômoro da deusa Nut. Dá-me [um pouco] da [água e do] ar que moram em ti. Abraço o trono que está em Unu (Hermópolis ou Heliópolis), e velo e guardo o Ovo de Nequec-ur (isto é, o Grande Palrador). Ele cresce, eu cresço; ele vive, eu vivo; ele aspira o ar, eu aspiro o ar, eu, o Osíris Ani, em triunfo.[22]*

Estes são elementos semelhantes aos encontrados num dos Textos dos Sarcófagos, que dizem:

> Ó Atum, dá-me esse doce ar que está em tuas narinas, pois sou esse ovo que está no Grande Palrador, sou o guardião desse grande suporte que separa a terra do céu. Se eu viver, ele viverá; se eu envelhecer, ele envelhecerá; se eu respirar o ar, ele irá respirar o ar. Sou aquele que fende o ferro, rodeei o ovo, [eu mesmo], o Senhor do Amanhã.[23]

---

* Texto extraído de *O Livro Egípcio dos Mortos*, trad. Octavio Mendes Cajado, Editora Pensamento.

Nos dois casos, o falecido assume o lugar ocupado pelo Grande Palrador na guarda do ovo da criação, mas só se ele aceitar tornar-se um só com ele. A vinheta que acompanha o Capítulo 59 do *Livro dos Mortos* mostra Nut no sicômoro despejando um líquido de um jarro de libações num frasco que é dado ao falecido, nesse caso Ani, para o qual o texto foi escrito, visto em pé nas águas do poço.

Como o sicômoro era considerado um ponto de ascensão até as estrelas, a água tornou-se a entrada para o Duat, ou mundo inferior. Pelo menos simbolicamente, o verdadeiro eu precisava morrer a fim de entrar no mundo dos mortos e emergir como espírito no outro mundo. Desse modo, as almas dos mortos poderiam novamente começar a viver. O falecido se erguia de uma maneira que os textos antigos comparavam com o modo como Re irrompia do ovo cósmico guardado por Geb em seu papel como Grande Palrador. Separadamente, a própria Nut era vista como progenitora de Re como espírito do ovo solar, ou seja, do próprio disco solar, e, como agora veremos, dá-lhe à luz de um modo que agora está se tornando familiar para nós, graças a mitos encontrados ao redor do mundo.

Fig. 37. Vinheta do Papiro de Ani (capítulo 59), c. 1300 a.C., mostrando a deusa Nut despejando um líquido do sicômoro sagrado enquanto o falecido se ajoelha sobre as águas de um poço.

O Corpo de Nut

Em Abidos, antiga sede e centro de culto de Osíris no sul do Egito, o teto decorado do templo cenotáfio de Séti I (que governou c. 1309-1291 a.C.) declama o conceito egípcio do universo. Ali, o corpo de Nut se estende sobre a Terra como um cofre celeste. Junto de sua forma nua, veem-se diversas estrelas e o sol da meia-noite, e ao lado dela, uma legenda:

> A escuridão uniforme, fonte dos deuses,
> O lugar de onde vêm as aves...

Aberto ao Duat que está do seu lado norte,
Com suas nádegas a leste e sua cabeça a oeste.[24]

Depois, lemos que o Sol entra em sua boca na Primeira Hora da Noite, fazendo com que ela "engravide". Depois, navega pela escuridão no barco solar, até emergir novamente "de suas nádegas", ao "partir das coxas de sua mãe Nut".[25] Então, o deus-sol "vai embora para o céu", agora na barca do dia, a fim de navegar de volta ao local do crepúsculo, onde todo o ciclo pode começar novamente.

Como uma parteira, agora é Geb quem supervisiona o renascimento do Sol, afetuosamente chamado de "Pintainho" que saiu do ovo solar.[26] Mais importante de tudo, o Duat, pelo qual o Sol passa, está ligado diretamente a aves e ao norte, e era visto como o lugar onde deuses e homens viviam lado a lado. Como diz James P Allen:

> Como o Sol, muitos desses seres estão livres para viajar entre o Duat e o mundo diurno: O texto 1A1 [do cenotáfio de Seth] mostra alguns deles como aves migratórias que voam ao Egito desde lugares ao norte, na época desconhecidos para eles.[27]

Ademais, é dessa mesma "escuridão uniforme", desse Duat no corpo de Nut, que o Sol da manhã sai à luz do céu que precede a aurora.

Senhora da Via Láctea

Não é difícil compreender como os antigos egípcios passaram a ver o Sol como algo que diariamente renasce de um ovo do corpo da deusa do céu. Mas, como especula Ronald A. Wells, arqueoastrônomo e atualmente especialista em recursos de informática da University of California, Nut pode ser vista como a personificação da Via Láctea, que, quando "vista em sua inteireza no decorrer de um ano, tem a aparência de uma mulher num traje feito da mais fina gaze".[28] Ele também percebeu que, na posição de Cygnus, a Via Láctea se bifurca devido à presença do Grande Vale, criando aquilo que se vê como as pernas afastadas desse ser antropomórfico. Aos pés da figura, o Sol atravessa a eclíptica nas vizinhanças de Sagitário e Escorpião, e vê-se um inchaço na região próxima a Gêmeos, onde a eclíptica atravessa o outro lado do céu – o que pode ser interpretado como a cabeça da deusa. Há até uma sugestão de um adorno de tecido para a cabeça no estilo egípcio, atrás do qual o fluxo estelar diminui, dando a impressão de braços e mãos que se estendem na direção do horizonte.

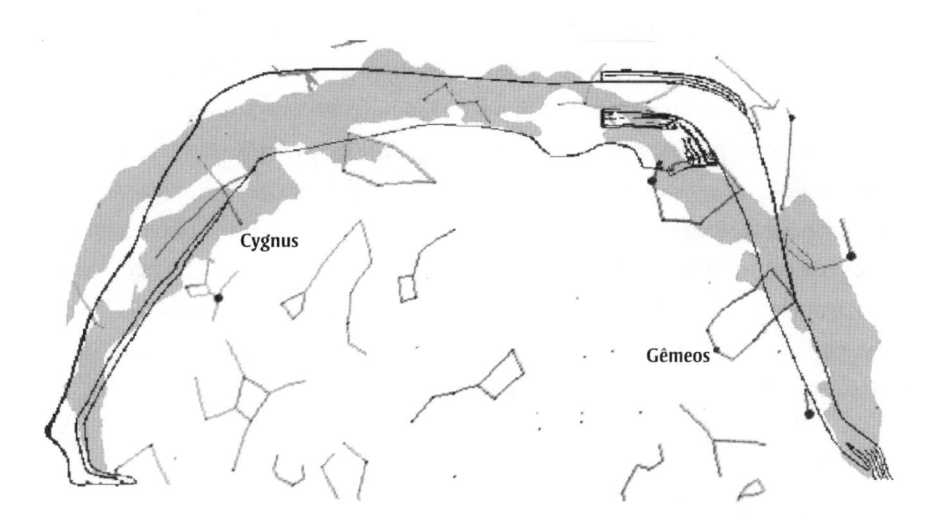

Fig. 38. Concepção da Via Láctea por Ronald A. Wells representando a deusa Nut. Veja as estrelas de Cygnus entre suas coxas.

Em textos publicados, Wells indica que a posição de Cygnus, a Cruz do Norte, corresponde à virilha de Nut. Por isso, raciocina ele, explica-se por que, em diferentes culturas, as figuras femininas nuas são vistas com cruzes na posição de sua genitália. Ele cita exemplos,[29] mas não percebe que o mesmo pode ser dito do símbolo do pé de ave, que parece ser outro símbolo abstrato de Cygnus em seu papel como vulva da mãe cósmica. Apesar disso, Wells diz que é Deneb, a mais brilhante estrela dessa constelação, que fica localizada na posição do canal de nascimento da deusa celeste, com o restante de suas estrelas direcionando o olhar para suas coxas entreabertas.

Ronald Wells percebeu que essa controvertida visão de Nut como a Via Láctea poderia muito bem explicar por que o mito egípcio diz que o Sol entra na boca de Nut após o ocaso e nasce novamente no dia seguinte. Ele acredita que esse evento não se relacionava originalmente com o ciclo diário do Sol, mas com um que começava no equinócio da primavera e culminava 272 dias depois na época do solstício de inverno. Com base na suposição de que esse fenômeno celeste foi identificado pela primeira vez em 3500 a.C., aproximadamente, quando a civilização egípcia começou, ele calculou que Cygnus nasceria no nordeste, onde estaria a "virilha" de Nut, umas duas horas antes do nascer do Sol, num horário em que Deneb estaria apenas alguns graus acima do horizonte. Wells deduziu que nesse mesmo momento, curiosamente, "um grande círculo feito a partir do polo norte celeste até Deneb intersecciona o horizonte exatamente no ponto onde o Sol se ergue",[30] assinalando o "caminho mais curto que o infante Re seguiria após sair do canal de nascimento, no ponto de seu aparecimento no horizonte, na aurora".[31]

Esse alinhamento entre Deneb e o Sol só ocorreu no momento do solstício de inverno. Mais importante ainda é que os antigos egípcios se referiam a esse dia como *mswt Re*, "o nascimento de Re",[32] que também assinalava o início do ano,[33] e, como Ronald Wells indica, os 272 dias necessários para a morte e o renascimento do Sol correspondem exatamente ao período da gestação humana. Logo, Cygnus não era apenas vista como o útero das estrelas, mas como o ponto de criação cósmica, celebrado em meados do inverno com o renascimento do ovo solar, "posto" pelo canal cósmico de nascimento de Nut, representado por Deneb.

Deneb e o Templo Solar de Userkaf

Ronald Wells tentou compreender a possível relação entre Cygnus e o calendário egípcio além mesmo das teorias apresentadas na época, e para isso concentrou sua atenção num templo solar construído a uns 13 km a sul-sudeste de Gizé, em Abusir. Esse monumento, encomendado por um rei da Quinta Dinastia chamado Userkaf (que governou entre c. 2480-2473 a.C.), tomou a forma de uma enorme plataforma quadrada, sobre a qual foi construído um imenso obelisco achatado, visto como representação da mítica pedra Benben de Heliópolis. É um dentre seis que se conhecem erguidos perto de Abusir durante a Quinta Dinastia, dos quais somente sobreviveram os restos de dois deles.

A premissa básica de Wells é bem simples. Os sacerdotes-astrônomos dos templos mais baixos, ou do vale, ligados aos templos solares, mais elevados, onde abluções e sacrifícios (dois bois e dois gansos, diariamente) tinham lugar na aurora, tinham necessidade de saber se o sol estaria prestes a nascer para poderem se preparar, antes de subirem o longo corredor até o templo solar. Wells especula que isso poderia ser feito observando-se o nascimento de uma estrela que se ergueria, digamos, uma hora antes do nascer do Sol. Poderia ser identificada ao cruzar a linha axial do corredor, propositalmente orientado para esse fenômeno.

Até aqui, tudo bem. No entanto, como o lento movimento da Terra faz com que uma estrela se erga cada vez mais cedo a cada noite, em apenas 15 dias a estrela helíaca selecionada estaria nascendo duas horas antes da aurora, tornando-a inútil para as finalidades dos sacerdotes. Logo, Wells propôs que a cada 15 dias uma nova estrela, ascendendo cerca de uma hora antes da aurora, ocuparia o lugar da anterior, criando uma sequência de 24 estrelas em calendário, usadas durante um ano de 360 dias (com cinco dias adicionais para festas e cerimônias).³⁴ A escolha de estrelas dependeria de quais ascendem no nordeste antes de atingirem um ponto suficientemente elevado para serem localizadas no eixo do corredor ascensional. Assim, depois de analisarem as declinações e a luminosidade dessas estrelas que se encaixassem nos critérios, Wells concluiu que, no caso do templo solar de Userkaf, o primeiro dos seis a serem construídos em Abusir, a estrela escolhida para liderar a procissão foi Deneb, com Sadr (gama Cygni) como última da lista antes de Deneb dar início a um novo ciclo no começo do ano seguinte.³⁵

Malgrado algumas críticas às teorias de Wells com relação ao uso de relógios estelares durante o período do Antigo Reino do Egito,³⁶ suas observações são muito importantes. Conferem sentido àquilo que sabemos sobre a importância de Deneb e de Cygnus na Era das Pirâmides. Mais importante ainda é que ele propõe que Deneb tenha figurado com destaque no calendário ligado ao templo solar de Userkaf porque a estrela era, de certo modo, especial para aquele rei em particular.³⁷

As ideias de Wells baseiam-se apenas em seus trabalhos no templo solar de Userkaf, e ele sugere que os faraós posteriores escolhiam estrelas diferentes para liderar a dança cósmica, para que pudessem respeitar as preferências religiosas de seus antecessores. Entretanto, sabendo que mais cinco templos solares foram construídos ao redor de Abusir no século que precedeu o reino de Userkaf, então certamente os astrônomos-sacerdotes eventualmente teriam ficado sem estrelas-líder, fossem emprestadas da lista já existente, fossem escolhidas dentre outras no céu setentrional noturno.

Na minha opinião, o fato de que Userkaf possa ter se interessado suficientemente por Deneb e Sadr a ponto de usá-las como marcos de calendário foi suficiente para me convencer ainda mais de que Cygnus teria um papel importante na religião estelar do Antigo Reino do Egito. Lembre-se, Userkaf, cujo reino de sete anos deu início à Quinta Dinastia, assumiu o trono apenas três gerações depois de Khufu ter construído a Grande Pirâmide, e meros quatro anos depois da morte de Menkaure, o faraó responsável pela Terceira Pirâmide de Gizé.

Devemos extrair algum significado do fato de os sacrifícios diários no templo solar de Userkaf consistirem em dois bois e dois gansos, aquele personificado no céu como as estrelas de Ursa Maior, e este significando, possivelmente, a constelação de Cygnus como o Grande Palrador. Como vimos, esses dois asterismos aparecem, pelo menos de forma simbólica, na cerimônia do "Esticamento da Corda", e em suas formas como coxa de boi e deus de cabeça de falcão eles se tornaram guardiães da estrada rumo à ascensão.

Uma Viagem Longa Demais

Ciente de como Abusir fica perto de Gizé, eu quis determinar se o templo solar de Userkaf poderia ter tido algum papel adicional no mistério de Cygnus. Contudo, sabendo que o campo de pirâmides de Abusir e seus monumentos estão fechados para turistas que chegam pela estrada, decidi que o único modo de chegar lá seria atravessar o Deserto Ocidental. Assim, na quarta-feira, 25 de maio de 2005, minha mulher Sue e eu alugamos cavalos de estábulos em Nazlet el-Samman e demos início àquela que, para mim, seria uma das mais aterrorizantes, e ao mesmo tempo gratificantes, experiências de minha vida. Como nunca tinha andado antes a cavalo, quase voei da sela quando o indômito animal galopou a mais de 50 km/h, e, embora isso felizmente não tenha acontecido, consegui tirar minha coluna do lugar.

A Vida de Hammad el-Samman

Há um motivo para contar essa história maluca, algo que não costumo fazer, pois nos dias que se seguiram sofri tamanha dor no pescoço que nosso motorista nos levou para ver um amigo chamado Hassan (nome fictício), um exportador de perfumes que também trabalha como osteopata. Ele corrigiu minha coluna da melhor maneira possível, e depois tomamos chá juntos. Não por acaso, o tema das pirâmides de Gizé e seus mistérios veio à tona, e Hassan revelou algo muito interessante. Ele comentou sobre algo que volta e meia é tema de especulação: que haveria uma "cidade" subterrânea sob a aldeia de Nazlet el-Samman, a leste do campo de pirâmides. Pensei imediatamente no Mundo Inferior da Alma descrito nos Textos do Templo de Edfu e que teria sido localizado na Ilha do Ovo, bem como na Terra de Sekri, domínio ctônico do deus-falcão em Rostau, a moderna Gizé. Além disso, eu estava ciente de que, nas últimas oito décadas, seguidores do "profeta adormecido" americano, Edgar Cayce (1877-1945), passaram por lá em busca de um templo subterrâneo chamado de "Salão dos Registros Egípcios", que, como alegam os seguidores de Cayce, vão revelar os segredos de uma raça atlante desaparecida.

Hassan disse que ele era um dos diversos anciãos da aldeia que conheciam o paradeiro da entrada para esse mundo subterrâneo sob Gizé. Ao perguntar-lhe onde a entrada podia ser encontrada, ele me disse que o acesso se dava por um poço consagrado a um homem santo da região, chamado Hammad el-Samman.

Era um nome que eu conhecia, tendo ouvido uma menção a ele alguns anos antes. Dizem que esse homem teria vivido num "buraco" de verdade no platô de Gizé, onde tomava conta da entrada para um reino subterrâneo. O santo é estimado como fundador da aldeia que leva seu nome, e como tal é considerado ancestral de muitas famílias de Nazlet el-Samman e da aldeia de Gizé, perto dali, inclusive de Hassan – motivo pelo qual ele conhecia tão bem a história do santo. E mais, Hammad el-Samman é celebrado anualmente durante um festival religioso em Nazlet, que passa completamente despercebido pelos egiptólogos e pelos turistas, embora possa conter a chave para revelar os segredos do passado perdido desse platô.

Um pouco hesitante, Hassan me informou que o poço fica sob a sombra de um velho sicômoro, na verdade um *giomez* ou figueira, que, segundo a tradição local, existia na época do santo. Isso me intrigou muito, pois, como em Heliópolis, onde havia um sicômoro sagrado cujo descendente faz sombra a uma fonte sagrada, provavelmente a *'Ain-Shams* original, o "Olho do Sol", Gizé também é conhecida por ter seu próprio sicômoro sagrado. Ele é mencionado no conto de Sinuhe, datado do Médio Reino: este era um oficial da corte que decide sair do Egito quando um velho faraó morre e se inicia uma luta entre seus filhos sobre quem terá direito ao trono.[38] Temendo o conflito civil que certamente se seguiria, Sinuhe se esconde, viaja incógnito e chega à Síria. Passam-se anos, e um dia ele decide regressar a um Egito bastante mudado, e é bem recebido pelo novo faraó.

O começo da viagem de Sinuhe é o que nos interessa, pois o relato que chegou até nós diz que primeiro ele viajou para o sul, onde "atravessou Maaty perto de Sycamore; cheguei à ilha de Snefru".[39] Maaty, dizem, refere-se a Gizé, e a ilha de Snefru (fundador da Quarta Dinastia e pai de Khufu) deve ser o campo de pirâmides de Dahshur, próximo dali, onde duas das três pirâmides de Snefru foram construídas.[40] Isso significa que o sicômoro em questão ficava nas vizinhanças de Gizé.

A mesma árvore, ou uma muito parecida com ela, é mencionada na Estela de Inventário, uma prancha de pedra inscrita datada do final do período dinástico (c. 1087-332 a.C., ou seja, depois do Novo Reino) desenterrada em Gizé e atualmente na sala do Antigo Reino do Museu do Cairo. Ela tem uma inscrição que diz que o rei Khufu visitou o platô a fim de avaliar os danos causados à Esfinge. A forma leonina esculpida, juntamente com um sicômoro próximo, fora aparentemente atingida por um raio. Há uma discussão acirrada sobre a idade do texto, e os autores revisionistas usam-no como evidência de que a Esfinge fora construída antes do reino de Khafre (sucessor de Khufu), cujo semblante, segundo dizem, o enigmático monumento deveria representar.

Seja qual for a idade do texto, o fato de que se refere a um sicômoro sagrado significa que deveria existir um no platô, muito próximo do monumento da Esfinge, pelo menos por volta do final do período dinástico, e indiscutivelmente bem anterior. Além disso, há várias referências, em textos do Período Tardio, que tratam Hathor como "Senhora do Sicômoro do Sul", ocasionalmente em relação com Otah-Sokar,[41] implicando que haveria uma árvore no *nome* de Mênfis equivalente àquela dedicada a Nut em Heliópolis. Havia um templo de Hathor em Mênfis, e alguns estudiosos consideram que Hathor seria, na verdade, a divindade que presidia o platô de Gizé.[42]

O Poço de el-Samman

Essa era a primeira vez em que eu ouvia falar de um sicômoro existente na época do santo Hammad el-Samman. Mas o que Hassan revelou em seguida me deixou absolutamente atônito, pois ele disse que o sicômoro e a fonte, conhecida como Beer el-Samman, o "Poço de el-Samman", ficavam no cemitério islâmico, próximo ao cemitério copta (igreja ortodoxa cristã do Egito) sob a face norte de Gebel Ghibli, o rochedo localizado a apenas 300 m ao sul da Grande Esfinge.

Lembrei-me de que o nome alternativo do Mundo Inferior da Alma era *Bw-hmn*,[43] interpretado pela egiptóloga E. A. E. Reymond como "Lugar do Poço".[44] De fato, ela sugeriu que poderia ter sido um "poço primevo", indiscutivelmente nas vizinhanças de Gizé.[45] Eu mesmo o vira em termos de "algum tipo de complexo subterrâneo, ao qual se teria acesso por meio de uma escada localizada na ilha que se assemelha a um monte".[46] Agora, estava diante de um ancião da aldeia, supostamente um descendente de Hammad el-Samman, que me dizia que a entrada para o mundo inferior ou Duat, em Gizé, a "caverna" secreta de Sokar, situava-se no poço sagrado do santo, situado na base de Gebel Ghibli.

Essa nova informação me deixou atônito, pois veio de maneira dissonante, após o desagradável passeio a cavalo pelo deserto até Abusir. Além disso, a presença de um sicômoro sagrado que faz sombra a uma fonte, no platô de Gizé, traça um paralelo exato com a situação de Matariyeh, perto de Heliópolis, onde a Árvore da Virgem e seu poço sagrado ainda ecoam com a memória de um sicômoro e uma fonte, antes dedicada à deusa do céu, Nut. Contudo, aqui em Gizé, o sicômoro seria presidido por Hathor como "Senhora do Sicômoro do Sul", que eu acho que aludia ao ancestral direto da atual árvore.

No Egito antigo, sicômoros desse tipo costumavam ficar perto dos mortos, para que as almas dos falecidos pudessem ter acesso ao outro mundo mediante os poços que sempre os acompanhavam, cujas águas lhes dariam nova vida após a morte. Uma observação: na época dinástica, os caixões costumavam ser feitos de sicômoro para que o morto tivesse a sensação de que estava voltando ao ventre da deusa Hathor, identificada com a esposa real do faraó. O nome Hathor (em egípcio, *Hwt-Hor*) significa "Casa de Hórus [o Velho]", e expressava seu papel como a divina "mãe" de cada faraó, cada um visto como encarnação do deus de cabeça de águia ou falcão, antes personificado no céu setentrional como Dwn-'nwy, ou seja, a constelação de Cygnus. Com efeito, como Hathor e Nut tinham tantos atributos em comum, podemos ver em Hathor outra personificação da Via Láctea, com seu canal de nascimento, do qual provém o jovem Hórus original, marcado pelas estrelas de Cygnus. Se isso for correto, então explicaria muito bem seu patrocínio do platô de Gizé, que sempre foi mais do que uma mera necrópole, como também de Hórus, o Velho, que na época do Novo Reino foi igualado ao monumento da Esfinge.

As figueiras, um tipo de sicômoro, estão associadas com o símbolo da vulva feminina em função da forma de seus frutos, enquanto Hathor – intimamente associada com tóxicos e com o psicoativo nenúfar azul – fica em pé sobre a árvore e despeja um líquido desconhecido de um jarro. Se não for simplesmente água, então isso poderia fazer parte de um processo pelo qual os iniciados entrariam na forma astral do Duat ou mundo inferior, indiscutivelmente sob efeito de tóxicos, para conhecer os mistérios da morte. Além desse ponto, eles poderiam emergir na luz ou na radiância da nova aurora, sendo projetados ao céu até um ponto imaginado da criação, onde, pelo menos simbolicamente, as almas seriam vistas como estrelas do firmamento ou aves sentadas nos galhos superiores da Árvore da Vida.

O que está em cima é como o que está embaixo. Como a árvore apontava para o céu, talvez simbolizando a Via Láctea, o Poço das Almas ia para baixo, como as raízes da árvore, na direção do mundo inferior, ou Duat. Fosse qual fosse o caminho seguido, ambos acabariam levando ao renascimento cósmico. Descobrir que existe um sicômoro e um poço sagrado em Gizé, até hoje visto como a única entrada para um mundo secreto, com a entrada guardada no passado por um solitário santo muçulmano, pareceu-me quase inacreditável. Prometi a mim mesmo visitar o cemitério, e essa oportunidade surgiu no sábado, 28 de maio de 2005.

Como se pode imaginar, o cemitério muçulmano é um local absolutamente proibido para os que não são muçulmanos. De fato, atende apenas às famílias nascidas em Nazlet el-Samman, e a pessoa precisa ter um parente enterrado lá para passar por seu portão. Entretanto, graças a uma complicada série de negociações, Sue e eu conseguimos uma ajuda local para driblar a polícia secreta que hoje se infiltra entre turistas e comerciantes de rua que guardam a entrada da Esfinge, e com isso obtivemos acesso ao cemitério próximo. Cinco minutos depois, e com um pouco menos de dinheiro nos bolsos, fomos levados por um caminho entre incontáveis tumbas até o objeto de nossa visita.

Beer el-Samman é um poço artesiano profundo, do qual sai uma água cristalina, bebida por todos os que frequentam o local. O sicômoro que lhe dá sombra não é o maior, sequer o mais importante. Este fica a uns 50 m a sul-sudoeste, na direção de Gebel Ghibli, cuja face escarpada fica claramente visível acima do feio muro de concreto que hoje divide o cemitério da extremidade do platô, como parte de uma medida antiterrorista malconcebida. Apenas alguns dias antes, estávamos do outro lado do muro procurando pistas sobre a importância daquele rochedo. Agora, pelo menos tínhamos algumas respostas.

Ninguém parece saber que o poço e o sicômoro existem no platô, simplesmente porque muito poucas pessoas tiveram acesso ao cemitério islâmico, que ocupa uma boa parte do canto sudeste. Beer el-Samman está forrado de tijolos e pedras, o que provavelmente não permite o acesso ao outro mundo que há em Gizé. A "entrada" para o Mundo Inferior da Alma não é uma escadaria, nem um corredor descendente, mas um "poço primevo", perto do qual há uma representação moderna da Árvore do Mundo, uma metáfora para a Via Láctea, uma rota de acesso até o pós-vida.

Vejo certa ironia no fato de que a mais autêntica e indiscutível entrada para o mundo inferior ou Duat em Gizé fica protegida pela santidade de um impenetrável cemitério islâmico. De várias maneiras, não poderia haver lugar melhor para proteção para um local que, de outro modo, seria apenas outra atração turística para as centenas de ônibus lotados de turistas com câmeras que passeiam pelo platô todos os dias do ano.

A Estrela do Bico

A descoberta de Beer el-Samman e do sicômoro sagrado lança luzes totalmente novas sobre Gebel Ghibli, próxima dali, o rochedo já proposto como a mais provável localização do Shetayet de Sokar e da colina primeva de Gizé. É muito provável que seja a representação física da Ilha do Ovo dos Textos do Templo de Edfu, na qual se diz que o Mundo Inferior dos Mortos estaria localizado. Se isso for correto, então Beer el-Samman representa, na minha opinião, um eco do *Bw-hmn*, "Lugar do Poço", refletido no antigo nome de Gizé, Rostau, que significa "Boca das Passagens". Para mim, é curioso que na superposição Gizé-Cygnus, proposta nestas páginas, a estrela dupla Albireo (beta Cygni), a *al-Minhar al-Dajajah* dos árabes, "o Bico da Galinha" ou "Estrela do Bico", apareça no lado sul de Gebel Ghibli. Como a boca ou garganta da ave celeste, seria uma descrição adequada para a entrada de um poço sagrado, que, segundo se imaginava, daria acesso aos domínios ctônicos governados por Sokar, visto antes como o "guardião do portal da escuridão". Lembre-se também que em Newgrange, na Irlanda, a estrela Albireo é vista como a boca ou entrada para seu túmulo de passagem neolítico, penetrado pelos primeiros raios do sol a cada solstício de inverno (*ver Capítulo Onze*).

O fato de que, com a descoberta de Beer el-Samman, temos agora dois sicômoros sagrados e dois poços sagrados, um em Heliópolis e o outro em Gizé, um dedicado a Nut e o outro a Hathor, fortalece a conexão entre os dois antigos centros de cultos, bem como a proposta linha de mirada Gizé-Heliópolis focalizando a ascensão de Deneb. Muitos outros mistérios poderiam nos ocupar no Egito, mas agora é hora de irmos até a Índia, onde o chamado cósmico do Grande Palrador ressoa novamente no mito hindu que envolve *kalahamsa*, o Cisne-Ganso da Eternidade.

# PARTE CINCO

ORIGENS

CAPÍTULO DEZESSEIS

O Cisne-Ganso da Eternidade

A cada outubro e novembro, por volta do dia de Lua cheia de Kartik Purnima, multidões de peregrinos, devotos hindus do Senhor Brahma, dirigem-se ao lago sagrado de Kanishtha Pushkar, localizado a uns 11 km de Ajmer, no estado de Rajastão, noroeste da Índia.[1] Sua santidade data da época dos deuses, pois a lenda recorda que Brahma estava procurando um lugar adequado para realizar um *yagna*, ou sacrifício de fogo, quando um lótus caiu de sua mão e foi ao chão, fazendo com que brotasse água de três lugares distintos. Um era Pushkar, que significa "o lótus que floresceu na lama", e ali foi realizado o *yagna*. Em gratidão, Brahma abençoou o lago e garantiu que todos que se banhassem lá obteriam a salvação, pois suas águas tinham o poder de destruir todo o mal interior e de permitir aos mortos acesso aos "três mundos". Assim, a cidade, que hoje tem 500 templos, tornou-se o maior de todos os lugares de peregrinação para os hindus do Rajastão.

Ao redor do lago sagrado há 52 *ghats*, ou escadarias para banhos, e depois que os peregrinos mergulham em suas águas, dirigem-se para o templo do Senhor Brahma, construído no século XIV. Nele, uma série de degraus de mármore leva o visitante por um arco de entrada até o santuário interior, onde, esculpido no piso de mosaicos, há uma tartaruga prateada, um avatar ou encarnação do Senhor Vishnu. No mito hindu conhecido como Batedura do Oceano, os devas e asuras usam a cobra venenosa Vasuki como uma corda para chacoalhar a montanha cósmica que repousa nas costas de Vishnu na forma de uma tartaruga, a fim de extrair o *amrita* ou néctar dos deuses. Ele expressa a natureza do céu e o modo como o eixo cósmico liga a Terra ao polo norte celeste.

A imagem da tartaruga de Pushkar é tão sagrada que os peregrinos incrustaram centenas, se não milhares, de moedas de prata nas fendas do piso. Muitas outras foram enfiadas em espaços das paredes, um costume que, segundo acreditam, traz sorte. Tanto Vishnu (o Preservador) como Shiva (o Destruidor) são também venerados no templo de Brahma, e Shiva tem até mesmo seu próprio altar, como uma caverna. Ironicamente, Vishnu e Shiva são mais visitados pelos peregrinos, pois há muito Brahma é considerado distante demais das necessidades diárias dos adoradores. Contudo, independentemente de seu destino, para nós Brahma e sua primeira mulher, Saraswati, são cruciais para o mistério de Cygnus.

Brahma – Deus da Criação

O *Mahabharata*, um dos grandes épicos sânscritos da Índia, conta que Brahma emergiu de um lótus que brotou do umbigo de Vishnu, visto em termos do lago sagrado de Pushkar. Outros relatos contam que ele foi a primeira mente consciente do universo, existindo dentro do "Núcleo Dourado" (*Hiranyagarbha*), que germinou após receber a "centelha" de uma misteriosa Causa Primeira.[2] Ao despertar, Brahma respirou pela primeira vez, e com isso o universo físico passou a existir. Diz-se que o ato da criação seria proveniente de *Shabda-brahman*, o "som absoluto", produzido pelo processo de *Naada-brahman*, o "som primordial ou vibração de Brahma". Imagina-se que este ocupe toda a vastidão do universo e torne-se audível para iogues ou ascetas quando atingem estados superiores de consciência. Expressa-se simbolicamente em termos da casca de concha,[3] talvez refletindo a milenar crença que diz que as conchas contêm o som do oceano primordial.

Brahma é tão sagrado que seus seguidores afirmam que ele não precisa de templos para os devotos adorá-lo, como os outros deuses. É por isso que o fabuloso edifício em Pushkar é tão especial, pois é apenas um dos dois únicos lugares dedicados à sua devoção; o outro é o templo de Khed Brahma em Kerala, sudoeste da Índia. Contudo, como Brahma também é uma encarnação de Vishnu e Shiva – motivo pelo qual muitas estátuas mostram-no com três cabeças e seis braços – ele recebe um altar em seus templos. Geralmente, ficam na parede norte,[4] pois, segundo se acredita, a morada celeste de Brahma, chamada *Brahmaloka*, "Mundo de Deus", fica ao norte, além do monte Meru (ou Sumeru). Esse é o mítico *axis mundi* ou Montanha do Mundo, que, como assevera a tradição hindu, é a morada terrestre do deus.

Os estudiosos costumam dizer que, para os hindus, o norte é simplesmente a direção do monte Kailas (ou Kailash), uma montanha sagrada no sudoeste do Tibete que, para muitos hindus, seria o monte Meru original, embora os dois sejam mencionados separadamente nos textos mais antigos. O monte Kailas fica perto das fontes de quatro grandes rios asiáticos – o Ganges, o Indus, o Brahmaputra (Tsangpo) e o Sutlej, bem como o desaparecido Saraswati (ver adiante). Por isso, essa montanha está associada a muitos aspectos da cosmologia religiosa indiana e tibetana, e ainda é local de intensa peregrinação para hindus, jainistas, budistas e seguidores da religião xamânica conhecida como bom. Mas podemos alegar que a importância do norte, local da morada celeste de Brahma, é meramente uma extensão das ideologias da criação encontradas noutros lugares do mundo, que veem o norte como a direção da vida e da morte cósmicas.

Hamsa, o Cisne-Ganso

No templo de Brahma, em Pushkar, um enorme cisne-ganso abraça o portal de entrada, coroado por um pináculo vermelho. A presença da ave não é casual, pois lemos que Brahma foi auxiliado no ato da criação por *Hamsa* (também grafado *Hansa*), um cisne-ganso, embora a palavra *hamsa* também seja usada para cisne ou ganso. Versões do nascimento de Brahma encontradas nos primeiros textos sânscritos, inclusive os textos religiosos conhecidos como Puranas, falam que ele gestou um ovo dourado (o *Brahmanda* ou Ovo de Brahma), posto por Hamsa, com o que ele passou a ser conhecido como *Kalahamsa* (ou *Kalahansa*), o "Cisne-Ganso da Eternidade" ou "Cisne-Ganso no Espaço e no Tempo".[5] Outras histórias falam de como Brahma veio à Terra nas costas do cisne-ganso ou numa carruagem puxada por sete cisnes. Com efeito, dizem que ele estava em sua carruagem de cisnes quando o lótus caiu de sua mão, criando três fontes de água, uma das quais o lago sagrado de Pushkar.

Como Hiranyagarbha ou Núcleo de Ouro, o Ovo de Brahma é visto como uma semente que germina, e mesmo como um átomo cósmico, do qual o universo físico e mental assume sua forma ("Sou o Ganso [Hamsa]. Sou o Senhor [Brahma]. Trago à luz o universo a partir de minha essência e vivo no ciclo do tempo que o dissolve").[6]

Semelhante ao Grande Palrador do antigo mito egípcio, Kalahamsa manifesta o universo emitindo um grasnido divino, neste caso o AUM ou OM (quando pronunciados juntos, o *a* e o *u* tornam-se *o*), o *Pranava* ou Som do Infinito. Essa é uma expressão da composição do universo como um todo, e não de partes individuais, como as percebemos no mundo físico.[7] O AUM, que forma a base de todos os mantras sagrados,[8] expressa-se como o kalahamsa, com o A imaginado como sua asa direita; o U sua asa esquerda e o M sua cauda.[9] O símbolo mais familiar usado para expressar o OM, tanto no hinduísmo quanto no budismo, era antes o ovo ou semente cósmica, emergindo de uma crescente, como a da Lua. No *Rig Veda*, antigo corpo de literatura sânscrita que, em sua forma atual, data do terceiro milênio a.C.,[10] o AUM torna-se o som do Sol, bem como o som da luz, vista como um movimento ascendente que eleva a alma, como o chamado de uma águia ou falcão.

Saraswati

Depois que Pushkar foi eleito como local do sacrifício de fogo de Brahma, os outros deuses foram convidados a testemunhar esse evento prestigioso, e, depois que chegaram, convidaram também suas esposas a participar. Mas Saraswati, esposa de Brahma, arrastava-se para fora da morada celeste, pois não se apressava para ninguém. Perdendo a paciência, seu marido escolheu uma leiteira para representá-la, e Indra purificou a moça colocando sua cabeça na boca de uma vaca; com isso, o ritual pôde prosseguir. Quando finalmente Saraswati chegou com Lakshmi, Indrani e outras esposas de deuses, e viu que seu lugar tinha sido tomado por uma leiteira, amaldiçoou o marido, dizendo-lhe que ele nunca seria adorado senão em Pushkar, e, mesmo assim, só um dia por ano. Furiosa, ela rumou para a colina cônica de Ratnagiri, que se ergue da paisagem nua a poucos quilômetros do lago sagrado. Seu templo foi construído no pico, e até hoje é um dos poucos dedicados a Saraswati em toda a Índia.

Estátuas e imagens pintadas da deusa de quatro braços representam-na sempre como uma mulher jovem, serena e muito bonita. Ela está sentada sobre um lótus, e usa apenas trajes brancos, cor da pureza e da serenidade. Dizem que ela se manifestou na cabeça de Brahma, e embora isso torne Saraswati sua filha, ainda assim ele a desejou. No início, ela desviava o olhar, mas depois ele manifestou uma face em cada lado de sua cabeça para que pudesse segui-la onde quer que ela fosse; criou mesmo uma outra face no alto de sua cabeça, totalizando cinco faces. Finalmente, ela consentiu em casar-se com ele, e dessa união surgiram todas as criaturas vivas do mundo.

Saraswati (cujo nome significa "abundância de lagos") é tida como a personificação de todo conhecimento, desde as artes e ofícios criativos até as ciências. Em sua forma como deusa Vak, ou Vach, é patrona do som e da fala, motivo pelo qual as estátuas mostram-na segurando um instrumento de cordas feito de madeira, conhecido como *veena*. Como Saraswati governa aquilo que pode ser chamado de impulso criativo, encontrado em coisas como a música, a beleza e a eloquência, sabemos que escritores, artistas e outros profissionais de natureza criativa rumam para Pushkar de todos os cantos do Rajastão para obter a inspiração divina, tal como os gregos procuravam sua inspiração nas Musas. É por isso que Saraswati segura um livro numa das mãos, pois ela teria inspirado a redação dos Vedas e teria sido a criadora da língua sânscrita. Com efeito, a filha de Saraswati e de Brahma é Brahmi, nome também de uma antiga escrita que foi a ancestral da maioria dos sistemas de escrita do sul da Ásia, inclusive o devanagari (usado para o híndi e a maioria dos outros dialetos indianos) e o tibetano. Além disso, pode também estar relacionada com a antiga linguagem escrita da pouco compreendida civilização saraswati, do oeste da Índia, e da civilização do vale do Indus centrada no Paquistão (hoje agrupadas por alguns estudiosos indianos sob o título abrangente de cultura saraswati-sindhu, sendo sindhu o nome sânscrito e híndi para o rio Indus).[12] A primeira delas, a civilização saraswati, é que deve ter sido responsável pela composição dos vedas (ver adiante).

Fig 39. A deusa Saraswati em seu veículo-cisne. Ela é vista como a personificação do rio Saraswati e de sua extensão celeste, a Via Láctea.

Saraswati também segura um *mala* ou rosário sagrado, usado por hindus e budistas para contar o número de mantras recitados. É feito de 108 contas enfiadas num cordão, com uma 109ª conta pendurada separadamente. Esta representaria Sumeru, o nome budista da montanha cósmica, ao redor da qual o peregrino deveria dar 108 voltas caso desejasse atingir a iluminação.

Além disso tudo, há o fato de que Brahma conquistou o poder de pensar e de criar o universo por meio da influência de Saraswati. Mais importante ainda é que ela foi responsável por permitir que o marido ouvisse o Naada-brahman, o som primordial tido como a essência de toda criação, representado no fato de que ela usa cascas de conchas como brincos. Nesse aspecto, ela foi absorvida pela vibração AUM, que mantém coeso todo o universo. Compreender as sílabas sagradas que compõem o AUM – relacionadas com os três estados, vigília, sonho e sono – leva o iniciado ao reino superior de *turya*, representado pelo silêncio, no qual a pessoa deve meditar a fim de ouvir o som primordial que preenche o universo.

A importância de Saraswati está no fato de seu avatar ser Hamsa, o cisne-ganso, razão pela qual ela se torna a virgem-cisne divina. Representações de Saraswati mostram a deusa sentada em seu "veículo" (*vahana*), ou seja, Hamsa, tocando o *veena*, seu instrumento. Às vezes, ela está associada não apenas com o cisne-ganso, como também com o pavão, ave real da Índia, lembrando-nos da crença yezidi no poder do Anjo-Pavão (*ver Capítulo Três*). De fato, imagens de pavões, como veículo de Saraswati, adornam as paredes do templo de Pushkar dedicado a Brahma.

O Rio Celeste

Segundo a lenda, em dada época, todos os cinco (ou sete) rios sagrados da Índia afloravam no Himalaia e desciam pela cidade de Pushkar. Um deles era o Saraswati, interpretado nesse sentido como "o que flui", visto como uma extensão da própria deusa. Diz-se que ele descia das montanhas, passando pela cidade de Patiala, ao norte, e depois seguia um caminho entre Punjab e Haryana, antes de fluir pelo Rajastão e esvair para o Mar Arábico. Aquele que se imagina ter sido seu curso, originalmente verde e luxuriante graças às águas vitalizadoras desse rio, é hoje o Thar ou deserto da Índia, um mundo estéril onde já houve uma civilização.

No *Rig Veda*, o rio Saraswati era visto como uma contrapartida terrestre da Via Láctea,[13] que, como disse um comentarista, era considerada como algo que "fluía do céu na época do solstício de inverno; abria-se, com seus dois ramais tocando o horizonte nordeste, a 'porta' do céu".[14] Não são dados detalhes mais específicos, embora essas palavras recordem a ascensão de Deneb, e portanto a Via Láctea, no horizonte nordeste durante essa época. Tais ideias constituiriam os "dois ramais" da Via Láctea, o Grande Vale, e a "porta" seria a própria extremidade da região sombria e nebulosa onde se veem as estrelas de Cygnus.[15] É interessante comentar que, na tradição védica, a Via Láctea era equiparada com a Árvore do Mundo (uma *ashvattha* ou peepal) localizada no centro do céu e da Terra, e o rio Saraswati seria sua contrapartida especular na paisagem.[16]

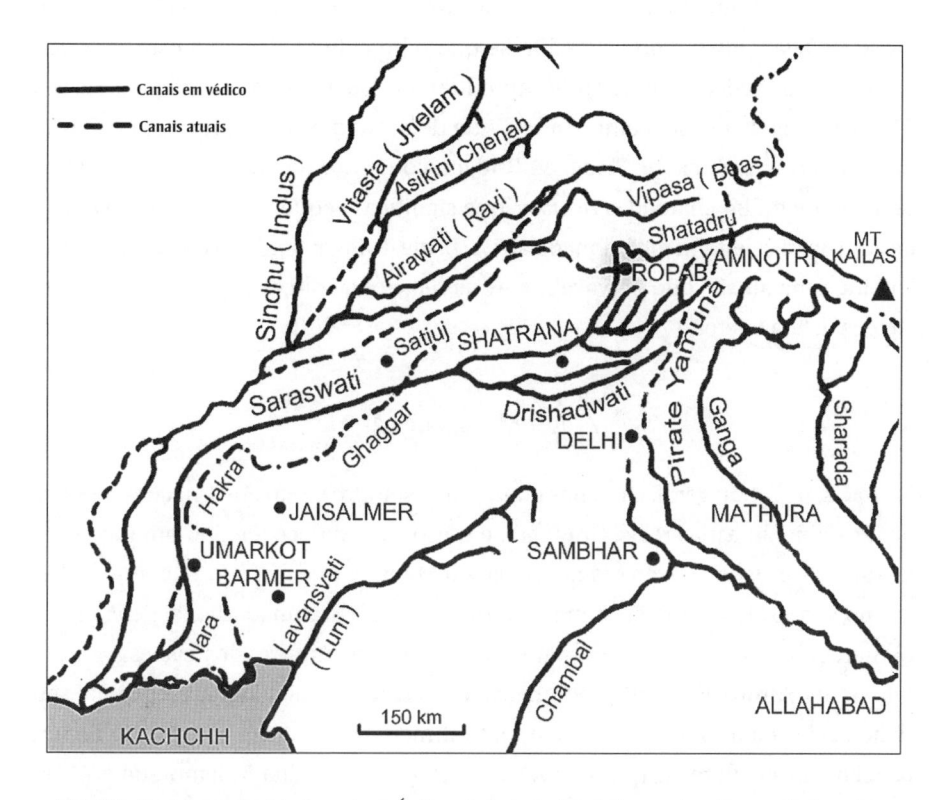

Fig. 40. Os sistemas fluviais do oeste da Índia e do leste do Paquistão, mostrando o possível caminho do antigo rio Saraswati, com sua fonte na região do monte Kailas, no Tibete. Segundo uma teoria, sua cultura foi responsável pela compilação do Rig Veda.

Assim, com sua personificação como rio estelar, a deusa Saraswati pode ser comparada com Nut, a antiga deusa egípcia do céu, enquanto seu patronato da música e das artes faz com que seja muito parecida com a deusa Hathor. De fato, há muitas comparações possíveis entre Saraswati e a deusa do amor do Oriente

Próximo, que depois se tornou a Vênus-Afrodite da tradição clássica. Sua veneração se espalhava pela Ásia Central, e no Afeganistão uma bela gravação em marfim, do século III d.C., com uma deusa do amor nua e acompanhada por um cisne-ganso, foi encontrada durante escavações em Begram, antiga capital de verão do império Kushan.[17]

O fato de o avatar de Saraswati ser, como Brahma, o cisne-ganso Hamsa pareceu-me estranhamente relevante para o mistério de Cygnus, especialmente sabendo que a própria Saraswati é conhecida como uma divindade estelar. Sempre que chega um bebê, a avó da família usa um pouco de mel para criar um sinal de cinco pontas chamado "estrela de Saraswati" na língua da criança, considerada o órgão da fala. Desse modo, acredita-se que o bebê ficará ligado à estrela de Saraswati desde cedo, permitindo-lhe aprender mais facilmente a usar a palavra, um dos atributos da deusa. Lembro-me ainda de outra deusa estelar ligada ao cisne na Inglaterra. A estrela de Bride, ou Bridget, como nos recordamos, era afixada a bonecas de milho chamadas *Brideog*, que significa "Pequena Bride". Como a rival de Saraswati, a leiteira mencionada antes, Bride-Bridget também era uma simples leiteira, uma alusão que provavelmente se relaciona com as supostas qualidades lácteas da Via Láctea.

Lago Manasarovar

Na Índia, de modo geral, os cisnes eram vistos sempre como encarnações de seres divinos e de dinastias reais. Um lugar, em especial, parece ter sido um foco para lendas sobre cisnes: o lago Manasarovar, ou Manasa, que fica perto do monte Kailas, no sudoeste do Tibete. Numa história budista,[18] Brahmadatta, rei de Varanasi (Benares), idealizou um plano para atrair Dhritarashtra, rei dos cisnes, seu comandante Sumukha e toda a população dos cisnes do lago Manasarovar, até seu reino no leste da Índia. Para isso, o rei Brahmadatta ordena a construção de um belo lago numa floresta, que, de todas as formas, assemelha-se à morada dos cisnes no Himalaia.

Há vários relatos do que acontece quando isso se dá, e de como o rei dos cisnes, seu comandante e o resto do bando chegam a Varanasi, permanecendo por lá por tempo suficiente para se esquecerem completamente do lago Manasarovar. Às vezes, o conteúdo dessas histórias varia, mas sempre dizem respeito à existência de uma dinastia de cisnes reais que vive na região do lago Manasarovar e é atraída para lagos artificiais em diferentes partes da Índia. Esses relatos parecem preservar uma transferência do poder sagrado, que sai do Himalaia e vai para diversos reinos indianos, como se fosse uma tentativa de legitimar sua própria dinastia real apenas por causa da presença do rei dos cisnes e seu bando.

Aquilo que pode ter acontecido no lago Manasarovar é explorado a seguir, mas basta dizer que os contos indianos de dinastias de cisnes podem ser comparados com as lendas dos cavaleiros do cisne, as linhagens de cisnes e as virgens-cisnes, encontradas não apenas na Europa, como em sociedades de base xamânica do centro e do nordeste da Ásia e do norte da Europa citadas no Capítulo Cinco.

Portanto, seria possível que as fontes originais por trás das cosmologias mais formais preservadas nas tradições hindu e budista da Índia e do Tibete tivessem natureza original xamânica? Será que os mitos da criação que falam de Brahma como Kalahamsa, fazendo com que o universo se manifeste, derivam de informações adquiridas durante viagens xamânicas, como aquelas que nos são familiares noutras partes do mundo? É possível, mas só nas tradições hindu e budista os mitos de criação são complexos a ponto de quase serem confundidos com alguma moderna teoria quântica sobre as origens do universo. Como isso seria possível, e o que isso nos diz sobre a identidade de Kalahamsa, o Cisne-Ganso da Eternidade?

O que podemos dizer é que os sete cisnes que puxavam a carruagem de Brahma devem estar ligados aos sete cisnes que, segundo se acredita, desceram voando do céu e pousaram no lago Manasarovar, perto da morada terrestre de Brahma no monte Kailas, sudoeste do Tibete. Diz-se que seriam os Sete Rishis, poetas ou sacerdotes iluminados, que, ao subirem ao céu, tornaram-se as sete estrelas da Ursa Maior. Assumiram a figura de cisnes para visitar o lugar onde se imagina que os Vedas foram concebidos, ou seja, o Himalaia e as montanhas próximas ao lago Manasarovar, uma das fontes do rio Saraswati.[19]

Astronomia Védica

Sabendo que Saraswati era uma personificação da Via Láctea, são grandes as chances de que Hamsa fosse, e ainda seja, visto como um asterismo em algum lugar da área geral da Ursa Maior e da Via Láctea. Pesquisei em diversos mapas estelares indianos e descobri que as estrelas de Cygnus são, de fato, vistas em termos de um grande pássaro, embora as representações artísticas que eu tenha visto não se pareçam muito com um cisne ou ganso, mas com uma galinha ou galo. Entretanto, depois eu descobri que essa conexão só surgiu por causa da influência da astronomia da Grécia ou da Babilônia sobre o folclore estelar indiano. Muito antes, havia uma astronomia indígena, mencionada no *Rig Veda* e noutros textos sagrados.[20]

O que eu precisava estabelecer era a identificação de constelações específicas *nesse* período, e não seus nomes em épocas posteriores. Para isso, recorri ao trabalho do dr. P. K. Kunte, astrofísico e astrônomo do Space Physics Group da Índia. Ele é especialista em astronomia védica, e lamenta o fato de que asterismos da Grécia e da Babilônia tenham corrompido a visão original indiana do mundo celeste. Li seu trabalho sobre identificação de agrupamentos estelares conhecidos e fiquei espantado quando soube que ele identifica Hamsa, e por isso Kalahamsa, com as estrelas de Cygnus, dizendo que esse conhecimento era "conhecido há muito tempo atrás".[21] Porém, exceto em sua forma moderna como Cygnus, o cisne-ganso não é mais visto como a base do grupo estelar, um ponto que o dr. Kunte ressalta enfaticamente.[22]

Se ele estiver certo – e são necessárias mais pesquisas sobre a essência da astronomia védica – então podemos concluir que, na Índia, a constelação de Cygnus era vista como a manifestação celeste do Cisne-Ganso da Eternidade, bem como a fonte da criação cósmica, um fato enfatizado pela localização da morada celeste de Brahma ao norte, além do monte Meru. Se essa morada puder ser identificada como o monte Kailas, o que certamente foi fato numa época posterior, então o conhecimento de que os Sete Rishis, na forma dos sete cisnes, estavam diretamente associados com o lago Manasarovar, próximo dali, liga esse lago sagrado, tão fortemente relacionado com os cisnes divinos, com o folclore estelar referente à Ursa Maior.

O fato de que Hamsa pode ser conectado com Cygnus – milenar parceiro de lutas no céu noturno setentrional – pelo símbolo do cisne-ganso recorda o uso mundial dessas duas constelações para definir o meridiano celeste, que, como vimos, era considerado um caminho ou escada até o mundo celeste. Ademais, seria Saraswati apenas uma expressão, como Nut e Hathor no Egito e Bride-Bridget na Grã-Bretanha, da Via Láctea em geral e das estrelas de Cygnus em particular? O fato de o totem ou veículo de Saraswati ser o cisne, como era para Brahma e as deusas do amor do Oriente Próximo, parece confirmar esse fato.

Cultura Saraswati-Sindhu

Saber que Saraswati também inspirou a criação de uma importante civilização indiana, possivelmente responsável pelo *Rig Veda*, só aumenta sua importância. Até hoje, mais de 1.200 sítios arqueológicos foram registrados na suposta bacia do Saraswati, e estão proporcionando datas na faixa entre c. 3100 e 1900 a.C.,[23] próximas da época da civilização do vale do Indus, levando alguns estudiosos a especular que essa cultura usou o conhecimento védico da geometria, da álgebra, da astronomia, da geografia, da construção de navios e navegação para atingir seu grande potencial, e mesmo para realizar negócios com o Egito e a Mesopotâmia.[24] Mas esses conhecimentos civilizatórios devem ter tido origem mais inspirada. Logo, suspeito que a cultura do rio Saraswati,[25] aparentemente avançada, foi o veículo para uma sociedade mais antiga, de base xamânica, responsável não só pelo conteúdo do *Rig Veda* como pela introdução do conceito de Hamsa, avatar tanto de Brahma como de sua esposa/filha, a deusa Saraswati. Creio ainda que esse conhecimento do universo, tão próximo daquele que hoje é aceito pela ciência, derivou de jornadas a outros mundos para a aquisição da iluminação absoluta nos domínios de Brahma. Esses conceitos não são negados pelo atual pensamento antropológico, que vê a presença de estados de transe e de ascensão ao céu por polos celestes, como parte dos textos védicos.[26]

Existem ainda vínculos entre a imagética védica e a arte sacra saraswati-sindhu. Um exemplo: um selo mostrando duas aves, uma olhando para a outra através dos galhos de uma árvore *ashvattha* ou peepal (sicômoro sagrado),[27] lembra uma história védica na qual um vidente-bardo fala de duas aves, "amigas reunidas", numa árvore, uma das quais saboreia o fruto e a outra fica olhando.[28] Há diversas interpretações para esse relato, mas supõe-se que uma ave expressa a alma ou espírito individual, enquanto a outra seria o espírito universal, lembrando-nos de Hamsa em seu papel como a ave divina no alto do polo celeste.

Também é interessante saber que na Índia, bem como no Egito, o sicômoro era um importante símbolo da mítica Árvore do Mundo, e por isso da Via Láctea. Eis um símbolo de Indra, e sob sua sombra (como a árvore Bodhi) o Buda se sentou para obter a iluminação (*bodhi*). Além disso, dizem que sua madeira alimentava o fogo com o qual os deuses concediam conhecimentos à raça humana.

Além da Árvore do Mundo, outro símbolo do universo na tradição védica era o altar de fogo, consagrado a Agni, deus do fogo. Muitos desses altares foram escavados ao longo do vale do Indus, mas o grupo mais intrigante veio à luz na possível confluência dos rios Saraswati e Drishadvati. Sete exemplares de forma retangular foram encontrados em fila, alinhados na direção norte-sul, e perto deles havia um poço.[29] Em termos cosmológicos, essa é uma evidência perfeita do interesse védico pelo norte, tanto como a direção do eixo cósmico, visto em termos da Árvore do Mundo ou do altar de fogo, quanto a morada celeste de Brahma. Se imaginavam que esta podia ser acessada pelo monte Kailas, então não deve nos surpreender se encontrarmos perto dele a fonte do rio Saraswati, que se tornou o sangue da vida para uma das mais avançadas civilizações do mundo antigo.

Apesar do encanto de outras culturas ricas e variadas, do passado e do presente, que também possuem mitos de criação e folclore estelar que podem ajudar a fornecer outras pistas para o mistério de Cygnus, era hora de voltar à raiz da questão. Eu queria examinar a mais antiga evidência de xamanismo, expressada na arte rupestre do Paleolítico superior da Europa ocidental, na esperança de descobrir por que, mesmo por volta de 9500 a.C., havia sítios megalíticos na Mesopotâmia Superior que pareciam refletir um interesse pelas estrelas de Cygnus de um modo que já teria milhares de anos. Para fazê-lo, porém, antes eu precisava ir à China e compreender por que alguns estudiosos acreditam que seu calendário estelar teria 17.000 anos de idade, no mínimo.

CAPÍTULO DEZESSETE

Os Primeiros Astrônomos

Após examinar detalhadamente a astronomia chinesa para escrever seu livro *Uranographie Chinoise* [Cartas estelares chinesas, 1875], em francês, o renomado orientalista, filólogo e etnólogo holandês Gustave Schlegel (1840-1903) chegou a uma conclusão surpreendente. Segundo ele, o calendário solar e de influência estelar dos chineses, extremamente antigo, refletia o céu noturno do Hemisfério Norte tal como ele se mostrava por volta de 15000 a.C., quando Deneb, a estrela mais brilhante de Cygnus, era a Estrela Polar.[1]

As descobertas de Schlegel foram depois mencionadas de modo um tanto quanto desabonadoras em diversos livros, inclusive o volumoso *Popular Astronomy* (1897), de Camille Flammarion. Ele disse que as propostas do "distinto autor não são convincentes" e que nada sugeria que a astronomia chinesa fosse "muito anterior ao reinado do imperador Hoang-Ti [ou Huangdi]", o lendário "Imperador Amarelo", c. 2700 a.C., e certamente não anterior à época de Fou-Hi (Fuxi ou Fu-hsi), o legendário primeiro governante da China, que, segundo a tradição chinesa, reinou entre 2852 e 2738 a.C.[2] É claro que ninguém ia aceitar as descobertas de Schlegel de bom grado, embora o *Uranographie Chinoise*, que nunca foi traduzido para o inglês, ainda seja considerado uma obra-prima do gênero, sendo constantemente mencionado em livros acadêmicos sobre astronomia chinesa.

O que podemos dizer sobre Gustave Schlegel é que ele não era louco. Viajava constantemente pelo subcontinente indiano como intérprete do holandês, e em seus momentos de lazer examinava a relação entre a astronomia oriental e aquela estabelecida no Ocidente pelos gregos e babilônios. Ao chegar ao Extremo Oriente na década de 1860, Schlegel iniciou um ambicioso projeto para criar o primeiro dicionário holandês-chinês, usando o dialeto Min do sul. Ele surgiu como um conjunto de quatro volumes (1886-1890), e até hoje é uma obra de referência essencial.[3] Ele escreveu ainda diversos livros sobre história e cultura chinesas, os quais, como seus outros trabalhos acadêmicos, foram aceitos pela literatura tradicional. Entre eles, inclui-se o primeiro texto sobre a Liga Hung (Hong), a mais antiga encarnação conhecida das atuais Tríadas, publicado em Batavia, na ilha de Java, em 1866.[4]

Embora as ideias de Schlegel sobre a grande antiguidade da astronomia chinesa tenham sido praticamente ignoradas, foram endossadas posteriormente pelo astrônomo americano Julius D. W. Staal, FRAS*, que, até sua morte, em 1986, era diretor do Planetário do Bradley Observatory no Agnes Scott College, Decatur, Georgia, bem como autor de diversos livros sobre astronomia popular, inclusive *Patterns in the Sky* (1961) e sua edição revisada, *The New Patterns in the Sky* (1988). Staal apoiava a obra de Schlegel sobre astronomia chinesa, e escreveu um livro pouco conhecido sobre suas descobertas, intitulado *Stars of Jade* (1984).[5]

O Caótico Mundo da China

As ideias de Schlegel são eruditas e complexas, e precisam ser compreendidas sob a perspectiva da própria base da astronomia chinesa. Eles dividem a esfera celeste em quatro setores – leste, sul, oeste e norte – e cada um governa uma estação em particular, respectivamente primavera, verão, outono e inverno. O problema é que esses quadrantes são presididos por imensas superconstelações compostas por agrupamentos estelares que não refletem a estação que deveriam representar.

Por exemplo, o setor chamado de Dragão Azul da Primavera, posicionado no leste, é formado por estrelas de Virgem, Libra e Escorpião, que ascendem com o Sol no outono, enquanto as estrelas do Tigre Branco do Outono, associadas ao oeste – ou seja, a Andrômeda, Peixes, Áries, Touro e Órion – são constelações da primavera. Por contraste, o Guerreiro Negro (ou Tartaruga Negra) do Inverno, posicionado no norte, está marcado corretamente com estrelas que figuram nas constelações ocidentais de Sagitário, Capricórnio, Aquário e Pégaso, pelas quais o Sol passa atualmente durante os meses de inverno, enquanto o Pássaro Vermelho do Verão, associado com o sul, é marcado por Gêmeos, Câncer, Leão, Hidra e Corvo, todos signos do verão, também corretos.

Mas se o Dragão Azul – com suas estrelas de Virgem, Libra e Escorpião – assinala de fato a entrada do Sol na primavera, então isso implicaria que a estação seguinte, expressada pelo Pássaro Vermelho do Verão, deveria, segundo a lógica

---

* Sigla inglesa para Fellow of the Royal Astronomical Society, ou seja, Membro da Real Sociedade Astronômica (N. do T).

chinesa, ser representada pelas estrelas de Sagitário, Capricórnio, Aquário e Pégaso, as quais, na verdade, estão associadas com a Tartaruga Negra do Norte. Além disso, se o Tigre Branco – com suas estrelas em Andrômeda, Peixes, Áries, Touro e Órion – assinala o outono, então isso significa que a estação do inverno, simbolizada pela Tartaruga Negra, deveria ser assinalada pelas estrelas de Gêmeos, Câncer, Leão, etc., que, por sua vez, pertencem ao Pássaro Vermelho do Verão.

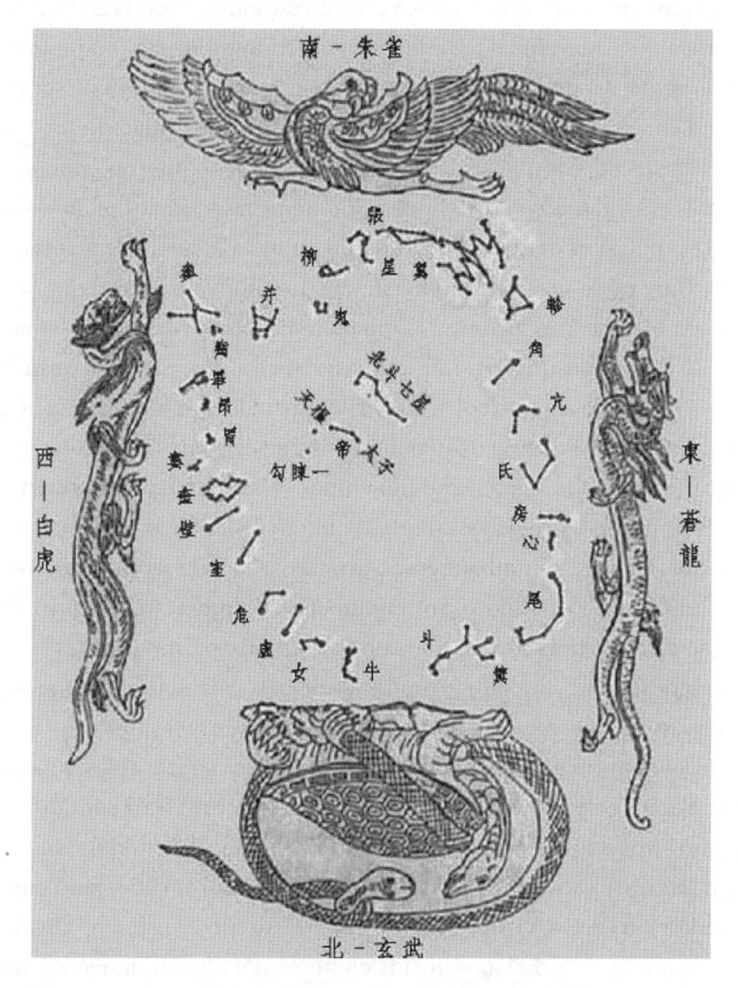

Fig. 41. Quatro animais da astronomia chinesa vistos de terra: Dragão Verde, Pássaro Vermelho, Tigre Branco e Guerreiro Negro, com suas constelações.

Todo o calendário astronômico da China é confuso, com o firmamento repleto de constelações – Schlegel registrou nada menos do que 670 – em completa oposição àquilo que deveria ser, no que concerne seu relacionamento com o curso anual do Sol. Permita-me dar apenas um exemplo, levando em conta que tanto Schlegel como Staal mencionam dezenas de anomalias semelhantes. A constelação conhecida como Fang, que significa "A Casa", fica sob o domínio do Dragão Azul da Primavera, e a "Casa" é a Casa do Sol. Diz-se que anuncia a chegada do equinócio da primavera, motivo pelo qual é conhecida como "O Grande Abridor", pois permite que o Sol passe do Hemisfério Sul para o norte.[6]

Fang também era vista como uma estação de apoio, onde a carruagem do Sol poderia trocar seus cavalos para a jornada ascendente desde o equinócio até o solstício de verão. Ademais, Fang era conhecida, juntamente com um grupo estelar próximo conhecido como Sin, como o Ming Tang, ou "Salão de Luz", a representação celeste do complexo de templos com esse nome no monte Tai (*ver abaixo*), pois era em março que o imperador oferecia sacrifícios para se assegurar de que o céu-pai, senhor da luz, cuidaria do cultivo da lavoura no verão.[7] Como asterismo, Fang pode ser encontrada na área do estômago do Dragão Azul, mas, tal como sua vizinha Sin, é composta por estrelas que pertencem à constelação ocidental de Escorpião, que ascende com o Sol no outono, e não na primavera.

Estava claro que alguma coisa estava desajustada, e Schlegel percebeu o problema desde o início. Por isso, usou matemática básica para fazer o céu recuar até uma época em que o antigo calendário chinês se ajustasse precisamente com o curso do Sol através das estações. Por suas implicações, suas conclusões são espantosas, pois ele determinou que essa astronomia só faria sentido caso recuássemos a c. 15000 a.C., quando o Sol equinocial se erguia a cada primavera na constelação de Escorpião. Schlegel encontrou suporte para sua teoria em antigos registros chineses que aludiam à fundação de seu calendário solar recuando a 16.916 anos antes do presente, com uma margem de uns 900 anos.[8]

Schlegel admitiu que nessa época distante o polo norte celeste estava mais próximo da estrela Deneb. Para a astronomia chinesa, isso fazia sentido, pois eles falam de um importante asterismo chamado *Tianjin* (ou *T'ien-tsin*), "Vau Celeste", composto por nove estrelas da constelação de Cygnus. Foi concebido como uma junção onde a Via Láctea, vista como "rio celeste" ou "rio de estrelas", divide-se em duas por conta do Grande Vale.[9] Textos chineses datados do início do século IV d.C. situavam o polo celeste perto do Grande Vale, o que Schlegel considerou uma alusão a Deneb.[10] Foi por isso que Tianjin tornou-se conhecida como "a estrela suprema".[11]

Além disso, Schlegel quis saber por que Tianjin ficou sob o domínio de Hiu, o boi, uma constelação formada pelas estrelas beta Aquário e gama Potro. Schlegel investigou o assunto, e calculou que, em 15000 a.C., Hiu fazia seu trânsito meridiano à meia-noite em seu ponto mais elevado na véspera da metade do inverno, mesma época em que Tianjin o fazia. Logo, ele concluiu que o trânsito meridiano de Cygnus como o vau celeste foi usado nessa época distante para assinalar a chegada da aurora do solstício de inverno, dia mais curto do ano, quando o Sol retoma seu curso rumo ao equinócio da primavera.[12] Mais uma vez, isso está de acordo com um padrão encontrado em vários outros países do mundo, que agora nos é familiar, onde Deneb e as estrelas de Cygnus eram – ou são – vistas como arautos da chegada da aurora da metade do inverno (e, às vezes, do solstício de verão).

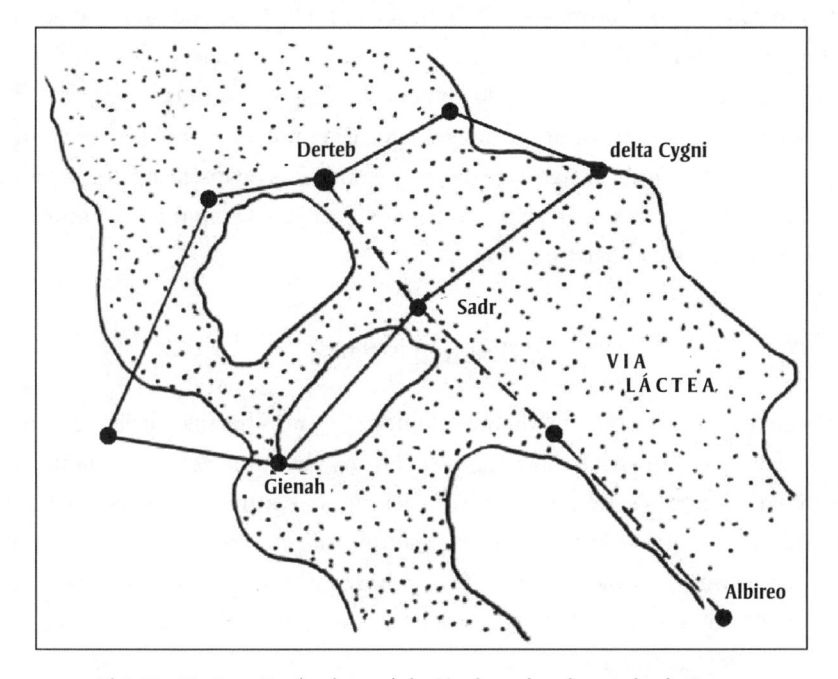

Fig. 42. Tianjin, o Vau (trecho raso) do Céu, formado pelas estrelas de Cygnus.

A Confirmação de Staal

O trabalho do próprio Julius Staal nesse campo, apresentado em *Stars of Jade*, levou-o a propor um desenvolvimento do sistema astronômico chinês em três estágios, começando com a introdução de diversos asterismos importantes, inclusive Tianjin, c. 15600 a.C.,[13] com outros acrescentados c. 12900 a.C.[14] Por fim, perto de 2700 a.C., todo o calendário foi revisado pelos astrônomos chineses a fim de incorporarem centenas de novas constelações. Em sua avaliação final das evidências, Staal concluiu que "os quatro grandes animais do céu, suas casas (divisões) e paranatelos (astro que nasce ao mesmo tempo que outro) não faziam o menor sentido se o firmamento não fosse do período que estivemos discutindo... ou seja, 15600 a.C.".[15]

Ele achou que isso obrigava a existência de uma "civilização" chinesa durante esse período, embora seja mais provável que sua astronomia antiga tenha sido a criação de uma elite xamânica que estudou as estrelas e seus movimentos, e que existiu em algum lugar do continente da Eurásia na época do Paleolítico superior. Por mais ousada que pareça essa declaração, darei razões para essa conclusão.

A datação feita por Staal para o calendário estelar chinês, c. 15600 a.C., juntamente com a época proposta por Schlegel, c. 15000 a.C., encaixam-se precisamente com minha própria data inicial proposta para o interesse por Deneb e as estrelas de Cygnus como destino da alma no além. Logo, os trabalhos de Schlegel e de Staal parecem confirmar que, nessa época, aconteceu alguma coisa de suma importância no mundo antigo, seja na coletividade dos povos, seja em grupos isolados, e, o que quer que tenha sido, conseguiu catalisar o surgimento daquilo que hoje conhecemos como astronomia.

A Ponte das Pegas

Antes de sairmos da China a fim de nos aprofundarmos nessas revelações, há outra peça do quebra-cabeça que precisa ser encaixada. Tanto Schlegel quanto Staal aceitam a importância de uma história folclórica encontrada em diversas formas por todo o Extremo Oriente, que parece conter valiosos conhecimentos astronômicos sobre uma época esquecida. É a história de Zhi Nü, a Princesa Tecelã (também chamada de Virgem Tecedeira e Dama Fiandeira), filha do rei-sol, o Rei do Céu ou "Imperador de Jade".[16]

Um dia, enquanto se dedicava à sua roda de fiar, viu, pela janela do palácio celeste, o pastor real, Jian Niu, também chamado Niu Lang, que na época tocava o rebanho de seu mestre pelas margens da Via Láctea, o rio celeste. Seus olhos se encontraram, e em pouco tempo o casal se apaixonou, e viam-se sempre que podiam. O Imperador de Jade consentiu em seu casamento, e finalmente chegou o dia feliz, mas estavam tão apaixonados que começaram a negligenciar seus deveres. Zhi Nü deixou sua roda de fiar parada, e Jian Niu permitiu que o rebanho real fugisse.

Após diversos pedidos para que retomassem imediatamente suas funções, todos ignorados, o Imperador de Jade decidiu separar os enamorados. Enviou Zhi Nü para um lado do rio celeste, enquanto Jian Niu ficou no outro. Mas os membros da corte celeste ficaram tão aborrecidos com essa triste situação que convenceram o Imperador de Jade a permitir que o casal se reunisse uma vez por ano. Assim, desde essa época, no sétimo dia do sétimo mês, todas as pegas do mundo voam até o rio celeste, onde reúnem (ou oferecem gravetos) para formar uma ponte, sobre a qual a Princesa Tecelã e o pastor real podem caminhar e cair nos braços um do outro.

Naturalmente, há uma base astronômica para essa história comovente. O Imperador de Jade ou Rei do Céu, e seu palácio celestial, estão localizados em algum lugar nas vizinhanças da Estrela Polar, pois o imperador da China, chamado "Filho do Céu", era visto como seu equivalente terrestre.[17] O famoso complexo de templos conhecido como Ming Tang (Salão de Luz), construído na base do monte Tai pelo imperador Wu em 109 a.C., era conhecido como Palácio do Shangdi [Governante Celeste] do Tai Wei, ou Estrela do Norte, e tinha um altar situado ao norte conhecido como Templo do Céu Soberano.[18] Passando para Zhi Nü, a Princesa Tecelã, embora sua roda de fiar ficasse no palácio celestial, ou seja, na Estrela Polar, ela representa a estrela Vega, em Lira. O pastor Jian Niu, por sua vez, identifica-se com a estrela Altair em Águia, e seus animais devem ser outros asterismos no céu noturno setentrional; a ponte formada todos os anos por todas as pegas da terra é Cygnus, asterismo chinês conhecido como Tianjin, o vau do céu.

Logo, vemos que na China, mais uma vez, o grupo de estrelas de Cygnus era, e ainda é, ligado a uma ave, neste caso a pega. As aves se reuniram para formar uma ponte através da Via Láctea, o que podemos comparar com a ponte celeste que os mandeus do Iraque e do Irã (*ver Capítulo Três*) viam situada no ponto mais ao norte da Via Láctea, indiscutivelmente nas proximidades da constelação de Cygnus.

As pegas são aves sarcófagas do mesmo gênero que os corvos e os gaios. Mas, diferentemente da Grã-Bretanha e da maior parte da Europa, onde a ave é considerada de mau agouro, na China é tida como símbolo de boa sorte e de felicidade. Dito isso, se alguma pega for vista no sétimo dia do sétimo mês, quando deveria estar ajudando seus parentes a criar a "ponte das pegas", na China é considerado aceitável apedrejá-la, pois essa ave estará sendo preguiçosa e desrespeitosa para com a Princesa Tecelã.

Yang e Yin

A astronomia chinesa também se reflete no microcosmo, dentro do fluxo sutil das energias *qi* (*ch'i*) ao redor do corpo humano, e vemo-nos novamente diante da

Ponte das Pegas. Uma conversa informal com meu amigo e colega Yuri Leitch, um inglês praticante da arte chinesa de *taiji quan* (*t'ai chi ch'uan*), revelou-me algo simplesmente surpreendente. Muitos leitores devem conhecer o conceito indiano dos *chakras*, "rodas" ou vórtices de energia, que existiriam ao longo da espinha, desde o cóccix até a coroa da cabeça. Eles regulam o fluxo da energia vital para todas as partes do corpo, como os caminhos neurológicos do sistema nervoso central.

Fig. 43. A Princesa Tecelã, Zhi Nü, em pé na Ponte das Pegas, representada na astronomia chinesa por Tianjin, o vau celeste (a constelação ocidental de Cygnus).

No entanto, no taoísmo, o sistema é um pouco diferente, e, no lugar da principal artéria de energia se situar apenas na espinha, distribui-se por duas linhas. Uma é considerada *yang* (masculina, ativa) e flui do ponto entre a genitália e o ânus e segue pelas costas, passa pelo alto da cabeça e termina no lábio superior. A outra linha, vista como *yin* (feminina, passiva) flui a partir do mesmo ponto inicial, passa pela frente do corpo e termina no lábio inferior. Assim, existe uma lacuna entre as duas linhas, que é a boca, e só com o uso da língua, que deve tocar o palato superior por trás dos dentes da frente, é que o circuito, visto como um "anel", se completa. Isso permite a união entre as energias masculina e feminina, *yang* e *yin*, criando o perfeito equilíbrio do corpo e da mente. Mais espantoso, porém, é o fato de que a boca, quando o anel se fecha, é conhecida como Ponte das Pegas, inquestionavelmente associada ao Tianjin, o "Vau do Céu", pois o anel de energias é visto em termos do círculo completo feito no macrocosmo pela Via Láctea.

Transformar a boca e a língua do praticante de *taiji quan* sinônimos da constelação de Cygnus nos permite vê-la como o lugar onde a primeira palavra foi pronunciada, como no Logos ou a Palavra de Deus na tradição judeu-cristã. Noutras palavras, o asterismo torna-se a fonte da vibração ou do som divino que fez com que o universo se manifestasse, um conceito que já encontramos ao tratar do Grande Palrador do Egito, o Cisne-Ganso da Eternidade da Índia e o Anfar dos yezidi, que emite um grito alto e quebra a pérola, causando a formação do oceano primevo.

Lembramos também da cerimônia da Abertura da Boca na antiga tradição funerária egípcia (*ver Capítulo Doze*). Sabemos que ela estava associada com as estrelas da Ursa Maior, como contrapartida celeste da enxó cerimonial usada na realização dessa cerimônia. Sua principal função era dar à alma do falecido o poder da fala no além, embora seja bem possível que a boca seja aqui, como no *taiji quan*, um sinônimo das estrelas de Cygnus. É interessante observar que a forma de enxó das estrelas da Ursa Maior (conhecida na China como *bushel*) também aparece nas sequências de movimentos do *taiji quan* conhecida como "Subindo junto a Sete Estrelas", e sua forma é feita pelo praticante com cabeça e braços esticados. Além disso, descobri que outro movimento que envolve uma inclinação para a frente antes de girar, saltar e depois deter-se representa Zhi Nü, a Princesa Tecelã, assumindo sua posição como estrela Vega; o giro final é uma expressão da rotação do polo celeste.

Polos em Deslocamento

Schlegel e Staal viram, na história da Princesa Tecelã, mais do que o mero uso das três estrelas que formam o Triângulo do Verão – Deneb em Cygnus, Vega em Lira e Altair em Águia – que, de modo independente, foram determinadas na orientação de um sítio megalítico, pelo menos, no Japão, vizinho da China.[19] Não só os dois autores sugerem que a Princesa Tecelã representava Vega como Estrela Polar c. 13000-11000 a.C., como se notou que, por volta de 12300 a.C., tanto Vega como

Altair faziam seus trânsitos meridianos superiores juntos à meia-noite no final de dezembro, mostrando que a astronomia chinesa deve ter pelo menos essa idade.[20] Avançando até a atualidade, vemos que tanto Vega quanto Águia atravessam o meridiano por volta da meia-noite no sétimo dia do sétimo mês, que recai em agosto (lembre-se que o ano-novo chinês começa no final de janeiro ou no início de fevereiro, dependendo do ano em questão).[21] Podemos ver isso como os namorados que tornam a se reunir.

Além disso, há o simples fato de que a expulsão da Princesa Tecelã para um lado da Via Láctea, e de Jian Niu, o pastor, para o outro lado, implica num deslocamento axial do polo celeste em virtude da precessão. Isso fica evidente porque a roda de fiar do palácio celestial, localizado na proximidade da Estrela Polar, ficou ociosa. Contudo, assim que os enamorados se distanciam, presume-se que ela continua com seus deveres de tecelã desde a posição de Vega, assim como o pastor retoma seu papel como a estrela Altair. São movimentos que sugerem fortemente, embora de maneira estranha, o deslocamento do polo celeste desde uma estrela até outra; nesse caso, a partir da posição de Deneb, na Via Láctea, local do palácio celestial, até a proximidade de Vega, personificação da Princesa Tecelã. Saber que esse antigo conhecimento astronômico, com 15.000 anos de idade, no mínimo, está codificado até hoje nas ações gráceis do *taiji quan*, é algo extraordinário.

Mapa Estelar da Era do Gelo

O assunto poderia ter ficado assim, totalmente sem comprovação, embora intrigante, não fosse por uma descoberta casual feita em janeiro de 2005. Navegando, vi-me inesperadamente diante de uma história da BBC News de 9 de agosto de 2000. Com a manchete "Descoberto mapa estelar da Era do Gelo", começava com a frase "Um mapa pré-histórico do céu noturno foi descoberto nas paredes das famosas cavernas pintadas de Lascaux, no centro da França. O mapa, que, segundo se imagina, data de 16.500 anos atrás, mostra três estrelas brilhantes, hoje conhecidas como Triângulo de Verão".[22]

A história revelou que o dr. Michael Rappenglück, da Universidade de Munique, concluíra que a arte rupestre do Paleolítico superior da famosa caverna de Lascaux, perto de Montignac, na região francesa de Dordogne, descoberta em 1940, era um verdadeiro planetário pré-histórico. O principal ponto de atração era a imagem de um "homem-pássaro" em posição de queda, junto a um bisão que estaria sendo "morto" com cravos semelhantes a flechas, e uma ave sobre um mastro. Todos são vistos como parte da caverna conhecida como Eixo do Poço, e eram interpretados como representações abstratas, respectivamente, das estrelas Deneb, Lira e Altair (na verdade, não Altair, mas Rotanev na constelação do Delphinus [Golfinho] – *ver Capítulo Dezoito*). Além disso, uma série de manchas vistas sobre o ombro de um touro pintado encontrado perto da entrada da caverna, foram identificadas por Rappenglück como o conjunto de estrelas das Plêiades, faz do touro uma representação muito provável da constelação de Touro, que ocupa a mesma posição relativa no céu noturno.[23]

Naturalmente, fiquei atônito, não só porque a história ficou girando pelo ciberespaço por mais de quatro anos sem que eu ficasse sabendo dela, como também porque notei que o painel do homem-pássaro de Lascaux, que provavelmente data de 15000-14500 a.C., codificava um valioso conhecimento astronômico relativo à época na qual fora pintado. Foi a conclusão a que cheguei depois de perceber a estranha ave sobre um mastro, que me lembrou imediatamente do totem de ave yezidi conhecido como *sanjak* (*ver acima, página 46*). Lembrei-me ainda dos mastros celestes usados pelos xamãs para chegar ao mundo celeste em muitas regiões da Ásia, e em especial os cisnes de madeira em voo, presos à parte superior de mastros finos, erguidos em associação a altares a céu aberto pelos tungus do nordeste da Ásia. Depois, há o mastro celeste encimado por um cisne, sendo escalado por um xamã, visto entre os trabalhos de arte rupestre em Perinos, na calota sul do lago Onega, na Rússia. Todos confirmam a inevitável conclusão: que o exemplo de Lascaux é, muito provavelmente, um mastro de xamã, o que significa que a ave no alto nos proporciona firme evidência de que, pelo menos ao redor de 14500 a.C., o grupo estelar de Cygnus era visto em termos de um pássaro celeste.

O homem-pássaro que compõe a figura em Lascaux tem quatro "dedos" em cada mão, mostrando que podem ser, na verdade, unhas de ave. Ele cai para trás, braços e pernas unidos, de um modo que me lembra o gato dos desenhos animados, Tom, sendo nocauteado pelo camundongo Jerry. O homem-pássaro está se fingindo de morto, embora pareça itifálico, ou seja, tenha o pênis ereto. De algum modo, o bisão que se aproxima parece ligado a seu estado fatal, como se o homem-pássaro estivesse enfeitiçado por sua presença, apesar de a fera estar sendo "morta" por lanças e suas entranhas saírem pelo ventre. Podemos até imaginar que a própria morte do bisão é imitada pelo homem-pássaro. Assim, o que, de fato, está acontecendo nessa cena? O que ela realmente representa, e o que a morte tem a ver com o acesso aos reinos celestes do espírito? Mais importante, como xamãs-pássaros do Paleolítico, como esse representado em Lascaux, chegaram a ver Cygnus como uma ave celeste posicionada no alto do polo celeste? Vamos examinar essas questões no capítulo seguinte.

CAPÍTULO DEZOITO

O Ponto da Criação

Agora, temos evidências avassaladoras do ponto de vista antropológico, epigráfico e científico para demonstrar que uma alta percentagem de arte rupestre do Paleolítico superior na Europa ocidental provavelmente retratam xamãs em estados alterados de consciência. Ela mostra também suas alucinações, que incluem desde formas geométricas abstratas até quimeras (animais puramente híbridos), teriantropos (híbridos humanos-animais) e outros tipos de inteligências espirituais captadas. E mais, há razões de sobra para supor que esses encontros foram iniciados pela ingestão oral de plantas e/ou micetos psicodélicos, ou seja, cogumelos.[1]

Essa nova e dramática teoria, que visa explicar o significado por trás da arte rupestre do Paleolítico, deriva do fascinante trabalho de J. David Lewis-Williams, professor de arqueologia cognitiva e diretor da unidade de Pesquisa de Arte Rupestre do Departamento de Arqueologia da Universidade de Joanesburgo, e seu colega Thomas A. Dowson. Num artigo inovador publicado na revista *Current Anthropology* em 1988, os dois pesquisadores compararam os símbolos geométricos da arte do Paleolítico superior, primeiro com a arte rupestre dos bosquímanos san da África do Sul, que data de 25500-23500 a.C., aproximadamente (idade de diversas placas de pedra pintadas encontradas na caverna Apolo 11 do sudoeste da Namíbia) até o início do século XX, e, segundo, com a arte dos povos shoshones coso da Grande Bacia da Califórnia.

Williams e Dowson compararam depois esse novo conhecimento com evidências históricas e epigráficas já existentes que registram as cerimônias, a mitologia e a arte simbólica xamânicas dos san e dos shoshones coso, e concluíram que um estado mental muito semelhante estava presente nos artistas rupestres do

Paleolítico. Além disso, uma pesquisa neuropsicológica indica que a própria arte rupestre exibe os três níveis de fenômenos entópticos (efeitos visuais no interior do próprio olho) resultantes da descida em três estágios até um estado de transe alucinógeno. No caso da arte dos povos do Paleolítico superior e dos shoshones coso, ela foi inspirada por experiências psicodélicas causadas pelo uso de substâncias psicoativas (ou psicotrópicas). No caso dos bosquímanos san, a forma escolhida de indução ao transe para a comunicação com o mundo dos espíritos teria sido um processo demorado, conhecido como dança de transe.[2]

Carne dos Deuses

Na Europa ocidental, onde quase toda a arte paleolítica do continente pode ser encontrada, é provável, como determinou recentemente o escritor Graham Hancock, que nossos ancestrais paleolíticos, c. 40000-8000 a.C., tenham usado preferentemente o cogumelo *Psilocybe semilanceata*, comumente conhecido como Cogumelo Mágico. Ele pertence ao grupo Psilocybe, nativo na Europa desde a última Era Glacial.[3] A propriedade comum a muitos tipos de Psylocibe é a elevada dosagem de alcaloides ativos, inclusive psicocibina, psilocina, baeocistina e norbaeocistina. A ingestão oral produz sempre nítidas experiências psicodélicas, desde que consumido em quantidades suficientes.

Embora seja simples conjectura a hipótese de nossos ancestrais paleolíticos terem usado cogumelos do grupo Psilocybe, sabemos que seus efeitos psicodélicos eram compreendidos no passado. Na Espanha, por exemplo, durante a Idade Média, as bruxas eram acusadas de usar tais cogumelos para induzir alucinações, enquanto nos Alpes suíços os nômades se referiam a eles como "cogumelo do sonho".[4] Porém, só depois da conquista da América pelos europeus nos séculos XV e XVI é que o mundo realmente ficou sabendo que os cogumelos do grupo Psilocybe estavam sendo usados por xamãs e curandeiros para entrar no mundo dos espíritos.

Cultos com cogumelos foram encontrados em meio a povos indígenas de países como a Colômbia, o Equador, a Guatemala e o México, este em especial, onde os cogumelos Psilocybe são conhecidos como *teonanacatl*, "carne dos deuses".[5] Obviamente, a Igreja Católica da América Latina tentou banir essas práticas pouco divinas, e tiveram grande sucesso. Logo, foi com grande surpresa que, em 1955, o autor e micetologista amador R. Gordon Wasson viajou ao México e descobriu um culto do "cogumelo mágico" ainda ativo, mas em segredo, em tribos de montanhas remotas do sul do país. Ele participou de um ritual ligado aos cogumelos junto de uma xamã de 65 anos. Toda a experiência foi registrada e publicada em 1957 na revista *Life*, inclusive com fotos explícitas da cerimônia.

No folclore europeu, o conceito de reino das fadas está ligado ao folclore do cogumelo, em especial ao *Amanita muscaria*, bem mais tóxico e conhecido como agário-das-moscas ou mata-moscas, com seu familiar píleo vermelho e pelotas brancas parecidas com neve. Como sabemos que existe uma poderosa superposição entre o folclore das fadas e aquele que cerca as virgens-cisnes e o xamanismo do cisne, essa conexão precisa ser explorada mais a fundo para que compreendamos sua relação com o mistério de Cygnus.

A Imagem mais Antiga de Cogumelos

A mais antiga evidência artística da ingestão de cogumelos alucinógenos provém da arte rupestre do deserto central do Saara, e pertence a uma sociedade de caçadores-coletores há muito desaparecida que viveu na região quando o clima era mais equatorial, ou seja, entre c. 7000 e 5000 a.C.[6] Entre os milhares de exemplos de arte rupestre encontrada em penhascos e rochas de Tassili-n'Ajjer e Hoggar, no sul da Argélia, há muitos temas, inclusive caçadores, caça, deuses "marcianos" gigantescos, quimeras, formas geométricas, mãos, pontos, "máscaras" e xamãs, seja flutuando no espaço, seja num dos estágios de transformação num teriantropo.[7]

Alguns afrescos mostram claramente figuras no contexto daquilo que parece ser a ingestão de cogumelos. Um exemplo encontrado numa rocha de Tin-Tazarift mostra uma série de dançarinos (ou espíritos) mascarados cercados por formas geométricas e pintas. Cada um segura um objeto semelhante a um cogumelo, associado, em alguns casos, com a cabeça da figura por meio de uma linha paralela, como se enfatizasse algum tipo de associação neuropsicológica.[8]

Outro exemplo de arte rupestre encontrado num lugar chamado Matalem-Amazar, no sul de Tassili, mostra um ser híbrido com grandes orelhas, olhos como os de um inseto e um nariz fino, parecido com o de um aardvark.[9] Cerca-o uma intensa aura, do tipo experimentado durante experiências psicodélicas. Observe melhor e verá que o teriantropo segura cogumelos do tipo psilocybe, que também parecem brotar de vários pontos do seu corpo. Não resta dúvida de que isso representa o espírito do cogumelo, visto durante a viagem psicodélica. Diversos outros exemplos também foram encontrados em Tassili, inclusive um peixe entre dois cogumelos que parecem ligados a seu corpo, como se fossem cordões.[10]

Essa valiosíssima arte rupestre é contemporânea da arte da era do Paleolítico superior na Europa, e, com efeito, há diversas semelhanças notáveis nos estilos,

Fig. 44. Arte rupestre de Tin-Tazarift, na região de Tassili-n'Ajjer do sul da Argélia. Dançarinos segurando objetos semelhantes a cogumelos, alguns ligados às suas cabeças por meio de linhas pontilhadas.

Fig. 45. Arte rupestre de Matalen-Amazar, em Tassili-n'Ajjer. Este exemplo mostra uma figura com maços de cogumelos nas mãos e outros ao redor do corpo.

particularmente a representação de formas humanas com sobrancelhas grossas e queixos proeminentes.

Outros possíveis exemplos de arte em pedra pré-histórica, possivelmente inspirada por cogumelos, vem da região do rio Pegtymel na Sibéria, que, como a arte rupestre de Tassili, foram produzidos por uma sociedade de caçadores-coletores, provavelmente da era do Bronze.[11] Neles, as figuras são mostradas literalmente com cogumelos na cabeça. Imagina-se que representem xamãs sob a influência de cogumelos mata-moscas, usados desde tempos imemoriais por xamãs tungus, justamente aqueles cuja língua tunguso-manchúria nos proporcionou a moderna expressão "shaman", que significa "aquele que sabe".

Esses exemplos de arte rupestre paleolítica certamente mostram que o uso de cogumelos psicodélicos pode ter sido importante para sociedades pré-históricas, tanto no norte da África como em diversas partes da Ásia, enquanto os cultos de cogumelos no continente americano datam, pelo menos, de 4.000 anos, e indiscutivelmente são muito mais antigos. Logo, podemos presumir que os artistas e xamãs responsáveis pela arte rupestre paleolítica da Europa ocidental podem ter usado substâncias muito semelhantes para atingir profundos estados de transe em cavernas, por exemplo. Se não usavam cogumelos, então é muito provável que esses indivíduos utilizassem plantas psicotrópicas de natureza bem mais pesada, como meimendro, mandrágora e beladona (a letal erva-do-diabo).[12] É certo que o meimendro e a beladona são listadas como ingredientes do chamado "unguento das bruxas", ou "pomada voadora",[13] supostamente usada no final da Idade Média e no período Tudor para conferir a propriedade mágica do voo a vassouras. Os efeitos da ingestão de substâncias tão tóxicas pela pele fariam, literalmente, com que o usuário chegasse perto da morte física – um estado obviamente intencional, caso interpretemos a "Cena do Poço" de Lascaux como evidência de um xamã transformando-se em homem-pássaro a fim de adentrar o mundo espiritual.

De Volta a Lascaux

Desde 1952, o especialista em arte rupestre Horst Kirchner, um pensador de vanguarda, interpreta o célebre afresco de Lascaux como uma obra mostrando um indivíduo de cabeça de ave num "transe xamânico".[14] Mircea Eliade, grande pioneiro em nossa compreensão do xamanismo através dos tempos, concordou, escrevendo: "A Europa proporciona evidências das mais antigas formas de xamanismo (Lascaux), com as representações plásticas da ave, do espírito tutelar e do êxtase",[15] admitindo, ao mesmo tempo, que o motivo da caverna com uma "ave empoleirada num mastro" é extremamente arcaico".[16] Para ele, a cena significava o voo mágico, no qual os xamãs adotavam o manto de uma ave e eram capazes de "voar até a Árvore do Mundo para trazer 'almas-pássaros'",[17] o que já nos é familiar noutros países do mundo.

A maior pista para a natureza xamânica da Cena do Poço em Lascaux está em sua localização. Para chegar até ela, o visitante precisa percorrer a galeria principal, e, no final da câmara, uma espécie de extensão de pedra conduz até um assustador poço com quase 5 m de profundidade, ao qual se tem acesso apenas por meio de uma corda. De fato, os restos fossilizados de uma corda, usada com quase toda certeza com essa finalidade, foram encontrados nos depósitos aluviais na base do poço.[18] Lá, na parede, está o painel do homem-pássaro, que tem quase 2 m de altura. À sua esquerda, temos a imagem de um rinoceronte peludo; seu propósito não é claro, embora possa se relacionar, de algum modo, com a virilidade, pois chifres de rinoceronte têm sido vistos universalmente não só como símbolos fálicos, como também, se moídos, como afrodisíacos, levando-nos de volta à aparente ereção do homem-pássaro.

A natureza sexual dos alucinógenos – em especial, dos cogumelos Psilocybe – é conhecida por qualquer usuário. Nos primeiros estágios de uma "viagem", o homem tem uma sensação de queima na virilha, acompanhada de desejo sexual, que pode levar (e normalmente o faz) a ereções inadequadas, uma condição conhecida como priapismo. Isso ocorre antes de o usuário entrar numa fase mais calma, semelhante a um transe, momento no qual a experiência psicodélica realmente tem início.

Assim, as implicações estão claras. Na parte mais escura da caverna de Lascaux, há um painel singular que sugere claramente que os xamãs da era paleolítica superior, c. 15000-14500 a.C., iam até ali para adentrar num estado de transe semelhante à morte, induzido, com quase toda certeza, por uma substância psicodélica poderosa. Nesses estados, eles conseguiam, como propôs Eliade, subir até o eixo cósmico através do polo celeste ou Árvore do Mundo, simbolizado, por exemplo, pela corda encontrada em Lascaux. Como vimos, a ave celeste, identificada como Cygnus, assinalava seu local de destino – o portal ou "buraco" que dá acesso ao mundo celeste, o domínio da alma. Ali, eles podiam encontrar outras almas humanas ou habitantes do além, que viviam num estado de existência bem diferente.

No entanto, como é que esse culto paleolítico da morte poderia estar associado aos construtores dos templos de pedra sob a superfície encontrados no sudeste da Turquia, que, num período tão remoto quanto 9500 a.C., aparentemente teriam reverenciado a constelação de Cygnus como um abutre celeste expressando o conceito da vida e da morte cósmicas?

Serpentes de Cabeça de Ovo e de Cogumelo

Embora não haja evidências mais sólidas da presença de esporos de cogumelos em nenhum dos sítios do início do Neolítico da Mesopotâmia Superior, existe uma considerável quantidade de obras de arte abstrata que sugerem a proliferação de práticas relacionadas a cogumelos. Por exemplo, no centro de culto de Jerf el-Ahmar no norte da Síria, que data de c. 9500-7300 a.C., a professora Danielle Stordeur e sua equipe da CNRS-Université,[19] de Lyon, França, desenterraram diversos tabletes de pedra portáteis em meados da década de 1990, com pictografias que hoje são consideradas as mais antigas evidências de uma linguagem simbólica escrita.

Em dois casos, pelo menos (*ver figuras 46a e 46b*), essas inscrições simbólicas incluem o que parecem ser chapéus de cogumelos com longas hastes sinuosas, lembrando uma espécie do grupo Psilocybe. Um exemplo específico mostra o "cogumelo" perto de a) uma cobra que se move para cima, vista universalmente durante experiências psicodélicas; b) um rinoceronte posicionado verticalmente, que, como já foi proposto, pode representar a sensação de virilidade masculina; e, incrivelmente, c) um abutre estilizado com asas estendidas, que se afasta voando dos outros três símbolos.

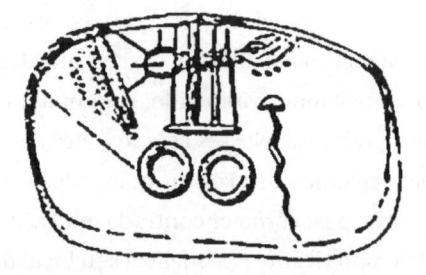

Figs. 46a e 46b. Dois exemplos de tabletes com inscrições do sítio neolítico pré-cerâmico de Jerf el-Ahmar, norte da Síria, c. 8000-7300 a.C. (segundo Stordeur *et al.*), mostrando uma clara relação entre imagens de cogumelos e o culto aos mortos.

Esse tablete de pedra extremamente importante expressa, na minha opinião, a jornada de um xamã que conseguiu se libertar do corpo após a ingestão de cogumelos psicodélicos, ligando todo esse processo não apenas à arte rupestre do Paleolítico, como também ao culto à morte do Neolítico, mostrando talvez que existiria uma origem comum a ambas.

Passando a Nevali Çori, construída na mesma época pelos mesmos indivíduos sem rosto, agora passamos à descoberta feita por Harald Hauptmann, do German Archaeological Institute, de Istambul, de uma cabeça humana em tamanho natural, com um formato bastante ovalado.[20] Como vocês se recordam, no Capítulo Três menciono sua descoberta, em pé num nicho da parede nordeste do local de culto quadrado. Embora não tenha rosto, a parte de trás da cabeça calva – lado que dava de frente para o recinto – é de grande interesse. Aparentemente, tem um rabo de cavalo em relevo; porém, se você prestar atenção, verá que, na verdade, trata-se de uma serpente ondulada que termina, como as pictografias de Jerf el-Ahmar, num chapéu de cogumelo. Afaste um pouco o foco e o conjunto rabo de cavalo/serpente/cogumelo pode ser confundido com um pênis.

O fato de o norte parecer a direção de veneração dos mais antigos templos de pedra neolíticos da região indica que a cabeça de pedra de Nevali Çori simbolizava algum tipo de personificação daquilo a que o arqueólogo alemão Klaus Schmidt se referia, falando de Göbekli Tepe, como uma divindade personalizada, um "ser não terrestre".[21] Não sabemos o que ele era, mas, a julgar pela aparência oval da cabeça e por sua localização na parede noroeste do local de culto, é possível que expressasse a opinião dos construtores a respeito da vida e da morte cósmicas, ou aquilo que os sabeus (*ver Capítulo Três*) chamavam de Causa Primeira.

Ovo, cabeça, serpente, cogumelo e pênis combinam-se para sugerir um interesse multifacetado pela criação cósmica, bem como um conhecimento

Fig. 47. Cabeça de pedra encontrada em Nevali Çori, Turquia, mostrando rabo de cavalo semelhante a uma cobra.

desta, adquirido, sem dúvida, mediante a ingestão de cogumelos psicodélicos. No entanto, essa não é a única imagem relacionada a cogumelos encontrada na região, pois em Göbekli Tepe um dos pilares em forma de T tem, num dos lados, uma série de serpentes com cabeça na forma de cogumelo, quatro descendo sinuosamente e uma quinta subindo na direção destas.[22] Passando para a face plana e frontal do pilar, vemos uma "tapeçaria" de serpentes entrelaçadas com cabeça na forma de cogumelo, oito emergindo no alto e nove na parte de baixo.[23] Não há muitas dúvidas de que se tais imagens aparecessem na arte rupestre do Paleolítico superior, seriam imediatamente classificadas como fenômenos entópticos. Curiosamente, sob o entrelaçado há a inscrição de uma cabra, que pode muito bem ser outro símbolo de virilidade.

À parte esse importante pilar em forma de T, uma pedra encontrada em Göbekli Tepe mostra uma impressionante imagem inscrita com uma mulher de braços finos, cujos seios flácidos sugerem que ela deve ser vista como uma bruxa ou anciã.[24] Mais importante, porém, é que não só a sua genitália está exposta, como

Fig. 48. Pilar ereto em Göbekli Tepe, Turquia, mostrando em sua face frontal um entrelaçado de cabeças de cogumelos (à esquerda), e serpentes com cabeças de cogumelos na sua lateral (à direita), c. 9500-7300 a.C., segundo Harald Hauptmann.

bastante enfatizada, e sua cabeça e cabelos têm a forma exata do píleo ou chapéu hemisférico de um cogumelo. Bem, isso poderia ser um exemplo de arte idiossincrática muito encontrada nas obras do início do Neolítico dessa região, embora nada parecido tenha sido encontrado em qualquer outro lugar. Por outro lado, pode ser também que ela represente algum tipo de espírito matriarcal encontrado durante uma experiência psicodélica, talvez uma devoradora dos mortos, como a deusa hindu Kali, cujo mito e culto incluem elementos sexuais muito poderosos.

Identifiquei todos esses trabalhos artísticos relacionados com cogumelos e encontrados no mundo do início do Neolítico na Mesopotâmia Superior graças apenas a uma observação pessoal, e fiquei agradavelmente surpreso ao saber que outros já haviam detectado exemplos semelhantes não muito longe dali. Citando um exemplo, em seu livro *Food of the Gods* (1992), o escritor e filósofo Terence McKenna chama a atenção para um item curioso descoberto na planície de Konya, perto da cidade neolítica de Çatal Hüyük, no centro-sul da Turquia, e agora no museu arqueológico de Kayseri, na Capadócia.[25] É um estranho ídolo, com um homem de corpo discoidal sobre o qual há dois cogumelos em relevo, que brotam de uma área de forma oval. Os cogumelos têm olhos e bocas, sugerindo que podem significar seus espíritos, um tema encontrado nas estátuas de cogumelos produzidas pelos povos da América Central e do Sul que se alimentam de cogumelos. Embora se presuma que o ídolo de Konya tenha apenas 4.000 anos, ele expressa o uso repetido do chamado simbolismo gêmeo, comum nas obras de arte portáteis encontradas na cidade neolítica de Çatal Hüyük, c. 6500-5500 a.C., próxima dali.

McKenna também menciona a descoberta de inscrições de cogumelos em pedras verdes produzidas pela cultura vinça, que viveu na região do leito do Danúbio c. 6000-3000 a.C.[26] Encontradas na Iugoslávia, são mais uma evidência de um culto dos cogumelos entre povos neolíticos.

O Cogumelo Sagrado e a Cruz

Apesar da falta de evidências concretas sobre o consumo de cogumelos durante o início da era neolítica, John Allegro (1923-1988), conhecido estudioso de línguas semitas e especialista nos manuscritos do Mar Morto, arriscou sua carreira quando anunciou que tinha encontrado amplas evidências filológicas do uso de cogumelos por parte dos sumérios e de seus vizinhos próximos, os acádios. Como mencionei no Capítulo Um, sua civilização, indiscutivelmente a mais antiga do mundo, surgiu na cultura do início do Neolítico responsável por lugares como Jerf el-Ahmar, Nevali Çori, Göbekli Tepe e Karahan Tepe.[27]

O livro de Allegro, *The Sacred Mushroom and the Cross* (1970), de grandes implicações, explorou o críptico simbolismo por detrás do culto dos cogumelos da Mesopotâmia, e concluiu que dois de seus principais motivos eram a cegonha – um evidente símbolo da fertilidade e da nova vida – e, mais importante ainda, do cisne. Para ele, esse pescoço longo e curvo representa a passagem vaginal; seu corpo branco, o útero e suas asas abertas, as tubas uterinas. A palavra latina *cygnus* e grega *kuknos* (também grafada *kyknos*), ambas significando "cisne",[28] eram vistas por ele como derivadas do sumério *gug-nu*, que significa "vagem de semente" ou "vagem do útero", que ele habilmente demonstrou relacionar-se com o cogumelo psicodélico.[29]

Allegro acha que essa conexão cósmica foi passada para a história de Júpiter/Zeus, que assumiu a forma de um cisne e deitou-se com Leda, esposa de Tíndaro. Foi uma união que produziu dois ovos cósmicos; de um deles saiu Helena e Pólux, e do outro Clitemnestra e Castor. Os dois primeiros foram considerados filhos de Júpiter, e os outros dois foram atribuídos a Tíndaro.[30] Para Allegro, isso era um simbolismo inspirado por cogumelos relacionado com a mitologia de gêmeos, do tipo inicialmente visto em obras de arte portátil encontradas em centros de culto neolítico como Çatal Hüyük, e datadas de c. 6500-5500 a.C.

Estendendo ainda mais a conexão, Allegro mencionou o fato de que o *kotereth* hebraico, o *katarru* acádio, ambos significando "cogumelo", também eram usados para descrever o "capitel em forma de cogumelo de um pilar".[31] Isso lembrou-me imediatamente os pilares em forma de T encontrados em centros de culto neolíticos como Göbekli Tepe e Karahan Tepe. Embora essas pedras sejam consideradas pelos arqueólogos como simples suportes decorativos de teto, a semelhança entre algumas delas e cogumelos é inegável (*ver Foto 10*). Possivelmente ligado a isso, há o fato de que, como lembra Allegro, a palavra latina para um implemento em forma de T usado para medir a profundidade de sulcos é *ciconia*, mesma palavra usada em latim para "cegonha", a ave que mais é associada à chegada de recém-nascidos no folclore europeu (um papel que, como vimos, é atribuído ao cisne pelos habitantes do Báltico). A palavra *ciconia*, segundo Allegro, deriva do sumério *gig-ia-u-na*, que significa "vagem de fertilidade", novamente uma referência ao cogumelo sagrado.[32]

John Allegro mencionou dezenas de exemplos filológicos extraídos de uma vasta quantidade de fontes textuais antigas para embasar sua afirmação de que os sumérios e os acádios estiveram experimentando as delícias dos cogumelos mágicos, e essa foi a base de sua religião cósmica, que parece ter girado ao redor do culto a Cygnus. Se estiver correto, então ele terá, indiscutivelmente, decodificado parte da língua raiz por trás do culto neolítico da vida e da morte cósmicas, praticado pelos responsáveis pelo aparecimento das mais antigas civilizações da Mesopotâmia, que começou com a construção de cidades pré-históricas como Eridu, na foz do Eufrates, aproximadamente em 5500 a.C.

A Visão de Rappenglück

O modo exato como tudo isso se relacionava com a visão de Michael Rappenglück sobre a Cena do Poço de Lascaux só foi compreendido plenamente quando ele gentilmente me enviou cópias de seus trabalhos sobre o assunto.[33] Neles, ele comenta que o polo norte celeste permaneceu na vizinhança da Via Láctea entre c. 20500-13200 a.C., atingindo sua maior profundidade nela por volta de 15500 a.C., quando estava perto de Deneb.[34] Ele considera que esse rio celeste era visto, mesmo na época do Paleolítico, como o distribuidor da fertilidade do céu através dos pontos onde ele cruza a eclíptica, ou seja, entre Sagitário e Escorpião, de um lado, e Gêmeos do outro lado do céu.

Rappenglück alega que as subculturas solutreana e magdaleniana da era paleolítica, c. 20000-9000 a.C., possuíam uma visão xamânica de mundo que "podia conectar seus conceitos de viagem astral com o ponto da criação com essa extraordinária situação no céu".[35] Ademais, ele alega que: "Seres humanos... (reis e xamãs em particular – e [na morte] almas e fantasmas) tentaram entrar em contato com o ponto original da criação, para trazerem a essência da vida à terra".[36]

Rappenglück prossegue, identificando o conceito de polo celeste como "lugares especiais de descida e subida, desencarne e corporificação, descritos como lacunas, buracos, canais, penhascos e portas".[37] Originalmente, relacionam-se com uma época em que o primeiro polo celeste concebido foi ligado à Via Láctea. Depois, quando finalmente os dois se separaram em virtude da precessão, Rappenglück diz que os mitos universais falam em termos da "montanha do mundo" que caiu, ou do "moinho do mundo" que foi destruído (e o fuso ou tear que ficou parado, como na história da Princesa Tecelã – *ver Capítulo Dezessete*).[38]

Um mito chinês antigo fala de *Buzhou*, a montanha do mundo, que originalmente tocava o rio *Tianhe*, ou Via Láctea. Por sua rotação, diz-se que ela teria feito um "furo" no leito do rio, ou seja, sob ele, fazendo com que a água caísse sobre a Terra, como numa chuva torrencial. Depois de algum tempo, o dano foi reparado, e as chuvas não vieram mais, pois a montanha não "furou" mais o rio celeste.[39] Diz Rappenglück que isso é uma referência a uma época em que o polo celeste ficava

253

perto da constelação de Cygnus, pois após essa época ele se afastou da Via Láctea na direção de Vega, em Lira.

Todo esse conceito é exibido na cena do homem-pássaro em Lascaux, quando as estrelas de Cygnus ocupavam a posição no alto do polo celeste, proporcionando uma data de construção não posterior a 14500 a.C., época na qual, evidentemente, Deneb tinha transferido seu papel como Estrela Polar para delta Cygni. Segundo os cálculos de Rappenglück, a ave num mastro, símbolo do "eixo do mundo", aponta para o polo norte celeste na latitude de Lascaux, que é de 45 graus e 1 minuto. Sabendo disto, ele conclui: "No mundo todo, símbolos, mitos e ritos de xamanismo ilustraram o conceito da Via Láctea como um caminho para a origem da criação", e que nesse estado de transe o xamã (ou sua alma) conseguia "viajar pelos níveis do cosmos ao longo da Via Láctea".[40]

Tendo mostrado que a estrela delta Cygni (na "asa" esquerda do cisne) ficava a poucos graus de distância do polo celeste nessa época, Rappenglück propõe que os olhos do homem-pássaro, a ave sobre o mastro e o bisão formam um triângulo, constituído pelas estrelas Deneb, Vega e Rotanev (beta Delphini), a segundo estrela em brilho da constelação de Delphinus.[41] É semelhante, embora não seja a mesma coisa, ao Triângulo de Verão de hoje, no qual Altair, em Águia, substitui a estrela Rotanev. Tudo isso faz do homem-pássaro uma imensa superconstelação, com a parte superior do corpo compreendendo as estrelas de Cygnus e Vulpecula, a raposa, e a parte inferior formada pelas estrelas de Águia, Ofiúco (o portador das serpentes), Hércules e Sagitta, a flecha.[42]

A Verdadeira Área da Criação

Embora eu tenha dúvidas quanto à extensão do homem-pássaro de Rappenglück como constelação estelar, preferindo supor que, em Lascaux, Cygnus era representada apenas pela ave sobre o mastro, as implicações de suas descobertas são estupendas, e não poderiam ser resumidas de maneira mais adequada que pelo próprio arqueoastrônomo alemão:

> O homem-pássaro pode ser visto como um xamã que viaja num estado de êxtase pelas camadas do cosmos, ao longo do eixo cósmico e da Via Láctea, e atinge os domínios do outro mundo, a área das estrelas circumpolares e o polo do céu em (...) Cyg[nus], que se situava na Via Láctea em 14500 a.C. e que, portanto, assinala a verdadeira área da criação segundo [a] mente arcaica.[43]

Eis a perfeita confirmação de tudo aquilo que eu estava tentando traduzir em palavras ao longo do livro, e que percebera inicialmente após nossa visita aos templos de pedra mais antigos do mundo no sudeste da Turquia, em maio de 2004 (*ver Capítulos Um e Dois*). De algum modo, embora tenham sido criados por volta de 9500-9000 a.C., esses monumentos expressam uma visão de mundo xamânica que refletia um entendimento cosmológico bem mais antigo, que via Cygnus como a ave da criação no alto do polo celeste. Convenci-me de que este seria o destino presumível da jornada xamânica e suposto local da criação cósmica, um sentimento íntimo que agora se materializava na fascinante obra de Michael Rappenglück.

Se tudo isso estiver correto, então indica fortemente que Cygnus e suas estrelas retiveram sua importância em cosmologias antigas através do planeta graças a seu papel como estrelas polares, entre 15000 e 13000 a.C., aproximadamente. Como resultado dessa crença, culturas e civilizações do mundo todo adotaram, com ou sem conhecimento de causa, mitos da criação que se relacionavam com o firmamento, mas não em sua própria época, e sim quando o gelo cobria grandes áreas da Terra e as Américas estavam fisicamente ligadas ao continente eurasiano.

O Presente de Soma

Como vimos no Capítulo Dezesseis, as civilizações dos rios Saraswati e Indus, provavelmente responsáveis pela criação do *Rig Veda*, teriam origem xamânica. Sabendo disso, é intrigante descobrir que esses textos sagrados, com sua cosmologia profunda, refiram-se constantemente às virtudes da ingestão de um elixir mítico, uma ambrosia dos deuses chamada *Soma*, que era vista como se fosse um deus.

R. Gordon Wasson examinou o *Rig Veda* e concluiu que Soma era, na verdade, o suco extraído do cogumelo *Amanita muscaria*,[44] embora essa teoria tenha sido posta em cheque em época mais recente.[45] Seja qual for a verdadeira identidade de Soma, é bem possível que o extraordinário conhecimento cósmico delineado no *Rig Veda* derive de comunicação direta com inteligências de outros mundos, encontradas pelos iniciados no decorrer de jornadas psicodélicas inspiradas pelo Soma numa época muito anterior.

O que Aconteceu Há 17.000 Anos?

Quando John Allegro viu ligações filológicas entre a experiência com o cogumelo, a forma do cisne e os órgãos reprodutores humanos, ele estava insinuando que isso era um conhecimento que os povos da antiga Mesopotâmia tinham acerca da criação cósmica. Esse conhecimento, pelo que vejo agora, não se originou com eles, mas com o mundo do início do Neolítico, na mesma época humana que nos deixou o legado da arte rupestre da Europa ocidental do Paleolítico superior. Qualquer que tenha sido o grupo que possa ter estado por trás dessa fase crucial da história humana foi, creio, o responsável não só pela invenção da astronomia, há uns 17.000 anos, como também por difundir a cosmologia relacionada com Cygnus pelo continente eurasiano e pelas Américas antes do afundamento da ponte terrestre de Beríngia, no final da última Era Glacial.

Pode até ser que esse profundo conhecimento cosmológico tenha sido levado através do Atlântico congelado pelos povos solutreanos responsáveis pela arte rupestre paleolítica em partes do sul da França e do norte da Espanha, entre 20000-15000 a.C. Imagina-se que tenham sido eles, como vimos no Capítulo Quatro, que levaram para a América do Norte, por volta de 15000 a.C., um tipo muito específico de tecnologia de produção de pontas de flecha que se assemelha ao estilo e manufatura de pontas de dupla face das culturas de Cactus Hill e de Clovis, um pouco posteriores. Será que os solutreanos levaram o conhecimento da vida e da morte cósmicas, que incluía o significado maior da constelação de Cygnus?

Não estou querendo dizer que todos esses povos eram da mesma raça ou cultura, ou que essas ideias se desenvolveram apenas num lugar, mas que havia um conhecimento cosmopolita do firmamento que se espalhou rapidamente pelo continente eurasiano e pelas Américas.

Também não estou presumindo que tudo *tenha começado* há 17.000 anos, ou que Cygnus é o único candidato à fonte da criação cósmica, pois sempre haverá outras maneiras de se entender a origem da vida e seu lugar no universo. Tampouco estou negando que algum conhecimento rudimentar do céu noturno tenha existido antes dessa época, pois há evidências de um culto ao urso, com possíveis conotações astronômicas, em meio aos povos Neanderthal que habitaram os Alpes suíços há uns 43.000 anos.[46] O que *estou* dizendo é que houve uma nítida aceleração em nosso conhecimento do universo há uns 17.000 anos, e que esse fato causou o início imediato de algo que reverberou através de eras, e que até hoje está sendo sentido por nós.

É claro que a interpretação de uma cena de caverna do Paleolítico superior feita por um único estudioso não prova nada. No entanto, o dr. Rappenglück me diz que toda uma nova geração de arqueoastrônomos não só aceita a validade de seu trabalho, como estão encontrando representações de Cygnus e, naturalmente, de outros grupos estelares nas obras de arte rupestre europeias do Paleolítico superior.

O próprio Rappenglück admite que sua inspiração para pensar com essa postura interior surgiu numa palestra de seu mentor, dr. Felix Schmeidler, da Faculdade de Ciências Naturais da Universidade de Munique. Numa conferência sobre arte rupestre paleolítica em 19 de novembro de 1984, Schmeidler perguntou à plateia: "Será que a astronomia tem 17.000 anos?" Rappenglück se dispôs a explorar essa importante questão, e, a julgar por seu trabalho e pelas evidências apresentadas aqui, tenho certeza de que a resposta será *sim*, pois acredito que podemos agora mostrar como e por que Deneb se tornou tão importante para nossos remotos ancestrais.

Mas surgiu um dilema. Será que Cygnus só se tornou importante para nossos ancestrais paleolíticos porque queriam criar um mundo celeste significativo para satisfazer às necessidades espirituais de suas comunidades? Será que seus descendentes perpetuaram, sem querer, um ideal religioso que ficou ultrapassado alguns milhares de anos depois, tal como nosso conceito superado de zodíaco astrológico reflete o céu em seu aspecto de mais de 2.000 anos atrás?* Ou haveria algum motivo profundamente arraigado para que nossos ancestrais acreditassem que a alma humana vem de um lugar do céu cujo acesso se dá mediante um único ponto do firmamento noturno e acaba voltando para lá? Só para *começar* a responder a essa pergunta, vamos agora voltar ao ponto em que paramos no Capítulo Um, com Jeremy Narby sob a influência da beberagem psicodélica *ayahuasca* numa clareira da floresta tropical em algum ponto da Amazônia peruana.

---

* O autor desconhece as diferenças entre o zodíaco natural e o zodíaco fixo. Os indianos trabalham até hoje com um zodíaco cuja distância do ocidental aumenta à razão aproximada de 50" por ano, taxa da precessão dos equinócios, mas ocidentais e orientais fazem interpretações distintas dos mapas levantados. (N. do T.)

PARTE SEIS

COSMOS

CAPÍTULO DEZENOVE

O Segredo da Vida

Há mais de 100.000 espécies diferentes de plantas na floresta tropical sul-americana, e, mesmo assim, os índios ashaninka da Amazônia peruana conseguiram isolar um inibidor de monoamina oxidase (IMAO) que bloqueia as enzimas naturais do corpo que, normalmente, tornam ineficiente o ingrediente ativo da *ayahuasca*, o DMT (N, N-dimetiltriptamina), consumido por via oral. Isso, e o fato de que, juntamente com tantas outras tribos da floresta tropical, os ashaninka têm um conhecimento farmacológico acerca de milhares de plantas e ervas, levou o estudante de Antropologia Jeremy Narby a se perguntar como eles acumularam esse incrível conhecimento do mundo natural.[1]

A resposta dada pelos anciãos da aldeia foi simples. A informação foi passada aos *ayahuasqueros*, os bebedores de *ayahuasca* (vinha dos mortos), pelo mundo espiritual, ou, mais exatamente, pelos próprios espíritos das plantas. Narby não acreditou numa só palavra, e voltou a estudar o estilo de vida indígena da tribo como parte de seu doutorado em antropologia pela University of Stanford. Ele não pensou mais no assunto, até que, certo dia, seu incômodo problema de dor nas costas foi curado instantaneamente por uma beberagem especial, preparada para ele por um dos pajés da tribo. Isso o deixou intrigado, e finalmente ele aceitou o convite para experimentar o que é que os *ayahuasqueros* viam sob a influência da *ayahuasca*.

Televisão da Floresta

Chegou a noite, e, após dar início aos procedimentos aceitando um cigarro enrolado chamado *toe*, que depois ele veio a saber que continha extratos de uma variedade altamente tóxica de pilrito, Narby bebeu rapidamente o coquetel de *ayahuasca*, de horrível sabor, que lhe foi passado. Como era de se esperar, a beberagem fez com que ele alucinasse rapidamente. Seu corpo todo, inclusive mãos, braços e órgãos internos, emitiam luz vermelha, como se ele pudesse enxergar através de sua pele pálida. Sentindo-se subitamente mal, ele se afastou cambaleante da clareira e vomitou. O conteúdo de seu estômago saiu pela boca como se fosse uma cobra vermelha, uma imagem encontrada nas incríveis obras de arte psicodélica do xamã e bebedor de *ayahuasca* peruano Pablo Amaringo,[2] e também em meio a uma ondulante massa de serpentes desenhadas a dedo no teto do "Domo da Serpente", uma câmara de arte rupestre paleolítica na gruta de Rouffignac, perto de Lascaux, em Dordogne.[3]

Para Jeremy Narby, as visões começaram de verdade. Inesperadamente, ele viu diante de si duas cobras com as cores do arco-íris, gigantescas jiboias com corpos que pareciam ter 2 m de diâmetro. Elas estavam cientes de sua intrusão em seu mundo, e passaram-lhe a ideia de que ele era apenas "um simples ser humano", ínfimo em comparação com o universo maior. Querendo voltar à clareira, Narby quase tropeçou nas jiboias, e foi cambaleando até o lugar onde os *ayahuasqueros* aguardavam seu retorno. Eles lhe perguntaram se ele tinha visto a "televisão da floresta", expressão que usavam para descrever as visões causadas pela *ayahuasca*. Quando ele contou o que tinha acabado de presenciar, eles simplesmente fizeram gracejos, dizendo que todos viam cobras, e que ele iria se acostumar com isso.

Mas Narby não se acostumou com isso. Essa, e outras experiências posteriores com a *ayahuasca* – inclusive uma ocasião em que ele efetivamente se sentiu um grande felino, inclusive com fome de sangue (na época, ele era vegetariano) – não lhe permitiram explicar o que estava acontecendo, sensação que se prolongou após o retorno à sua casa, na Suíça. Durante muitos anos, as experiências atormentaram sua memória, e ele começou a ler tudo o que conseguia encontrar sobre os efeitos neurofisiológicos, biológicos e filosóficos do uso de drogas por parte de culturas indígenas do mundo todo. Ele também explorou os trabalhos de gurus do psicodelismo, e estudou a simbologia do xamanismo em sua procura por uma resposta. Quando ela finalmente apareceu, mostrou-se de uma simplicidade espantosa, mas de amplas consequências.

A partir de suas pesquisas, Narby concluiu que a experiência com a *ayahuasca* era independente e real, e que as cobras gêmeas eram a chave para compreender o motivo. Nas artes, na mitologia, na alquimia e na religião, as serpentes aparecem entrelaçadas, como aquelas que se enrolam ao redor do caduceu, a vara do deus clássico Hermes ou Mercúrio. Além disso, ele descobriu que as serpentes gêmeas são vistas universalmente pelos xamãs durante experiências psicodélicas (mais uma vez, veja as pinturas visionárias de Pablo Amaringo), como cordas, videiras e escadas que, como já vimos, são auxiliares visuais familiares, usados para se entrar ou sair do mundo celeste.

O Código Genético

Narby tinha certeza de que todos esses símbolos tinham sido criados pela consciência humana a fim de transmitir uma mensagem específica com relação à sua verdadeira natureza, que, conforme lhe dizia a intuição, podia ser resumida a três letras – DNA (ácido desoxirribonucléico), a molécula do gene hereditário que adota a forma da dupla hélice e leva consigo as instruções para formar todo o nosso corpo, criando aquilo que somos e nossa aparência.

Malgrado sua função vital no corpo, não se sabe se o DNA possui algum tipo de consciência de si mesmo ou autopercepção. Mas Narby percebeu que há sempre uma inteligência num nível celular. As células dos genes estão sempre trocando sinais entre elas na forma de proteínas, e esses dados básicos dizem às outras células se devem se dividir ou não, e a cada instante uma célula recebe centenas de sinais, e precisa tomar a decisão acertada, e é assim que a inteligência funciona.

O que Narby começou a se perguntar foi se seria possível para o DNA não apenas ter um sentido de propósito, como também comunicar-se com DNA fora de seu próprio ambiente celular, ou seja, entre um organismo vivo e outro. Como consciência funcional, ele poderia atuar coletivamente para transmitir informações codificadas entre espécies, a fim de passar ideias específicas, tais como quais plantas são letais, comestíveis ou psicodélicas, ou qual a melhor maneira de cultivá-las. Esse vínculo empático poderia existir entre quaisquer formas de vida – de humanos para plantas, animais para árvores, até humanos para animais, e vice-versa, trocando informações fundamentais e a própria consciência – explicando por que Narby se sentiu, numa dada ocasião, transformando-se num grande felino com intensa sede de sangue.

Sinais Não Locais

Tal ideia torna-se possível graças à teoria quântica dos "sinais não locais", que afirma que certas partículas subatômicas, quando separadas, continuam a se comunicar umas com as outras, mesmo se colocadas em extremos opostos do universo.

Existe um tipo de vínculo inquebrantável entre elas, e por isso a informação é transmitida na forma de sinais instantâneos, causando um processo de ação-reação nos dois sentidos. Por si só, os sinais não locais são, na melhor hipótese, uma curiosidade interessante, mas caso esses sinais entre partículas se multipliquem indefinidamente, criam um meio de geração de consciência e de transferência de informação num nível subatômico, sem nenhum vínculo evidente entre as partes, quer estejamos tratando de moléculas de DNA, quer de formas de vida plenamente desenvolvidas, como nós mesmos.

Assim, os *ayahuasqueros* da Amazônia superior podem muito bem ter razão quando dizem que os "espíritos" das plantas foram responsáveis por ter lhes dado seu vasto conhecimento farmacêutico. Narby propõe que não são espíritos no sentido da palavra que nos passam essas informações, mas algum tipo de consciência quântica do DNA, recebida e interpretada pela nossa mente como uma comunicação visual ou emocional com espíritos "reais". Geralmente, essa transferência de conhecimento se dá, segundo ele imagina, por meio de imagens simbólicas que imitam a estrutura em dupla hélice do DNA, vista como serpentes, cordas, vinhas ou escadas entrelaçadas, que aparecem nas tradições xamânicas do mundo todo.

Os Verdadeiros Deuses deste Mundo

Li o revolucionário livro de Jeremy Narby, *The Cosmic Serpent* (1995), logo após meu retorno do sudeste da Turquia, em 2004. Na verdade, ele me foi recomendado após minhas observações relativas à suspeita de um culto ao cogumelo evidenciadas pela arte do início do Neolítico naquela região. Fiquei atônito diante das teorias de Narby. No entanto, foram as implicações mais profundas de suas descobertas que realmente me entusiasmaram.

Aqueles que passam por experiências psicodélicas costumam acreditar que as realidades alternativas nas quais penetram e os seres inteligentes e sencientes que encontram são objetivamente reais. O antropólogo Michael Harner, por exemplo, experimentou os efeitos do *natemä* (forma equatoriana de *ayahuasca*) com os índios jivaros da Amazônia equatoriana, e fez o seguinte relato de suas experiências:

> Embora acordado, vi-me num mundo situado literalmente além de meus sonhos mais alucinantes. Encontrei pessoas com cabeça de ave, bem como criaturas semelhantes a dragões que explicaram que eram os verdadeiros

deuses deste mundo. Solicitei a ajuda de outros servidores espirituais para tentar voar pelos limites da galáxia. Transportado em transe até um lugar onde o sobrenatural parece natural, percebi que antropólogos, inclusive eu mesmo, subestimaram profundamente a importância da droga sobre a ideologia nativa.[4]

O que faz um homem respeitado, do calibre de Harner, chegar a conclusões tão espantosas? Será que ele realmente voou "pelos limites da galáxia" como imaginou, e encontrou " pessoas com cabeça de ave" e "criaturas semelhantes a dragões", que ele considerou os "verdadeiros deuses deste mundo"?

Duendes Mecânicos

Anos antes, o filósofo e escritor Terence McKenna e seu irmão Dennis viajaram pelas florestas da América do Sul, onde se encontraram com xamãs, ingeriram cogumelos mágicos e beberam e fumaram *ayahuasca* em doses "heroicas". Rapidamente, convenceram-se de que substâncias psicodélicas como a psilocibina e a *ayahuasca* eram veículos que permitiam à mente interagir com outras formas de vida do universo, seja no espaço interior – ou "hiperespaço", como Terence McKenna o chamou – ou no espaço exterior. Ele também ficou espantado com a consistência das experiências, com diversos usuários de DMT entrando num reino estranho, habitado por aquilo que ele passou a chamar de "duendes mecânicos autotransformadores", vistos como esferas incrustadas de pedras preciosas, semelhantes ao cristal, mudando constantemente de forma. Quando extraído, purificado e fumado, o DMT faz com que o usuário entre num reino que tem a aparência de uma sala de cirurgia bem iluminada, onde entidades parecidas com duendes começam imediatamente a examiná-lo, um procedimento semelhante ao cenário clássico de "abdução alienígena".

Sala 531

Devido às leis americanas que proíbem pesquisas com substâncias ilegais, muito pouco se fez sobre o verdadeiro potencial de alucinógenos extraídos de plantas e micetos. Contudo, em 1990, o dr. Rick Strassman, professor adjunto de Psiquiatria da Escola de Medicina da University of New Mexico em Albuquerque, instituiu nos Estados Unidos a primeira pesquisa em 20 anos sobre os efeitos de substâncias psicodélicas sobre o cérebro humano. Ele convidou diversas pessoas a experimentar os efeitos do DMT, e em apenas cinco anos administrou 400 doses de DMT a 60 voluntários saídos dos mais variados setores da sociedade. Suas experiências foram meticulosamente registradas e analisadas.

O que Strassman descobriu durante esse trabalho experimental na Sala 531 – onde os sujeitos recebiam suas doses prescritas e depois esperavam para ver o que acontecia – foi inteiramente inesperado. Um percentual elevado de voluntários entrou consistentemente no que consideraram reinos paralelos, onde entidades semelhantes a duendes ou insetoides mecânicos aguardavam sua chegada. Eles se comunicavam e interagiam com eles em salas médicas futuristas, onde as entidades purgavam freneticamente todas as partes impuras do corpo, uma forma de escarnação astral. Embora algumas das imagens vivenciadas pelos sujeitos de Strassman fossem motivadas por efeitos culturais ou circunstanciais, a maior parte dela era única, com sua própria existência separada.

Em seu controvertido livro *DMT: The Spirit Molecule* (2001), Strassman resumiu a natureza dos encontros aparentemente objetivos entre seus sujeitos e realidades separadas da seguinte maneira:

> Acredito que essas experiências eram alucinações, embora bastante complicadas (...) Contudo, os sujeitos da pesquisa resistiram tenazmente a explicações biológicas, pois essas explicações reduziam a imensidão, a consistência e a natureza inegável de seus encontros. Como alguém poderia acreditar que há porções de tecido cerebral que, quando ativado, emitem encontros com seres, com experimentações e reprogramações?[5]

Os sujeitos também resistiram a outras explicações lógicas para as experiências. Negaram que fossem sonhos lúcidos ou meras alucinações com sentido e propósito simbólico, baseadas em desejos, medos ou problemas não resolvidos. Alguns voluntários simplesmente deram de ombros e aceitaram o fato de que eram os efeitos da droga, mas muitos outros ficaram convencidos de que tinham passado por experiências muito claras e reais, em alguma realidade alternativa que coexiste com a nossa, levando Strassman a admitir:

> Como sua imaginação poderia gerar um cenário que parece mais real do que o estado consciente da vigília? Se foi "real", como a pessoa passa a viver sua vida, sabendo que neste momento há múltiplos reinos invisíveis habitados por formas de vida inteligentes? Quem são esses seres? Qual a natureza de sua relação com os voluntários, agora que fizeram "contato"?[6]

Strassman é um estudioso que, no início, acreditava que as viagens com DMT eram simples alucinações. Mais tarde, porém, chegou à conclusão de que aquilo que seus sujeitos tinham experimentado era bem real. E mais: a sensação de entrar noutro mundo e de se comunicar com entidades sobrenaturais é tão comum em experiências psicodélicas que podemos ter certeza de que tais encontros têm ocorrido em culturas indígenas do mundo todo há milhares de anos. Além disso, se aceitarmos esse fato, não haverá motivo para duvidar que nossos ancestrais do início do Neolítico na Mesopotâmia Superior tenham experimentado as mesmas coisas durante suas supostas viagens ao reino celeste, às quais tiveram acesso pelo eixo celeste, visto como um sinônimo da constelação de Cygnus. Mesmo antes deles, os xamãs do Paleolítico na Europa ocidental devem ter encontrado entidades e coexistências sobrenaturais muito semelhantes, e daí as imagens de quimeras, teriantropos, cobras e antropomorfos (figuras semelhantes a humanos) em cavernas. Mesmo que não tenham visto coisas que nós podemos estar precondicionados a ver sob tais circunstâncias, as experiências centrais, creio, seriam quase idênticas.

Explorando a Panspermia

Se Narby estiver certo e alguma forma de comunicação não local, nos dois sentidos, pode ocorrer em meio à consciência coletiva do DNA de diferentes formas de vida, então o que podemos dizer se a vida não tiver se originado na Terra, como os cientistas estão começando a acreditar? E se o DNA tiver chegado completo a este planeta, com instruções genéticas para criar e fazer evoluir nova vida até seu apogeu? Essa teoria provocante é conhecida como panspermia (que significa "sementes por toda a parte"), conceito proposto já no século V a.C. pelo filósofo grego Anaxágoras de Clazômenas (c. 500-428 a.C.), cidade próxima a Smirna (Izmir), no que hoje é o sul da Turquia. Ele acreditava que as sementes da vida se espalharam pelo cosmos e não são exclusivas da Terra.[7] Mais intrigante ainda é o fato de que Anaxágoras, que exerceu influência sobre Sócrates e portanto sobre Platão, não imaginou essas "sementes" como tendo natureza molecular, mas como verdadeiras sementes contendo a essência da própria vida.

A panspermia teria sido aceita como a verdadeira origem da vida naquela época, não fosse pelo filósofo Aristóteles (384-322 a.C.) ter aparecido com a teoria da geração espontânea da vida sobre a Terra, preferida por aqueles com mentalidade mais racional, e que permaneceu como teoria funcional até o século XIX, quando foi finalmente desaprovada pelo cientista francês Louis Pasteur (1822-1895).

Após o trabalho de Pasteur na microbiologia (que incluiu a descoberta de que doenças infecciosas eram causadas por germes), diversas ideias foram propostas sobre as origens da vida celular, mas foi só em 1903 que a ideia da panspermia tornaria a se manifestar. Nesse ano, o físico e químico sueco Svante Augustus Arrhenius (1859-1927), ganhador do Nobel, escreveu que a vida na Terra surgiu de esporos microscópicos que foram impelidos pelo espaço por algo que, para ele, seria a pressão da radiação de luz estelar.[8]

As teorias de Arrhenius receberam um tratamento mais completo em seu livro *Worlds in the Making* (1908). A obra respondeu a críticas importantes de sua teoria, incluindo a crença de que raios de luz ultravioleta, potencialmente letais, matariam quaisquer esporos microscópicos que existissem no espaço exterior. Ele considerava possível que, em baixas temperaturas, os esporos poderiam permanecer intactos por períodos de tempo extremamente longos, e, em sua opinião final, "todos os organismos do universo se relacionam, e em toda parte o processo de evolução é o mesmo".[9]

Espalhando Esporos

É estranho, mas há evidências da panspermia há quase meio século. Em 1961, um meteorito examinado pelo bioquímico hispano-americano Juan Oro continha microfósseis de um organismo semelhante a algas, conhecido como adenina, bem como os ácidos nucleicos que compõem o RNA (ácido ribonucleico) e o DNA, suficientes para produzir ATP (trifosfato de adenosina), uma importante molécula liberadora de energia em células vivas.[10] Depois, em 1969, descobriu-se que um meteorito que caiu em Victoria, Austrália, continha uma complexa série de compostos orgânicos, inclusive algumas das bases de nitrogênio e de aminoácidos que são os elementos constitutivos do DNA. Testes feitos posteriormente pelo dr. Ron Brown, da Monash University de Melbourne, revelaram que "no meteorito havia formações que lembravam uma forma muito primitiva de estrutura celular".[11]

Isso tudo, é claro, para não falar do hoje famoso meteorito ALH 84001, de 2,5 kg, descoberto na Antártida em 1984, que, examinado, revelou uma variedade de componentes químicos orgânicos, inclusive moléculas de carbono formadas na água e criadas por organismos unicelulares, mantendo-se como "impressões semelhantes a de fósseis de organismos microtubulares e outros".[12] Esse exemplar foi, como sabemos, ejetado de Marte, reacendendo a interminável discussão sobre haver vida ou não no planeta vermelho.

Pegando uma Carona

A panspermia é uma teoria que recebeu forte apoio científico ao longo dos anos. Na década de 1970, o renomado astrônomo inglês Fred Hoyle (1915-2001) e seu colega Chandra Wickramasinghe, nascido no Sri Lanka, reuniram esforços em torno da teoria, propondo que complexos compostos orgânicos podem muito bem ter evoluído em meio a nuvens de poeira interestelares.[13] Eles escreveram que esporos ou micro-organismos interestelares continuaram a cair sobre a Terra na forma de vírus da gripe e de outras doenças que parecem se desenvolver espontaneamente, sem nenhum tipo de mutação comum a partir de uma cepa existente. Esses micro-organismos, segundo alegam, estabelecem-se inicialmente na atmosfera superior da Terra, onde são capturados pelo *Jet Stream*, uma corrente de ar de grande altitude. Mais cedo ou mais tarde, misturam-se com ventos mais baixos que sobem de cadeias montanhosas como os Himalaias, e são levados até as planícies de países próximos, onde os vírus são transmitidos em pouco tempo para aves, animais e, finalmente, seres humanos.

Açúcar do Espaço

Em 2004, surgiu um bizarro desdobramento do debate sobre a panspermia, na forma de um comunicado da NASA à imprensa, bastante revelador.[14] A história afirmava que, usando o telescópio Green Bank, em West Virginia, nos Estados Unidos, astrônomos haviam detectado fracas emissões de rádio, com a assinatura de um açúcar chamado glicoaldeído. Vinham de uma gigantesca nuvem de gás interestelar chamada Sagitário B2, localizada perto do centro da galáxia. Como o glicoaldeído – uma molécula de oito átomos, feita de carbono, oxigênio e hidrogênio – pode reagir e criar os simples aminoácidos necessários para formar a vida, a NASA achou muito provável que os elementos constitutivos da vida existiam antes no espaço exterior, sendo transportados até aqui por um cometa. Essa descoberta foi feita apenas dois anos depois que a "impressão digital" da glicina, um aminoácido simples, foi detectada em três nuvens de gás interestelar, uma das quais Sagitário B2.[15]

Para uma organização espacial do porte da NASA liberar uma informação dessas significa que a panspermia estava agora sendo levada muito a sério. Mas demorou até outubro de 2005 para que a NASA anunciasse finalmente que compostos orgânicos chamados HAP (hidrocarbonetos aromáticos policíclicos) eram não apenas "abundantes no espaço", como – o que é mais importante – tinham mais em comum com a vida na Terra do que se aceitava antes. A revista *New Scien-*

tist informou que Douglas Hudgins e seus colegas do Ames Research Center da NASA, em Moffat Field, Califórnia, iniciaram uma busca por HAPs usando o telescópio espacial Spitzer, lançado de Cabo Canaveral, Flórida, em 25 de agosto de 2003. Suas descobertas iniciais revelaram não apenas que os HAPs existem por toda a galáxia, como também que um grande número deles contém nitrogênio.[16] Por mais que essa descoberta possa parecer banal, compostos contendo nitrogênio são encontrados na clorofila, no DNA e na hemoglobina, um fato que confirma, de certo modo, que organismos baseados no carbono evoluíram originalmente no espaço exterior, viajando depois para nosso planeta.

O Grande Segredo de Crick

Essas ideias podem parecer espantosas, mas no devido momento mostrar-se-ão diretamente relevantes para o mistério de Cygnus. Por enquanto, é hora de examinar o caso de alguém cujo gênio criativo deve muito às explorações psicodélicas: Francis Crick (1916-2004), ganhador do Prêmio Nobel e codescobridor, com seu brilhante colega americano James Watson, da estrutura em dupla hélice do DNA em 1953.[17]

Após sua morte em julho de 2004, aos 88 anos, a imprensa revelou aquilo que muitos já sabiam havia algum tempo. O fato é que Crick não apenas se valia de "pequenas doses" de LSD (dietilamida do ácido lisérgico), conhecido popularmente como "ácido" – uma substância sintetizada que replica os alcaloides psicodélicos presentes em fungos como o ergot e que cresce no centeio – como ele estava "alto" quando desvendou o código do DNA.[18] Com efeito, segundo um antigo colega de Crick, "os acadêmicos de Cambridge usavam LSD em pequenas quantidades como recurso para o pensamento, libertando-os de noções preconcebidas e permitindo que sua genialidade vagasse livremente na direção de novas ideias. Crick (...) visualizou a forma da dupla hélice enquanto estava sob o efeito do LSD".[19]

Essa admissão – que Crick manteve em segredo, ameaçando, em tom de brincadeira, processar qualquer jornal que publicasse a história – é espantosa por si só, embora tenha provocado uma reação acirrada em seus amigos e familiares, que negam o fato. O que não é muito conhecido é o fato de que Crick tornou-se um ardoroso defensor da teoria que ele chamou de "panspermia direta", escrevendo um importante ensaio sobre o tema em 1973, com seu colega Leslie E. Orgel.[20] O ganhador do Nobel escreveu depois um livro popular sobre o assunto, chamado *Life Itself: Its Origin and Nature* [A vida em si: sua origem e natureza, 1981].

A teoria de Crick – que ele defendeu mesmo após admitir, em 1995, que o livro "pode ter sido mal orientado" e "foi um engano escrevê-lo"[21] – diz que a Terra foi semeada originalmente por micro-organismos enviados até aqui do espaço exterior. Crick especulou que colônias inteiras de micro-organismos foram enviadas, talvez mesmo por uma raça de formas de vida inteligente, percebendo que sua própria raça acabaria sendo destruída e sabendo que a maioria não conseguiria chegar até um planeta dotado dos aminoácidos necessários para criar a vida. Contudo, se apenas um chegasse até o alvo, então um ecossistema completo poderia ser criado, replicando, um dia, a vida encontrada no planeta de partida.

Para Crick, a vida na Terra fazia parte de um cenário cósmico mais amplo, levando-o a comentar que "podemos ser parte de uma reserva cósmica de vida selvagem (...) Talvez estejamos aqui sob algum tipo de vigilância discreta, feita por seres superiores de um planeta situado ao redor de alguma estrela próxima. Não está claro como esses guardas florestais cósmicos fariam isso sem que nós os detectássemos (...)"[22] No mesmo tom, ele se indagou: " (...) talvez eles estejam tentando nos enviar algum tipo de sinal", antes de acrescentar, finalmente: "Este assunto é complicado demais para ser desenvolvido plenamente aqui".[23]

Como é que Crick chegou a acreditar nessas teorias fantásticas, que obviamente não repercutiram bem junto a seus contemporâneos? Como sugeriu Graham Hancock de maneira análoga em seu livro *Supernatural* (2005), será possível que ele mesmo tenha sido "reconfigurado" em virtude do uso prolongado de substâncias psicodélicas, que, entre outras coisas, revelaram-lhe a estrutura do DNA, o próprio segredo da vida?[24] Estou certo de que foi sob condições muito semelhantes que ele passou a acreditar na panspermia direcionada, e também no fato de que a raça humana faz parte de um projeto muito maior, envolvendo a existência de entidades muito inteligentes, que, para ele, supervisionam-nos como um pastor que cuida de seu rebanho. E o que ele quis dizer ao sugerir que essas formas de vida podem estar tentando nos enviar "sinais"? Provavelmente, a resposta está no fato de que a verdadeira chave para nossas origens cósmicas pode ser encontrada muito mais perto de casa.

Mensagens em nosso DNA

O DNA é a molécula hereditária, presente no núcleo dos genes de toda forma de vida. No entanto, é fato que quase todo DNA é considerado cientificamente inútil. O genoma humano (ou seja, o DNA e todos os seus genes) tem três bilhões (3.000.000.000) de pares-base de nucleotídeos, que formam a estrutura em cadeia do DNA e do RNA, e essas são dispostas de maneira a formar a familiar dupla hélice, embora apenas 3% representem genes funcionais. Os restantes 97% são considerados "DNA-lixo", só porque sua função não é clara. Isso não significa apenas 97% do DNA dos seres humanos, mas um elevado percentual do DNA de todas as formas de vida (o índice varia de espécie para espécie). O DNA-lixo é apenas aquilo que não produz proteína, pois não contém uma instrução para isso. Só os outros 3% do DNA conseguem se transformar no RNA a fim de produzir as proteínas que constituem aquilo que somos.

A natureza exata do DNA-lixo ainda é um enigma para os biólogos moleculares, mas em agosto de 2004 um artigo revolucionário publicado na revista *New Scientist* pelo físico e escritor Paul Davies propôs que "mensagens" codificadas, com incontáveis milhões (se não bilhões) de anos de idade e de origem extraterrestre, podem estar contidas nos genomas de organismos terrestres.[25] Ali, permaneceram adormecidos até que algo fizesse com que a "mensagem" codificada se revelasse. Davies especula que essas mensagens, os "sinais" de Crick, ganhariam vida graças a "vírus cuidadosamente idealizados", que infectariam células hospedeiras contendo o "DNA carregado com a mensagem".[26]

Como as moléculas do DNA que normalmente instruem o crescimento das células vivas normais são propensas a mutações, qualquer interferência nelas poderia causar erros aleatórios em sua sequência genética, tornando-as completamente inadequadas para alguma revisão. Assim, para minimizar os efeitos das mutações, segmentos imutáveis de DNA teriam de ser usados, e é aí, afirma Davies, que entra o DNA-lixo, pois recentemente se descobriu que certos tipos são conservados exatamente no mesmo formato ao longo de *milhões* de anos.[27] Logo, ele poderia ser afetado por toda sorte de "estranheza genética" sem afetar o desempenho de outras células vivas, que operam de maneira totalmente independente. Como conclui Davies, "se algum ET colocou uma mensagem nos organismos terrestres, com certeza é aí que temos de procurar".[28]

Expansão do Cérebro

A opinião de Paul Davies a respeito da existência dessas mensagens ocultas me parece inferida materialisticamente, com base na visão sombria de Hoyle e Wickramasinghe sobre a epidemia de panspermia. É claro que seria mais simples propor que essas mensagens ou sinais preservam conhecimentos relativos às origens cósmicas da vida, e de como poderíamos entrar em contato com isso. Tais ideias já estão sendo contempladas por astrobiólogos do hemisfério esquerdo, como

Rhawn Joseph, especialista do Neurodynamics Brain Research Laboratory. Ele escreveu que os seres humanos estão à beira de uma "metamorfose cerebral e expansão do cérebro", causada pela ativação de alguma faceta oculta do DNA-lixo.[29] Isso nos faz recordar os efeitos da experiência psicodélica, inclusive a possibilidade de contato com outros mundos e com inteligências vistas como sobrenaturais. Portanto, será possível que drogas psicodélicas abririam aquilo que o filósofo e escritor Aldous Huxley (1894-1963), autor de *Admirável Mundo Novo* (1932) e renomado usuário de mescalina, chamou de "as portas da percepção"?[30] Será que tais substâncias, e não "vírus cuidadosamente idealizados", ativariam o "DNA carregado com a mensagem"?

Túneis Quânticos

Na minha opinião, é alguma qualidade inerte do DNA-lixo que, quando liberada, cria transmissões neurais que abrem caminhos subatômicos antes adormecidos, ou mesmo túneis quânticos que permitem a ocorrência de contínuos sinais não locais. Isso permite ao cérebro funcionar como um receptor de novas informações ou "mensagens", não acessíveis para a consciência humana normal. Embora possa parecer uma teoria ousada, ideias semelhantes relativas ao DNA-lixo sendo usado como vínculo com todas as formas de vida através do hiperespaço foram propostas desde 2001 por dois revolucionários autores alemães, Grazyna Fosar e Franz Bludorf.[31]

Inspirados pelo trabalho do físico finlandês Matti Pitkänen sobre o conceito de "buracos de minhoca" magnéticos,[32] túneis quânticos que ligam dois lugares distintos através do tempo ou do espaço, Fosar e Bludorf agora veem o DNA-lixo como antenas, usando a misteriosa força da gravidade como um vínculo que contém microscópicos "buracos de minhoca", que agem como uma rede de fibras ópticas, processo ao qual se referem como "hipercomunicação".[33] Ademais, eles acreditam que informações e dados são como que recebidos pelo DNA-lixo, e depois transmitidos via a rede neural do corpo até o cérebro, que os transforma em experiências humanas muito reais, do tipo que normalmente é ativado durante estados alterados de consciência.

Abrir as portas da percepção para permitir tal hipercomunicação via túneis quânticos seria como descompactar e configurar um programa de computador que só é aberto quando recebemos o estímulo mental correto. Se isso for certo, então que estímulo mais óbvio poderia haver do que substâncias psicodélicas, livremente disponíveis em plantas e micetos que crescem pelo mundo afora? Com efeito, podemos até dizer que tais plantas existem apenas para nos fornecer essas substâncias, que, segundo Jeremy Narby foi informado, ficaram conhecidas pelos povos indígenas da Amazônia peruana por meio dos supostos "espíritos" das plantas (*ver acima, página 261*).

De modo bem literal, a experiência psicodélica é a chave para libertar o que pode ser descrita como a "consciência cósmica pessoal", e se isso estiver correto, então as possibilidades são infinitas. Comunicações do espaço interior dessa ordem poderiam resultar numa aceleração da evolução muito maior, à medida que novas informações e dados universais forem projetados sobre a mente humana, como um tipo de *download* de programa orgânico.

Fiquei intrigado com as declarações feitas por alguns dos sujeitos de Rick Strassman (*ver acima, página 265*), que achavam que as entidades encontradas durante suas experiências com DMT os estavam modificando ou transformando de algum modo. Um relato, de uma pessoa chamada "Rex", dizia o seguinte:

> Quando fui até lá pela primeira vez, vi criaturas semelhantes a insetos à minha volta. Estavam claramente querendo entrar (...) os insetoides começaram a se alimentar do meu coração, devorando sentimentos como amor e resignação... Não havia sensação de espaço. Tudo estava tão perto de mim... Não sei se eram machos ou fêmeas ou alguma outra coisa, mas eram extremamente alienígenas, embora não necessariamente desagradáveis. Ocorreu-me diversas vezes, com convicção, que estavam manipulando meu DNA, alterando sua estrutura. E depois isso começou a esmaecer. Eles não queriam que eu fosse embora.[34]

Interessante observar que foi o astrônomo e escritor científico Carl Sagan (1934-1996) – usuário regular de maconha –[35] que propôs inicialmente que "talvez as mensagens [de ETI – inteligência extraterrestre] já estejam por aqui, presentes em alguma experiência do cotidiano que ainda não fizemos o esforço mental adequado para compreender".[36] Mais tarde, essa ideia foi explorada por dois biólogos japoneses, Hiromitzu Yokoo da Universidade Kyorin, da cidade de Hachioji, e Tairo Oshima do Mitsubishi-Kasei Institute of Life Sciences, que especularam que essas "mensagens" poderiam ser levadas pelo DNA de um organismo simples, como uma bactéria.[37] Logo, testaram um bacteriófago chamado øX174, um vírus que habita o intestino humano, à procura de uma mensagem de ETIs, mas após estudarem uma seção importante de seu DNA, concluíram que não havia nada lá.

Agora, tem-se a impressão de que esses biólogos japoneses estavam procurando no lugar errado. Se tivessem analisado melhor o DNA-lixo, então é bem provável que teriam feito algumas descobertas notáveis. O próprio Sagan usou a ideia de comunicações instantâneas com ETIs usando uma interface simbólica e geométrica em seu romance *Contato* (1985), transformado depois em filme de Hollywood com Jodie Foster no papel principal. Será que essa ideia inspirada, tão próxima da teoria de Paul Davies sobre o DNA-lixo, surgiu graças ao uso regular que Carl Sagan fazia da maconha? Sinto que a resposta seria *sim*.

A Origem da Vida Noutro Lugar

Na década de 1970, os ÓVNIs eram uma grande novidade, e a possibilidade de se fazer algum tipo de contato com extraterrestres era emocionante. Infelizmente, porém, os modernos encontros e abduções alienígenas, embora de imenso interesse científico, deixaram de confirmar a visão popular de que extraterrestres existem, ou que têm visitado a Terra usando maquinário convencional. Mais desencorajador ainda é o fato de que até agora, nenhum registro arqueológico sugere a intervenção de seres alienígenas na evolução da humanidade. Isso é triste, mas a conexão entre a vida na Terra e o universo é algo que nossos ancestrais pré-históricos aceitavam enfaticamente, e, no Ocidente, teriam continuado a fazê-lo, não fosse pela teoria aristotélica, mais "racional", da criação espontânea da vida na Terra.

Na mitologia chinesa, lê-se que alguns dos primeiros reis da China seriam filhos de deuses estelares,[38] e os reis da antiga Suméria e de Akkad (atual Iraque) usavam o símbolo de uma estrela após seu nome, indicando que eram o produto de uma união divina com seres celestes. Além disso, há a postura, comum a povos antigos do mundo todo, de que embora tenhamos nascido na Terra e sejamos descendentes de um suposto casal humano primordial, nosso verdadeiro eu, nossa alma, origina-se de outro lugar, e após sua libertação pela morte, fica livre para voltar ao lugar de onde saiu. Isso evoca as crenças mágico-religiosas das sociedades xamânicas da Ásia, que consideravam que as almas das crianças ficavam sentadas nos galhos superiores da Árvore do Mundo, onde aguardavam que um xamã as atraísse para encarnarem, ou então a crença folclórica europeia nas cegonhas ou cisnes como entregadores de bebês recém-nascidos neste mundo.

No Capítulo Três, vimos que os mandeus do Iraque e do Irã acreditavam que a alma humana ultrapassava a Estrela Polar, identificada aqui como Deneb em Cygnus, onde entrava num barco celeste que a levava pelo rio cósmico, indiscutivelmente a Via Láctea, até um dos incontáveis "mundos de luz", lar de seus parentes falecidos.[39] Nesses mundos sublimes, governados por "grandes espíritos de luz", elas teriam suas almas purificadas e encontrariam sua própria "*dmutha* ou alma superior".

Depois, temos o trabalho do historiador cultural William Sullivan, que, como vimos no Capítulo Sete, enfatizou a crença andina de que "neste mundo, estamos exilados de nossa terra natal no mundo de cima [*hanaq pacha*]",[40] que fica "lá em cima",[41] no céu setentrional noturno, novamente na direção de Cygnus (embora o Peru fique no hemisfério Sul). Ele comparou esse conceito nativo com o dos naskapi, povo seminômade do Labrador, no Canadá, que "fala da possibilidade de contato entre mundos ao longo da Via Láctea, que eles chamam de 'trilha fantasma' ou 'caminho das pessoas mortas'".[42] Sullivan disse que, para esses povos indígenas, "as almas dos vivos se originam no céu, onde 'descansam no firmamento até reencarnar'".[43] Ideias semelhantes sobre a transmigração da alma estão no cerne de quase toda religião antiga, como a do Egito dinástico, inspirando a crença num céu cósmico, um lugar acessível não só para os espíritos ou almas dos mortos, como também para xamãs que, como vimos, acreditam que podem adentrar o mundo celeste por um "buraco", porta ou portal além do eixo cósmico, situado no norte.

No arquipélago indonésio, diz-se que diversas culturas insulares descendem diretamente de seres celestes. Os posso-todjo toradja, por exemplo, dizem que são filhos de Lasaeo, o "senhor do Sol", que se casou com uma mulher toradja. Mais tarde, ele "voltou para o céu" e seu povo partiu de Pamona, fundando uma linhagem de chefes em Waibinta Luwu.[44] Em Taiwan, o povo tsalisen, que não é chinês, diz que seus ancestrais vieram da Lua,[45] enquanto os kayan e os kenyah dizem que seres celestes criaram o primeiro homem e a primeira mulher na forma de imagens de pedra.[46] Os totemboan dizem que To'ar, um "senhor do Sol", casou-se com uma jovem do povo, Lintjambene, e que o filho dela, Si Marendor, seria metade celeste e metade feito de pedra.[47]

Esses exemplos são dados simplesmente para demonstrar como culturas indígenas do mundo têm acreditado que toda sua existência resulta da vida na Terra ter sido semeada de outro lugar, seja qual for o modo como seus mitos da criação tenham interpretado essa informação. Muitos outros exemplos podem ser citados, como os nativos americanos que apontam para uma estrela e dizem que ela é sua terra natal, ou os povos africanos, inclusive os dogon, de Mali (*ver Apêndice: O Mistério dos Dogon*), que também alegam descender de seres celestes.

A Escuridão entre as Estrelas

Importante aqui não é presumir a realidade de tais relatos, mas sim admitir que, no passado, não se estigmatizava a ideia de que a vida teria se originado no céu. Na verdade, creio que essa era a norma. A abóboda celeste não era apenas a morada dos seres celestes, mas também o lugar da criação cósmica, onde a vida (ou a alma) teria se originado, voltando para lá após a morte, como no conceito judeu-cristão de céu. Bem, e como o mundo começou a acreditar nessa visão da origem cósmica da vida, invariavelmente ligada às estrelas de Cygnus como eixo cósmico e ponto supremo ao norte da Via Láctea?

A julgar pelas evidências apresentadas neste livro, suspeito que os xamãs ou a elite sacerdotal das comunidades pré-históricas teriam dito aos seus povos exatamente isso, pois era graças ao contato entre o xamã e agentes de outro mundo que os antigos aceitavam a natureza universal da vida, o antigo conceito de panspermia. E mais, a perspectiva de substâncias psicodélicas poderem dar à alma humana a possibilidade de atingir um estado de consciência cósmica relacionado com o DNA nos permite ver a experiência xamânica como algo genuíno e real.

A possibilidade de contato extraterrestre apenas num nível neuropsicológico é perfeitamente razoável. Com nossa tosca tecnologia espacial, radiotelescópios inspirados no SETI rastreando minúsculas frações do céu noturno em busca de sinais "alienígenas", e plataformas de pouso bem iluminadas para recepcionar os ÓVNIs, é pouco provável que consigamos fazer contato com uma ETI num curto espaço de tempo. Não será por falta de tentativa, mas simplesmente porque estamos lidando com distâncias imensas entre estrelas. Como disse Carl Sagan em seu livro *Broca's Brain* (1974), as épicas jornadas de espaçonaves como Pioneer 10 e 11, e Voyager 1 e 2, enviadas da Terra e aceleradas com a ajuda gravitacional de Júpiter, vão levar dezenas de milhares de anos para percorrer distâncias interestelares. "A menos que se faça um esforço especial para redirecioná-las", disse ele, "elas nunca entrarão num outro sistema planetário em todas as dezenas de bilhões de anos de história futura da galáxia da Via Láctea. As distâncias entre estrelas são grandes demais. Elas estarão fadadas a perambular para sempre na escuridão entre as estrelas".[48]

O universo é simplesmente grande demais para o atravessarmos usando espaçonaves convencionais, feitas com parafusos e porcas, e a teoria de que um dia poderemos criar "buracos de minhoca" ou produzir "hiperpropulsores" para atravessar a galáxia não é, no momento, nada além de teoria. E esse não é um problema exclusivamente nosso, pois, se houver de fato seres inteligentes lá fora, não acha que eles terão de enfrentar os mesmos dilemas, por mais que sua tecnologia seja avançada?

Em virtude dessa sóbria conclusão, é óbvio que qualquer ETI altamente evoluída "lá fora" teria criado um meio de comunicação e/ou contato com planetas distantes que seria mais ou menos instantâneo. Logo, se quisermos aceitar a panspermia e a ideia de que o DNA-lixo ativado por experiências psicodélicas tem a capacidade de nos "ligar" à consciência cósmica, então isso significará que os seres humanos sempre foram capazes de manter contato com inteligências situadas em qualquer lugar do universo, e que isso pode ter sido uma parte necessária de nossa evolução.

Não estou propondo que a mente humana seria capaz de se projetar pelo espaço para se comunicar com alguma inteligência alienígena noutro sistema solar. Estou dizendo é que existe *algum tipo de consciência universal* capaz de interligar os cérebros de formas de vida à base de carbono, onde quer que elas estejam. Ela não existe no espaço exterior, mas no espaço interior, ou seja, dentro de nossa cabeça, e pode ser imaginada como algum tipo de sala de bate-papo neuropsicológica, onde aparecemos como nós mesmos, e as consciências (ou "espíritos") de entidades visitantes, tanto terrestres como extraterrestres, podem interagir conosco em suas formas originais, ou como "transformantes", seres que assumem a forma que nossa mente considerar aceitável com o propósito de comunicação. Esses vínculos acontecem numa dimensão superior coexistente, situada além do espaço-tempo que nos é familiar, assim como as identidades ou avatares que os usuários assumem num mundo virtual da internet. E, como na internet, estão sempre disponíveis para nós, e sua "ativação" ou "disponibilidade online" ocorre por meio de nosso DNA, sob as circunstâncias corretas, e de forma mais óbvia durante a experiência psicodélica.

A julgar pelas realizações de usuários de drogas e defensores de ETIs como Francis Crick e Carl Sagan, precisamos compreender esse processo, que pode ser importante para a evolução humana. Além disso, devemos nos recordar ainda da conclusão (*ver acima, página 274*) do sujeito de Rick Strassman, "Rex", que afirmou que as entidades que ele encontrou "estavam manipulando meu DNA, alterando sua estrutura". Se for realmente isso que acontece conosco sob tais circunstâncias, então toda a nossa estrutura genética é alterada de alguma maneira, seja temporariamente, seja de modo permanente.

O Lugar do Surgimento

Se o contato não local com seres e mundos sobrenaturais está disponível por meio da ativação do DNA-lixo, então esse é um processo que tem ocorrido desde tempos imemoriais, ou, pelo menos, desde que a humanidade começou a ingerir substâncias psicodélicas. Embora isso possa coincidir com o aparecimento de seres humanos anatomicamente modernos na Etiópia, em data tão remota quanto 195.000 anos atrás, a evidência mais concreta de seu surgimento vem da arte das cavernas do Paleolítico superior na Europa ocidental, entre 32.500 e 11.000 anos atrás (a mais antiga arte rupestre pré-san da África data de c. 25500-23500 a.C.).

Devemos, porém, levar em conta o culto Neanderthal ao urso, com suas possíveis associações astronômicas, por volta de 43.000 anos atrás, bem como a recente descoberta na caverna Blombos da África do Sul, sobre o Oceano Índico, de um pedaço de ocre vermelho com superfície plana, na qual há linhas paralelas inscritas, entre as quais simples rabiscos entrecruzados. É o mais antigo exemplo registrado de arte pré-histórica, e foi desenterrado numa camada que proporcionou uma data na faixa de 77.000 anos AP (antes do presente).[49]

Por algum motivo, cavernas profundas foram extremamente importantes para a evolução da arte rupestre e da religião em meio a nossos ancestrais paleolíticos. Era um ambiente que eles procuravam reiteradamente, e a maneira meio nova como isso pode ter acontecido deverá começar a nos dar algumas respostas reais sobre o motivo pelo qual nossos mais remotos ancestrais consideraram Cygnus como fonte da vida e da morte cósmicas.

CAPÍTULO VINTE

Um Canto Cósmico do Cisne

Por que os artistas das cavernas do Paleolítico superior pintaram alguns de seus mais belos e enigmáticos painéis nos locais mais profundos, às vezes a até centenas de metros da entrada da caverna? Para dar um exemplo, na gruta de Rouffignac, na Dordonha, onde o cômodo conhecido como Domo da Serpente tem o teto fervilhante de cobras pintadas a dedo, há afrescos a até 735 m da entrada. Em Lascaux, perto dali, a Cena do Poço mostrando o homem-pássaro, o bisão e a ave sobre um poleiro, identificada como uma imagem de Cygnus com 17.000 anos de idade, fica num poço de 5 m de profundidade, num local já profundo.

Na gruta de Niaux, em Ariège, na França, só se encontra alguma obra de arte após várias centenas de metros contados a partir da entrada. Para observar as pinturas de Font-de-Gaume na Dordonha, é preciso rastejar por uma passagem estreita com 130 m de extensão para chegar a seus melhores trabalhos, enquanto o descobridor de uma caverna em Montespan, na Alta Garona, teve de percorrer um riacho subterrâneo por quase 1.200 m até encontrar sua arte da Era Glacial. Finalmente, em Tuc d'Audobert, em Ariège, as cavernas decoradas só são acessíveis após jornadas tortuosas, e mesmo assim a arte só é encontrada nas câmaras mais remotas.[1]

Além disso, há o fato de que a forma mais reverenciada de arte rupestre é sempre encontrada na parte mais profunda das cavernas, onde houve pouca atividade humana.[2] Ao contrário da arte rupestre próxima da superfície, ela nunca esmaeceu, um fato que levou Jean Clottes – eminente pré-historiador francês que escreveu muito sobre a arte rupestre paleolítica – a comentar que "as imagens das paredes mantiveram seu poder e... as superfícies sobre as quais foram desenhadas também permaneceram 'sagradas'".[3]

Clottes também percebeu que, começando no chamado período magdaleniano inicial, uma subdivisão da era paleolítica superior, c. 15000-13000 a.C., havia a tendência recém-descoberta de se usar e pintar as seções mais remotas das cavernas, que atingiu o apogeu no período magdaleniano intermediário, c. 13000-11000 a.C., e depois começou a evanescer na fase final do magdaleniano, c. 11000-9000 a.C.[4] Tem-se a impressão de que os magdalenianos, ao contrário de seus antecessores, os gravetianos, tomaram a decisão de pintar mais para dentro das cavernas, e de explorar "cavernas com milhas de extensão, como Niaux, Montespan e Rouffignac".[5]

Mais Profundo, Mais Escuro

Acontecia alguma coisa curiosamente poderosa nas partes mais profundas e escuras das cavernas, e deveria haver uma razão para isso. Uma resposta óbvia estaria relacionada com a ideia da acústica natural, pois algumas seções das cavernas ressoariam melhor com acordes de voz humana do que outras. Investigações em diversos complexos de cavernas revelaram que há padrões significativos de superposição entre a localização de pinturas importantes e a ressonância natural da câmara. Por exemplo, animais de casco costumam ser vistos onde o lugar ressoa com ecos estridentes, enquanto salões mais espaçosos refletem uma ressonância mais grave, provocada simplesmente por murmúrios. Mais no fundo, as estalactites foram identificadas como litofones, pedras que fazem sons de sino quando golpeadas.[6] Embora eu esteja certo de que o som, e o canto rítmico em particular, teriam sido importantes para a visão de mundo paleolítica, essa teoria não explica a predominância de pinturas nos pontos mais distantes das cavernas.

A privação sensorial pode ter tido um papel importante na escolha do lugar onde a arte era criada e as experiências xamânicas realizadas. Quanto mais se avança num sistema de cavernas, especialmente na escuridão virtual ou total, mais desorientada fica a mente, e mais a pessoa se sente isolada do mundo real. Isso, em si, poderia ajudar o xamã a atingir um estado alterado de consciência adequado, mesmo sem o emprego de substâncias psicodélicas.

Outros fatores possíveis, como a necessidade de encontrar telas adequadas para pintar (o que nem sempre era fácil), uma menor ameaça de ataque de animais selvagens (um problema permanente) ou a mera privacidade (daqueles que poderiam vir de abrigos próximos), também devem ter tido seu papel no posicionamento dos murais e na escolha do espaço sagrado utilizado. Contudo, saber que a comunicação com reinos e entidades de outro mundo acabaria tendo um papel importante nos estados de transe dos xamãs fez-me pensar noutras possibilidades. E se os espíritos tivessem dito especificamente aos xamãs onde deveriam ir para realizar seus rituais? Vale a pena lembrar o conceito exposto por Jeremy Narby sobre uma consciência coletiva baseada no DNA, e o fato de que foram os espíritos das plantas que dirigiram os *ayahuasqueros* na hora de escolher os ingredientes a utilizar para criar remédios, bem como a mistura do *ayahuasca*, quimicamente complexa. E se comunicações semelhantes ocorreram nas cavernas da Europa ocidental durante o Paleolítico?

Alimento dos Mortos

Embora nossos ancestrais neolíticos tenham desaparecido há muito tempo, podemos compreender sua postura diante do sobrenatural examinando lendas e histórias referentes à relação entre cavernas e comunicações com espíritos relacionadas com drogas. Por exemplo, a história da descoberta do *iboga* (também conhecido como ibogaína), poderosa planta psicoativa com o nome botânico de *Tabernanthe iboga*, usada pelos seguidores da religião bouiti nativa do Gabão e de Camarões, na África Equatorial, durante suas "missas" no estilo cristão (ou seja, para enganar missionários), é importante nesse debate.

Segundo a história básica da tribo, Bandzioku, uma pigmeia da floresta, perdeu o marido quando ele caiu de uma grande árvore.[7] Inconsolável por não conseguir encontrar o corpo, relutantemente aceitou o costume de seu povo, que é o de se casar com o cunhado. Finalmente, os ossos de seu primeiro marido aparecem inesperadamente numa rede que ela estava usando para pescar. Mas quando voltou à terra firme, os restos foram levados por um animal, forçando-a a seguir o animal para dentro da caverna Kakonangonda. Lá dentro, ela ouviu os espíritos do morto chamando-a, "Bandzioku, você quer *nos* ver?" "Sim", respondeu ela; com isso, os espíritos lhe disseram para comer a raiz da planta que crescia num "canto", e foi assim que o *iboga* tornou-se conhecido da humanidade.

Depois, ela pôde ver e conversar com os espíritos dos mortos, entre os quais o de seu primeiro marido. Ela voltou à caverna em diversas ocasiões, até que, um dia, seu segundo marido a acompanhou, pensando que ela iria se encontrar com alguém lá. Ouvindo sua mulher conversando na caverna, ele ficou aborrecido por não conseguir enxergar nada. Ela então lhe contou sobre a planta *iboga*, e depois de comer suas raízes, ele também conseguiu ver os espíritos, inclusive seu falecido irmão. Nesse momento, os espíritos exigiram o *okandzo* ou oferenda obrigatória, mas o que ele levava consigo não era suficiente. Ele não teve escolha senão abrir mão de sua esposa, que foi sacrificada em homenagem aos espíritos. Voltando à aldeia, o homem criou o primeiro templo bouiti e oficiou como sacerdote, embora os sacrifícios humanos tenham sido abolidos pouco depois, passando então ao sacrifício de galinhas.

Em algumas versões da história, os espíritos dos mortos dentro da caverna dizem a Bandzioku que deve colocar a raiz de *iboga* no alto de um grande cogumelo conhecido como *dfuna*, antes de consumir o *iboga* ou ambos.[8] Um cogumelo chamado *duna* ou *dune* tem sido usado em feitiços pelos fang, principal grupo tribal a praticar bouiti no Gabão e em Camarões. Aparentemente, o fungo se assemelha, em tamanho e forma, a uma cabeça humana (símbolo da alma), e assim era visto como o cérebro do "primeiro homem a morrer",[9] lembrando o uso de crânios no culto neolítico aos mortos. Infelizmente, a falta de conhecimento com relação à espécie exata de cogumelo significa que suas propriedades psicoativas não foram plenamente compreendidas. Dito isso, o etnobotânico e etnomicólogo Giorgio Samorini, que estudou pessoalmente a religião bouiti, conseguiu determinar que o *duna* é ingerido com outros vegetais para induzir visões durante o sono.[10]

Embora essa história da fundação da religião bouiti tenha natureza obviamente mitológica, Samorini acredita que ela se baseia no culto indígena aos mortos (de fato, a palavra *bwiti* significa simplesmente "ancestral"[11]), presumivelmente focalizada na importância de cavernas primordiais como locais de comunicação direta com o mundo espiritual. Ele especula ainda que o uso que os buitistas fazem de raízes de plantas como o *iboga* podem ter substituído um culto anterior baseado em cogumelos, associado aos descendentes dos responsáveis pela arte rupestre de Tassili, na Argélia, que corresponde em idade ao término do período de arte rupestre na Europa.[12]

É claro que a importância do relato dos bouiti reside no fato de que os espíritos que supostamente assombram uma caverna instruem a mulher a vê-los, desde que ela ingira a raiz do *iboga* que cresce no "canto" da caverna. Seria apenas o espírito da planta instruindo-a sobre sua importância, e sobre como esta deveria ser usada dentro da mítica caverna Kakonangonda? O que podemos dizer é que os devotos do bouiti consomem grandes quantidades da substância durante seus bizarros rituais, nos quais os iniciados podem comer *iboga* em colheradas até quatro vezes por dia. É interessante observar que as áreas do templo, ou "igreja", são dispostas de forma a representar o corpo humano. O altar, onde o *iboga* é consumido, corresponde ao crânio, outro vínculo revelador com o antigo culto aos mortos.

O Deus dos Sonhos

Cavernas, visões e drogas também aparecem na mitologia clássica. Segundo o escritor romano Ovídio (43 a.C-17 d.C.), em sua obra *Metamorfoses*, Somnus (*Sono*), filho da Noite, deusa romana da noite e da escuridão, vivia numa caverna escura, onde o Sol "nunca pode mandar seus raios". À sua "porta", ou seja, na entrada, "florescem papoulas dormideiras em abundância, e inumeráveis ervas lá se criam, de cujo sumo a úmida noite extrai os sonhos, e espalha pela Terra sombria".[13] O próprio Somnus era representado como uma figura adormecida num leito de penas, cercado por cortinas pretas. À sua volta, jazem incontáveis "sonhos imateriais" (*somnia*).[14] Aparentemente, os lacedemônios (espartanos) da Grécia antiga colocavam uma imagem de Hypnos, forma grega de Somnus, perto da imagem de seu irmão Tanatos, deus da morte,[15] mostrando a relação entre visões oníricas e a influência da morte.

Nesse mito, encontramos uma referência à papoula psicoativa, da qual é extraído o ópio, bem como uma alusão a ervas que induzem o sono. E mais, enfatiza-se que elas crescem diante da porta, ou seja, na entrada da caverna. O Filho de Somnus, Morfeu, deus dos sonhos, teria assistido seu pai com um punhado de papoulas na mão, reforçando o vínculo com o ópio. Ele apareceria para os sonhadores com o disfarce que a mente destes o recebesse, o que significa que ele mudava de forma, "morfava", o que se reflete na etimologia de seu nome, derivado do grego *morphe* (de onde também derivam *morfina*, um alcaloide extraído da papoula opiácea, também usada para fazer heroína).[16] Geralmente, essa palavra significa "forma", "aspecto", "face". Contudo, de maneira mais reveladora, *morphe* também pode significar "treinamento", "ensinamento", "instrução", "educação" e "aprendizado", perfeitas expressões daquilo que se pode esperar graças a uma interação com inteligências de outros mundos, encontradas em estados alterados de consciência, incluindo-se aqui o sono.

O Som do Silêncio

Diz-se que o palácio subterrâneo de Somnus era uma caverna escura, onde o Sol "nunca pode mandar seus raios", e Morfeu se assegura de que nenhum ruído despertará seu pai ("Não fera, não rebanho ali se escutam, nem ramo algum, que os Zéfiros embalem, nem alterados sons de voz humana; o calado sossego ali reside... Porta alguma há na estância toda: volvendo-se, ranger, bater pudera; ninguém vigia na fragosa entrada."[17])* Por que essa ênfase no silêncio? Naturalmente, o silêncio é extremamente importante para práticas místicas. Citando um exemplo, o grande poeta e iogue tibetano Milarepa (1052-1135) ficou famoso por ter praticado meditação durante muitos anos dentro de uma caverna sagrada, e durante esse período ele fazia uma concha com a mão, aproximava-a do ouvido e escutava "o som do universo", maneira como ele é representado na arte budista tibetana.[18]

Dizem também que o Profeta Maomé teria se retirado numa caverna em busca de isolamento, e nela o arcanjo Gabriel teria aparecido para ele. Nos 23 anos seguintes, Maomé recebeu a palavra de Alá por meio de Gabriel, que o agraciava com sua presença ou fazia soar um sino, após o que sua voz se tornava audível. Foi assim que o santo *Qur'na* (Recitação) veio à luz.

Saraswati permitiu que Brahma ouvisse o Naadabrahmam, o som primordial, simbolizado pela vibração AUM, que sustenta o universo. O AUM (ou OM), personificado como o cisne-ganso Hamsa, ou Kalahamsa, o "Cisne-Ganso da Eternidade", relaciona-se com os estados de vigília, sonho e sono, e compreender seu propósito divino conduz o devoto ao reino superior de *turya*, representado pelo silêncio total. Só nesse estado de meditação é que o iniciado pode ouvir o som primordial que preenche o universo. Precisamos lembrar ainda do Grande Palrador do Egito, o ganso que botou o ovo da criação e fez com que o universo se manifestasse com seu grasnido. Será que isso estaria relacionado com o fato de que a palavra inglesa para cisne, "swan" (*schwan* em alemão) tem ligação com a raiz sânscrita *svanash*, que significa "tom, som",[19] encontrada também no latim *sonare*, "soar", e *sonus*, a fonte da própria palavra "som"?[20]

Já no século VI a.C., o fabulista grego Esopo expressou a crença (obviamente já existente) de que, tendo permanecido em silêncio sua vida toda, o cisne emite um temível grito (alguns dizem *um belo canto*) no momento da morte.[21] Embora essa história folclórica, perpetuada por Sócrates em *Fedo*, de Platão,[22] seja uma fábula, naturalmente, ela atribui ao cisne um som especial associado diretamente ao momento da morte física, o próprio estado de existência que um xamã procura imitar quando está em transe. Entre os aino do Japão, o cisne também estava ligado à morte, ou, mais precisamente, a ritos de morte, pois diz-se que o lamento ou suspiro peculiar que as mulheres emitem quando ocorre uma morte imita o som do cisne.[23] Será que isso estaria associado ao relacionamento entre o cisne celeste e o ambiente do fundo de cavernas para a experiência xamânica?

---

* Vali-me da tradução de Bocage, Editora Hedra, encontrada no Google Books. (N. do T.).

Radiação Cósmica de Fundo em Micro-ondas

É tentador ver a referência repetida ao som na criação e na manutenção do universo como uma percepção sutil da radiação cósmica de fundo em micro-ondas (RCFM). É o resíduo de gigantescas ondas eletromagnéticas, cujo pico se dá na faixa das micro-ondas, criadas pela matéria ardente que ocupou o universo pouco depois de sua formação, há 13,7 bilhões de anos. Ela foi detectada pela primeira vez por acaso, em 1965, embora sua existência tivesse sido prevista desde 1948. É estranho, mas até hoje sua presença pode ser averiguada de modo simples. Ligue seu televisor e tire-o de sintonia até que produza ruído branco; parte da "neve" ou "chuvisco" entre canais é RCFM!

John G. Cramer, autor de livros sobre ciência popular e professor de Física na University of Washington em Seattle, determinou que o *big bang* foi mais um murmúrio profundo do que uma explosão, após sua pesquisa sobre a natureza da RCFM. Na verdade, ele criou arquivos de áudio que, segundo diz, reproduzem o som ouvido ao longo do universo durante seus primeiros 760.000 anos, quando ele tinha apenas 18 milhões de anos-luz de extensão.[24] Nessa época, segundo ele, a radiação de micro-ondas não teria sido audível, e para podermos ouvi-la ele precisou aumentar a escala de frequência em setilhões de vezes.

Os arquivos de áudio de Cramer estão disponíveis na Internet,[25] e o efeito resultante realmente se parece com um avião a jato voando diretamente sobre sua cabeça, após o que a cacofonia estranhamente agradável se reduz a um zumbido de baixa frequência, esmaecendo lentamente com a distância. Isso reproduz a redução nos níveis de frequência com a expansão do universo e o gradual estiramento das ondas sonoras. Até hoje, o processo continua, pois a RCFM se embrenhou na estrutura do universo com as variações de temperatura, que ainda podem ser detectadas hoje.

A vida na Terra está mergulhada em radiação cósmica, e creio que nossos ancestrais diretos não só se conscientizaram dessa RCFM, como a associaram à criação e manutenção do universo. Talvez fosse isso que era "ouvido" no silêncio absoluto de cavernas profundas por iogues como Milarepa. Mas embora seja extremamente possível que figuras iluminadas do passado tivessem consciência da RCFM, a compreensão daquilo que ela representava deve ter vindo de sua interação com a consciência cósmica durante transes xamânicos, talvez induzidos por substâncias psicodélicas ou privação sensorial. Noutras palavras, há razões para acreditar que esse conhecimento pode ter sido adquirido mediante experiências tidas como sobrenaturais.[26]

A verdadeira fonte da RCFM, tão habilmente reproduzida em arquivos de áudio por John G. Cramer, está em toda parte. Quaisquer ideais religiosos que possam ter orientado essa influência para uma área específica do firmamento foram marcados pela compreensão que nossos ancestrais, guiados pela Terra, tinham do universo, vendo Cygnus como indicador do ponto da criação. Em face disso, explica-se a preponderância de mitos da criação que mostram aves que emitem algum tipo de som ou grasnido que causa a manifestação do universo. E mais, proporciona-nos uma solução possível para o modo como o cisne obteve seu antigo nome sânscrito, pois, como Kalahamsa, identificado na astronomia védica com as estrelas de Cygnus, ele se tornou uma expressão ativa do som do universo.

É possível que os vínculos entre cisnes, cavernas e sons preceda em muito a faixa de 15000 a.C. (17.000 anos AP) que estamos analisando (*ver Capítulo Vinte e Dois*), pois duas das mais antigas flautas descobertas até hoje eram feitas de ossos de cisne, um dos quais de cisne-bravo (*Cygnus cygnus*). Foram descobertas numa caverna no vale Ach do Jura, no sudoeste da Alemanha, num nível correspondente a 35.000 anos AP (+/- 2.000 anos), perto de onde outro exemplar, dessa vez feito de uma presa de mamute peludo, foi encontrado depois.[27] Uma flauta mais antiga ainda, feita de um fêmur oco de ursa e datado de 45.000 anos AP, foi descoberta em 1995 numa caverna antes ocupada pelos povos Neanderthal do vale Idrijca, oeste da Eslovênia.[28]

A existência das duas flautas de cisne certamente sugere uma conexão mais antiga entre essa espécie de ave e o uso do som, no mínimo pelo fato de seus ossos serem adequados para a confecção de instrumentos musicais. Mais: pode até ser que a relação entre cisnes e Cygnus recue para antes da época sugerida neste livro.

Culto Siberiano ao Cisne

Aquilo que no início parecia uma evidência de um interesse ainda mais antigo por Cygnus como cisne celeste foi descoberto em 1928 num assentamento paleolítico em Malta, no distrito de Bratsk, a uns 85 km de Irkutsk, no vale de Angara, na Sibéria. Nesse sítio, foi encontrado um grande número de pingentes escavados em marfim de mamute, cada um confeccionado na forma de um ganso em voo, com cabeça e pescoço detalhados, asas truncadas e um furo feito na cauda para que o pingente pudesse ser usado ao pescoço. Os pingentes têm entre 4,5 e 15 cm, e a estimativa de sua idade é de uns 22.000 anos.

Sabendo que o xamanismo relacionado com o cisne era comum na Sibéria – e há evidências de que consideravam Cygnus como um cisne celeste[29] – então a

Fig. 49. Exemplo de um dos muitos pingentes de osso de cisne encontrados no sítio paleolítico de Malta, no vale de Angara, Sibéria. Teriam sido datados de c. 15.000 anos AP.

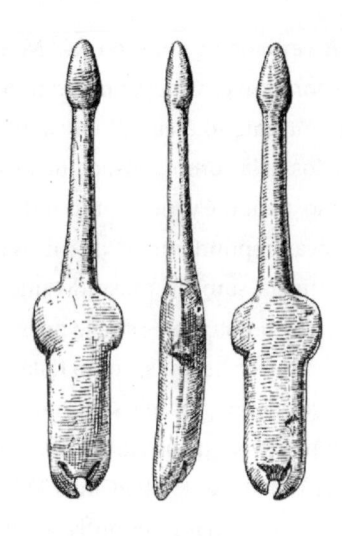

existência dos pingentes de cisne de Angara seria uma importante evidência de um culto a Cygnus anterior a 15000 a.C., especialmente pelo fato de um exemplar ter sido encontrado na sepultura de uma criança, associando-a com a transmigração da alma. Entretanto, após outras escavações no sítio de Malta em 1968, evidências do Carbono-14 obtidas por amostras orgânicas indicam que ele floresceu c. 15.000 anos atrás, por volta da época em que Vega assumiu o lugar de delta Cygni como Estrela Polar. Mesmo assim, essa impressionante coleção de arte é uma evidência concreta de que o culto siberiano ao cisne teve inquestionável origem na Era Glacial. E mais: agora temos evidências de que, no final do Paleolítico, o norte era tido como a direção da terra dos mortos.

Caverna dos Cisnes

Em 2003, foram encontrados os primeiros exemplos comprovados de arte rupestre do Paleolítico superior na Grã-Bretanha (*ver fotos 25-27*). Consistem numa série de inscrições, antes realçadas com um pigmento à base de magnésio, criadas em c. 10800 a.C. dentro de uma caverna chamada Church Hole, em Creswell Crags. É um vale de rio com orientação leste-oeste, contendo diversas cavernas da Era Glacial, situadas entre os condados de Derbyshire e Nottinghamshire, no norte da Inglaterra. Veem-se claramente imagens lineares de um íbex, de um cavalo e de um bisão, bem como a cabeça muito bem esculpida de uma íbis, com seu peculiar bico curvo.

As únicas gravações encontradas no longo tubo da parte posterior da caverna, semelhante a um canal de nascimento e localizado a uns 17 m da entrada, bem além do alcance da luz solar, são de um grupo de aves em pé, com pescoços extremamente longos e com as cabeças voltadas para o céu. Uma delas, sem dúvida, é um alcaravão ou galinhola real, espécie conhecida por erguer o pescoço dessa maneira. Contudo, à sua esquerda vemos uma ave com qualidades quiméricas (híbridas), que, embora tenha a cabeça parecida com a do alcaravão, tem também um pescoço longo e curvo, como o de um cisne. Outras aves do grupo são tão abstratas que é impossível identificar sua espécie. No entanto, os próprios paleontólogos observaram a aparência de cisnes desse "painel das aves", levando Paul Pettitt, da Sheffield University, membro da equipe que descobriu a arte rupestre de Church Hole, a comentar: "Dada a presença de pontas de ossos de cisne na época cresweliana [c. 13000-10000 a.C.] em Creswell, talvez essas imagens não nos devam surpreender".[30] Ele acrescentou que a presença dessas pontas, usadas como sovela, pode significar também que penas de cisne eram usadas "como simbolismo e impermeabilização".[31]

Bem na frente do painel das aves, do outro lado da câmara, há um nicho oval, posicionado horizontalmente, dentro do qual há dois pequenos furos circulares. Embora não se conheça a função desse detalhe, aparentemente artificial, provavelmente ele simbolizava um ovo. Essa sugestão ganha forças sabendo-se que bem atrás da cabeça de íbis, perto da entrada da caverna, há uma figura oval delineada em relevo, que pode facilmente ser entendida como um ovo; como a íbis na antiga cosmologia egípcia, ele significa, indiscutivelmente, a criação cósmica. E mais, pelo menos dois exemplares de "vulvas triangulares"[32] foram registrados nas obras de arte da caverna. No entanto, para mim elas se parecem mais com o clássico símbolo do pé de ave, composto por três traços que convergem e se juntam, provavelmente com uma função simbólica dupla.

Foi essa a conclusão da pré-historiadora e arqueóloga lituana Marija Gimbutas (1927-1994), que observou que os signos abstratos de objetos portáteis da Europa e do oeste da Ásia feitos no período Neolítico eram, na verdade, uma linguagem escrita simbólica. Ela identificou o pé de ave como um sinal usado desde o Paleolítico como representação abstrata da Grande Deusa.[33] "Como o triângulo e a ampulheta da regeneração", disse ela, "pés de ave isolados também eram símbolos imbuídos do poder de regeneração."[34] Noutras palavras, não era apenas um símbolo abstrato dos atributos aviários da Grande Deusa, como também uma metáfora visual para a vulva.

A arte rupestre de Church Hole não é apenas uma seleção aleatória de imagens zoomórficas e geométricas. Para começar, duas criaturas retratadas – a íbis e o íbex, uma espécie de bode selvagem – não são nativos da Grã-Bretanha, o que sugere algum tipo de vínculo com a Europa continental, provavelmente com o sul da França e/ou norte da Espanha. Mas migrações de caçadores-coletores seminômades não fazem muito sentido, pois, no final da última Era Glacial, Creswell Crags estava na extremidade dos campos de gelo setentrionais, que cobriram boa parte da Grã-Bretanha e do Hemisfério Norte durante 30.000 anos. Por que essas pessoas, nativas de climas mais quentes, haveriam de ir até lá para criar obras de arte rupestre ao estilo continental?

Se, por outro lado, a arte foi obra dos habitantes de Creswell, então por que estariam desenhando criaturas de lugares distantes, pois, se grupos deles tivessem migrado para os lugares onde hoje se situam a França e a Espanha (lembre-se de que não existia o Canal da Mancha naquela época), seria pouco provável que voltassem sem um bom motivo. Tudo isso indica que Creswell Crags era, de algum modo, importante para eles, no mínimo por sua posição no extremo norte, além do que havia apenas uma terra árida e inóspita.

A maior pista vem do fato de que apenas as cavernas do lado norte do vale parecem ter sido usadas como locais de habitação comunitária. Em contraste, aquelas situadas do lado sul, das quais Church Hole é o melhor exemplo, não apresentaram quase nenhuma evidência de ocupação, apenas as obras de arte mencionadas antes e uns poucos artefatos portáteis escavados durante explorações no século XIX. Esse enigma levou Paul Pettitt a especular, de modo bastante enigmático, que "o lado norte do vale era a terra dos vivos, enquanto o sul era algo bem diferente".[35] Sem se dar conta, ele estava, na verdade, sugerindo que as cavernas do lado sul do vale podem ter sido reservadas para atividades ritualísticas, associadas ao mundo dos mortos. Se isso for correto, confirma-se perfeitamente a ideia de que os povos do Paleolítico superior identificavam o norte, para o qual Church Hole está voltada, como a direção do outro mundo.

Curiosamente, até agora a única gravação encontrada no lado norte do vale é o clássico pé de ave com três dedos apontando para cima, maneira com que é representado universalmente (exceto no caso do símbolo bárdico Awen, que é invertido). Vemos isso na caverna Robin Hood, um grande abrigo de pedra que, segundo se imagina, teria sido usado como alojamento comunitário.

De Frente para o Norte, as Estrelas de Cygnus

Ao entrar na Church Hole pela primeira vez, em setembro de 2005, percebi imediatamente que ela está orientada para o norte, e que, do interior da caverna, mesmo com um piso mais baixo do que na época paleolítica, cria-se uma pequena janela de visão acima do penhasco situado do lado oposto. Cálculos posteriores demonstraram claramente que Deneb, então circumpolar nessa latitude, teria sido visível da caverna ao atravessar o meridiano em seu trânsito inferior por volta de 10800 a.C.[36] Estaria isso relacionado com a probabilidade de a caverna ter sido usada para práticas rituais envolvendo o mundo dos mortos? A cabeça de íbis, magistralmente entalhada, contempla eternamente o norte, o objeto ovoide visível atrás dela. Essas imagens significariam a direção da vida e da morte cósmicas? Em caso afirmativo, por quê?

É fácil imaginar esse lugar rochoso ainda assolado por invernos gelados, com cisnes migrando anualmente para lá, provavelmente do sul da França e norte da Espanha. Por volta de 10800 a.C., quando a arte foi criada, suspeito que o cisne já estaria associado com Deneb, visto pelos povos da região como a suprema Estrela Polar. Estudos sobre migrações de pássaros revelaram que certas espécies – especialmente aquelas que, como os cisnes, voam principalmente à noite (razão pela qual o folclore europeu costuma associar os cisnes com a Lua[37]) – identificam e usam certos grupos estelares para navegar e chegar a seus locais de acasalamento ao norte.[38] Essa informação é usada para recalibrar a bússola interna dos pássaros durante suas paradas para descanso. Na verdade, se eles não descansarem o suficiente ao longo dessa longa viagem, muito provavelmente irão se perder.

É curioso, mas os astrônomos perceberam que a Via Láctea tem seu próprio campo magnético, com intensidade de uns cinco microgauss, direcionado ao longo dos braços espiralados da galáxia. Embora a Terra tenha um campo magnético muito mais forte e interfira certamente no campo da Via Láctea, mais fraco, este apontaria diretamente para a constelação de Cygnus e não para o centro da galáxia, como alguns chegaram a pensar.[39] Assim, se uma das constelações circumpolares usadas pelos cisnes e outras aves migratórias para atingir seus destinos ao norte for Cygnus, podemos começar a compreender por que os xamãs do Paleolítico superior associaram esse grupo estelar com o símbolo de um cisne.

Logo, tal como Jeremy Narby pôde se sentir transformando-se num grande felino após ingerir *ayahuasca* na Amazônia peruana, é possível que xamãs vivendo perto de bandos de cisnes conseguissem se sintonizar com a visão que as próprias aves teriam do céu noturno. Como vimos, o xamanismo do cisne é uma prática bem antiga, que sobreviveu até pouco tempo atrás em muitas partes da Ásia.

Embora Church Hole seja apenas uma dentre muitas centenas de cavernas europeias com obras de arte rupestre do Paleolítico superior, quase certamente exemplifica o conceito de comunicação xamânica em cavernas sagradas usando o simbolismo específico de uma ave para representar a vida e a morte cósmicas, bem como a clara conexão, uma vez mais, com as estrelas de Cygnus.

Tudo fazia sentido – o culto paleolítico a Cygnus, a adoção do cisne como sua representação totêmica, e por que a ave passou a ser associada com o som primordial que causou a criação do universo. Mas agora eu estava procurando alguma coisa além desses fatos para explicar mais diretamente por que os povos das eras magdaleniana inicial e intermediária, c. 15000-11000 a.C., começaram subitamente a usar cavernas profundas, como se estivessem respondendo a um chamado pré-histórico à oração.

Senti que deveria haver alguma coisa além da orientação das cavernas para as estrelas, ou do fato de serem usadas para realizar buscas de visões de inspiração sobrenatural, ou para ouvir o som do universo. Retratar representações simbólicas de grupos estelares específicos em paredes de cavernas implicaria numa poderosa conexão entre o céu noturno e o ambiente da caverna, algo que era do conhecimento dos xamãs paleolíticos que frequentavam tais lugares. De algum modo, eles perceberam certa qualidade no ambiente mais profundo das cavernas, algo que os levava repetidas vezes até lá. Ou eles percebiam mudanças neles mesmos, ou aceitaram o fato de que as cavernas estavam exercendo um efeito profundo sobre suas vidas. Seria um sinal de reconhecimento, ou de aceitação, visto em termos da presença do que consideravam a fonte cósmica da vida e da morte.

Mas eu precisava descobrir o que era isso – o que influenciava tanto suas crenças e práticas, fazendo com que se interessassem a tal ponto pela constelação de Cygnus? Durante algum tempo, eu não tive noção do que deveria procurar, mas após muitas pesquisas, finalmente descobri o que acredito ser a resposta.

CAPÍTULO VINTE E UM

Filhos do Cisne

Aconteceu uma coisa fascinante na década de 1980 – algo que colocou em cheque tudo aquilo que os físicos conheciam sobre a natureza do universo. Na época, diversos detectores de partículas situados bem abaixo da superfície da terra estavam sendo usados na Europa e nos EUA em experimentos de longo prazo, destinados a acompanhar a decadência prevista do próton – o núcleo subatômico no coração de todo átomo. Se fosse possível detectar a decadência dos núcleos, então isso ajudaria a provar a Grande Teoria Unificada (GTU), popular na época, segundo a qual todas as forças primárias do universo têm uma única fonte e interação.

Embora essas instalações subterrâneas não tenham obtido uma prova da decadência do próton, encontraram algo totalmente inesperado. Além da decadência muito ocasional dos neutrinos – partículas subatômicas liberadas pelas reações de fusão nuclear no Sol, ou dentro de supernovas – eles registraram, repetidas vezes, a presença de poderosos raios cósmicos provenientes do espaço exterior. Isso apesar do fato de a localização dos detectores, centenas de metros abaixo da superfície da Terra, dever isolá-los de qualquer tipo de radiação cósmica, motivo pelo qual foram construídos em lugares tão profundos. Mas essas instalações começaram a detectar a desintegração de partículas inexplicáveis, que simplesmente nem deveriam existir.

Um desses experimentos foi o NUSEX – na verdade, um cubo de placas de metal e sensores fotomultiplicadores de luz que registram a decadência de partículas subatômicas dentro do Mont Blanc, nos Alpes franceses. Ele começou a registrar esses estranhos raios cósmicos em 1983.[1] Do outro lado do Atlântico, Soudan I, outro detector de decadência de prótons, então recém-inaugurado e construído numa mina de ferro abandonada localizada a 500 m da superfície de Minnesota, também começou a detectar a presença das mesmas partículas cósmicas.[2]

Além disso, pelo menos dois detectores dos chamados chuveiros aéreos intensos ("extensive air showers" ou EAS, em inglês), localizados na superfície, também começaram a detectar o trajeto desses raios cósmicos singularíssimos de ultra-alta energia (UHE) e alta energia (HE), que costumavam aparecer juntamente com a detecção de raios gama provenientes da mesma fonte. Uma dessas instalações se chamava Fly's Eye (Olho da Mosca), construída numa área remota do deserto de Utah, sob o controle da University of Utah. Quando tornou-se operacional em 1981, consistia em 67 espelhos com 1,5 m de diâmetro, apontando para diversas direções, a fim de abranger todo o céu noturno. Cada um dos espelhos estava focalizado em grupos de 12 ou 14 fotomultiplicadores altamente sensíveis, prontos para registrar a passagem de partículas carregadas nas chuvas de partículas que acontecem ao excitarem o nitrogênio da atmosfera.[3]

Juntamente com o dispositivo de EAS na Alemanha Ocidental chamado Kiel,[4] o Fly's Eye registrou explosões imprevisíveis de radiação cósmica entre 1981[5] e 30 de outubro de 1985, quando, sem nenhum aviso, elas simplesmente cessaram. Percebendo que havia alguma coisa espantosa nisso tudo, os físicos começaram a focalizar a atenção na detecção desses singulares "eventos de sinais" de raios cósmicos.

O Mistério de Cygnus X-3

Sua fonte foi facilmente determinada, pois as explosões de atividade flutuavam dentro de um ciclo, ou periodicidade, de 4,8 horas, a singular "impressão digital" ou "sinal", antes registrado em conexão com emissões de raios gama e raios-X de um sistema binário de estrelas (ou seja, duas estrelas em órbita uma ao redor da outra), chamado Cygnus X-3. De fato, Cygnus X-3 – situado a uns 30.000 anos-luz da Terra – é uma das mais brilhantes fontes de raios gama de alta energia de toda a galáxia (*ver foto 28*).[6] Além disso, é uma das mais fortes fontes de raios-X, bem como a mais estridente fonte de ondas de rádio associadas a um sistema binário de raios-X. Fica no meio do plano galáctico, que é um denso agrupamento de estrelas e de nuvens de gás interestelar na região central da Via Láctea. Com declinação de 40 graus 57 minutos e ascensão reta de 20 horas e 32 minutos, Cygnus X-3 – que é invisível a olho nu – está localizada perto de Sadr (gama Cygni),[7] estrela no centro do padrão de cruz de Cygnus.

Cygnus X-3 foi descoberta em 1967, após o advento da astronomia de raios gama. Na época dos "eventos de sinais" anômalos da década de 1980, os astrônomos supuseram, erroneamente, que era um sistema estelar binário de raios-X com baixa massa. No entanto, na década de 1990, a espectroscopia infravermelha (técnica de medição para coletar espectros do infravermelho) levou os astrofísicos a reclassificar Cygnus X-3 como uma binária de alta energia, composto de dois componentes distintos. Um é o que se chama de "estrela Wolf-Rayet", uma estrela realmente maciça, com massa dez vezes a do Sol e um rápido vento estelar. Seu invólucro externo de hidrogênio está sendo sistematicamente furtado pelo intenso campo gravitacional de sua companheira, um objeto compacto e de grande massa situado mais perto do que o diâmetro da estrela maior. Esse processo de "acreção" (ou seja, de furto da companheira), que aquece o gás até milhões de graus, resulta na liberação de quantidades extremas de raios-X, uma forma de radiação cósmica facilmente detectável aqui na Terra.

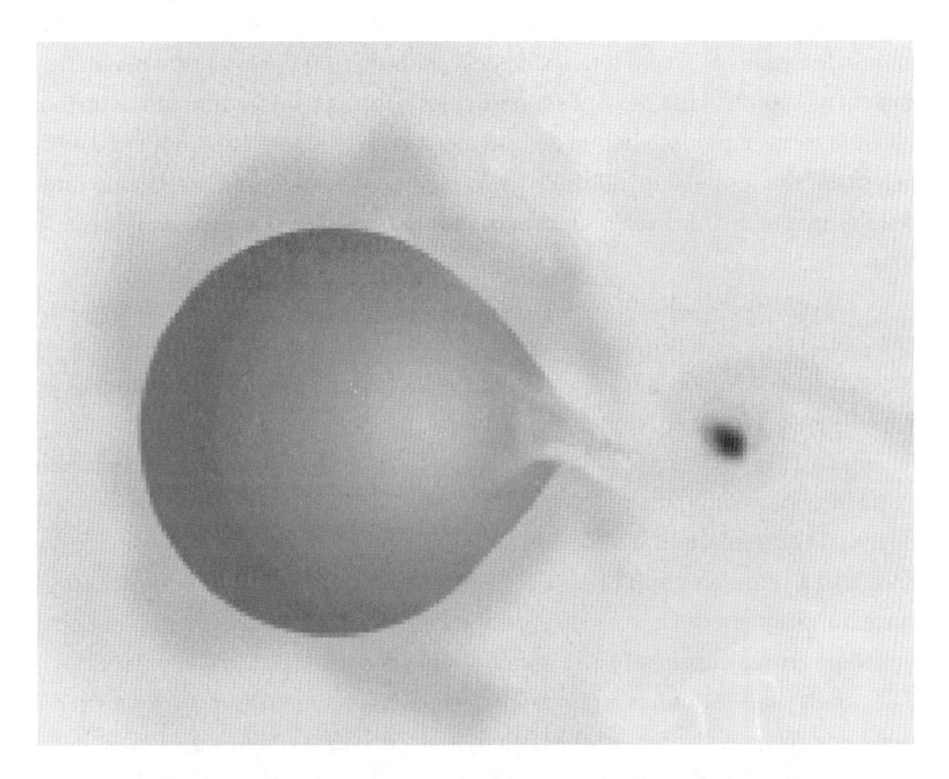

Fig. 50. Representação artística de um sistema binário de grande massa de raios-X, como Cygnus X-3. A estrela compacta (ou um buraco negro, ou uma estrela de nêutrons) furta massa de sua imensa companheira.

Embora mínimo por comparação, o segundo objeto em Cygnus X-3 é um núcleo estelar que entrou em colapso e que se tornou uma "estrela de nêutrons" – literalmente, uma massa imensamente densa de nêutrons, com um diâmetro de apenas 15-20 km – ou um buraco negro. O sistema estelar de Cygnus X-3 pode ser retratado como uma bola de ginástica leve (a estrela Wolf-Rayet) ligada, por meio de uma trilha curva de gás luminoso, a um Frisbee brilhante, reluzente (o disco de gases furtados com a estrela de nêutrons ou o buraco negro ao centro), que faz a bola de ginástica girar uma vez a cada 4,8 horas, uma visão bastante surpreendente, qualquer que seja o seu padrão de comparação.

O Mistério do Cygnet

O maior problema para os físicos foi determinar a natureza dos raios cósmicos provenientes de Cygnus X-3, que rapidamente ganharam o nome de "cygnets", literalmente "Filhos do Cisne", uma expressão que certamente foi usada na década de 1980 por um escritor de ciência popular.[8] O fato de parecerem provir diretamente de Cygnus X-3, sem terem sido desviados do rumo pelo campo magnético galáctico,[9] significa que deviam ser partículas neutras,[10] que, como um neutrino, não têm carga, e por isso não se deixam afetar pelo magnetismo. Como não interagem em sua jornada até a Terra com os pequenos vestígios de hidrogênio interestelar que ocupam o vazio do espaço, também possuem massa praticamente igual a zero.[11]

Tal conclusão, porém, sempre será controvertida, pois significa que os cygnets precisariam viajar muito perto da velocidade da luz, um dos motivos pelos quais os raios cósmicos preservam sua singular periodicidade de 4,8 h através de uma distância tão vasta. A importância disso é que, segundo a teoria especial da relatividade de Einstein, nenhuma partícula pode ser mais rápida do que a velocidade da luz, pois quanto maior a velocidade atingida, mais rápido passa-se o tempo no mundo exterior. Noutras palavras, embora um cygnet viajando de Cygnus possa levar 30.000 anos-luz para chegar à Terra (e um ano-luz – a distância que a luz percorre no vácuo em um ano – vale aproximadamente 9,46 trilhões de quilômetros) no tempo normal, apenas 10 a 15 minutos terão decorrido na vida da partícula.

Ainda mais estranhas foram as incríveis energias cinéticas registradas em relação aos cygnets. Estima-se que é 20 milhões de vezes maior que a energia de massa de um próton em repouso, ou 20.000 vezes mais forte do que qualquer partícula criada num acelerador.[12] John G. Cramer, professor de Física na University of Washington, colocou a questão desta maneira em 1985: "A energia bruta libera-

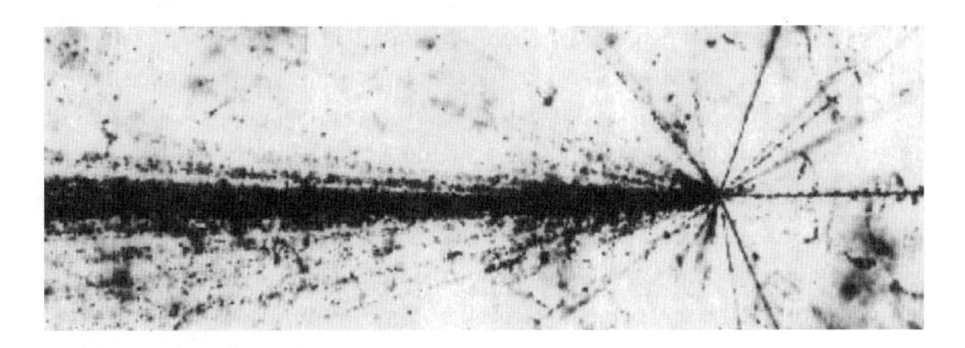

Fig. 51. Micrografia dos rastos de um raio cósmico em emulsão.

da por Cygnus X-3 é dez vezes maior do que a energia encontrada em qualquer outra fonte identificada de partículas de alta energia".[13] Alguns astrofísicos sugeriram que esse nível de energia só poderia ter sido acelerado no espaço por um intenso "feixe de prótons" incidindo sobre a superfície de uma estrela de nêutrons, fazendo com que "uma quantidade significativa de material, na forma de uma fonte de gás", fosse ejetada para fora.[14] Um grupo chegou a descrever esse como o "primeiro sinal direto de (...) aceleração de raios cósmicos dentro da galáxia". Foram comentários fortes, que, como veremos, mostraram-se bastante precisos.[15]

Quanto à natureza dos cygnets, havia quatro suspeitos: fótons, neutrinos, átomos neutros e nêutrons. Mas nenhum deles se ajustou a todos os critérios,[16] o que levou um físico a admitir que o perfil do cygnet "não se encaixa em nenhuma partícula conhecida".[17] Explicações mais exóticas se seguiram. Partículas hipotéticas com nomes como gravitinos, fotinos, áxions, winos, gluinos, monopólos, pepitas quark, squarks e partículas R-ímpar foram propostas como candidatas a cygnets, mas nenhuma fez sentido completo.[18] Sob uma óptica mais conservadora, teorizou-se que os cygnets seriam apenas um tipo mais intenso de raios gama de alta energia, embora geralmente estes produzam apenas 1/300 avos das partículas secundárias geradas pelos cygnets (ver a seguir).[19]

Uma teoria desafiadora concernente à identidade do cygnet foi a de que ele pode ser o hipotético "bóson de Higgs",[20] uma partícula neutra com spin zero, combinando-se com partículas carregadas chamadas bósons vetores W e Z para produzir um "campo de Higgs", visto como o mecanismo para produção de massa. É por isso que o bóson de Higgs ficou conhecido como a "partícula de Deus", pois é, literalmente, a força invisível por trás da criação de elementos constitutivos da matéria.

E então qual, podemos perguntar, é a importância de Cygnus X-3 e seus misteriosos "cygnets" para as teorias apresentadas neste livro? A resposta é simples, pois, se esses raios cósmicos singulares foram registrados durante a década de 1980, e, como veremos, até 2000, então, sem dúvida, não foi esta a primeira vez em que eles bombardearam o planeta, nem terá sido a última. Se for assim, então pode ter sido a presença dos cygnets em cavernas, durante eras passadas, que afetou os padrões de comportamento e a postura de nossos ancestrais paleolíticos, levando-os a isolar o agrupamento estelar de Cygnus como algo significativo, provavelmente durante intensas experiências xamânicas realizadas em subterrâneos profundos.

Não Vejo Cygnets

O conceito de cygnets penetrando na atmosfera da Terra era tão fantástico que, após sua repentina parada em 30 de outubro de 1985, os céticos imediatamente começaram a lançar dúvidas sobre sua própria existência. Foi dito que, embora alguns detectores situados em subterrâneos profundos e dispositivos baseados na superfície para detecção de chuveiros aéreos intensos tenham encontrado os cygnets, outros experimentos semelhantes, situados em pontos geográficos próximos, nada registraram. Mais grave ainda é que novos experimentos de detecção de partículas baseados na superfície e dedicados aos cygnets, não registraram nada de incomum. Isso inclui o CYGNUS Experiment, um amplo detector de chuveiros aéreos intensos situado em Los Alamos, Novo México, construído em 1986 para monitorar raios gama de alta energia provenientes de fontes como Cygnus X-3 e Hércules X-1, um pulsar de raios-X que também produz raios cósmicos de alta energia, embora nem de longe com o mesmo potencial energético.

Apesar da afirmativa de Marvin Marshak, líder do experimento Soudan I da University of Minnesota, de que diferentes geologias e disposição de equipamentos teriam reduzido as chances de outros experimentos registrarem cygnets chegando à Terra,[21] as dúvidas persistiram. Sugeriram até mesmo conduta não profissional por parte dos responsáveis pelas instalações em questão, o que levou todo o tema a ser varrido discretamente para debaixo do tapete. Hoje, muitos físicos de partículas simplesmente não acreditam na existência de partículas cósmicas indefinidas chamadas cygnets, enquanto astrofísicos afastam-se do tema, percebendo que ele se transformou numa batata quente. De fato, para eles a resposta oficial é que nada pode ser provado, e que não existe consenso no fato de Cygnus X-3 ser ou não uma das primeiras fontes confirmadas de raios cósmicos na galáxia.

Sentindo que a história a ser contada seria importante, li numerosos artigos e reportagens sobre a história dos cygnets, e comecei a ver um cenário bem diferente. Para começar, havia muitas evidências a corroborar sua existência, e não se pode negar o fato de que experimentos subterrâneos e de superfície pelo mundo todo detectaram raios cósmicos anômalos com a singular periodicidade de 4,8 horas de Cygnus X-3 na década de 1980.

Mais interessante ainda é o modo pelo qual os eventos de cygnets foram detectados pelos experimentos subterrâneos. Normalmente, partículas primárias ou núcleons de alta energia que atingem a terra, vindos de diversas fontes galácticas ou extragalácticas, dividem-se ao colidir com núcleos de átomos na atmosfera superior da Terra. Por isso, nêutrons e elétrons se afastam dos núcleos atômicos, causando a destruição da partícula primária e o nascimento de partículas secundárias de curta duração, inclusive os chamados mésons ou muons. Estes descem em cascata até a Terra como "chuveiros aéreos intensos", com sua desintegração final acompanhada por um de diversos detectores de superfície espalhados pelo planeta. Muito poucos mésons ou muons têm a chance de penetrar o solo, razão pela qual aceleradores de partículas no subsolo profundo conseguem operar livres da intromissão de raios cósmicos.

O que diferenciou os cygnets nesse sentido foi que eles não só produziram quantidades fenomenais de muons na atmosfera superior, que – de modo nada típico – perfurariam a pedra até o nível dos detectores, conforme ocasionalmente relatado em Los Alamos com relação a Hércules X-1, como algumas das partículas *primárias*, diretamente de Cygnus X-3, estavam penetrando rocha sólida até uma profundidade de "algumas centenas de metros",[22] antes de colidirem com núcleos atômicos e produzirem partículas secundárias. A criação de muons no subsolo profundo foi confirmada por seu ângulo de dispersão, diferente de qualquer coisa monitorada anteriormente por detectores de decadência de núcleons.[23] Foi uma descoberta incrível, pois, como mencionado antes, as únicas outras partículas cósmicas geralmente monitoradas em tais profundidades são neutrinos, quer sejam do Sol, quer sejam de supernovas, que passam pela Terra e por nós sem nenhuma interação perceptível. Nenhum outro corpo estelar produziu, até agora, partículas tão exóticas quanto Cygnus X-3, dando-lhes uma qualidade aparentemente única na física.

Além desses mistérios, descobri que pelo menos dois outros experimentos subterrâneos parecem ter registrado raios cósmicos anômalos provenientes de Cygnus X-3 entre 1986 e 1994. Um foi o detector de chuveiros aéreos Ohya no Japão, situado num túnel a 33 m de profundidade,[24] e o outro foi o detector subterrâneo Gotthard, localizado sob 1.460m de rocha numa caverna no túnel rodoviário S. Gotthard, no meio dos Alpes suíços.[25] Além disso, Soudan II, sucessor de Soudan I, relatou uma série bastante familiar de atividades de muons, coincidentes com o surgimento de grandes emissões de rádio de Cygnus X-3, inicialmente em janeiro de 1991[26] e depois em abril de 2000.[27] De fato, em 1999, a colaboração Soudan II concluiu, num texto publicado, que durante os dez anos iniciais da operação do experimento, entre 1989 e 1999, eles localizaram regularmente partículas cósmicas provenientes de Cygnus X-3, que eles consideraram "ou exóticas interações de primárias conhecidas, ou primárias exóticas, ou fluxos muito intensos de neutrinos ou fótons".[28]

No entanto, mesmo a equipe Soudan II admitiu que o interesse pelo tema tinha praticamente desaparecido, sem outros relatos publicados sobre o assunto ao longo de cinco anos, e o interesse por Cygnus X-3 voltou ao monitoramento de seu registro irregular de emissões de raios-X, raios gama, infravermelho e rádio. De repente, porém, tudo mudou.

Microblazar Encontrado!

Em 1997, Mike McCollough, do Marshall Space Flight Center da NASA, produziu um mapa de rádio de Cygnus X-3 em alta resolução, usando o VLBA (Very Long Baseline Array, ou Sistema de Linha de Base Muito Longa), descrito como "um interferômetro de rádio do tamanho de um continente", que é uma série de telescópios apontando para a mesma direção, combinando seus sinais para produzir resultados mais fortes. No caso do VLBA, há dez antenas de radiotelescópios, cada uma com um disco de 25 m de diâmetro, espalhados desde Mauna Kea, no Havaí, até St. Croix nas Ilhas Virgens norte-americanas, uma distância de pouco mais de 8.000 km.

O que McCullough viu deixou-o muito intrigado, pois havia um jato de partículas unilateral com comprimento de 50 miliarcos de segundo (uma medida da paralaxe, o aparente deslocamento de um objeto contra um pano de fundo em decorrência de uma mudança na posição do observador, com relação à distância), produzido pela estrela de nêutrons/buraco negro de Cygnus X-3 ao agregar insaciavelmente vento estelar alimentado a gás de sua companheira. Esses jatos "relativísticos", como são chamados, já eram conhecidos dos astrofísicos (ver foto 30). Na verdade, são estreitos feixes magnéticos de plasma, ou seja, gás ionizado, e radiação por partículas produzidas por buracos negros e estrelas de nêutrons que se nutrem de gás.

Esses feixes de partículas, considerados uma das mais violentas forças do universo, podem manter suas formas tubulares ou cônicas ao longo de anos-luz de espaço, devido à presença de poderosos invólucros magnéticos. São como inimagináveis faróis, que, quando ativos, destroem tudo em seu caminho, causando poderosas emissões de rádio. Podem também ser comparados a armas cósmicas, disparando barragens de partículas que podem atravessar galáxias inteiras, mantendo sua velocidade, força e impulso de maneira praticamente contínua. Só quando são desviados do caminho pelo campo magnético galáctico, ou rompidos por colisões constantes com as pequenas quantidades de hidrogênio interestelar que existe no vazio do espaço, é que seu progresso é finalmente interrompido.

Embora fosse uma notícia empolgante para um rádio-astrônomo, não havia nada de muito especial nessa descoberta de McCollough. Dois dias depois, porém, o jato relativístico de Cygnus X-3 se estendeu por um arco de 120 miliarcos de segundo, um aumento de proporções apocalípticas, antes de simplesmente desaparecer. McCollough e seus colegas ficaram *muito* excitados, pois testemunharam algo que, para eles, foi um dos eventos mais espantosos já registrados na história da astronomia. Essas descobertas levaram McCollough a anunciar, por meio de um comunicado oficial da NASA à imprensa, em fevereiro de 2000, que Cygnus X-3 era um microblazar (expressão explicada a seguir), pois "estivemos olhando bem para o seu jato",[29] ou, em outras palavras, seu jato de partículas tinha sido apontado diretamente para a Terra.

Fenômenos energéticos dessa ordem, relacionados com um sistema binário de grande massa, geralmente são definidos astronomicamente como "microquasares", uma denominação que Cygnus X-3 merece com justiça[30] (*ver foto 29*). Mas esse jato unilateral pareceu tão poderoso para Mike McCollough que, numa atitude controvertida, sentiu-se tentado a compará-lo com os jatos produzidos por Núcleos Galácticos Ativos (NGA), que, segundo se supõe, seriam buracos negros supermaciços situados no centro de toda galáxia. Inclui-se aí nossa própria galáxia, a Via Láctea, embora se suponha que seu NGA tenha estado adormecido há dezenas de milhares de anos. Sabe-se que os NGAs produzem jatos relativísticos (como M87, ou Virgo A, na constelação de Virgem – *ver foto 30*), e quando esses feixes de partículas são dirigidos para nós, ou seja, quando seu eixo central está alinhado com a Terra, os astrofísicos chamam-nos de blazares galácticos (como 3C279, uma galáxia ativa também localizada em Virgem).

Embora diversas estrelas de nêutrons e buracos negros de nossa galáxia tenham produzido jatos relativísticos espetaculares (como o microquasares SS433 em Águia), nenhum, até então, tinha sido descoberto com o jato dirigido diretamente para nós, classificando-o como um microblazar (ou seja, o irmão menor de um blazar galáctico muito maior). Logo, se Cygnus X-3 deve ser classificado como microblazar, ele é o único observado em nossa galáxia. Mas saber que o mais poderoso acelerador cósmico da galáxia, com um temperamento reconhecidamente violento e pendor para jogar pebolim cósmico, está direcionado para a Terra, talvez não seja a notícia que todos gostariam de ouvir.

O mecanismo exato envolvido na produção de jatos relativísticos tão poderosos ainda não está claro, e nem se sabe se o objeto menor, que faz parte do sistema binário de Cygnus X-3, é uma estrela de nêutrons ou um buraco negro, pois ele não pode, teoricamente, ser as duas coisas (embora alguns astrofísicos tenham sugerido que ou ele é uma estrela de nêutrons com um núcleo exótico, composto daquilo que chamamos de "matéria estranha", formada por partículas subatômicas chamadas quarks, ou é uma "estrela quark", uma estrela em colapso ainda mais compacta, com diâmetro de poucos quilômetros, formada exclusivamente de "matéria de quark estranha"[31]). Além disso, há alguns problemas sérios com relação às descobertas de McCollough, pois em outubro e novembro de 2000, apenas oito meses após ter anunciado de modo retumbante que Cygnus X-3 era um microblazar, radioastrônomos trabalhando para o National Radio Astronomy Observatory (NRAO), nos Estados Unidos, conseguiram três imagens daquilo que parecem ser jatos bipolares saindo de cada lado do núcleo ativo de Cygnus X-3.[32] Isso contrasta com as observações de McCollough no VLBA, que mostram claramente um jato relativístico unilateral dirigido para a Terra.

Nada pode explicar essa discrepância, exceto a sugestão de que o disco de gás "furtado" flutua de tal modo que faz com que os jatos mudem constantemente de posição, como um espetáculo de raios *laser*. Se não for isso, então, de algum modo, Cygnus X-3 consegue expelir jatos em mais de um eixo, uma sugestão reforçada pelo fato de que, em 2002, rádio-astrofísicos confirmaram que ele pode possuir dois tipos de jato – feixes de partículas gêmeos, que emergem de cada lado do eixo central, e um jato de partículas unilateral, que irrompe separadamente.[33]

É quase certo que os jatos relativísticos de Cygnus X-3 sejam a verdadeira fonte de seus singulares raios cósmicos e raios gama de alta energia, que são projetados através do espaço sem qualquer efeito do campo magnético galáctico, até, finalmente, penetrarem a atmosfera da Terra. Na verdade, a ideia de Cygnus X-3 ser um microblazar explica bem aquilo que foi registrado ou previsto em relação aos cygnets, inclusive a maneira violenta como eles conseguiram perfurar rocha sólida pelas primeiras "centenas de metros" antes de se dividirem e formarem muons de curta duração.

É mais significativo ainda observar que os eventos de sinais de Cygnus X-3, que incluem a chegada de raios cósmicos, costumar coincidir com intensos jatos de energia através de um amplo espectro de frequências eletromagnéticas que acompanham a produção de jatos relativísticos. Em outubro de 1985, por exemplo, os raios cósmicos detectados ao redor do planeta e provenientes de Cygnus X-3 (*ver acima*) coincidiram com intensos pulsos de raios gama de alta energia e emissões de rádio,[34] enquanto a incomum atividade de muons registrada pelo experimento Soudan II entre 1991 e 2000 coincidiu invariavelmente com a produção de pulsos de rádio intermediários ou fortes.[35]

Tudo isso diz que, quando Cygnus X-3 lança seus jatos de partículas extremamente estreitos e impelidos magneticamente numa velocidade próxima à da luz, a Terra quase sempre é coberta com diversos tipos de radiação eletromagnética, desde ondas de rádio até raios-X, raios gama, radiação infravermelha e os misteriosos raios cósmicos chamados cygnets.

Houve duas emissões importantes de rádio em 2001,[36] mas desde então Cygnus X-3 tem se mostrado bastante quieto, embora os resultados de um estudo de sete anos sobre as flutuações de suas emissões de raios-X de grande amplitude mostrem que, embora irregulares, os pulsos exibem um padrão subjacente de oscilação com exatos 71 dias.[37] O monitoramento continua, e a grande "explosão" de atividade prevista em 2000 por McCollough, descrita por um autor de ciência como "o próximo *big bang*",[38] ainda está sendo esperado (e veja no Post Scriptum mais notícias sobre as atividades recentes de Cygnus X-3). Quando, finalmente, isso se der, talvez acabe proporcionando a evidência vital de que precisamos para confirmar que Cygnus X-3 é um dos sistemas estelares mais exóticos de toda a galáxia.

Raios Cósmicos na Era Glacial

A pergunta que devemos fazer agora é: como poderosos raios cósmicos de fontes como Cygnus X-3 podem ter afetado a mente paleolítica, fazendo-os reverenciar cavernas profundas como a fonte cósmica da vida e da morte? Uma data de c. 17.000 anos AP considerada o início de um grande interesse em Cygnus por parte de nossos primeiros ancestrais coincide com o momento de virada da última Era Glacial, após o que as camadas de gelo que cobriram a Terra por dezenas de milhares de anos começaram a ceder lentamente. Além de tudo, faz muito tempo que se considera que há uma relação entre a atividade de raios cósmicos e ciclos glaciais. Para citar um exemplo, um grupo internacional de cientistas anunciou recentemente que a intensidade dos raios cósmicos que atingem a atmosfera superior pode afetar a produção de nuvens, levando a alterações no clima do planeta.[39] Isso significa que o planeta torna-se mais vulnerável a raios cósmicos em certos momentos de seus ciclos climáticos de longa duração, refletidos no início e no término das eras glaciais.

Os cientistas conseguem determinar aumentos e reduções nos raios cósmicos que atingem a Terra devido à presença, nos registros geológicos, de um isótopo cosmogênico com meia-vida chamado berílio-10 (Be-10), um subproduto criado quando raios cósmicos incidentes colidem com os núcleos atômicos do nitrogênio e do oxigênio da atmosfera. Essas partículas secundárias repousam sobre os sedimentos de lagos ou mares, ou no gelo polar, ou mesmo em estalagmites e estalactites em cavernas. O Be-10 foi detectado, por exemplo, numa estalagmite removida de um buraco azul subaquático, uma caverna de águas profundas, nas Bahamas, revelando que, entre 45.000 e 11.000 anos AP, quando o buraco azul estaria acima do nível do mar, a Terra foi bombardeada por uma radiação cósmica duas vezes mais intensa do que a atual.[40]

Sobre esse mesmo tema, um núcleo de gelo removido de Summit, na Groenlândia, e examinado pelo Greenland Ice Core Project (GRIP, ou Projeto do Núcleo de Gelo da Groenlândia)[41] em busca de níveis de Be-10, revelou que houve um aumento significativo no índice de raios cósmicos que chegava à atmosfera da Terra, começando por volta de 40.000 anos AP e durando por uns 1.500 anos. Essa informação é confirmada por dados de outro núcleo de gelo, agora de Vostok, na Antártida, que mostra um pico de atividade similar entre uns 39.000 e 37.000 anos AP.[42] Embora o projeto GRIP tenha achado desnecessário conferir os índices de Be-10 entre 18.000 e 11.000 AP, sugere-se que outra onda de atividade teve início perto de 2.0000-19.000 anos AP e tenha atingido seu pico entre 17.000 e 14.000 anos AP. Isso parece certo a julgar pelos resultados do núcleo de gelo de Vostok, que realçam um pico posterior de atividade que parece ter se iniciado em c. 16.000 e terminado uns 13.000 anos AP.

Embora os dados acima derivem de apenas dois núcleos de gelo extraídos de sítios localizados em extremos opostos do planeta, servem para mostrar que tivemos pelo menos dois períodos de intensa atividade de raios cósmicos na última Era Glacial.[43] Se isso for certo, então é bem provável que algum percentual daquilo que estava acontecendo, especialmente durante o pico posterior de atividade, entre 17.000 e 14.000 anos AP, tenha envolvido Cygnus X-3 em seu papel como o primeiro microblazar proposto. É claro que sabemos que o objeto menor do sistema binário tem funcionado, em sua atual posição, como estrela de nêutrons ou buraco negro, furtando rapidamente gases do vento estelar de sua companheira gigante, por uns 700.000 anos.[44] Isso significa que Cygnus X-3 tem lançado jatos relativísticos na direção da Terra por um bom período. Assim, será que Cygnus X-3 teve realmente alguma influência sobre a evolução humana?

Irradiação Cósmica e Evolução Humana

Partículas cósmicas, como neutrinos, passam por nós o tempo todo, e em quase todos os casos não nos afetam. No entanto, dependendo de seu tipo, massa e energia cinética, as partículas secundárias que criam, geralmente na camada superior da atmosfera, chamadas muons, fazem contatos frequentes com nossos núcleos celulares, e quando isso acontece elas podem irradiar, ou seja, danificar ou alterar, nosso DNA, causando mutações genéticas ou mesmo eliminando genomas saudáveis. É o que acontece quando a radiação ultravioleta do Sol produz tumores malignos, ou quando as pessoas ficam seriamente doentes após intensa exposição a outros tipos de radiação, como raios-X, gás radônio produzido geologicamente (*ver a seguir*) e vazamentos de radiação industrial, como os acidentes bastante noticiados da estação de energia nuclear de Three Mile Island na Pensilvânia, EUA, em 1979, e de Chernobyl, na Ucrânia, em 1986.

Durante algum tempo, houve preocupação com o aumento do risco de câncer e de leucemia para quem passa períodos prolongados na atmosfera superior, onde os raios cósmicos são mais intensos. Astronautas e tripulações foram apontados como os mais vulneráveis a raios cósmicos e a raios gama, não apenas no que diz respeito à sua própria segurança, como também ao fato de que podem ocorrer mutações no DNA em seus óvulos ou espermatozoides, que depois serão transferidos para seus descendentes, uma conclusão negada num recente estudo oficial dos efeitos de raios cósmicos sobre células vivas.[45]

Obviamente, o corpo humano tem capacidade para reparar ou substituir células danificadas, e é sempre possível que a exposição a radiações cósmicas possa causar mudanças mais sutis ao longo de um período de tempo muito maior, especialmente sob o solo, onde, na verdade, ela seria menos severa, e por isso poderia ter um efeito mais positivo. Acredito que a exposição prolongada a níveis elevados de raios cósmicos a céu aberto teria um impacto bem diferente sobre o corpo humano – mais intenso, e, em última análise, bem mais nocivo. Embora aqueles que estão na superfície sejam irradiados do mesmo modo que aqueles que estão em locais subterrâneos, é provável que quaisquer mudanças genéticas no corpo humano ocorram rápido e cedo demais.

Minas de Saúde de Radônio

Lembramo-nos aqui das chamadas "minas de cura" de radônio, encontradas hoje em diversos países, inclusive Estados Unidos, Inglaterra, Alemanha e Rússia. O radônio é um gás radioativo, produzido pela decadência natural do urânio em pedras e no solo. A exposição a ele por períodos prolongados pode matar ou danificar células vivas, causando mutações genéticas e câncer. De fato, tem sido citado como uma causa importante de câncer de pulmão em pessoas que vivem em áreas com rochas que produzem radônio. Por contraste, porém, a exposição breve ao gás inodoro pode ser benéfica, aliviando ou até curando problemas dolorosos, como reumatismo ou artrite crônica, bem como problemas respiratórios e doenças de pele. Acredita-se ainda que ele cause curas milagrosas, do tipo que se espera numa visita ao centro de peregrinação de Lourdes, na França.

É por isso que certas minas antigas de urânio espalhadas pelo mundo, que ainda produzem pequenas quantidades de gás radônio, têm se tornado, nos últimos 50 anos, spas de tratamento para aqueles que procuram curas milagrosas. Visitantes de lugares como a Merry Widow Healing Mine de Montana, em Boulder, ou do Earth Angel Radio Gas Mine em Basin, perto dali, descem até um local subterrâneo, e ficam em salas de cura especialmente preparadas durante um período indicado, geralmente entre uma e três horas (com visitas de retorno permitidas em dias consecutivos). Em muitos casos, uma série de exposições mantém ao longe doenças crônicas por até um ano, deixando o paciente livre de medicação. Depois, porém, os sintomas podem voltar a se manifestar, obrigando a novas visitas às minas, com muitas pessoas voltando anualmente ou em anos alternados.

É uma incógnita como doses pequenas de uma substância radioativa como o radônio podem acelerar os processos naturais de cura do corpo. Alguns afirmam que o gás estimula os nervos, o que permite a aceleração do processo de cura. Outros sugerem que ele estimula a glândula pituitária a produzir hormônios saudáveis e esteroides naturais. Muitos veem o processo todo simplesmente como um milagre divino. O mais importante, em nosso ponto de vista, é que não são reportadas só curas milagrosas. Alguns visitantes dizem que experimentam uma sensação de bem-estar e de alegria, quase como se estivessem passando por algum tipo de transformação religiosa.[46]

A razão para ter introduzido este assunto aqui é demonstrar que, embora níveis elevados de radiação – de origem terrestre ou não – tenham invariavelmente efeitos nocivos para o corpo humano, doses bem menores podem ter efeitos benéficos duradouros. Incluem-se aqui a regeneração e a cura celular, bem como uma influência sobre as partes do cérebro responsáveis pela produção de experiências religiosas, provavelmente na região do lobo temporal. Provavelmente, nossos ancestrais paleolíticos perceberam rapidamente que as cavernas que produzem o que hoje chamamos de gás radônio deviam ser evitadas, pois períodos prolongados nelas deixavam as pessoas doentes. Exposições breves dentro delas poderiam ser mais benéficas. Entretanto, haveria muitas outras cavernas para atender a seus propósitos, e estas seriam apenas afetadas por partículas cósmicas chegando ao planeta.

Portanto, é extremamente provável que uma exposição a baixas doses de radiação cósmica, como a que pode ser experimentada num subterrâneo profundo a partir de fontes pontuais como Cygnus X-3, tenha tido efeitos de longo prazo benéficos, que provavelmente não teriam ocorrido sob exposições maciças a radiações cósmicas na superfície. Será que isso incluiria mudanças sutis na constituição biológica, química e neurológica do corpo humano, indiscutivelmente ao longo de muitas gerações, com 70 (ou seja, por volta de 1.500-2.000 anos) sendo a quantidade mínima necessária para que ocorra aquilo que chamamos de mutação de linha germinativa? Tais mudanças poderiam incluir alterações no comportamento e nas ações, bem como um aumento da inteligência e da capacidade, bem como progressos em habilidades criativas e artísticas. Tudo isso poderia inspirar uma forte conexão com cavernas profundas, que assim se tornaram locais de grande santidade, pois eram literalmente vistas como a própria essência da vida.

É uma teoria ousada e extraordinária, e justo quando eu estava me preparando para apresentar Cygnus X-3 como a possível fonte de raios cósmicos durante essa época distante, c. 17.000-14.000 anos AP, vieram-me notícias de uma equipe científica norte-americana propondo quase exatamente a mesma coisa. Como veremos no capítulo final, agora eles também acreditam que jatos relativísticos originários de um microblazar foram responsáveis pela rápida aceleração na evolução humana, no apogeu da última Era Glacial.

CAPÍTULO VINTE E DOIS

A Verdadeira Estrela Divina

O dr. Aden Meinel, professor emérito do College of Optical Studies da University of Arizona, em Tucson, antes no Jet Propulsion Laboratory (JPL) do California Institute of Technology, em Pasadena, é cofundador do Meinel Institute, um centro de estudos científicos baseado em Las Vegas, Nevada. Numa apresentação magistral diante de 500 arqueólogos e estudantes, na noite inaugural da TAG 2005,[1] a conferência do Theoretical Archaeology Group realizada em Sheffield, Inglaterra, entre 19 e 21 de dezembro desse ano, ele comentou que o pico em 40.000 anos AP observado nos raios cósmicos detectáveis pelos registros de berílio-10 no núcleo de gelo da Groenlândia examinado pelo GRIP (*ver capítulo anterior, página 304*), coincidiu com a extinção de certas espécies de animais da Era Glacial e o súbito aparecimento de outras.

Voltando-se então para a evolução humana, Aden Meinel disse ao público um tanto cético que, até uns 40.000 anos AP, a Europa e a Ásia eram o reino do homem de Neanderthal (*Homo sapiens neanderthalensis*), então bem adaptado às condições frias e severas. Depois, surgiu nossa própria espécie, os seres humanos modernos (*Homo sapiens sapiens*), mais ou menos na mesma ocasião em que nossos primos neanderthais desapareceram dos registros fósseis. Sabendo disso, Aden Meinel propôs que a irradiação cósmica, durante 70 gerações ou mais – uns 1.500 anos – fez com que os neanderthais sofressem mutações e se tornassem seres humanos anatomicamente modernos. Noutras palavras, o "evento" de 40.000 anos AP, como ele o chamou, assinalou o surgimento do *Homo sapiens sapiens*, e o fechar das cortinas para a raça Neanderthal.

Por mais que essa teoria pareça ousada e problemática, porém, note que a descoberta do Neanderthal se restringe a pequenos bolsões da Europa, que proporcionaram evidências de datação que recuam a até 30.000 anos AP,[2] mostrando que a raça coexistiu conosco até uns 15 anos após termos chegado naquela massa de terra. Mais intrigante, porém, é o fato de que o registro fóssil apoia claramente a teoria apresentada há uns quinze anos pelo professor Chris Stringer, chefe da Human Origins Programme do Natural History Museum de Londres, que diz que nossos primeiros ancestrais modernos saíram da África, onde a raça ficou isolada durante uns 150.000 anos, e rapidamente começou a povoar a Europa e a Ásia há 60.000 ou 70.000 anos atrás.[3] Assim, grupos de humanos modernos, que antes só conheciam climas quentes ou temperados, decidiram avançar por áreas bem mais frias, perto do limite dos campos gelados, explorando novas regiões de caça situadas além de seus territórios habituais, talvez à procura de feras de porte, como mamutes e bisões. Outros simplesmente seguiram as linhas litorâneas, sempre à procura de novas fontes de alimentos marinhos, chegando inicialmente ao Oriente Médio e depois deslocando-se para o sul da Ásia e, finalmente, para a Austrália, em menos de 10.000 anos.

Dito isso, o súbito aparecimento, na Europa ocidental, de sofisticadas obras de arte rupestre, c. 32.500-30.000 anos AP (*ver abaixo*), é um mistério absoluto, o que tende a sugerir que mudanças no comportamento humano, relativas à criatividade e a representações simbólicas, ocorreram de maneira extremamente rápida, especialmente porque a obra de arte rupestre comprovadamente mais antiga fora da Europa são as placas de pedra pintadas encontradas na caverna Apolo 11 no sudoeste da Namíbia, datadas de c. 25.500-23.500 anos AP. Atribuídas aos ancestrais dos bosquímanos san, há assim uma lacuna séria na arte rupestre africana, pois os exemplares mais antigos depois desses foram encontrados na Caverna das Abelhas em Matopos, Zimbábue, datados de c. 10.500 anos AP. A mais antiga obra de arte rupestre na Austrália, datada de 30000-25000 anos AP, foi encontrada nos abrigos de pedra de Cape York, norte de Queensland. Podem até existir obras de arte rupestre anteriores em regiões da Austrália, embora a datação precisa fique difícil para trabalhos anteriores a 30.000 anos AP.

Apesar da época precoce do aparecimento da arte rupestre na África e na Austrália, fica claro que a arte rupestre europeia desenvolveu-se vários milhares de anos antes, criando impressionantes câmaras subterrâneas repletas de pinturas hipnotizantes. A mais antiga obra de arte rupestre conhecida, datada de

32.500-30.000 anos AP, é encontrada na região de Ardèche, sudeste da França. Ali, na caverna Chauvet, descoberta em 1994, centenas de belas representações de ursos das cavernas, cavalos, bisões, leões das cavernas, mamutes e rinocerontes cobrem as paredes. Há até um torso feminino abstrato e nu, uma "Vênus", pintada sobre a superfície curva de uma estalactite.

Portanto, a arte rupestre europeia permaneceu no mesmo nível de sofisticação até o início do período magdaleniano, c. 17.000-15.000 anos AP, quando se viu um drástico aumento no interesse pelos recônditos mais profundos das cavernas e de seus complexos, principalmente na França e na Espanha. Foi um processo que, como mencionado antes, atingiu o apogeu na metade do magdaleniano, c. 15.000-13.000 anos AP, antes de esvanecer lentamente no final do magdaleniano, c. 13.000-11.000 anos AP.

Embora seja insustentável a afirmação de Meinel de que o *Homo sapiens sapiens* evoluiu a partir da raça Neanderthal, dadas as evidências apresentadas acima, a ideia de que nossos ancestrais distantes podem ter sofrido mudanças genéticas em decorrência da exposição a raios cósmicos, c. 40.000-37.000 anos AP, merece maior análise, especialmente tendo em vista o aparecimento da arte rupestre na Europa pouco depois dessa época. Por isso, vamos examinar agora em detalhes as evidências desse "evento".

O grupo de Meinel determinou, após avaliar os registros de Be-10 do núcleo de gelo da Groenlândia, que o maior nível de irradiação teria ocorrido numa latitude de 65 graus norte (+/- 10 graus), uma linha que compreende o Canadá, o norte da Europa e o norte da Ásia. A influência teria sido decrescente na direção sul, até que, na latitude de cinco graus norte, a exposição teria sido 50% menor, e, em 20 graus sul, uma latitude que compreende a América do Sul, o sul da África e a Austrália, teria se reduzido a zero.

Como sabemos, a singular arte rupestre do Paleolítico superior na Europa ocidental, que surgiu em lugares como a caverna de Chauvet, no sudeste da França, marcou o início de um modo de vida totalmente novo e que se desenvolveu muito rapidamente, passando por poucas mudanças até c. 17.000 anos AP, quando, subitamente, aconteceu alguma coisa importante no mundo inteiro. Encontramos, por exemplo, uma nova compreensão da astronomia (em Lascaux, por exemplo), bem como o uso de um calendário solar com base estelar (China). Essa escala de tempo também coincide com a formulação mundial de um simbolismo mágico-religioso, a difusão de uma cosmologia universal relativa à existência do eixo cósmico, presidido por uma "ave da criação" (ou seja, Cygnus), e possivelmente até viagens transoceânicas (os povos solutreanos atingindo a América do Norte).

Essa repentina explosão de atividade humana, perto do final da última Era Glacial, acabou levando ao aparecimento da agricultura, da metalurgia, da olaria, da cerveja, do vinho, de uma linguagem escrita simbólica e de tudo que associamos com a evolução neolítica, c. 12.000-9.000 anos AP, que ocorreu inicialmente no rio Eufrates da Mesopotâmia Superior, ou seja, no sudeste da Turquia e no norte da Síria. Aqui, na terra bíblica do Éden, ficava o fabuloso "jardim" no qual os supostos progenitores da humanidade foram tentados pela Serpente, vista como um símbolo dos Vigilantes no *Livro de Enoque*. Esses indivíduos míticos, de estatura elevada e compleição pálida, teriam revelado aos mortais as artes e ciências do céu. Também aqui, na Alta Mesopotâmia, os primeiros templos de pedra foram construídos por um povo sem face, c. 11.500-11.000 anos AP, e estes devem ser vistos como os precursores de todas as estruturas retilíneas e curvilíneas construídas posteriormente no mundo. Aconteceu alguma coisa muito profunda no sudeste da Turquia e no norte da Síria durante esse período, e não parece haver muita dúvida de que isso foi uma fase de transição entre as realizações dos artistas rupestres paleolíticos, que criaram as maravilhosas obras de arte na Europa ocidental, c. 32.500-11.000 anos AP, e o início da civilização nas planícies do Crescente Fértil do Iraque, por volta de 7.500 anos atrás. Será que a intervenção de raios cósmicos durante o final do Paleolítico superior, c. 17.000-14.000 anos AP (e até um pouco antes), estaria por trás não apenas da aceleração da evolução humana nesse período, como também da catálise dos eventos da Mesopotâmia Superior, responsáveis pelo próprio nascimento da civilização?

Se tudo isso estiver correto, então explicam-se as descobertas no núcleo de gelo da Groenlândia, que indicam que esse período final de aceleração coincide aproximadamente com o pico de atividade (c. 17.000-14.000 anos AP) realçado pelos níveis de Be-10 (c. 16.000-13.000 anos AP no núcleo de gelo de Vostok). Embora o grupo de Meinel não veja relevância nessa data, pois um exame da fase entre c. 18.000-11.000 anos AP do núcleo de gelo da Groenlândia ainda precisa ser feito pelo GRIP,[4] suas descobertas relativas ao proposto evento de c. 40.000 anos AP refletem exatamente o que estou dizendo quanto ao período de 17.000-14.000 anos AP, quando parece ter ocorrido uma segunda fase de aceleração da evolução humana. Teria havido dois períodos de crescimento rápido causados por uma exposição prolongada à radiação cósmica, o primeiro entre c. 40.000-37.000 anos AP e o segundo em algum momento entre c. 17.000-14.000 anos AP? Se sim, então será que a Terra simplesmente ficou mais suscetível a raios cósmicos nessas épocas, em virtude de alterações nos ciclos climáticos? Ou será que aconteceu um evento especial no espaço em duas ocasiões distintas?

Um Lampejo no Olho do Gato

A fim de tentar responder a essas perguntas, o grupo de Meinel examinou uma janela de 60.000 anos de atividades de raios cósmicos, entre 80.000 e 20.000 anos AP, comparando-a com o ciclo de precessão da Terra, o qual consideraram como tendo 23.000 anos, no lugar dos 26.000 anos habitualmente utilizados. Combinando os resultados com o impacto previsto de raios cósmicos durante longos períodos sobre o campo magnético da Terra, puderam ter um ângulo provável de declinação para o objeto estelar que eles considerariam responsável pela irradiação cósmica. Depois, calcularam as outras coordenadas astronômicas vitais – a chamada "ascensão reta", que é a longitude celeste medida em horas, usando o polo norte celeste como o ponto de rotação do céu. Isso permitiu-lhes isolar uma área de busca com 20 graus de diâmetro na região de Draco, que faz divisa com a região de Cygnus. Ali, varreram o céu à procura de um microblazar, ou seja, um microquasar com jato relativístico direcionado para a Terra, que pudesse ser o responsável pelos raios cósmicos que causaram o aumento dos níveis de Be-10 presentes nos núcleos de gelo. Encontraram apenas um possível candidato, uma nebulosa planetária chamada Olho de Gato (NGC 6543), considerada unanimemente pelos astrônomos como situada a uns 3.300 anos-luz da Terra,[5] embora o grupo de Meinel alegue firmemente que ela fica a apenas 130 anos-luz da Terra.[6]

Nebulosas planetárias nada têm a ver com planetas. São massas de nuvens reluzentes de gás e poeira espalhadas pelo equivalente a centenas ou mesmo milhares de sistemas solares, criadas por uma estrela central agonizante, que, no caso do Olho de Gato, deve ser uma estrela do tipo Wolf-Rayet "O".[7] Há uns 1.000 anos, sua camada externa explodiu, criando duas nuvens ovais de gás que se ligam em ângulos retos, dando à nebulosa a aparência de uma flor. Por trás desses, há nove círculos ou camadas concêntricas, mais leves, supostamente os restos de uma série de convulsões regulares, nas quais o núcleo projetou camadas ainda mais antigas durante um período de uns 13.500 anos. Como nebulosa, Olho de Gato é pequena, e segundo cálculos, sua nuvem de gás teria apenas 1,17 vezes a massa de nosso próprio Sol. Sua estrela central, embora esteja inativa, está destinada, um dia, a se tornar uma supernova antes de formar uma superdensa "anã branca". No entanto, ela ainda possui algumas propriedades interessantes. Por exemplo, sabe-se que o Olho de Gato produz emissões de raios-X brandos,[8] enquanto também parece produzir lóbulos bipolares, ou jatos, que disseminam as nuvens nebulosas nas regiões polares da camada interior.

O grupo de Meinel propôs que o Olho de Gato seria um sistema binário compacto, com um buraco negro que produz jatos, retirando massa da estrela central agonizante. Eles mencionam seu período ativo, deduzido a partir de uma avaliação do halo exterior de gás e poeira, como sendo entre 80.000 e 20.000 anos AP, aproximadamente, o que, segundo eles, se ajusta precisamente com os níveis cíclicos de Be-10 preservados no núcleo de gelo da Groenlândia. Ademais, como eles consideram que a nebulosa está a apenas 130 anos-luz de nós, a tênue capa magnética que mantém coeso o jato teria penetrado facilmente, segundo creem, o sistema solar, irradiando a Terra nesse processo. Logo, em sua opinião, ela se torna a mais provável candidata para aquilo que eles consideram como o período de 1.500 anos de pico de atividade por volta de 40.000 anos AP, que eles consideram como aquele que acelerou a evolução humana.

"Nebulosas Planetárias São Objetos Fraquinhos"

Contudo, essa drástica reavaliação de Olho de Gato encontra pouco apoio entre os principais estudiosos da área. You-Hua Chu, por exemplo, professora e titular do departamento de Astronomia da University of Illinois, que estudou a nebulosa Olho de Gato durante vinte anos, não consegue vê-la mais próxima do que 3.300 anos-luz da Terra. Ela não encontrou evidências convincentes de que seria um sistema binário, ou que suas nuvens nebulosas escondem um buraco negro. Além disso, ela diz que seus lóbulos bipolares, que na verdade não são jatos, aparecem em fotos de raios-X saindo de cada lado da região central, semelhante a uma flor, "o que significa que não os estamos vendo em polos".[9]

Chu esclarece ainda que esses lóbulos bipolares não devem ser confundidos com jatos relativísticos do tipo produzido por microquasares ou blazares galácticos (*ver Capítulo Vinte e Um*). Embora os lóbulos bipolares do Olho de Gato possam atingir velocidades de centenas ou milhares de quilômetros por segundo, jatos relativísticos atingem velocidades na faixa de 300.000 km por segundo, perto da velocidade da luz.[10] E mais, Chu tem certeza de que a nebulosa não produz raios cósmicos. "Ela não é tão poderosa assim", diz, acrescentando, "Nebulosas planetárias são objetos fraquinhos."[11] Com efeito, ela não entende por que alguém quer que o Olho de Gato "seja responsável por coisas que ela não é capaz de fazer".[12]

As opiniões de Chu são endossadas por seu colega de Illinois, o dr. Robert Gruendl, cientista e pesquisador que, em 2001, fez parte da equipe que avaliou a natureza das emissões de raios-X do Olho de Gato usando o observatório de raios-X Chandra.[13] Em suas palavras:

Não creio que o Olho de Gato (ou, mais especificamente, a estrela que formou o Olho de Gato) funcione nesse caso. A escala de tempo pode funcionar para a estrela agonizante através de pulsações e do descarte de suas camadas externas, mas não creio que raios cósmicos, em qualquer quantidade substancial, seriam gerados quando isso acontece. Nos atuais "melhores modelos", os choques por ventos associados a essas camadas sendo descartadas pode ser suficiente para gerar raios-X (mas não raios cósmicos).[14]

Gruendl admite que um possível microblazar, como Cygnus X-3, funcionaria muito melhor, embora não tenha certeza sobre a proximidade necessária para que a aceleração das partículas produzidas por jatos relativísticos possa alcançar a Terra.[15] Porém, como vimos, a distância não é problema, pois as partículas neutras de Cygnus X-3, singulares, de longa duração, não são afetadas pelo campo magnético galáctico. Elas viajam em velocidades relativísticas, e, como têm massa próxima de zero, raramente essas partículas móveis interagem com os minúsculos níveis de hidrogênio interestelar encontrado no caminho entre Cygnus X-3 e nós.[16]

Mas Olho de Gato é um Sistema Binário?

A crença do grupo de Meinel no potencial energético da nebulosa de Olho de Gato tem outros inimigos. Noam Soker, da Faculdade de Física do Technion (o instituto de tecnologia de Israel) em Haifa, é um dos maiores teóricos do mundo a respeito da estrutura e formação de nebulosas estelares. Ele tem muito a dizer sobre a interpretação do grupo de Meinel sobre Olho de Gato, e fez seus comentários num texto particular.[17]

Soker argumenta que todas as nebulosas planetárias de forma irregular, ao contrário daquelas com aparência esférica, são sistemas binários. Sua estrela central agonizante estaria acompanhada de uma chamada estrela da sequência principal, como nosso próprio Sol, com outras possuindo uma estrela de nêutrons ou mesmo um buraco negro.[18] No caso de Olho de Gato, ele a vê como um sistema binário que consiste numa supergigante exaurida (a progenitora da nebulosa) e uma estrela semelhante ao nosso próprio Sol, este como ponto de origem da emissão de raios-X descoberta por Chu e sua equipe, usando o observatório Chandra de raios-X.[19]

Na opinião de Soker, os raios-X difusos do Olho de Gato são "de natureza semelhante ao de outras nebulosas", e começaram quando a estrela da sequência principal se tornou magneticamente ativa, algo que ocorreu quando ela girava e extraía massa e impulso da estrela central, agonizante. Segundo diz ele, isso é uma evidência clara de que a companheira não pode ser um buraco negro, e por isso nunca pode ter produzido jatos poderosos do tipo proposto pela equipe de Meinel.[20]

Essas posições são apoiadas por Romano Corradi, outro importante teórico das nebulosas planetárias.[21] Ele diz que, embora o Olho de Gato seja um sistema estelar binário que ainda não foi plenamente compreendido, a nebulosa não possui nem os mecanismos, nem a energia para ter irradiado a Terra.[22] Apesar disso, ele acha as teorias de Meinel fascinantes, e, definitivamente, dignas de serem estudadas por todo cientista de mente aberta.

Malgrado esses sérios problemas em seu candidato escolhido para o evento de raios cósmicos de 40.000 anos AP,[23] a devoção do grupo de Meinel a Olho de Gato permanece inabalável.[24] Sua postura rígida é compreensível, especialmente porque, conforme eles próprios admitem, esse é o único "objeto incomum" dentro da área de pesquisa que selecionaram no céu.[25]

Em correspondência com Meinel por e-mail, discuti os pontos fortes e fracos de sua teoria, e eles admitiram que minha proposta sobre a possível influência de Cygnus X-3 sobre a evolução humana é "muito interessante".[26] De fato, antes de topar com a encantadora visão do Olho de Gato – um dos mais belos objetos da galáxia –, eles admitem que estudaram a vizinha Cygnus como possível candidata. No entanto, "não viram nenhum objeto que poderia ter produzido um jato de raios cósmicos",[27] o que vejo como um grave descuido da parte deles. O principal motivo para terem rejeitado Cygnus X-3 como possível candidato para emissão de raios cósmicos é que ela fica fora de sua área designada de pesquisa, e, na sua opinião, o Olho de Gato preenche todos os critérios que eles estabeleceram para identificar a verdadeira fonte dos raios cósmicos que eles supõem que teriam bombardeado a Terra por volta de 40.000 anos AP.

Para mim, Cygnus X-3 é, de longe, o melhor candidato, pelo menos para uma parcela dos elevados índices de Be-10 registrados nos núcleos de gelo da Groenlândia e de Vostok durante a última Era Glacial. Ela adere à declinação estimada para a área de busca oferecida pelo Meinel Institute (+65 graus norte, +/- 10 graus) na época estimada, e se encaixa exatamente como fonte dos raios cósmicos que o grupo de Meinel acha que teriam sido irradiados para a Terra durante a última Era Glacial. Além disso, sabemos que Cygnus X-3 esteve ativo como fonte durante várias centenas de milhares de anos, o que significa que esteve causando o caos por um longo tempo.

No frigir dos ovos, há duas teorias emergindo dessa revolucionária pesquisa relativa à possível aceleração evolutiva da raça humana causada pelos raios cósmicos. Primeiro, isso pode ter aumentado a velocidade de evolução de toda a raça humana (ou seja, desde os neanderthais até o *Homo sapiens sapiens* – que é o que afirma o grupo de Meinel), ou, mais provavelmente, pode ter resultado na melhora da evolução de apenas alguns seres humanos, qualificando-os para o papel de sacerdotes e xamãs que se comunicavam em cavernas profundas com a fonte cósmica da vida e da morte. Qualquer dessas teorias pode ser a correta, mas serão necessárias muitas outras pesquisas antes que possamos dar respostas definitivas (mesmo assim, o *Post Scriptum*, a seguir, apresenta um resumo do extraordinário trabalho do inglês Denis Montgomery, escritor especializado em antropologia, que, em dois livros, mostra, de maneira persuasiva, que raios cósmicos originários da região de Cygnus ajudaram a acelerar o comportamento e a evolução humanas durante a última Era Glacial).

Proferindo o Logos

Se uma atividade tão intensa de raios cósmicos contaminou a Terra em época remota, causando sensíveis mudanças na evolução humana, então é muito pouco provável que xamãs do Paleolítico tivessem sido capazes de determinar a direção de onde os raios vinham até a Terra. Mas no fundo das cavernas, a história seria outra. Como vimos, além dos neutrinos, as únicas partículas que penetram rochas até grandes profundidades vieram de Cygnus X-3. Se isso tivesse acontecido no período em questão, c. 17.000-14.000 anos AP, é possível que sua singular impressão digital ficasse conhecida por aqueles que entravam em cavernas profundas para comungar com o "grande divino" (os eventos de sinais de Cygnus X-3 aumentam e diminuem de acordo com o nascer e o ocaso do grupo estelar, e como sua atividade cósmica tem uma periodicidade de 71 dias, esse ciclo pode ter sido identificado inconscientemente por nossos ancestrais paleolíticos. É uma perspectiva particularmente interessante, sabendo-se que 5 x 71 dias = 355 dias, a duração de um ano lunar, quando não 354 dias.[28] Ciclos lunares eram muito importantes na era paleolítica, como mostra o número de anotações lunares encontradas em artefatos portáteis dessa época.[29] Além disso, o cisne costumava ser um símbolo dos deuses lunares e da noite,[30] enquanto *kuu*, nome dado pelos habitantes originais da Grécia e da Itália à Lua, juntamente com o estônio *kukene*, "luazinha", podem ter uma raiz em comum com *kuknos*, palavra grega que significa "cisne" [ou *cygnus* em latim][31]).

É possível que a proposta "abertura" do programa pré-existente em nosso DNA-lixo, causando a liberação de informações sobre as origens cósmicas da vida (*ver Capítulo Dezenove*), tenha sido provocada inicialmente durante períodos de intensa atividade de raios cósmicos, reforçados talvez pelo uso de substâncias psicodélicas em ambientes como cavernas carregadas de radiação. Se foi esse o caso, então suspeito que isso tenha permitido aos seres humanos perceber não só a existência de possíveis realidades e mundos paralelos, como também das entidades que frequentam esses lugares, algumas podendo ser expressões visuais ou emocionais de formas reais de vida, presentes no espaço interior. Pergunto-me se esses seres não terrestres teriam se manifestado do modo como poderíamos esperar hoje em dia, como alienígenas, guias espirituais, fadas, anjos ou demônios. É mais provável que aparecessem como híbridos de animais e humanos (teriantropos), talvez como as "pessoas com cabeça de ave" de Michael Harner (*ver página 223*), animais imaginários (quimeras), quem sabe as "criaturas semelhantes a dragões" que seriam os "verdadeiros deuses deste mundo"; ou talvez como os seres que mudam de forma, assumindo o aspecto que a mente considera aceitável. Seriam esses "seres" não terrestres, acessados mediante um estado pessoal de consciência cósmica (*ver Capítulo Dezenove*), capazes de fornecer informações sobre as origens cósmicas da vida, bem como conhecimentos relativos à importância da constelação de Cygnus? Acredito sinceramente que isso seria possível, tendo em vista as espantosas evidências apresentadas neste livro.

É mais provável que nossos ancestrais de c. 15.000 a.C. tenham visto em Deneb, a mais brilhante estrela do grupo de Cygnus, bem como Estrela Polar, a luz que os guiava nas conexões com esse asterismo, mas, de várias maneiras, ela atuava simplesmente como um arauto para Sadr, a verdadeira "estrela divina", situada no centro exato da grande cruz no céu, indicando o local da invisível Cygnus X-3. Lembre-se, sua influência teria diminuído quanto mais ao sul se fosse, até Cygnus X-3 não ser mais circumpolar. Em vez disso, ela se ergueria e se poria diariamente, e desapareceria abaixo do horizonte em certas épocas do ano. Fica claro que, sob tais circunstâncias, o grupo estelar de Cygnus seria, em pouco tempo, identificado como a fonte cósmica de vida e de morte por meio das experiências mais ou menos religiosas que poderiam ocorrer para aqueles que se posicionavam nos subterrâneos das cavernas.

O Primeiro Chamado à Oração

O surgimento da astronomia, da cosmologia, de um calendário solar com base nas estrelas e talvez de viagens transatlânticas por volta de 15000 a.C. sugerem que alguma coisa importante estava acontecendo nessa época. Se isso estava, de algum modo, ligado ao efeito dos raios cósmicos, então ajuda bastante a explicar o motivo pelo qual houve, entre o início e meados do magdaleniano, c. 15.000-11.000 a.C., um notável aumento no uso específico de cavernas profundas para práticas mágicas e religiosas. Teria sido, como sugeri no Capítulo Vinte, como o primeiro chamado à oração, lembrando aqui a importância dos sabeus de Harã nessa história. Eles foram atraídos pela Torre Astronômica da cidade, não apenas para louvar a Causa Primeira, como também, tal como seus mais distantes ancestrais, para reconhecer a importância de uma determinada estrela do céu noturno.

De várias maneiras, as cavernas profundas foram os primeiros lugares de culto, precursoras de todos os altares, templos, sinagogas, igrejas e mesquitas. Contudo, tal como acontece com todas as crenças religiosas, os conceitos originais tendem a se distorcer, a se confundir ou simplesmente a esmaecer. Isso explicaria por que, apesar de seu tamanho minguado, Church Hole, no norte da Inglaterra, serviu como um altar bem real para a fonte cósmica da vida e da morte, incluindo todos os símbolos adequados (aves, ovos, vulvas) e a orientação correta na direção das estrelas de Cygnus. Entretanto, mesmo na época das obras de arte de Church Hole, c. 10.800 a.C., o verdadeiro potencial dos ambientes mais profundos de cavernas já fora perdido, pelo menos na Grã-Bretanha.

Apenas 1.500 anos antes, a Era Glacial tinha terminado, e esses sacerdotes-xamãs, cujos ancestrais se desenvolveram de maneira indiscutivelmente rápida, talvez como resultado de sua exposição subterrânea a raios cósmicos, tornaram-se a nova elite sacerdotal das primeiras comunidades neolíticas do sudeste da Turquia, lembrados talvez como os "Vigilantes" e "Nephilim" do *Livro de Enoque*. Aqui, o conceito do sinal cósmico, sendo vivenciado no ambiente mais profundo das cavernas, era, acredito, propositadamente reproduzido na construção de estruturas sob a superfície, ricas de pilares belamente entalhados e estátuas esculpidas. Essa nova forma de alto relevo substituiu a arte rupestre, que geralmente acentuava as superfícies naturais nas quais eram criadas. Um efeito semelhante foi obtido em Göbekli Tepe com a gravação do grande felino, que parece flutuar à volta do pilar no qual ele aparece, quase como se fosse uma bandeira.

No entanto, como Church Hole na Inglaterra e as fileiras de pedra em Karahan Tepe, os primeiros templos do mundo, como Göbekli Tepe, foram direcionados para o norte, na direção de Cygnus, a direção da Primeira Causa. Era uma relação com a cruz celeste, ou a ave celeste, um conceito que, mesmo antes dessa época, já havia se espalhado pelo planeta, ou aparecendo espontaneamente em diversos lugares, ou sendo levado de um lugar para outro por nossos ancestrais paleolíticos. Acredito que a postura mental desses xamãs, bem como sua aparência física (por exemplo, mutações de linha germinativa induzidas por meio de radiação podem causar casos mais frequentes de albinismo, como está acontecendo agora na população ao redor de Chernobyl[32]), foram alteradas em função da prolongada exposição a raios cósmicos, especialmente em subterrâneos profundos, onde os efeitos mais sutis de fontes como Cygnus X-3 podem ter sido sentidos. Isso, por sua vez, ajudou a chamar a atenção para o importante papel dessa constelação, auxiliada drasticamente pelo fato de Deneb, e depois delta Cygni, terem ocupado a posição polar entre c. 16.000-13.000 a.C.

Creio que foi por esses motivos que Cygnus passou a figurar tão destacadamente em épocas posteriores no alinhamento de estruturas sagradas que celebravam a vida e a morte cósmicas por meio de diversas formas de xamanismo ligado ao cisne. Avebury, Newgrange, Wayland Smithy e Callanish focalizavam suas principais estrelas, enquanto Cygnus também parecia figurar no cerne da mais antiga religião egípcia relacionada com as estrelas. A importância do ambiente de cavernas profundas foi preservada não apenas no conceito da alma do falecido ter de passar pelo Duat no mundo inferior, semelhante a uma caverna, a fim de conseguir sua ascensão, como na construção das câmaras internas da pirâmide. Eles focalizavam invariavelmente o meridiano – simbolizado pela corda celeste ou pela escada guardada pela divindade com cabeça de falcão que representava as estrelas de Cygnus. A própria localização das três pirâmides mais importantes de Gizé pode ter refletido o poder desse grupo estelar, bem como a relação entre esse sítio e o antigo centro de culto de Heliópolis.

A história foi parecida no mundo todo, desde os Estados Unidos até o México, o Peru, a Sibéria, a China, a Índia e, como veremos no Apêndice, também na África. Por toda a parte, Cygnus passou a ser associado com a fonte cósmica da vida e da morte, e a transmigração da alma. É bem provável que o verdadeiro significado da razão para que esse asterismo específico fosse tão importante tenha sido perdido até pelo mais sábio dos astrônomos-sacerdotes, até suas estrelas serem vistas, com o tempo, apenas como marcadores celestes de tempo, flutuando ao redor do polo norte celeste, do lado oposto à Ursa Maior.

Com o tempo, o conceito da caverna cósmica degenerou-se e se tornou o interior de um túmulo longo, e finalmente a cripta de uma catedral ou o santíssimo num templo, que, com a exceção de religiões como os sabeus, mandeus, yezidi ou os Irmãos da Pureza, agora estaria orientado na linha leste-oeste, e não norte-sul. Mas o verdadeiro significado do norte, a Estrela Polar e as estrelas de Cygnus, nunca seria erradicado, mesmo depois que o céu setentrional se transformou num lugar infernal, e que o norte foi denunciado como a direção das trevas e do demônio. Ironicamente, o símbolo supremo da fé cristã, a cruz na qual Cristo morreu antes de subir ao céu, também é uma representação básica da constelação de Cygnus em seu papel como o deus grego dos mistérios, Orfeu. Além disso, Alá, que se tornou o deus do Islã, com certeza era representado pelos árabes pagãos como um ídolo em forma de ave em Meca, expressando o conceito sabeu da Causa Primeira, celebrada no Mistério do Norte.

Tudo isso resulta, tenho certeza disso, do papel de Cygnus X-3 nos assuntos humanos perto do final da última Era Glacial. Se sua influência não tivesse sido sentida na Terra, ou se sua fonte nunca tivesse sido determinada, então estou convencido de que a função de Deneb como principal Estrela do Norte, assinalando o "portal do céu", simplesmente não teria acontecido.

Onda de Tempo Zero

Qualquer outra especulação sobre a possível influência de Cygnus sobre a mentalidade pré-histórica terá de esperar (embora você deva ler sobre os dogon de Mali no Apêndice), mas apareceu um último fato durante este projeto de pesquisa que nos leva de volta à viagem de descobertas realizada pelo guru psicodélico Terence McKenna. Como aludi no Capítulo Seis, após suas experiências com *ayahuasca* na América do Sul, ele usou cálculos matemáticos – com base no sistema divinatório chinês conhecido como *Yijing* (*I Ching*) – para determinar aquilo que chamou de Onda de Tempo Zero, derivada da ideia de que o tempo é uma onda fractal, realçando períodos de "novidade". McKenna usou esse princípio de onda de tempo para determinar seu "Ponto Zero" culminante, ou "eschaton", assinalando o final do atual ciclo de onda. A data situou-se a alguns dias de 21 de dezembro de 2012, data de conclusão do calendário maia de Contagem Longa (*ver Capítulo Seis*).

Como tentei demonstrar neste livro, o fenômeno escatológico simbolizado por 2012 alinha-se precisamente com tudo aquilo que sabemos a respeito de Cygnus, não apenas como marco celeste de tempo, mas também como ponto original da criação e "canal de nascimento" da fonte cósmica da vida e da morte, personificado no céu noturno como a Via Láctea. Do Grande Vale em Cygnus, onde fica Cygnus X-3, o Sol vai nascer em 21 de dezembro de 2012, assinalando um novo começo dos ciclos cósmicos de tempo. É um acontecimento que, tenho certeza, será marcado de modo espetacular no mundo todo.

"O Dedo de Deus"

Finalmente, podemos nos perguntar o seguinte: será por mero acaso que o jato unilateral de Cygnus X-3 foi direcionado para a Terra? O pastor David Drach-Meinel, filho de Aden Meinel, já sugeriu, numa entrevista a uma rádio inglesa após a apresentação de seu pai na conferência 2005 TAG, que o jato unilateral do microblazar, talvez com dezenas de anos-luz de extensão, poderia ser o "dedo de Deus" apontando para a Terra.[33]

Naturalmente, Drach-Meinel tinha em mente a nebulosa do Olho de Gato, e não Cygnus X-3, quando fez essa ousada sugestão. E como ministro cristão, naturalmente ele está interessado na ideia de "desígnio inteligente". Mas seja qual for o ponto de vista no qual nos basearmos, só podemos especular sobre o que a ciência teria a dizer, no futuro, sobre a natureza do importante sistema binário Cygnus X-3 e seus singulares raios cósmicos. Assim como nossos ancestrais paleolíticos podem ter visto na constelação de Cygnus a fonte cósmica da vida e da morte, um dia algumas pessoas podem acreditar que uma inteligência superior interveio a fim de causar, literalmente, a evolução da raça humana, criando aquilo que somos hoje. Mas quer pensemos dessa maneira, quer não, já podemos olhar para essas estrelas e perceber que a vida existe, com quase toda certeza, em outros lugares, e que fazemos parte de um todo muito maior, motivo pelo qual nosso planeta nunca estará sozinho.

Só o fato de que existem essas imensas distâncias no espaço é que nos impedem de passar todo o nosso tempo e esforços buscando as origens cósmicas da vida até as últimas consequências. No futuro, nossos descendentes, com tecnologias mais avançadas e compreendendo melhor o cosmos, irão finalmente desvendar aquilo que chamo de "mistério de Cygnus". E isso *poderia* acontecer hoje, se ao menos percebêssemos que todos os instrumentos de que precisamos para obter algumas respostas significativas estão disponíveis para nós – no interior de cada um.

Post Scriptum

Mesmo agora, depois de enviar este livro para publicação, temos novos desdobramentos do mistério de Cygnus. Após um período de inatividade, recentemente Cygnus X-3 voltou a se manifestar, com seus primeiros pulsos importantes de rádio desde 2001. Foram detectados pelo Ryle Telescope em Cambridge, Inglaterra, entre 7 e 8 de março de 2006, com uma série de flutuações menores nos dias seguintes. Pulsos dessa espécie costumam estar conectados à produção de jatos relativísticos (*ver Capítulo Vinte e Um*), e sei que Mike McCollough está examinando novos dados sobre emissões síncronas de Cygnus X-3 em frequências múltiplas, que ocorreram nessas mesmas datas.

Ao mesmo tempo, soube que tem havido especulações de que a evolução humana pode ter sido afetada na época paleolítica por alguns raios cósmicos originários da região de Cygnus. A história, apresentada na edição de março de 2006 em *Astronomy Now*,[1] menciona as descobertas do inglês Denis Montgomery, que escreve sobre antropologia e que propôs, em 1995, que os elevados níveis de berílio-10 nos núcleos de gelo da Antártida e da Groenlândia (*ver Capítulo Vinte e Um*), durante um período de 2.000 anos por volta de 35.000 AP, apoiam uma conexão entre a atividade de raios cósmicos e as transições relativamente repentinas nos padrões de comportamento humano aproximadamente na mesma época. É óbvio que isso inclui o aparecimento da arte rupestre na Europa ocidental, c. 32.500-30.000 anos AP. O texto da *Astronomy Now*, escrito por Adrian Berry, editor e consultor de ciência para o jornal inglês *Daily Telegraph*, comparou esse súbito aparecimento dos seres humanos modernos com a sequência de abertura do filme *2001: Uma Odisseia no Espaço*, no qual uma tribo de homens-macaco encontram um misterioso monólito negro que surge inesperadamente entre eles, e instantaneamente transforma seu modo de pensar e seus padrões de comportamento. Substitua "monólito alienígena" no filme por "raios cósmicos direcionados" na vida real – o processo cosmogênico apresentado neste livro e mencionado por Montgomery como o "Evento Cygnus".

Com base nas sugestões feitas por cientistas americanos e russos trabalhando nos mencionados núcleos de gelo no início da década de 1990, Montgomery disse que a fonte dos raios cósmicos seria uma supernova próxima da Terra, provavelmente aquela que causou os belos detritos espaciais fotografados pelo telescópio espacial Hubble e conhecida pelos astrônomos como Nebulosa do Véu ou Laço de Cygnus. Localizadas na ala direita do cisne celeste, as ondas de choque desse evento cósmico teriam rompido a camada protetora de ozônio da Terra, fazendo com que raios cósmicos e radiações ultravioleta do Sol caíssem sobre o planeta. Durante muitos anos, a explosão da estrela teria sido mais brilhante do que a Lua cheia, tornando-a uma fonte de luz cegante que teria transformado a noite em dia.

Mortes prematuras, mutações e câncer em escala maciça teriam sido observados em animais e em seres humanos. Contudo, bem lentamente, a supernova teria se extinguido, e os humanos sobreviventes, nossos ancestrais *Homo sapiens sapiens*, sucessores dos povos neanderthais, menos adaptáveis, teriam adquirido imunidade a isso.

É uma corajosa visão de um holocausto paleolítico e de um pesadelo pós-apocalíptico, embora seja difícil equacionar esse cenário com os fatos conhecidos. Embora o evento cósmico de 35.000 anos AP realçado pelos níveis de Be-10 nos núcleos de gelo aludido por Montgomery seja o mesmo proposto pelo Meinel Institute de Las Vegas, e que estes disseram que teria ocorrido há uns 40.000 anos, é pouco provável que a fonte dos raios cósmicos seja o Laço de Cygnus. Acredita-se hoje que este teria surgido quando uma supergigante agonizante desse suposto sistema binário explodiu como supernova há apenas 5.000-8.000 anos. Além disso, esse evento espetacular, que teria sido, por algum tempo, uma das fontes mais brilhantes de luz no céu noturno, estava distante demais para ter afetado a vida sobre a Terra.

Essa reavaliação do Laço de Cygnus provém de novos dados relativos à sua distância, que, acredita-se agora, seria de uns 1.400 anos-luz, em vez dos supostos 150 anos-luz alardeados no início da década de 1990. Logo, não há nada firme a associar o Laço de Cygnus à suposta supernova de uns 35.000 anos atrás. Além disso, não se conhece nenhum outro evento semelhante ocorrido por volta dessa época, embora supernovas próximas não possam ser excluídas como causa de extinções em massa na Terra, seja no passado, seja no futuro.[2]

Como que enfatizando essa possibilidade, em 18 de fevereiro de 2006, o satélite Swift da NASA detectou uma explosão de raios gama (ou GRB, sua sigla em inglês) que durou espantosos 2.000 segundos.[3] Essa, que foi a mais longa GRB já detectada, foi causada quando jatos de radiação foram lançados subitamente por uma imensa estrela que, chegando ao fim de sua vida, explodiu como supernova. Logo após a GRB, foi registrado um fluxo de raios-X durante 3.000 segundos, possibilitando a descoberta visual da supernova, agora designada GRB 060218, localizada numa galáxia a 440 milhões de anos-luz, na constelação de Áries. Apesar de essa GRB recordista ter sido considerada "razoavelmente fraca",[4] é mais um tenebroso lembrete da natureza imprevisível do universo e de como eventos semelhantes, bem mais próximos de nós, podem ser catastróficos para a vida na Terra.

Tendo contatado Denis Montgomery e explicado a ele os dados mais recentes sobre o Laço de Cygnus, ele ficou feliz por poder revisar seus dois livros eletrônicos – ambos disponíveis para download online e muito recomendados[5] – e incluir neles outras fontes possíveis de raios cósmicos que poderiam ter irradiado a Terra na época paleolítica. Entre elas, temos Cygnus X-3, que agora o grupo Meinel aceita publicamente como uma fonte proposta de raios cósmicos banhando a Terra na era paleolítica, embora prefiram ainda a nebulosa do Olho de Gato.[6] Suas críticas a Cygnus X-3 como acelerador cósmico são respondidas na íntegra num texto acadêmico preparado por mim,[7] disponível para download no meu website, onde essa discussão deverá ser bastante longa.

Apesar de algumas dúvidas sobre sua teoria em geral, Denis Montgomery deve receber os créditos por ter sido pioneiro na ideia de raios cósmicos influenciando a evolução humana e por concluir que seu ponto de origem estaria na região de Cygnus – uma estrada que, segundo admite, tem sido longa e quase solitária.

Assim, deixo-o, finalmente, com as palavras do astrônomo e autor científico Carl Sagan, que, depois descobri, propôs, já em 1973, que raios cósmicos foram essenciais para a evolução da espécie humana. Em seu revolucionário livro *The Cosmic Connection*, ele escreveu:

> Raios cósmicos caem sobre a atmosfera da Terra (...) as partículas mais energizadas, aquelas produzidas por supernovas ou estrelas de nêutrons, atingem a superfície da Terra. Ali, colidem com a vida. Alguns raios cósmicos penetram o material genético das formas de vida da superfície de nosso planeta. Esses raios cósmicos, aleatórios e imprevisíveis, produzem mudanças, mutações, no material hereditário (...) A vasta maioria das mutações é noci-

va, mas uma pequena fração de mutações, que representam um progresso, proporcionam a matéria-prima do progresso evolucionário (...) Logo (...) a vida na Terra está intimamente ligada a eventos estelares. Os seres humanos estão aqui por causa dos paroxismos de estrelas agonizantes, situadas a milhares de anos-luz de distância.

Apêndice:
O Mistério dos Dogon

O conceito de uma consciência cósmica relacionada com o DNA é apresentado neste livro como um possível mecanismo pelo qual os xamãs do Paleolítico podem ter conhecido tanto a Radiação Cósmica de Fundo em Micro-ondas (o som do universo) quanto a aparente importância da constelação de Cygnus na evolução humana. O suporte para essa ideia pode ser dado pelo decantado conhecimento astronômico de culturas indígenas espalhadas pelo planeta. Para citar um exemplo, na década de 1950 a tribo de pigmeus efé da floresta Ituri no centro da África contou ao sociólogo belga Jean-Pierre Hallet, que passou 18 meses em sua companhia, que para eles o planeta Saturno era "a estrela de nove luas".[1] Saturno tem, na verdade, dez luas, embora a menor tenha apenas 200 km de diâmetro. Do outro lado do planeta, os maori da Nova Zelândia chamam Saturno de *Parearu*, que significa "preso na faixa", pois seus ancestrais acreditavam que existia um anel à volta dele. Essa informação foi registrada pelo antropólogo Elsdon Best na década de 1920. Embora haja certa dúvida sobre a identidade exata de Parearu, o fato de ele também ter o título de "puxador da Via Láctea" parece confirmar que era Saturno, pois este era visto como o planeta mais externo, e por isso o mais próximo da galáxia sideral.[2]

E há o mistério da tribo dogon, no Mali, no oeste da África. Foram estudados pelo etnógrafo francês Marcel Griaule entre 1931 e sua morte, em 1956. Ele conquistou a confiança dos anciãos da tribo dogon e, depois de muitos anos de tentativas, finalmente conseguiu que se abrissem sobre o embasamento cosmológico de seu sistema mágico-religioso, cujos detalhes foram publicados em seu livro *Conversations with Ogotemmêli* (1965).[3] Seguiu-se mais uma série de conversas profundas sobre os complexos mitos de criação da tribo, que incluíam um conhecimento íntimo do universo. Os dogon também pareciam saber que Saturno tinha um anel, e que Júpiter tinha quatro pequenas "estrelas" à sua volta. Embora saibamos hoje que Júpiter tem, na verdade, 12 luas, só quatro delas têm um tamanho considerável, pois as demais são "miniluas" ou simples fragmentos de detritos espaciais.

Esses relatos de conhecimentos astronômicos por parte dos pigmeus efé da floresta Ituri, dos maori da Nova Zelândia ou dos dogon de Mali podem ser menosprezados pelos céticos. É provável que esses povos tribais fossem capazes de observar ou os anéis e satélites de Saturno ou as luas de Júpiter, ou que tais informações tenham sido transmitidas por viajantes europeus. No entanto, os informantes dogon de Griaule foram além, aludindo à existência de duas estrelas companheiras, *po tolo* e *emme ya tolo*, orbitando Sírius (*sigu tolo*), a mais brilhante estrela do céu noturno. Eles desenharam um diagrama mostrando suas posições relativas, e explicaram como o primeiro companheiro, *po tolo*, circulava ao redor de Sírius uma vez a cada 50 anos, e que era "a menor coisa que existe", comparando-a com a minúscula semente *Digitaria exilis*.[4] Era uma "estrela pesada", que teria o mesmo peso que todo o ferro da Terra, de tal modo que "todos os seres terrestres juntos não conseguem erguê-la".[5] Em 1950, foi publicado um trabalho escrito sobre o tema por Griaule e sua colega Germaine Dieterlen, com o título "Um Système Soudanais de Sirius" [Um Sistema Sudanês de Sírius, "sudanês" referindo-se ao sentido etnográfico da região sul do Saara].[6]

Esse artigo inicial foi seguido de um livro enorme, intitulado *Le Renard Pâle* [A raposa pálida], que ampliou muito as ideias cosmológicas dos dogon, encontradas também em outras três tribos sudanesas – os bambara e os bozo em Segou, e os minianka em Koutiala.[7] Infelizmente, Griaule morreu enquanto ele estava sendo compilado, e assim o projeto foi concluído por Dieterlen. O trabalho foi publicado em 1965, com um apêndice intitulado "A Companheira de Sírius", que pelo menos identificou *po tolo* com Sírius B, descoberta em 1862. Griaule e Dieterlen disseram que, como *po tolo*, Sírius B realmente faz uma órbita ao redor de Sírius A a cada 50 anos (para ser exato, 49,5 anos). Além disso, como anã branca superdensa, Sírius B pode mesmo ser descrita como uma "estrela pesada".[8] Na época, a presença de uma Sírius C só era sugerida nos círculos astronômicos, e sua existência só seria plenamente confirmada em 1994, explicando então a alegação dos dogon – que uma segunda companheira chamada *emme ya tolo* também orbitava Sírius A.[9]

Todas essas informações poderiam estar perdidas nas páginas de revistas de etnografia e antropologia se o assunto não tivesse chamado a atenção de Robert Temple, que escreve sobre história e que se dedicou a um novo estudo do material de Griaule e Dieterlen sobre os dogon, o que resultou na publicação de seu *bestseller The Sirius Mistery*. Ele propôs que os dogon obtiveram seu conhecimento cosmológico, inclusive as informações referentes à existência e às propriedades de Sírius B (Sírius C ainda não tinha sido confirmada) de seres anfíbios extraterrestres, aludidos em detalhes no livro *The Pale Fox*, de Griaule e Dieterlen, publicado em 1986 em inglês pela primeira vez. Temple asseverou que o mito dos dogon fala claramente da chegada à Terra de oito seres espaciais, vindos do sistema estelar de Sírius e liderados por uma criatura semelhante a um peixe, chamada Nommo. Como havia relatos de seres anfíbios semelhantes na mitologia babilônia, e os antigos egípcios veneravam Sírius como uma deusa, Temple concluiu que essas grandes civilizações do passado também se beneficiaram da sabedoria divina de Nommo e seus companheiros.

Aqui, finalmente, estava uma suposta evidência de contato direto entre uma raça extraterrestre e a humanidade, o que, naturalmente, era uma notícia que não seria recebida com carinho pelos céticos deste mundo. Eles desmoralizaram completamente *The Sirius Mistery*, e criticaram seriamente os procedimentos de trabalho de Griaule[10] para convencer o público de que todo o mistério dos dogon era uma completa maquinação. É uma pena, pois por mais que algumas pessoas queiram varrer discretamente esse assunto para baixo do tapete, o fato é que, a julgar por minha própria pesquisa sobre a cosmologia dos dogon, eu diria que, em essência, ela é autêntica, e que não houve conluio algum por parte de Griaule e Dieterlen para enganar o público. Malgrado isso, preciso admitir que a interpretação que Robert Temple faz do mistério dogon é duvidosa em alguns pontos.

Terraformando a Terra

Vou começar afirmando que, embora os dogon realmente falem muito de uma viagem cósmica feita numa "arca" por um ser celeste chamado Nommo, que chegou à Terra com quatro pares de gêmeos, não consigo encontrar em nenhum ponto das obras publicadas de Griaule e Dieterlen que os seres celestes vieram de um planeta do sistema estelar de Sírius. De fato, a estrela *sigi tolo*, ou seja, Sírius A, só "nasceu" com a emasculação de Nommo, que, juntamente com seu gêmeo brincalhão, Ogo, "a raposa pálida", foram os primeiros seres criados pelo deus Amma. A razão para essa morte era limpar as trevas trazidas para a face da Terra por Ogo.[11] A ressurreição de Nommo e a viagem à Terra levaram ao primeiro encontro entre o Sol e Sírius, com o que se deu a primeira ascensão helíaca dessa estrela.[12]

Em outras palavras, não havia como Nommo ter "nascido" num planeta em órbita ao redor de Sírius A, pois esta ainda não existia até ele ser morto por Amma. Além disso, em *The Pale Fox* fica claro que o recém-ressuscitado Nommo desceu à Terra vindo não de Sírius, mas "do útero de Amma".[13] A arca saiu pela abertura que ele havia deixado na placenta para o aparecimento do Sol, com tudo o que seria necessário para a criação da vida neste mundo, inclusive animais, répteis, criaturas marinhas, metais e dunas de areia.[14] Com efeito, podemos dizer que a missão de Nommo era um completo exercício de terraformação, lembrando-nos mais uma vez da antiga visão cosmológica de que a vida da Terra originou-se no céu, a moderna teoria da panspermia.[15] Muito pouco disso aparece em *The Sirius Mistery*, de Robert Temple.

A natureza fantástica do mito da criação dos dogons, e nem de longe eu seria capaz de transmitir sua complexidade e graça, sugere-me que ela pouco difere das afirmações de muitos povos indígenas espalhados pelo planeta no que diz respeito à semeadura da vida sobre a Terra. Na verdade, é mais provável que esse conhecimento profundo preservado pelos dogon venha de comunicações induzidas por transe, onde o contato com o que se *percebe* como sendo inteligências de outro mundo seria garantido, e não de seres do espaço ou de alienígenas.

Se esse também foi o método pelo qual os dogon ficaram sabendo de estrelas invisíveis como Sírius B e Sírius C (se é que *são* mesmo Sírius B e Sírius C, pois há algumas dúvidas[16]), então isso explicaria como um conhecimento abstrato de Cygnus poderia ter sido obtido pela elite xamânica do mundo paleolítico. É interessante comentar que há evidências a sugerir que os mais antigos ancestrais conhecidos dos dogon eram uma raça seminômade de origem líbio-bérbere (chamada de garamantes no mito clássico) que veio de onde hoje é o Saara líbio.[17] Se isso for correto, então sua rota de migração para o sul teria levado o grupo até bem perto de Tassili e Hoggar, locais com obras de arte rupestre que mostram evidências de um culto ao cogumelo c. 7000-5000 a.C. (*ver Capítulo Dezoito*). E mais, há um desdobramento inesperado nessa história, reforçado pelo trabalho de Griaule e Dieterlen sobre a cosmologia dogon, que me sinto impelido a contar.

Trilha do Sangue

Na aldeia sagrada de Upper Ogol, no vale Sanga da região de Bandiagara, a uns 300 km ao sul de Timbuktu, no Mali, Griaule e Dieterlen registraram a existência de uma série de altares colocados numa linha norte-sul, no chamado "terraço de Lebe".[18] Segundo seus informantes, cada altar representaria uma estrela ou planeta diferente, e juntos significariam a trilha do sangue que escorreu de Nommo,[19] após sua castração por Amma.

Aquela que ficou conhecida como *illi ozu*,[20] a "trilha do sangue", era imaginada passando diretamente sobre a cabeça de Nommo, ao norte, até seus pés no sul, e por isso a linha de altares. De fato, vê-se que *illi ozu* é a Via Láctea, com as estrelas situadas em seu curso constituindo os ossos, membros e sangue do Castrado.[21] Para os dogon, ela era vista como a força motora do mundo estelar, influenciando diretamente a vida sobre a Terra, como uma representação celeste de todas as partes e artérias do corpo humano. *The Pale Fox* contém ilustrações daquilo que parece ser *illi ozu*, inclusive uma foto tirada por Griaule em 1931 mostrando um rio bifurcado de sangue vermelho e branco que foi pintado no teto de um abrigo de pedra chamado de "cofre de Songo" (*ver Foto 31*).[22]

A Forquilha do Espaço

O eixo norte da "trilha de sangue", ou seja, da Via Láctea, era, segundo Griaule e Dieterlen, a "sede" de *amma talu*, o ovo do deus criador Amma,[23] que ocasionalmente é representado em cerimônias homenageando os mortos por um dançarino usando uma máscara *kanaga* com bico de cegonha.[24] Foi desse ponto que ele fez com que o universo se manifestasse graças à sua "palavra",[25] ou vibração, que perfurou o muro da placenta, ou útero,[26] dentro do ovo, representado nos rituais dogon por um ovo de avestruz.[27] Tudo isso ocorreu na escuridão original, quando o universo manifestado ainda era apenas um pensamento na mente de Amma.[28]

Segundo Griaule e Dieterlen, o Ovo de Amma foi posto no lugar pela "Forquilha do Espaço",[29] também conhecida como Forquilha de Amma, um símbolo cosmológico representado por um pedaço de ferro na forma de uma estaca.[30] Ele funcionava como eixo cósmico, sobre o qual o criador "girou" para manifestar o "mundo", e com este o universo físico. Assim, ao redor da Forquilha do Espaço, viam-se os movimentos da criação. É um papel compartilhado com *po tolo*, visto como a primeira estrela criada.[31] De fato, a Forquilha do Espaço parece estar ligada ao polo norte celeste, conhecido pelos dogon como *aduno giru* (olho do mundo), com *aduno giru ley* (segundo olho do mundo)[32] identificado como a constelação austral que hoje conhecemos como Crux, ou Cruzeiro do Sul.[33]

Não há dúvidas de que, no folclore estelar dos dogon, a Via Láctea era vista como um vínculo entre a Estrela Polar ao norte e o Cruzeiro do Sul, ao sul.[34] Isso significa que a Forquilha do Espaço deveria corresponder a algum marco celeste nas proximidades do polo celeste e da extremidade norte da Via Láctea. O desenho da Forquilha do Espaço contido em *The Pale Fox* mostra-a com uma longa haste vertical, provavelmente representando a Via Láctea, acima da qual vê-se uma forma oval representando o ovo de Amma. Daí saem quatro raios, razoavelmente equidistantes um do outro, que terminam em outros raios, semelhantes a pequenas flores, que presumo que sejam estrelas.

No momento em que vi essa ilustração, lembrei-me da disposição de cinco das principais estrelas de Cygnus – Gienah (épsilon Cygni), Deneb (alfa Cygni), delta Cygni, ETA Cygni e Sadr (gama Cygni). As quatro primeiras formam os objetos parecidos com flores no final dos raios, enquanto a quinta estrela, Sadr, corresponde à posição do Ovo de Amma. Rodney Hale fez a gentileza de superpor uma foto das estrelas de Cygnus sobre o diagrama da Forquilha do Espaço, e o ajuste ficou bastante próximo.

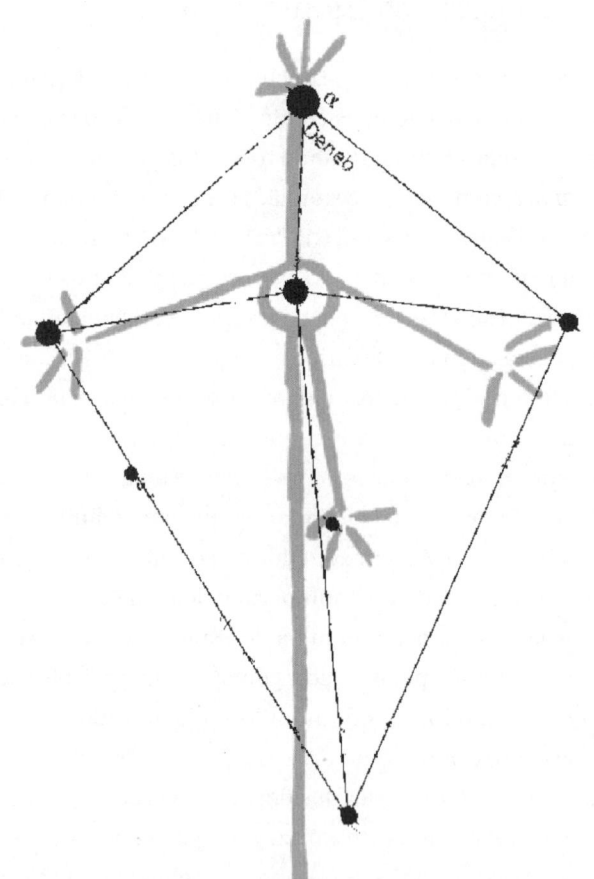

Fig. 52. Conceito dogon da Forquilha do Espaço, sede do deus criador, superposto às principais estrelas de Cygnus.

Assim, parece que, segundo a cosmologia dos dogon, o ovo de Amma, o ponto de criação e "eixo" do universo dos dogon, ficava localizado na proximidade da estrela Sadr, que, naturalmente, também assinala a posição de Cygnus X-3. Além disso, a expressão Forquilha do Espaço, ou Forquilha de Amma, seria certamente uma referência ao Grande Vale da Via Láctea. De fato, olhei novamente o exemplo de arte rupestre dogon fotografada por Griaule em 1931, e que, aparentemente mostrando a "trilha de sangue", tinha uma semelhança notável com a seção da Via Láctea que inclui o Grande Vale.

De Norte a Sul

A relação cosmológica entre o Cruzeiro do Sul e a constelação de Cygnus como Cruz do Norte já foi percebida pelos incas do Peru e pelos povos neolíticos da Grã-Bretanha. Mas, na tradição cosmológica dogon, a Via Láctea parece fluir diretamente sobre nossas cabeças, desde a cabeça de Nommo, ao norte, até seus pés ao sul, razão para ter sido feita a linha de altares em Upper Ogol.

Se consultarmos o programa Skyglobe, veremos que só uma vez, num ciclo precessional de 26.000 anos, a Via Láctea se alinhou com o eixo norte-sul, com o que passaria diretamente sobre a cabeça do observador quando vista de qualquer ponto do Hemisfério Norte. Contudo, a última vez em que isso aconteceu foi entre c. 16000-15000 a.C. Além disso, vemos que, desde uma latitude correspondente ao norte do continente africano, a Via Láctea pareceria fluir de Cygnus, no extremo norte, onde Deneb ocupava a posição do polo, até o Cruzeiro do Sul, no extremo sul. Se isso for correto, então parece que os dogon teriam preservado um conhecimento do universo que, como no caso da China e de tantos outros lugares ao redor do planeta, só poderia ter sido criado por nossos próprios ancestrais paleolíticos há uns 17.000 anos.

Bibliografia

Se duas datas forem dadas para um título, a primeira refere-se à data de publicação da primeira edição, a segunda à edição consultada. Abreviaturas: AA: *Astronomy and Astrophysics;* AJ: *Astrophysics Journal;* AJL: *Astrophysics Journal Letters;* ALC; *Astrophysics Letters and Communications;* AN: *Astronomy Now;* ARP: *Annual Review of Physiology;* AS: *Anatolian Studies;* AT: *Aquarian Theosophist;* BCA: Book Club Associates, Londres; BIFAOC: *Bulletin de l'Institut Français d'Archeologie Orientale, Cairo;* BMMA: *Bulletin of the Metropolitan Museum of Art,* Nova York; BSOAS: *Bulletin of the School of Oriental and African Studies,* Londres; c.: *cerca de ou aproximadamente* (como em data de publicação); CA: *Current Anthropology;* CC: *Culture and Cosmos;* CUP: Cambridge University Press; DE: *Discussions in Egyptology;* DU: *Die Umschau;* EJVS: *Electronic Journal of Vedic Studies;* IJO: *International Journal of Osteoarchaeology;* IMHMST: *International Magazine of the History of Mathematics, Science and Technology;* JE: *Journal of Ethnopharmacology;* JEA: *Journal of Egyptian Archaeology;* JGR: *Journal of Geophysical Research – Oceans;* JHA: *Journal for the History of Astronomy;* JLAL: *Journal of Latin American Lore;* JNES: *Journal of Near Eastern Studies;* JPGNPP: *Journal of Physics G: Nuclear and Particle Physics;* JSA: *Journal de la Societé des Africanistes;* MAA: *Mediterranean Archaeology and Archaeometry;* MD: *Migration and Diffusion;* MDAIK: *Mitteilungen des Deutschen Archaologischen Instituts (Abteilung Kairo);* MNRAS: *Monthly Notices of the Royal Astronomical Society;* MT: *Mammoth Trumpet;* NS: *New Scientist;* OUP: Oxford University Press, Oxford; PAPS: *Proceedings of the American Philosophical Society;* PNAS: *Proceedings of the National Academy of Sciences;* PR: *Physical Review;* PRL: *Physical Review Letters;* SA: *Scientific American;* SAK: *Studien zur Altägyptischen Kultur;* s/d: não se localizou a data; SN: *Science News;* SSA: *Studien sur Altägyptischen;* TDE: *Trabajos de Egiptologia – Papers on Ancient Egypt* (Madri); VBP: *Vigyan Bharati Pradeepia;* WA: *World Archaeology;* ZDM: *Zentralblatt für Didaktik der Mathematik.*

Albîrûnî, *The Chronology of Ancient Nations: An English Translation of the Arabic Text of the Athâr-ul-bâkiya of* albîrûnî, trad. e org. Dr. C. Edward Sachau, Wm H. Allen, Londres, 1879.

"Alien life seems yet more likely", NS 188: 2522 (22 de outubro de 2005), p. 22.

Allegro, John M., *The Sacred Mushroom and the Cross,* 1970, Abacus, Londres, 1974.

Allen, James P., *Genesis in Egypt: The Philosophy of Ancient Egyptian Creation Accounts,* Yale Egyptological Studies 2, Yale University, New Haven, CT, 1988.

Allen, Richard Hinckley, *Star Names: Their Lore and Meaning,* 1899, Dover, Nova York, NY, 1963.

Allison, W. W. M., G. J. Alner, D. S. Ayres, W. L. Barrett, C. Bode, P. M. Border *et al*, "Cygnus X-3 revisited: 10 years of muon and radio observations", Proceedings of the 26th International Cosmic Ray Conference (ICRC 99), Salt Lake City, Utah, 17-25 de agosto de 1999.

Al-Nadim, *The Fihrist of al-Nadim,* org. e trad. Bayard Dodge, Columbia University Press, NY, 1970.

Anderson, Flavia, *The Ancient Secret: In Search of the Holy Grail,* Victor Gollancz, Londres, 1953.

Armstong, Edward A., *The Folklore of Birds,* Houghton Mifflin, Boston, MA/Riverside Press, Cambridge, 1959.

Arrhenius, Svante, "The Propagation of Life in Space", DU 7 (1903), p. 481. Republicado *in* Goldsmith, pp. 32-33.

Arrhenius, Svante, *Worlds in the Making,* Harper and Brothers, Londres, 1908.

Ashpole, Edward, *The Search for Extra-terrestrial Intelligence,* Blandford, Londres, 1989.

Aubourg, Éric, "La date de conception du zodiaque du temple d'Hathor à Dendera", BIFAOC 95 (1995), pp. 1-10.

Aveni, Anthony F., *Archaeoastronomy in Pre-Columbian America,* University of Texas Press, Austin, TX, 1975.

Bachelor, Rev. John, *The Ainu and their Folk-Lore,* Religious Tract Society, Londres, 1901.

Bacon, Edward, org., *Vanished Civilizations: Forgotten Peoples of the Ancient World,* Thames and Hudson, Londres, 1963.

Bauval, Robert, *Secret Chamber: The Quest for the Hall of Records,* Century, Londres, 1999.

Bauval, Robert, e Adrian Gilbert, *The Orion Mystery,* Heinemann, Londres, 1994.

Bayley, Michael, *Caer Sidhe: Vol 1 – The Celtic Night Sky,* Capall Bann, Chieveley, Berks,1997.

Bellows, Henry, *The Poetic Edda, translated from the Icelandic with an Introduction and Notes,* 2 vols. em um, Princeton University Press, Princeton, NJ/American Scandinavian Foundation, Nova York, NY, 1936, disponível em sacredtexts. com.

Belmonte Avilés, Juan Antonio, "On the Orientations of the Old Kingdom Egyptian Pyramids", JHA 32 (2001), nº 26, pp. Sl-20.

Belmonte Avilés, Juan Antonio, "Some open questions on the Egyptian calendar: an astronomer's view", TDE (2003), pp. 7-56.

Benest, D., J. L. Duvent, "Is Sirius a triple star?", AA 299 (1995), pp. 621-628.

Berezinsky, V. S., "Time delay of the PeV *gamma* ray burst after the October 1985 radio flare of Cygnus X-3", *Nature* 334 (11 de agosto de 1988), pp. 506-507.

Berry, Adrian, "2001 replayed", *AN* 20:3 (março de 2006), p. 21.

Bíblia Sagrada, A, Revised Authorized Version, OUP, 1905.

Billing, Nils, "Writing an Image – The Formulation of the Tree Goddess Motif in the Book of the Dead, Ch. 59", SSA 32 (2004), pp. 35-50.

Blackham, *The Soul of the City: Londres's Livery Companies,* Sampson Low, Marston & Co, Londres, s/d (c. 1931).

Blavatsky, H. P., "The Hindu Theory of Vibration as the Producer of Sounds, Forms and Colors", AT 5:6 (17 de abril de 2005), pp. l-6.

Blavatsky, H. P., *The Secret Doctrine: The Synthesis of Science, Religion, and Philosophy,* 1888, 2 vols., Theosophical Company, Los Angeles, CA, 1974. [*A Doutrina Secreta,* 6 vols., Editora Pensamento, SP, a partir de 1973].

Bocquet-Appel, Jean-Pierre, e Pierre Yves Demars, "Neanderthal contraction and modern human colonization of Europe", *Antiquity* 74:285 (setembro de 2000), pp. 544-552.

Bower, B, "Doubts Aired over Neanderthal Bone Flute", (e resposta pelo musicólogo Bob Fink) SN 153 (4 de abril de 1998), p. 215.

Brandon, Jim, *The Rebirth of Pan: Hidden Faces of the American Earth Spirit,* Firebird Press, Gretna, IL, 1983.

Breasted, James Henry, *Ancient Records of Egypt,* ii, University of Chicago, IL, 1906.

Brown, Robert, *Researches into the Origin of the Primitive Constellations of the Greeks, Phoenicians and Babylonians,* 2 vols., Williams and Norgate, Londres, Edinburgh e Oxford, 1899.

Budge, E. A. Wallis, *An Egyptian Hieroglyphic Dictionary,* 2 vols., 1920, Dover, Nova York, NY, 1978.

Budge, E. A. Wallis, *The Book of the Dead,* 3 vols., Routledge & Kegan Paul, Londres, 1960. [*O Livro Egípcio dos Mortos,* Editora Pensamento, SP, 1985].

Budge, E. A. Wallis, *The Egyptian Heaven and Hell,* 3 vols., Kegan, Paul, Trench, Trubner, Londres, 1906.

Budge, E. A. Wallis, *From Fetish to God in Ancient Egypt,* 1934, Dover, Nova York, NY, 1988.

Budge, E. A. Wallis, *The Gods of the Egyptians,* 2 vols., 1904, Dover, Nova York, NY, 1969.

Buhl, Marie-Louise, 'The Goddesses of the Egyptian Tree Cult', JNES 6 (1947), pp. 80-97.

Bullinger, Ethelbert W., *The Witness of the Stars,* 1893, Eyre and Spottiswoode, Londres, 1911.

Burl, Aubrey, *Prehistoric Avebury,* BCA, 1979.

Burl, Aubrey, *The Stone Circles of the British Isles,* 1976, Yale University Press, New Haven, CT, e Londres, 1977.

Burton, Capt. *Sir* Richard, *Personal Narrative of a Pilgrimage to Al-Madinah and Meccah,* Tylston and Edwards, Londres, 1893.

Calame-Griaule, Geneviéve, "On the Dogon Restudied", CA 32:5 (dezembro de 1991), pp. 575-577.

Carmichael, Alexander, *Carmina Gadelica: Hymns and Incantations,* 1899, Oliver and Boyd, Edimburgo e Londres, vol I: 1928, vol. 2: 1928.

Cassiday, G. L., *et al,* "Evidence for 10^{18} eV Neutral Particles from the Direction of Cygnus X-3", PRL 62:4 (23 de janeiro de 1989), pp. 383-386.

Çelik, Bahattin, "A New Early-Neolithic Settlement: Karahan Tepe", *Neo-lithics, A Newsletter of the Southwest Asian Lithics Research,* 2,-3/00, Berlim, 2000, pp. 6-8.

Chadha, Kulvinder Singh, e Keith Cooper, "Longest gamma-ray burst signals supernova", *AN* 20:4 (abril de 2006), p. 9.

Chamberlain, Von Del, *When Stars Came Down to Earth: Cosmology of the Skidi Pawnee Indians of North America*, Ballena Press/Center for Archaeoastronomy, Cooperative Publication, Los Altos, CA/College Park, MD, 1982.

Charles, R. H., org. *The Book of Enoch*, OUP, 1912.

Chu, Y-H., M. A. Guerrero, R. A. Gruendl, R. M. Williams, J. B. Kaler, "Chandra Reveals the X-ray Glint in the Cat's Eye", AJL 553 (2001), p. L69.

Clottes, Jean, "Art of the Light and Art of the Depths", *in* Conkey, pp. 203-216.

Cole, J. H., *The Determination of the Exact Size and Orientation of the Great Pyramid of Giza*, Government Press, Cairo, 1925.

Collins, Andrew, *From the Ashes of Angels*, Penguin, Londres, 1996.

Collins, Andrew, *Gateway to Atlantis*, Headline, Londres, 2000.

Collins, Andrew, *Gods of Eden*, Headline, Londres, 1998.

Conkey, Margaret W., *et al*, *Beyond Art: Pleistocene Image and Symbol*, Memoirs of the California Academy of Sciences 23, São Francisco, CA, 1997.

Contos das Mil e Uma Noites – Ver Dawood.

Cope, Julian, *The Modern Antiquarian*, Thorsons, Londres, 1998.

Coppens, Philip, *The Canopus Revelation: Stargate of the Gods and the Ark of Osiris*, Frontier Publishing, Enkhuizen, Netherlands/Adventures Unlimited Press, Stelle, IL, 2004.

Cowan, Thaddeus M, "Effigy Mounds and Stellar Representation: A Comparison of Old World and New World Alignment Schemes", *in* Aveni, pp. 217-234.

Cox, Simon, "A Sanctuary for Sokar", *in* Bauval, 1999, pp. 390-396.

Crawford, Anne, *A History of the Vintners' Company*, Constable, Londres, 1977.

Crick, F. H. C. e L. E. Orgel, "Directed Panspermia", *Icarus* 19 (1973), pp. 43-57. Republicado Goldsmith, pp. 34-7.

Crick, Francis, *Life Itself: Its Origin and Nature*, 1981, Futura/Macdonald, Londres, 1982.

Czapek, G., B. Hahn, W. Krebs e L. Muller, "Measurement of the muon flux in the Gotthard underground laboratory", JPGNPP 16:7 (julho de 1990), pp. 1101-1108.

Dames, Michael, *The Avebury Cycle*, Thames and Hudson, Londres, 1977.

Dar, Arnon, "The Threat to Life from Eta Carinae and Gamma-Ray Bursts", *Frascati Physics Series* XXIV (2002), pp. 513-523.

Dar, Arnon, Jere J. Lord e R. Jeffrey Wilkes, 'Nature of the high-energy particles from Cygnus X-3', PR D33:1 (1º de janeiro de 1986), pp. 303-306.

Daressy, Georges M., "L'Egypt Celeste", BIFAOC 12 (1915), pp.1-34.

Davies, Paul, "Do we have to spell it out", NS 183:2459 (7 de agosto de 2004), pp. 30-31.

Dawood, N. J., trad. e intr., *Tales from the Thousand and One Nights*, BCA, Londres, 1977.

Deane, John Bathurst, *The Worship of the Serpent*, J.G. & F. Rivington, Londres, 1833. Disponível em sacredtexts.com/etc/wos.

DeMott, Barbara, *Dogon Masks*, 1979, UMI Research Press, Ann Arbor, MI, 1982.

Devereux, Paul, *Stone Age Soundtracks: The Acoustic Archaeology of Ancient Sites*, Vega, Londres, 2001.
Dikov, N. N., "La pétrographie en Sibérie du Nord-Est", *Inter-Nord* 12 (1971).
Dodge, Bayard, "The Sabians of Harran", *in* Sarrüf and Tamim, pp. 60-85.
Dorsey, George Amos, 1904, *Traditions of the Skidi Pawnee*, Kraus Reprint, Nova York, NY, 1969.
Drijvers, H. J. W., *Cults and Beliefs at Edessa*, E. J. Brill, Leiden, 1980.
Drower, E. S., *The Mandaeans of Iraq and Iran: Their Cults, Customs, Magic, Legends, and Folklore*, OUP, 1937.
Edwards, I. E. S., *The Pyramids of Egypt*, 1947, revisado em 1985, Viking, Londres, 1986.
Eliade, Mircea, 1957, *Myths, Dreams and Mysteries*, Harper Torchbooks, Nova York, NY, 1960.
Eliade, Mircea, 1951, *Shamanism: Archaic Techniques of Ecstasy*, Princeton University Press, Princeton, NJ, 1970.
Empson, R. H. W., *The Cult of the Peacock Angel*, H. F. & G. Witherby, Londres, 1928.
Enoch, The Book of – ver Charles.
Fábulas de Esopo – ver Gibbs.
Faulkner, R. O., *The Ancient Egyptian Coffin Texts*, 3 vols., Aris and Phillips, Warminster, Dorset, 1973/1977/1978.
Faulkner, R. O., *The Ancient Egyptian Pyramid Texts*, OUP, 1969.
Faulkner, R. O., "The King and the Star-religion in the Pyramid Texts", JNES 25, 1966, pp. 153-161.
Feuerstein, Georg, Subhash Kak e David Frawley, *In Search of the Cradle of Civilization*, Quest Books, Wheaton, IL/Adyar, Madras, India, 1995.
Flammarion, Camille, *Popular Astronomy*, Chatto & Windus, Londres, 1897.
Flattery, D. S., e M. Swartz, *Haoma and Harmaline: The Botanical Identity of the IndoIranian Sacred Hallucinogen 'Soma' and its Legacy in Religion, Language, and Middle Eastern Folklore*, Univ. of California Press, Berkeley, CA, 1989.
Forgione, Adriano, "Il Potere dalle Stelle", *Hera* 59 (dezembro de 2004), pp. 52-58.
Fosar, Grazyna, e Franz Bludorf, *Vernetzte Intelligenz: Die Natur geht online*, 2001, Omega, Aachen, Alemanha, 2002.
'Francis Crick', obituário, *The Times*, 30 de julho de 2004, pp. 68-69.
Freidel, David, Linda Schele e Joy Parker, 1993, *Maya Cosmos: Three Thousand Years on the Shaman's Path*, Perennial, Nova York, NY, 2001.
Freke, Timothy, e Peter Gandy, *The Jesus Mysteries: Was the "Original Jesus'"a Pagan God?*, Thorsons, Londres, 1999.
Furst, Peter T., *Flesh of the Gods*, 1972, Waveland Press, Prospect Heights, IL, 1990.
Gaballa, G. A., e K. A. Kitchen, "The Festival of Sokar", *Orientalia* 38 (1969), pp. 1-76.
Gardiner, Sir Alan, *Egypt of the Pharaohs*, 1961, OUP, 1964.
Gettings, Fred, *Dictionary of Demons*, 1988, Guild Publishing, Londres, 1989.
Gibbs, Laura, trad., *Aesop's Fables*, OUP, 2002.
Gillespie, Charles, org., *Dictionary of Scientific Biography*, xv, i, 1978, pp. 706-727.
Gimbutas, Marija, *The Language of the Goddess*, Thames and Hudson, Londres, 1989.
Goedicke, Hans, "The Route of Sinuhe's Flight", *JEA* 43 (1957), pp. 77-85.

Goldsmith, Donald, org., *The Quest for Extra-terrestrial Life*, University Science Books, Mill Valley, CA, 1980.

Gooch, Stan, *Cities of Dreams: When Women Ruled the Earth*, 1989, Aulis Books, Londres, 1995.

Goyon, Georges, *Le secret des bâtisseurs des grandes pyramides*, Editions J'ai lu, Paris, 1990.

Graves, Robert, *The White Goddess*, Faber and Faber, Londres, 1948.

Green, Tamara, *The City of the Moon God; Religious Traditions of Harran*, E. J. Brill, Leiden, 1992.

Gregorio de Tours, *De cursu stellarum* – Haase.

Griaule, M., *Masques Dogons*, Institit d' ethnologie, Paris, 1938.

Griaule, Marcel, intro. Germaine Dieterlen, *Conversations with Ogotemmêli*, OUP, 1965.

Griaule, Marcel, e Germaine Dieterlen, "Un Systeme Soudanais de Sirius", JSA 20 (1950), pp. 273-294. Republicado como *A Sudanese Sirius System, in* Temple, pp. 317-335.

Griaule, Marcel, e Germaine Dieterlen, *The Pale Fox* (Publicado originalmente em francês como *Le Renard Pâle)*, 1965, trad.. Stephen C. Infantino, Continuum Foundation, Chino Valley, AZ, 1986.

Griffith, Ralph T. H., trad., *Sacred Writings – Hinduism: Rig Veda*, Book of the Month Club, Nova York, NY, 1992.

Grimm, Jacob, *Teutonic Mythology*, 4 vols., Geo Bell, Londres, i: 1882; ii-iii: 1883, iv: 1888.

Guerrero, M. A., Chu, Y- H, Gruendl, R. A., Williams, R. M., Kaler, J. B., "The Enigmatic X-ray Point Sources at the Central Stars of NGC 6543 and NGC 7293": AJL 553 (2001), p. L55.

Guest, John S., *The Yezidis: A Study in Survival*, KPI, Londres e Nova York, 1987.

Gündüz, Nullinasi, "The Knowledge of Life: The Origins and Early History of the Mandaeans and their Relation to the Sabians of the Qur'an and to the Harranians", *Journal of Semitic Studies Supplement* 3, OUP, 1994.

Haase, Henr. Aeonoth. Frid., org. *Gregorii turonensis episcopi, libro de cursu stellarum* etc., Typis Universitatis, Vratislaviae (Bratislava/Pressburg University Press), Áustria-Hungria [moderna Eslováquia], 1853.

Hall, R. L., "Ancient Olmec and Maya Calculation and Use of Major Eras of Time Based upon the Tropical Year and Planetary Periods", 23rd DDA/HAD Meeting, BAAS, 1992, p.1067.

Hallett, Jean-Pierre, com Alex Pelle, *Pygmy Kitabu*, Souvenir Press, Londres, 1974.

Hamzeh'ee, M. Reza, *The Yaresan: A Sociological, Historical and Religio-Historical Study of a Kurdish Community*, Klaus Schwarz, Berlim, 1990.

Hancock, Graham, *Supernatural*, Century, Londres, 2005.

Harding, Luke, "After the hunt, Ice Age man chilled out – with a flute", *The Guardian*, 17 de dezembro de 2004.

Harner, Michael J., *Hallucinogens and Shamanism*, OUP, Nova York, NY, 1973.

Harner, Michael J., "The Role of Hallucinogenic Plants in European Witchcraft", *in* Harner, *Hallucinogens and Shamanism*, pp. 125-150.

Harner, Michael J., "The Sound of Rushing Water", *in* Harner, *Hallucinogens and Shamanism*, pp. 15-27.

Harrison, Michael, *The Londres that was Rome*, Geo Allen & Unwin, Londres, 1971.

Hart, George, *A Dictionary of Egyptian Gods and Goddesses*, RKP, Londres, 1986.

Hassan, Selim, *Excavations at Giza*, 1934-1935, VI, Pt 1, Service des Antiquités de l'Egypte, Government Press, Cairo, 1946.

Hatch, Marion Popenoe, "An Astronomical Calendar in a Portion of the Madrid Codex", *in* Aveni, pp. 283-340.

Hatch, Marion Popenoe, "An Hypothesis on Olmec Astronomy, with Special Reference to the La Venta Site", pp. 1-38, reimpresso de *Contributions of the University of California Archaeological Research Facility: Papers on Olmec and Maya Archaeology* 13 (junho de 1971).

Hauptmann, Harald, "The Urfa Region", *in* Ozdogan e Basgelen, pp. 65-86.

Hawkins, Gerald, *Beyond Stonehenge*, Harper & Rowe, Nova York, NY, 1973.

Hawkins, Gerald, *Mindsteps of the Gods*, Souvenir Press, Londres, 1983.

Hawkins, Gerald, *Stonehenge Decoded*, 1965, Souvenir Press, Londres, 1966.

Heródoto, *History*, trad. George Rawlinson, 2 vols., 1858, J. M. Dent, Londres, 1940.

Heusch, Luc de, "On Griaule on Trial", CA 32:4 (agosto-outubro 1991), pp. 434-437.

Hill, Charles, Martin Millett e Thomas Blagg, *The Roman Riverside Wall and Monumental Arch in Londres*, Lamas Publications, Londres, 1980.

Hole, Christina, *English Custom and Usage*, Batsford, Londres, inverno de 1941-1942.

Hole, Christina, *English Folklore*, Charles Scribner's Sons, Nova York/B T Batsford, Londres, 1940.

Houlihan, Patrick F., *The Birds of Ancient Egypt*, Aris and Phillips, Warminster, Dorset, 1986.

Hoyle, Fred, e Chandra Wickramasinghe, *Diseases from Space*, J. M. Dent, Londres, 1979.

Hoyle, Fred, e Chandra Wickramasinghe, *Lifecloud: The Origin of Life in the Universe.* J. M. Dent, Londres, 1978.

Hudson, Travis, e Ernest Underhay, prefácio de Anthony F. Aveni, *Crystals in the Sky: An Intellectual Odyssey Involving Chumash Astronomy, Cosmology and Rock Art*, Ballena Press Anthropological Papers 10, Menlo Park, CA, 1978.

Hurry, Jamieson B., *Imhotep: The Vizier and Physician of King Zoser and afterwards the Egyptian God of Medicine*, OUP, 1928.

Hutton, Ronald, *The Stations of the Sun*, OUP, 1996.

Huxley, Aldous, *The Doors of Perception*, Heaven and Hell, 1954/1956, Flamingo, Londres, 1994.

Izady, Mehrdad, *The Kurds: A Concise Handbook*, Crane Russak, Washington, DC/Bristol, PA/Londres, 1992.

James, Peter, e Nick Thorpe, *Ancient Mysteries*, Ballantine Books, Nova York, NY, 1999.

Joseph, Isya, *Devil Worship: The Sacred Books and Traditions of the Yezidiz*, 1919, Health Research, Mokelumne Hill, CA, 1972.

Joseph, Rhawn, *Astrobiology, The Origin of Life and the Death of Darwinism*, Univ. Press California, San Jose, CA, 2000.

Júlio César, *The Gallic War*, trad. Carolyn Hammond, OUP, 1999.

"Junk DNA", NS 188:2526 (19 de novembro de 2005), p. 92.

Kauffmann, Friedrich, *Northern Mythology*, J. M. Dent, Londres, 1903.

Kay, Charles de, *Bird Gods*, A. S. Barnes, Nova York, 1898.

Keeton, W. T., "Avian Orientation and Navigation", ARP 41:1 (março de 1979), pp. 353-366.

Keiller, Alexander, e Stuart Piggott, "The Recent Excavations at Avebury", *Antiquity* 10:40 (1936), pp. 417-427.

Kirchner, Horst, "Ein archäologischer Beitrag zur Urgeschichte des Schamanismus", *Anthropos* 47 (1952), pp. 244-286.

Knappert, Jan, *Indian Mythology: An Encyclopedia of Myth and Legend*, The Aquarian Press, Londres, 1991.

Kolb, E. W., "Searching for Cygnets", *in* Aubert and L. Montanet, pp. 423-433.

Krupp, E. C., "Astronomers, Pyramids, and Priests", *in* Krupp, *In Search of Ancient Astronomers*.

Krupp, E. C., *In Search of Ancient Astronomies*, Chatto and Windus, Londres, 1979.

Kuhn, Herbert, *Rock Pictures of Europe*, 1952, Sidgwick and Jackson, Londres, 1956.

Kunte, Dr. P. K., "Ancient India's Heritage in Observational Astronomy", VBP 1:1 & 2 (11 de abril de 1994).

Kürkçüoğlu, Cihat A., e Zuhal Karahan Kara, *Harran: The Crossroad of Civilizations*, Harran District Governorship Cultural Publications, Sanliurfa, Turquia, 2003.

Lajoux, Jean-Dominique, *The Rock Paintings of Tassili*, 1962, Thames and Hudson, Londres, 1963.

Laliberte, Norman, e Edward N. West, *The History of the Cross*, Macmillan, Londres e Nova York, NY, 1960.

LaViolette, Paul, *Earth Under Fire*, Bear and Co, Rochester, 1997, VT, 2005.

Legon, John A. R., "A Ground Plan at Giza", DE 10 (1988), pp. 33-39.

Legon, John A. R., "The Giza Ground Plan and Sphinx", DE 14 (1989), pp. 53-61.

Lehner, Mark, *The Complete Pyramids*, Thames and Hudson, Londres, 1997.

Lempriere, J., *A Classical Dictionary*, Routledge, Londres, 1919.

Lewis-Williams, J. D., e T. A. Dowson, "The Signs of All Times", CA 29:2 (abril de 1988), pp. 201-245.

Lhote, Henri, *The Search for the Tassili Frescoes*, 1959, Readers Union Hutchinson, Londres, 1960.

Lichtheim, Miriam, *Ancient Egyptian Literature: Vol I – The Old and Middle Kingdom*, 1973, University of California, Berkeley/Los Angeles e Londres, 1975.

Little, Gregory, John Van Auken e Lora Little, *Mound Builders: Edgar Cayce's Forgotten Record of Ancient America*, Eagle Wing Books, Memphis, TN, 2001.

Luna, Luis Eduardo, e Pablo Amaringo, *Ayahuasca Visions*, 1991, North Atlantic Books, Berkeley, CA, 1999.

Mac Cana, Proinsias, *Celtic Mythology*, 1968, Chancellor Press, 1996.

MacDonald, Lorraine, "Musings on Saint Brigit: Mary of the Gael": *Dalriada* 17: 1 (An Fheille Bride 2002), pp.11-13.

Mackenzie, Donald A., *Ancient Man in Britain*, Blackie and Son, Londres, Glasgow, Bombaim, 1922.

Mackenzie, Donald A., *Myths of China and Japan*, Gresham, Londres, s/d. (c. 1920).

Mackenzie, Donald A., *Myths of Pre-Columbian America*, Gresham, Londres, s/d. (1923).

Mackenzie, Donald A., *Scottish Folk-lore and Folk Life*, Blackie, Londres & Glasgow, 1935.

Macleod (Wm Sharp), Fiona, *The Winged Destiny: Studies in the Spiritual History of the Gael*, Heinemann, Londres, 1910.

Magli, Giulio, *Misteri e Scoperte dell'Archeoastronomia*, Newton & Compton, Roma, Itália, 2005.

Magli, Giulio, "On the astronomical content of the sacred landscape of Cusco in Inka times", *NNJ Architecture and Mathematics* 7:2 (2005).

Maiani, L., "Electro Weak Interactions", apresentação, EPS Int. Europhysics Con. on High Energy Physics, Bari, Itália, 18-24 de julho de 1985 (novembro de 1985).

Marsden, Peter, *Roman London*, Thames and Hudson, Londres, 1980.

Marshack, Alexander, *The Roots of Civilization*, Moyer Bell, Mount Kisco, NY, 1991.

Marshak, M. L., et al, "Evidence for Muon Production by Particles from Cygnus X-3", PRL 54:19 (13 de maio de 1985), pp. 2079-2082.

Marti, J., J. M. Paredes e M. Peracaula, "Development of a two-sided Relativistic Jet in Cygnus X-3", AA 375 (2001), pp. 476-484.

Marti J., D. Perez-Ramirez, J. L. Garrido, P. Luque-Escamilla, J. M. Paredes, "Possible Hot Spots Excited By The Relativistic Jets Of Cygnus X-3", AA 439 (agosto de 2005), pp. 279-285.

Matthews, Caitlin, *The Celtic Tradition*, 1989, Element Books, Shaftesbury, Dorset, 1995.

McCluskey, Stephen C., *Astronomies and Cultures in Early Medieval Europe*, 1998, CUP, 2000.

McKenna, Terence, *Food of the Gods*, Rider, Londres, 1992.

McKenna, Terence, e Dennis McKenna, 1975, *The Invisible Landscape*, HarperSanFrancisco, Nova York, NY, 1993.

Mead, G. R. S., *Orpheus*, J. M. Watkins, Londres, 1965.

Meinel, Aden, e Marjorie Pettit Meinel, Barbara Meinel e David Drach-Meinel, "Antiquity's Fingerprints in Ice: A Cosmic Encounter, A Cat's Eye, and Origin of Modern Humans", TAG 05, Sheffield University, 19 de dezembro de 2005.

Meinel, Aden B., Marjorie P. Meinel, David L. Drach-Meinel e Barbara Meinel, "The 250 Ky GRIP archives show the signature of a point source of cosmic rays: an analysis of the data leading to NGC 6543 as being the most probable source", texto apresentado no IAU Symposium 234, Planetary Nebulae, Havaí, abril de 2006.

Meinertzhagen, Colonel R., *Nicoll's Birds of Egypt*, 2 vols., Hugh Rees, Londres, 1930.

Mellaart, James, *Çatal Hüyük – A Neolithic Town in Anatolia*, Thames and Hudson, Londres, 1967.

Mercer, Samuel A. B., *The Pyramid Texts in Translation and Commentary*, i, Longmans, Green and Co., Nova York/Londres/Toronto, 1952.

Michell, John, *The Dimensions of Paradise: The Proportions & Symbolic Numbers of Ancient Cosmology*, Harper and Row, Londres, 1988.

Milbourn, Thomas, *The Vintners "Company*, Vinters" Company, Londres, 1888.

Miller, Dorcas S, *Stars of the First People: Native American Star Myths and Constellations*, Pruett, Boulder, Colorado, 1997.

Mithen, Steven, *After the Ice: A Global Human History 20,000-5000 BC*, 2003, Phoenix, Londres, 2004.

Møller, A. P., e T. A. Mousseau, "Albinism and Phenotype of Barn Swallows *(Hirunda rustica)* from Chernobyl", *Evolution* 55:10 (2001), pp. 2097-2104.

Moore, A. W., *The Folk-lore of the Isle of Man*, 1891, Llanerch, Felinfach, Lampeter, Dyfed, 1994.

Mortensen, Bodil, "Four Jars from the Maadi Culture found in Giza", MDAIK 41 (1985), pp. 145-147.

Munn, Henry, "The Mushrooms of Language", *in* Harner, *Hallucinogens and Shamanism*, pp. 86-122.

Muraki, Y., *et al*, "Search for Ultra High Energy Photons from Cygnus X-3", *Proceedings of 2nd Int. Conf. on Grational Microvensis Surveys at Paris*, 1995, pp. 426-429.

Musser, George, "Magnetic Anomalies", SA, agosto de 2000.

Narby, Jeremy, *The Cosmic Serpent: DNA and the Origins of Knowledge*, 1995, Tarcher, Putnam, Nova York, NY, 1998.

Neugebauer, O., e Richard A. Parker, *Egyptian Astronomical Texts: I. The Early Decans. II. The Ramesside Star Clocks; III. Decans, Planets, Constellations and Zodiacs – Text*, Brown University Press, Providence, Rhode Island/Lund Humphries, Londres, 1960/1964/1969.

Norbu, Namkhai, *The Crystal and the Way of Light*, Routledge and Kegan Paul, Nova York, NY/Londres, 1986.

North, John, *Stonehenge: Neolithic Man and the Cosmos*, 1996, HarperCollins, Londres, 1997.

Nougier, Louis-René, e Romain Robert, *The Cave of Rouffignac*, Geo Newnes, Londres, 1958.

O'Kelly, Claire, *Illustrated Guide to Newgrange*, John English, Wrexford, 1967.

Ott, Jonathan, "The Post-Wasson History of the Soma Plant", *Eleusis* 1 (1998), pp. 9-37.

Ovídio, *The Metamorphoses* – ver Riley.

Ozdogan, Mehmet, e Nezih Basgelen, orgs., *Neolithic in Turkey: The Cradle of Civilization*, Arkeoloji ve Sanat Yaynlar, Istambul, 1999.

Parker, Richard A., "Egyptian Astronomy, Astrology, and Calendrical Reckoning", *in* Gillispie, pp. 706-727.

Perry, W. J., *The Megalithic Culture of Indonesia*, Univ. of Manchester/Longmans, Green, Londres, 1918.

Petrie, W. M. Flinders, *Gizeh and Rifeh*, School of Archaeology in Egypt, University College, Londres/Bernard Quaritch, Londres, 1907.

Pillai, Thamotharam, *Iraiyanar Akapporul*, publicação independente, 1883.

Platão, *Phaedo*, Hackett, Indianapolis, IN, 1977.

Pogo, A., 'The Astronomical Ceiling-decoration in the Tomb of Senmut", *Isis* 14 (1930), pp. 301-325.

Popul Vuh: The Mayan Book of the Dawn of Life – ver Tedlock.

Rabinowitz, Jacob, *Isle of Fire*, Invisible Books, West Orange, NJ, 2004.

Rappenglück, Michael A., "The Milky Way: Its Concept, function and meaning in ancient cultures", *Astronomy of Ancient Societies*, 2002, versão para língua inglesa, pp. 270-276.

Rappenglück, Michael A., "A Palaeolithic Planetarium Underground – The Cave of Lascaux Pt 1", MD 5:18 (2004), pp. 93-119.

Rawson, Philip, *The Art of Tantra*, 1973, Thames and Hudson, Londres, 1978.

Reed, Darren S., Bruce Balick, Arsen R. Hajian, Tracy L. Klayton, Stefano Giovanardi, Stefano Casertano, Nino Panagia, Yervant Terzian, "Hubble Space Telescope Measurements of the Expansion of NGC 6543: Parallax Distance And Nebular Evolution", AJ 118 (novembro de 1999), pp. 2430-2441.

Rees, Alun, "Nobel Prize Genius Crick Was High on LSD When He Discovered the Secret of Life", *The Mail on Sunday*, 8 de agosto de 2004, pp. 44-45.

Reymond, E. A. E., *The Mythical Origin of the Egyptian Temple*, Manchester Univ. Press, Manchester, 1969.

Rig Veda – ver Griffith.

Riley, Henry T., trad. *The Metamorphoses of Ovid*, Geo. Bell, Londres e Nova York, NY, 1893.

Rolleston, Frances, *Mazzorath, or the Constellations*, Rivingtons, Londres, 1862. Disponível *online* em http://philologos.org/_eb-mazzaroth/ default.htm.

Rolleston, T. W., *Myths and Legends of the Celtic Race*, 1911, Geo G. Harrap, Londres, Bombaim, Sidney, 1929.

Ruddick, K., "Model for the Underground Muons Associated with Cygnus X-3", PRL 57: 5 (4 de agosto de 1986), pp. 531-534.

Rudgley, Richard, *The Lost Civilizations of the Stone Age*, The Free Press, Nova York, NY, 1999.

Ruggles, CLN, *Megalithic Astronomy: A New Archaeological and Statistical Study of 300 Western Scottish Sites*, British Archaeological Reports, Oxford, 1984.

Rundle Clark, R. T., *Myth and Symbol in Ancient Egypt*, 1959, Thames and Hudson, Londres, 1978.

Sagan, Carl, *Broca's Brain*, 1974, Presidio Press, Nova York, NY, 1980.

Sagan, Carl, *The Cosmic Connection*, 1973, Dell Publishing, Nova York, NY, 1975.

Salazar, Fernando E. Elorrieta, e Edgar Elorrieta Salazar, *The Sacred Valley of the Incas, Myths and Symbols*, Sociedad Pacaritanpu Hatha, Cusco, Peru, 1996.

Samorini, Giorgio, "The Bwiti Religion and the Psychoactive Plant Tabernanthe iboga (Equatorial Africa)", *Integration* 5 (1995), pp. 105-114.

Samorini, Giorgio, "The Oldest Representations of Hallucinogenic Mushrooms in the World", *Integration* 2/3 (1992), pp. 69-78.

Santillana, Giorgio de, e Hertha von Dechend, *Hamlet's Mill*, 1969, Macmillan, Londres, 1970.

Sanussi, Ashraf el –, e Michael Jones, 'A Site of the Maadi Culture Near the Giza Pyramids', MDAlK 53 (1997), pp. 241-253.

Sarruf, Fuad, e Suha Tamim, *American University of Beirut Festival Book (Festschrift)*, American University of Beirut, 1967.

Schlegel, Gustave, *Nederlandsch-Chineesch woordenboek*, 4 vols., E. J. Brill, Leiden, 1886-1890.

Schelgel, Gustave, *Thian Ti Hwui: The Hung-League or Heaven-Earth-League*, 1866, Banfield, Singapura, 1970.

Schlegel, Gustave, *Uranographie Chinoise*, 1875, 2 vols., Ch'eng-wen Publishing Company, Taipei, 1967.

Schirmer, Wulf, "Some aspects of building at the 'aceramic-neolithic' settlement of Çayönü Tepesi", WA 21:3 (1990), pp. 363-387.

Schmidt, Klaus, *Sie bauten die ersten Tempel*, C. H. Beck, Munique, 2006.

Schuchhardt, Dr. D., *Schliemann's Excavations*, Macmillan, Londres e Nova York, NY, 1891.

Schultes, Richard Evans, Albert Hofmann e Christian Rätsch, *Plants of the Gods*, 1992, Healing Arts Press, Rochester, VT, 2001.

Segal, J. B., "Pagan Syriac Monuments in the Vilayet of Urfa", AS 3 (1953), pp. 97-119.

Segal, J. B., "The Sabian Mysteries: The planet cult of ancient Harran", *in* Bacon, *Vanished Civilizations: Forgotten Peoples of the Ancient World*.

Serrano, Alejandro Jiménez, *Royal Festivals in the Late Predynastic Period and the First Dynasty*, BAR International Series 1076, Archaeo Press, Oxford, 2002.

"Sgeul gu Latha: The Coming of Angus and Bride", *Dalriada* 17:1 (An Fheille Bride 2002), pp. 27-34.

Shimada, Atsuko, Akihiro Shima, Kumie Nojima, Yo Seino, e Richard B. Setlow, "Germ cell mutagenesis in medaka fish after exposures to high-energy cosmic ray nuclei: A human model", *PNAS* 102 (11 de abril de 2005), pp. 6063-6067.

Sider, David, *The Fragments of Anaxagoras*, International Pre-Platonic Studies 4, segunda edição, Academia Verlag, Sankt Augustin, Alemanha, 2005.

Sidharth, B. G., *The Celestial Key* to *the Vedas*, Inner Traditions, Rochester, Vermont, 1999.

Skeat, Rev. Walter W., *Etymological Dictionary of the English Language*, 1879-1882, OUP, 1946.

Soker, Noam, "The Cat's Eye (NGC 6543)", relatório preliminar, 2006.

Soker, Noam, e Gili Bisker, "Bubbles in Planetary Nebulae and Clusters of Galaxies", *astroph/0601032* (2 de janeiro de 2006).

Solecki, Rose L., "Predatory Bird Rituals at Zawi Chemi Shanidar", *Sumer* 33:1 (1977), pp. 42-47.

Sommers, P., e J. W. Elbert, "Implications of the Fly's Eye Evidence for Neutral Particles from Cygnus X-3", ALC 27 (1990), pp. 397-402.

Soothill, Wm Edward, *The Hall of Light: A Study of Early Chinese Kingship*, Lutterworth Press, Londres, 1951.

Southwell, David, *Secrets and Lies*, Carlton Books, Londres, 2005.

Spaeth, Ove Von, "Dating the Oldest Egyptian Star Map", IMHMST 42:3 (2000), pp. 159-179.

Spalinger, Anthony J., org., *Revolutions in Time; Studies in Ancient Egyptian Calendrics*, Van Siclen Books, San Antonio, Texas, 1994.

Spence, Kate, "Ancient Egyptian Chronology and the Astronomical Orientation of the Pyramids", *Nature* 408 (16 de novembro de 2000), pp. 320-324.

Spence, Lewis, *The Myths of the North American Indians*, Geo Harrap, Londres, 1916.

Sperlich, Dr. Waltraud, "Die erste Siedlung der Altsteinzeit", *bild der wissenschaft* (agosto de 2000), pp. 68-71.

Squier, Ephraim G., e Edwin H. Davis, *Ancient Monuments of the Mississippi Valley*, vol. 1, 1848, Smithsonian Institution Press, Washington e Londres, 1998.

Squire, Charles, *Celtic Myth and Legend*, Gresham, Londres, s/d (c. 1912).

Staal, Julius D. W., *The New Patterns in the Sky: Myths and Legends of the Stars*, McDonald and Woodward, Blacksburg, VA, 1988.

Staal, Julius D. W., *Stars of Jade: Astronomy and Starlore of Very Ancient Imperial China*, Writ Press, Decatur, GA, 1984.

Staniland Wake, *Serpent-Worship and Other Essays*, 1888, Banton Press, Largs, 1990.

Stecchini, Livio C., "Notes on the Relation of Ancient Measures to the Great Pyramid", *Ver* Tompkins.

Stephens, John L., *Incidents of Travel in Central America, Chiapas and Yucatan*, 2 vols., 1841, Dover, Nova York, NY, 1969.

Stevens (Sra. Drower), E. S., *By Tigris and Euphrates*, Hurst & Blackett, Londres, 1923.

Stordeur, Danielle, "New Discoveries in Architecture at Jerf el-Ahmar (Syria) 1997-1999", *Neo-Lithics* 1/00 (2000), pp. l-4.

Stoyanov, Yuri, "Islamic and Christian Heterodox Water Cosmogonies from the Ottoman period – parallels and contrasts", BSOAS 64 (2001), pp. 19-33.

Strassman, Rick, *DMT: The Spirit Molecule*, Park Street, Rochester, VT, 2001.

Stray, Geoff, *Beyond 2012: Catastrophe or Ecstasy – A Complete Guide to End-of-Time Predictions*, Lewes, East Sussex, 2005.

Stringer, Chris, e Peter Andrews, *The Complete World of Human Evolution*, Thames and Hudson, Londres, 2005.

Stukeley, Wm, *Abury, a Temple of the British Druids, With Some Others Described*, publicação independente, Londres, 1743. Disponível em www.avebury-web.co.uk/AburyWS/AburyWS.html.

Sullivan, Wm, *The Secret of the Incas*, 1996, Three Rivers Press, Nova York, NY, 1997.

Tedlock, Dennis, trad. e comentário, *Popul Vuh: The Mayan Book of the Dawn of Life*, 1985, Touchstone, Nova York, NY, 1996.

Temple, Robert, *The Sirius Mystery*, 1976, Century, Londres, 1998.

Thom, A., *Megalithic Sites in Britain*, 1967, OUP, 1979.

Thom, Alexander, Archibald S. Thom, e T. R. Foord, "Avebury (1): A New Assessment of the Geometry and Metrology of the Ring", *JRA* 7 (1976), pp. 183-192.

Thompson, R. Lowe, *The History of the Devil: The Horned God of the West*, Kegan Paul, Trench, Trubner, Londres, 1929.

Thomsen, D. E., "A disbelief in Cygnets – Cygnus X3", SN 130:6 (9 de agosto de 1986), p. 89.

Thomson, M. A., *et al*, "The Observation of Underground Muons from the Direction of Cygnus X-3 during the January 1991 Radio Flare", PRL B 269 (1991), pp. 220-226.

Ticehurst, N. F., *The Mute Swan in England*, Cleaver-Hume Press, Londres, 1957.

Tompkins, Peter, *Secrets of the Great Pyramid*, Allen Lane, Londres, 1971.

Urton, Gary, "Animals and Astronomy in the Quechua Universe", PAPS 125:2 (abril de 1981), pp. 110-127.

Urton, Gary, *At the Crossroads of the Earth and the Sky: An Andean Cosmology*, University of Texas Press, Austin, TX, 1981.

Urton, Gary, "Beasts and geometry: Some Constellations of the Peruvian Quechuas", *Anthropos* 73 (1978) pp. 32-40.

Urton, Gary, 'Celestial Crosses: The Cruciform in Quechua Astronomy', JLAL 6:1 (1980), pp. 87-110.

Van Beek, Walter E. A., "Dogon Restudied", CA 32:2 (abril de 1991), pp. 139-167.

Van den Broek, R., *The Myth of the Phoenix*, E. J. Brill, Leiden, 1972.

Vergani, Teresa, "Ethnomathematics and Symbolic Thought: The Culture of the Dogon", ZDM 99:2 (1998), pp. 66-70.

Völundarkvitha – Ver Bellows.

Wainwright, G. A., "A Pair of Constellations", *Studies Presented to F L Griffith*, 1932a, pp. 373-383.

Wainwright, G. A., "Iron in Egypt", JEA 18 (1931), pp. 3-15.

Wainwright, G. A., "Letopolis", JEA 18 (1932b), pp. 159-172.

Wainwright, G. A., *Sky-religion in Egypt*, CUP, 1938.

Wakefield, J. D., *Legendary Landscapes: Secrets of Ancient Wiltshire Revealed*, Nod Press, Marlborough, Wilts, 1999.

Walsh, Martin W., "Medieval English Martinmesse: The Archaeology of a Forgotten Festival", *Folklore* (outubro de 2000).

Wasson, R. Gordon, "The Divine Mushroom of Immortality", *in* Furst, *Flesh of the Gods*, pp. 185-200.

Wasson, R. Gordon, *Soma: Divine Mushroom of Immortality*, 1968, Harcourt Brace, Nova York, NY, 1972.

Wasson, R. Gordon, "What Was the Soma of the Aryans?", *in* Furst, *Flesh of the Gods*, pp. 201-213.

Wasson, Gordon R., Albert Hofmann e Carl A. P. Ruck, *The Rites of Eleusis*, Helen e Kurt Wolff/Harcourt Brace Jovanovich, Nova York, NY, & Londres, 1978.

Watling, Professor Roy, "Psilocybe semilanceata – a hallucinogenic mushroom native to Europe", *in* Hancock, pp. 614-617.

Watson, James D., *The Double Helix*, Weidenfeld and Nicolson, Londres, 1968.

Watt, W. Montgomery, *Muhammad at Mecca*, OUP, 1953.

Weigall, Arthur, *A History of the Pharaohs: The First Eleven Dynasties*, Thornton Butterworth, Londres, 1925.

Wells, R. A., "The Mythology of Nut and the Birth of Ra", SAK 19 (1992), pp. 305-321.

Wells, R. A., "Origin of the Hour and the Gates of the Duat", SAK 20 (1993), pp. 305-326.

Wells, R. A., "Re and the Calendars", 1994, *in* Spalinger, pp. 1-37.

Wilkinson, Richard H., *The Complete Gods and Goddesses of Ancient Egypt*, Thames and Hudson, Londres, 2003.

Williams ab Ithel, Rev. J., *Barddas*, Roderic/Longman, Londres, 1862.

Winlock, H. E., "The Egyptian Expedition 1925-1927", BMMA (fevereiro de 1928), pp. 32-58.

Xu, H. Mike, *Origin of the Olmec Civilization*, University of Central Oklahoma Press, Edmond, OK, 1996.

Yiou, F., *et al*, 'Beryllium-10 in the Greenland Ice Core Project ice core at Summit, Greenland', JGR (30 de novembro de 1997), pp. 102, nº C12, pp. 26, 783-26, 794.

Zába, Zbynek, *L'Orientatation Astronomique dans l'Ancienne Egypte*, Archiv Orientální Supplementa II, eskoslovenská Akademie, Praga, 1953.

Zick, Michael, "Derälteste Tempel der Welt", *bild der wissenschaft* (agosto de 2000), pp. 60-66. Zimmer, Heinrich, *Myths and Symbols in Indian Art and Civilization*, 1946, Princeton Univ. Press, Princeton, 1972.

ARTIGOS E HISTÓRIAS ONLINE

(Todas as páginas web estavam ativas no momento em que o livro foi escrito.)

Alford, Alan, "Egypt", website oficial de Alan Alford, www.eridu.co.uk

Becker, Dr. Alfred, "Frank's Casket", www.franks-casket.de

Boyd, Patricia T., e Alan P. Smale, "The Long Term Light Curves of X-ray Binaries Contain Simultaneous Periodic and Random Components", AJ 612 (10 de setembro de 2004), pp. 1006-1017.

Boyle, Alan, "Listening to the Sounds of Science", MSNBC, www.msnbc.com/news/372624.asp?cpl=1

Catchpole, Heather, "Incan capital looked to heavenly puma", ABC Science Online, 14 de setembro de 2004, www.abc.net.au/science/news/space/SpaceRepublish_1198067.htm

Chalmers, Mathew, "Amino acid detected in space", PhysicsWeb, disponível em physicsweb.org/articles/news/7/8/7

Chandler, James, "Clovis and Solutrean: Is There a Common Thread?", MT 16:3 (junho de 2001), disponível em http://www.centerfirstamericans.com/mt.php?a=47

"Chandra Reveals The X-Ray Glint In The Cat's Eye", 8 de janeiro de 2001, Chandra Press Room, disponível em chandra.harvard.edu/press/01_releases/press_ 010801.html

Chown, Marcus, "Big Bang sounded like a deep hum", 30 de outubro de 2003, www.newscientist.com/article.ns?id=dn4320

"Chronological History Of The Newark Earthworks", arquivo em PDF disponível no site The Ohio Historical Society – Newark Earthworks www.ohiohistory.org/places/newarkearthworks/managementplan/managementplan.cfm

Collins, Andrew, "Gods, Grails and Morphian Contact", disponível em www.andrewcollins.com/page/articles/Gods,%20Grails%20and%20Morphian%20Contact.htm

Collins, Andrew, "In defence of Cygnus X-3 as a Cosmic Accelerator: Response to Criticisms regarding its Production of Neutral Particles with Energies up to PeV", 2006, disponível em PDF em www.andrewcollins.com

Collins, Andrew, "Mothman, Mounds and Memphis", www.andrewcollins.com/page/articles/USVisit04.htm

Collins, Andrew, "One Week in Kurdistan", www.andrewcollins.com/page/articles/kurdistan.htm

Conant, Richard, "Mining for health", Atlantis Rising, www.atlantisrising.com%2Fissue4%2 Far-4mining.html

Conman, Joanne, "The Round Zodiac Ceiling of the Temple of Hathor at Dendera", home.maine.rr.com/imyunnut/den.round.html

Cramer, John G., "Children of the Swan", *Analog* (março de 1986), www.npl.washington.edu/AV/altvw12.html

Cramer, John G., "The Sound of the Big Bang", 10 de novembro de 2003, faculty.washington.edu/jcramer/BBSound.html

"Discovery of India: Pushkar Mela", Mera Bharat Mahan, www.merabharatmahan.org/modules.php?name=News&file=article&sid=9

Dumé, Belle, "Did cosmic rays cause ice ages?", PhysicsWeb, 12 de julho de 2004, physicsweb.org/articles/news/8/7/6

Encyclopedic Theosophical Glossary, Theosophical University Press, 1999, www.theosociety.org/pasadena/etgloss/ard-asr.htm

Erickson, Barbra E., "Radiation and Health: An Overview of Radon Therapy in the United States and Europe", www.radonmine.com/pdf/radonandhealth.pdf

Fischer, Daniel, "Cygnus X-3: Waiting for the Next Big Bang", *The Cosmic Mirror* 178 (26 de fevereiro de 2000), www.astro.uni-bonn.de/~dfischer/mirror/178.html

Harben, Henry A., *A Dictionary of London*, 1918, www.motco.com/Harben/

Hardaker, Chris, "Towards resolving Clovis origins", MT 16:3 (junho de 2001), www.centerfirstamericans.com/mt.php?a=46

Jatakamala: XXII. A história do Cisne Sagrado – Quadrante SE, Registro Superior, Relevos 77-80, Budismo 101, adaptado da tradução do século XIX feita por J. S. Speyer, www.borobudur.tv/jataka_022.htm

Jefferis, Marie, "Ritual Deposition and Feather-Lined Pits in 17th Century Cornwall", revisado em 2005, ArchaeologyOnline.org, www.archaeologyonline.org/Feather%20Pits%20–%20revised.htm

Larson, Dana, "Stoned Scientists" (4 de abril de 2003), CannabisCulture Marijuana Magazine, www.cannabisculture.com/articles/2783.html

LaViolette, Paul, "Evidence for a Global Warming at the Termination I Boundary and its Possible Cosmic Dust Cause", Starburst Foundation, arxiv.org/ftp/physics/papers/ 0503/0503158.pdf

Magli, Giulio, "On the astronomical content of the sacred landscape of Cusco in Inka times", arxiv.org/abs/physics/0408037

Malek, Jaromir, Diana Magee e Elizabeth Miles, *Topographical Bibliography of Ancient Egyptian Hieroglyphic Texts, Statues, Reliefs and Paintings: Objects of Provenance Not Known: Statues: Non-royal statues. LP: Man kneeling to ancestral busts*, Griffith Institute, Ashmolean Museum, Oxford, 2001, www.ashmol.ox.ac.uk/gri/s21.html

Marshak, M., "Underground Muons Observed during the April 2000 Flare of Cygnus X-3", ICHEP 2000, ichep2000.hep.sci.osaka-u.ac.jp/abs_PA-11.html

Mioduszewski, Amy J., Michael P. Rupen e Vivek Dhawan, 'Radio observations of Cygnus X-3 after the Large Radio Flare in September 2001', www.nrao.edu/~amiodusz/Cygx3head02.pdf

Montgomery, Denis, *Aquatic Man and African Eve*, 1995-2006, em www.sondela.co.uk/Aqua/Books/AquaApeA4.pdf

Montgomery, Denis, *Aquatic Man and African Eve: Book Two at African Eve at Home*, 2004, em faculty.mdc.edu/jmcnair/EveA4.pdf

Munzel, S. C., e N. J. Conard, "Change and Continuity in Subsistence during the Middle and Upper Palaeolithic in the Ach Valley of Swabia (Southwest Germany)", IJO 14 (2004), pp. 225-243.

Murphy, Anthony, e Richard Moore, "The Cygnus Enigma", *Mythical Ireland*, 1999-2004, www.mythicalireland.com/cygnus/

Nicholson, Philip T., "The Soma Codes: Parts I-III", EJVS 8:3 (27 de março de 2002), users.primushost.com/~india/ejvs/issues.html

Pennicott, Katie, "Carbon clock could show the wrong time", PhysicsWeb, 10 de maio de 2001, physicsweb.org/articles/news/5/5/7

Perlman, David, "Cave's ancient treasure 77,000-year-old artefacts could mean human culture began in Africa", *San Francisco Chronicle*, 11 de janeiro de 2002, www.sfgate.com/cgi-bin/article.cgi?file=/c/a/2002/01/11/MN151227.DTL

Pettitt, Paul, "Discovery, nature and preliminary thoughts about Britain's first cave art", *Capra* 5, www.shef.ac.uk/~capra/5/pettitt.html

"Recording Year: Autumn Migrations": BirdTrack, www.bto.org/birdtrack/recording_year/autumn_migration.htm

Ross, David J., "The Bird, The Cross, And The Emperor: Investigations into The Antiquity of The Cross in Cygnus", CC 4:2 (12 de fevereiro de 2002), www.twcac.org/onlinehorizon/cross.htm

Samorini, Giorgio, "L'Amanita muscaria nella preistoria siberiana Fiume Pegtymel", Samorini Network, www.samorini.net/archeo/tx_arc/arc_peg.html

Stecchini, Livio C., "The Dimensions of the Great Pyramid", *A History of Measures: II – Units of Length*, www.metrum.org/measures/dimensions.htm

'Sugar in Space', 20 de junho de 2000, Science@NASA, disponível em spacescience.com/headlines/y2000/ast20jun_1.htm

"The Annual Taking Up and Marking of Thames, Swans" *Swan Upping: A Brief History*, The Royal Windsor Website, www.thamesweb.co.uk/swans/upping2.html

"The Radish: Part One", Lords of the Earth, www.mayalords.org/incfldr/nascalines.html

"The Tower", Four History, www.channel4.com/history/microsites/H/history/t-z/tower8.html

Toyokazu, Watanabe, Iwakura Shinden, www.jomon.or.jp/ewatanabe.html

Unwin, G., "Londres Tradesmen and Their Creditors", British History Online, Centre for Metropolitan History, www.british-history.ac.uk/report.asp?compid=33002

Vedamurthy, K., "Ancient River", Review of The River Saraswati – Legend, Myth and Reality, por Dr. S. Kalyanaraman, *The Hindu*, 8 de janeiro de 2002, hinduonnet.com/thehindu/br/2002/01/08/stories/2002010800120300.htm

"Vedic Saraswati", www.geocities.com/narenp/history/info/river.htm

"Waiting for Cygnus X-3", Science@NASA, science.nasa.gov/headlines/y2000/ast25feb_1m.htm

Whitehouse, Dr. David, "Ice Age star map discovered", BBC News, 9 de agosto de 2000, news.bbc.co.uk/1/hi/sci/tech/871930.stm

Windling, Terri, "One is for Sorrow, Two is for Joy: The Magical Lore of Birds, The Endicott Studio", www.endicott-studio.com/rdrm/forbird.html

Witzel, Michael, "Early Sanskritization: Origins and Development of the Kuru State", EJVS 1:4 (dezembro de 1995), pp. 1-26, sers.primushost.com/~india/ejvs/ejvs0104/ejvs0104article.pdf

"Yezidi Religion and Society" www.geocities.com/Athens/Thebes/2153/yezidi.html

Aloian, Dr. Zourab, "Shaikh 'Adi, Sufism and the Kurds", 216.239.59.104/search?q=cache:SGrolzNaF2cJ:www.malaezdiyan.com/lalish.com/en/index2.php%3Foption%203Dcom_content%26do_pdf%3D1%26id%3D10+aloian+shaikh+adi+sufism&hl=en

OUTROS WEBSITES MENCIONADOS NO TEXTO

Cosmic Elk, www.cosmicelk.co.uk

Foundation for the Advancement of Mesoamerican Studies, Inc, www.famsi.org

The Swan Sanctuary, Shepperton, Middlesex, www.swanuk.org.uk

The Vintners' Company, www.vintnershall.co.uk

The Vintners' Company, passeio virtual por Vintners' Hall, www.ehouse.co.uk/virtualtours/standard5/8030258.htm

Website de Denis Montgomery, www.sondela.co.uk

Notas

Introdução

1. Rincon, "Space rock re-opens Mars debate", BBC News, 8 de fevereiro de 2006, news.bbc.co.uk/1/hi/sci/tech/4688938.stm
2. Muir, "It's raining aliens", NS 189:2541 (4 de março de 2006), pp. 34-37.
3. Lewis e Kumar, ASS arViv: astro-ph 0601022 (2 de janeiro de 2006), pp. 1-18.

Parte Um: Mistério do Norte

Capítulo Um – O Mais Antigo Templo do Mundo

1. Ver Zick, 'Der älteste Tempel der Welt', in *bild der wissenschaft* (agosto de 2000), pp. 60-66. Também Sperlich, "Die erste Siedlung der Altsteinzeit", *bild der wissenschaft* (agosto de 2000), pp. 68-71. Ver também Schmidt, *Sie bauten die ersten Tempel*.
2. Sperlich, p. 71. Ver também Schmidt.
3. Ibid.
4. Zick, p. 64.
5. Ver Collins, *From the Ashes of Angels*, para ter um relato completo sobre os Observadores e sua relação com o mundo neolítico.
6. Ver Charles, R. H., *The Book of Enoch* [O Livro de Enoque].
7. Ver Nota 1.
8. Para conhecer melhor nossa viagem ao sudeste da Turquia em maio e junho de 2004, ver meu artigo na Internet "Seven Days in Kurdistan", em www.andrewcollins.com

Capítulo Dois – No Jardim do Éden

1. Albîrûnî, *The Chronology of Ancient Nations*, p. 186.
2. Ez. 27:23. Todas as citações e referências bíblicas do original foram tiradas da Revised Authorised Version de 1611.
3. Albîrûnî, p. 188.
4. Dodge, "The Sabians of Harran", in Sarrüf e Tamim, *American University of Beirut Festival Book (Festschrift)*, p. 62.
5. Al-Nadim, i, *The Fihrist of al-Nadim*, pp. 647, 661.
6. Kürkçüoglu e Karahan Kara, *Harran: The Crossroad of Civilizations*, pp. 77-78.

7. Çelik, "A New Early-Neolithic Settlement: Karahan Tepe", *Neo-lithics, A Newsletter of the Southwest Asian Lithics Research*, 2,-3/00, Berlim, 2000A, pp. 6-8.

Capítulo Três – A Direção do Céu

1. Schirmer, "Some aspects of building at the 'aceramic-neolithic' settlement of Çayönüi Tepesi", WA 21:3 (1990), pp. 363-387.
2. *Ibid.*, pp. 382, 385.
3. *Ibid.*, pp. 384-385.
4. Ver al-Nadim, i, *The Fihrist of al-Nadim*, p. 755 e Gündüz, "The Knowledge of Life", *Journal of Semitic Studies Supplement* 3, pp. 143-148.
5. Al-Nadim, i, pp. 757-764; Dodge, "The Sabians of Harran", *in* Sarruf e Tamim, *American University of Beirut Festival Book (Festschrift)*, p. 70.
6. Dodge, p. 65.
7. Gündüz, pp. 142, 151-152.
8. Al-Nadim, i, p. 760.
9. *Ibid.*, p. 63; Segal, "The Sabian Mysteries: The planet cult of ancient Harran", *in* Bacon, *Vanished Civilizations: Forgotten Peoples of the Ancient World*, p. 216.
10. Ver al-Nadim, i, pp. 746, 764; Dodge, "The Sabians of Harran", pp. 69, 72; Gündüz, pp. 164-166. Ver também Dodge, "Glossary", *s. v.* 'North', *in* al-Nadim, i, pp. 918-919. Contudo, Gündüz, p. 166, defende a hipótese de que a direção do *kiblah* de Harã seria o sul, enquanto Albîrûnî afirma que, embora os sabeus do Iraque (ou seja, os mandeus) se voltem para o norte para orar, os harranianos se voltam para o "polo sul". Ver Albîrûnî, *The Chronology of Ancient Nations*, p. 188). Isso contradiz claramente outras fontes, como al-Nadim, e como os mandeus e os yezidi, que se voltam para o norte, estavam relacionados com os harranianos, essa conclusão deve estar errada.
11. Ver North, *Stonehenge: Neolithic Man and the Cosmos*, p. 44 n. 3.
12. Ver Drower, *The Mandaeans of Iraq and Iran*, p. 6.
13. Drower, p. 18 n. 9. Ver também Stevens, *By Tigris and Euphrates*, p. 215.
14. Stevens, p. 209; Drower, pp. 110, 216.
15. Drower, p. 110. Ver também Stevens, p. 219.
16. Drower, p. 199.
17. *Ibid.*, p. 95.
18. *Ibid.*, p. 184.
19. Para informações sobre esculturas de abutres/raptores encontradas em Nevali Çori, ver Hauptmann, "The Urfa Region", *in* Ozdogan e Basgelen, *Neolithic in Turkey: The Cradle of Civilization*, pp. 65-86; para Göbekli Tepe, ver Zick, "Derälteste Tempel der Welt", *bild der wissenschaft*, agosto de 2000, pp. 60-66. Também Sperlich, "Die erste Siedlung der Altsteinzeit", *bild der wissenschaft*, agosto de 2000, pp. 68-71; para Jerf al-Ahmar, ver Stordeur, "New Discoveries in Architecture at Jerf el-Ahmar (Syria) 1997-1999", Neo-Lithics 1/00 (2000), pp. 1-4.
20. Solecki, "Predatory Bird Rituals at Zawi Chemi Shanidar", *Sumer* 33:1 (1977), pp. 42-47.
21. *Ibid.* Data indicada sem recalibração.
22. Drower, p. 18 n. 9.
23. Mellaart, *Çatal Hüyük: A Neolithic Town in Anatolia*, p. 104.
24. Ver Empson, *The Cult of the Peacock Angel*, pp. 36, 206-209; Joseph, *Devil Worship*, pp. 120-127.

[25] Joseph, pp. 146-147.
[26] Ver Empson, p. 54, para a adoração yezidi da Estrela Polar, e Joseph, p. 163, para sua veneração pelo sol nascente.
[27] Stevens, p. 200.
[28] Para traduções do Black Book, ver Guest, *The Yezidis*, pp. 202-204, e Joseph, pp. 36-49.
[29] Um segundo relato desse mito da criação que aparece depois no Black Book fala em quarenta anos. Ver Joseph, p. 43.
[30] Joseph, p. 68.
[31] Empson, pp. 191-192.
[32] Para discussões sobre a "águia dos árabes", ver Drijvers, *Cults and Beliefs at Edessa*, pp. 34, 41-2.153. Ver também, Joseph, p. 68 n. 34, 151.
[33] É a história contada em "The Second Voyage of Sindbad the Sailor" [A Segunda Viagem de Simbad, o Marujo], encontrada em *Tales from the Thousand and One Nights* [As mil e uma noites], pp. 122-128.
[34] Ver "Yezidi Religion and Society" online em www.geocities.com/Athens/Thebes/2153/yezidi.html, e Aloian, "Shaikh 'Adi, Sufísm and the Kurds", em www.malaezdiyan.com/lalish.com/en/index2.php?option= com_content&do_pdf=l&id=10
[35] Al-Nadim, i, pp. 748-749; Gündüz, p. 184; Dodge, "The Sabians of Harran", p. 73.
[36] Albîrûnî, p. 187.
[37] Burton, *Personal Narrative of a Pilgrimage to Al-Madinah and Meccah*, p. 174.
[38] *Ibid.*, pp. 175, 352 n. 3.
[39] Watt, *Muhammad At Mecca*, p. 102.
[40] *Ibid.*, p. 106.
[41] *Ibid.*, p. 103.
[42] Izady, *The Kurds: A Concise Handbook*, p. 156.
[43] Hauptmann, p. 76.
[44] *Ibid.*
[45] Hamzeh'ee, *The Yaresan*, pp. 70-71.
[46] *Ibid.*, p. 91.
[47] Green, *The City of the Moon God*, p. 111.
[48] *Ibid.*, pp. 211-212.
[49] Hauptmann, p. 68.
[50] Brown, *Researches into the Origin of the Primitive Constellations of the Greeks, Phoenicians and Babylonians*, i. pp. 34-35, 234; ii. pp. 17, 148.
[51] Allen, *Star Names: Their Lore and Meaning*, s. v. "Lyra, the Lyre or Harp", pp. 280-288.
[52] Segal, "Pagan Syriac Monuments in the Vilayet of Urfa", AS 3 (1953), pp. 97-119.
[53] Brown, i., p. 35.
[54] Allen, s. v. "Libra, the Balance or Scales", pp. 269-278.
[55] Para citar um exemplo, na China as estrelas de Escorpião e Libra fazem parte do Dragão Azul do Leste. Ver *Ibid.*, s. v. "Libra, the Balance or Scales", pp. 269-278; "Scorpio, or Scorpius, the Scorpion", pp. 360-372. Ver também Staal, *The New Patterns in the Sky: Myths and Legends of the Stars*, p. 225, para ver as estrelas de Escorpião como uma serpente em Java e entre os índios Tukano, Kobeua e Siusi no Brasil. Como signo da tribo hebraica Dan, Escorpião também era representado como uma serpente coroada ou basilisco, enquanto também na tradição egípcia ele era mostrado como a serpente do equinócio de outono.
[56] Ver Bullinger, *The Witness of the Stars*, pp. 54-56, para a conexão entre o *Akrab* hebraico e Escorpião.
[57] Hauptmann, fig. 34, e também observação pessoal em nossa visita em maio de 2004.

Capítulo Quatro – O Círculo de Cygnus

1. Brown, *Researches into the Origin of the Primitive Constellations of the Greeks, Phoenicians and Babylonians*, ii, p. 148.
2. *Ibid*. Aparentemente, o astrônomo ateniense Euktemon, em 432 a.C., conhecia as estrelas de Cygnus como *Iktinos*, a pipa ou papagaio, o latino *Miluus* ou *Milvus*.
3. Allen, *Star Names: Their Lore and Meaning*, s. v. "Cygnus the Swan", pp. 192-198.
4. *Ibid*.
5. *Ibid*.
6. Gen. 1:2.
7. *Ibid*.
8. Al-Nadim, i, *The Fihrist of al-Nadim*, p. 757.
9. Allen, s.v. "Cygnus, the Swan", pp. 192-198.
10. S. Gregório de Tours, *De cursu stellarum*, 44, pp. 5-6.
11. *Ibid*., 46, e Haase, comentário, p. 44. Ver também McCluskey, *Astronomies and Cultures in Early Medieval Europe*, pp. 104-108.
12. Rev. 21:6.
13. Ross, "The Bird, The Cross, And The Emperor: Investigations into The Antiquity of The Cross in Cygnus", CC 4:2 (12 de fevereiro de 2002), www.twcac.org/onlinehorizon/cross.htm.Ross.
14. Por exemplo, Minucius Felix (que viveu c. 180 ou 230 d.C.), manifestou-se contra aqueles que usavam cruzes de madeira, inclusive aquelas "com um homem afixado a ela", como fazia Tertuliano (c. 160-240 d.C.), em *Ad Nationes*, que as descrevia como "o objeto de adoração", acrescentando que "entre vocês [ou seja, cristãos não romanos] a figura é humana". Ver Labiberte e West, *The History of the Cross*, p. 7.
15. Freke e Gandy, *The Jesus Mysteries*, p. 52.
16. *Ibid*., p. 53.
17. Ver *ibid*., que explora a fundo essa hipótese.
18. Deane, *The Worship of the Serpent*, p. 430.
19. Segal, "The Sabian Mysteries: The planet cult of ancient Harran", *in* Bacon, *Vanished Civilizations: Forgotten Peoples of the Ancient World*, pp. 208, 214.
20. Esse é um assunto complexo, embora eu possa remeter o leitor a Mead, *Orpheus*, que certamente evidencia as conexões entre o sabianismo e diversas obras órficas, especialmente pp. 28-29. Ademais, a teogonia órfica também mostra semelhanças com a dos sabeus.
21. Segal, p. 217: Dodge, "The Sabians of Harran", *in* Sarrüf e Tamim, *American University of Beirut Festival Book (Festschrift)*, p. 77.
22. Allen, *s.v.* "Cygnus the Swan", pp. 192-198.
23. *Ibid*.
24. Para discussões sobre o eixo cósmico e suas associações com a morte e destinos fora deste mundo, ver Eliade, *Myths, Dreams and Mysteries*, 1957, pp. 59-98, e especialmente Eliade, *Shamanism*, 1951, pp. 259-300. Para uma análise mais popular, ver Michell, *The Dimensions of Paradise*, e Santillana e von Dechend, *Hamlet's Mill*.
25. Eliade, 1951, pp. 269-274.
26. Staniland Wake, *Serpent-Worship and Other Essays*, pp. 14-15.
27. Eliade, 1951, pp. 272-273.
28. *Ibid*., p. 271 n. 48.
29. Segundo o programa Skyglobe 3.6, Deneb atingiu seu ponto mais próximo do

polo celeste a uma distância de 7,1 graus entre 15700-15500 a.C.

30. Segundo o programa Skyglobe 3.6, *delti Cygni* atingiu seu ponto mais próximo do polo celeste a uma distância de apenas 2,2 graus por volta de 14200 a.C.

31. Segundo o programa Skyglobe 3.6, Vega atingiu seu ponto mais próximo do polo celeste a uma distância de 5,1 graus por volta de 12000-11900 a.C.

32. Vou me referir ao continente eurasiano simplesmente porque quase toda a atividade mencionada neste livro se refere à Europa e à Ásia, e não gosto de expressões modernas como continente afro-eurasiano ou euro-afroasiano. Entretanto, quando falo do continente eurasiano, estou incluindo a África, que, como veremos, também aparece no mistério de Cygnus.

33. Para um relato básico do enigma Clovis-Solutre, ver Chandler, "Clovis and Solutrean: Is There a Common Thread?", MT 16:3 (junho de 2001), www.centerfirstanieric ans.com/mt.php?a=47

34. Para objeções à origem solutreana de Clovis, ver, por exemplo, Hardaker, "Towards resolving Clovis origins", MT 16:3 (junho de 2001), www.centerfirst americans.com/mt.php?a=46

Parte Dois: Américas
Capítulo Cinco – Na Trilha do Lobo

1. Agradeço muito a Greg Little por ter me fornecido uma cópia desta imagem.
2. A história é contada em Spence, *The Myths of the North American Indians*, pp. 201-202.
3. Miller, *Stars of the First People*, pp. 248-249.
4. *Ibid.*, p. 252.
5. *Ibid.*, p. 251.
6. *Ibid.*, pp. 164,166.
7. Cowan, "Effigy Mounds and Stellar Representation: A Comparison of Old World and New World Alignment Schemes", *in* Aveni, *Archaeoastronomy in Pre-Columbian America*, p. 233.
8. Ver, por exemplo, Little, Van Auken e Little, *Mound Builders*.
9. Para um relato completo de nossa visita aos Estados Unidos em julho de 2004, ver Collins, "Mothman, Mounds and Memphis", em www.andrewcollins.com/pages/articles/USVisit04.htm
10. Hudson e Underhay, *Crystals in the Sky*, pp. 118-119.
11. Miller, p. 255.
12. *Ibid.*, pp. 47, 56, 60, 66, 80, 113, 127, 130, 132, 138.
13. Essa informação foi obtida utilizando-se o Skyglobe 3.6, e baseia-se em um azimute de 58,5 graus a leste do norte, uma data de 100 a.C. e coordenadas de 39 graus e 58 minutos N e 82 graus e 30 minutos W, o mais próximo que o programa consegue chegar de Newark, Ohio, em 40 graus 1 minuto N, e 82 graus e 28 minutos W. O azimute mostra um ajuste tanto com relação à lacuna, vista de Eagle Mound, como também à aparição do disco solar vista da mesma posição na data em questão. Uma data de 100 a.C. para a construção do Grande Círculo foi dada em "Chronological History Of The Newark Earthworks", arquivo em PDF disponível no site da The Ohio Historical Society – Newark Earthworks, em www.ohiohistory.org/places/newark-earthworks/managementplan/managementplan.cfm.

357

[14] Ver Cowan, pp. 227-228.
[15] *Ibid.*, p. 218.
[16] *Ibid.*, p. 226, Tabela l, 227, 232.
[17] Brandon, *The Rebirth of Pan*, p. 222.
[18] Chamberlain, *When Stars Carne Down to Earth*, pp. 113-115; Miller pp. 224-225. Outra candidata para a constelação do Pé de Ave é Cassiopeia, que fica na Via Láctea e está bem pouco fora da região das estrelas circumpolares. Entretanto, a evidência mais forte de que Deneb seria a Estrela Norte dos pawnee skidi e de que Cygnus seria a constelação do Pé da Ave pesa mais do que essa conclusão. Além disso, identificar Cassiopeia como pé de uma ave exige ignorar épsilon e delta Cassiopeia, o que, visualmente, não faz sentido. Com efeito, é quase certo que os pawnee skidi identificavam as estrelas de Cassiopeia como um asterismo conhecido como o Coelho. Embora a constelação do Pé de Ave não tenha sido identificada pelos antigos autores que estudaram os pawnee skidi, tanto Chamberlain como Miller afirmam que ela se ajustaria bem às estrelas de Cygnus.
[19] Chamberlain, p. 114.
[20] Miller, p. 226.
[21] Chamberlain, p. 113. Na tradição dos pawnee skidi, a alma dos mortos continuaria sua jornada na direção sul, onde ficaria a Estrela Sul, a Estrela do Meio do Caminho ou a Estrela da Morte. Geralmente, ela se identifica com Canopus, a segunda estrela mais brilhante do céu noturno depois de Sírius. Embora isso implique um destino ao sul para a alma, o fato de que o mundo superior é atingido por uma estrela setentrional identificada com Deneb é o propósito deste exercício. Ademais, parece que a tradição dos pawnee skidi abriga duas direções distintas para o pós-vida – uma ao norte e outra ao sul, com o destino final dos mortos sendo decidido segundo seu *status* em vida. Ver Miller, p. 224; Dorsey, *Traditions of the Skidi Pawnee*, p. 57. Se desejar investigar a importância destacada de Canopus em antigos mitos e lendas funerárias religiosas, ver Coppens, *The Canopus Revelation*.
[22] Outras candidatas incluem Capela, Vega e Polaris. Contudo, nem Vega, nem Polaris, estão na Via Láctea, enquanto Capela, na constelação do Cocheiro, mesmo localizada na Via Láctea, está fora da região das estrelas circumpolares. Só Deneb cumpre mesmo todos os critérios. Ver Chamberlain, p. 113.
[23] *Ibid.*, p. 242.
[24] *Ibid.*
[25] *Ibid.*, p. 226.
[26] *Ibid.*, p. 115.
[27] *Ibid.*
[28] Miller, p. 179.
[29] *Ibid.*, pp. 179, 210. Em contraste, uma constelação conhecida pelos osage como "Grande Pé de Ganso" é equiparada às estrelas do cinturão de Órion. Ver *Ibid.*, p. 234.
[30] *Ibid.*, p. 161. Os tipai do sul da Califórnia têm uma constelação semelhante, chamada Chiyi, vista como a cabeça de uma águia, formada por Altair e duas outras estrelas, não identificadas. Ver *Ibid.*, pp. 165, 171.
[31] Armstrong, *The Folklore of Birds*, pp. 14, 49.
[32] *Ibid*, pp. 49, 112.

33 Kühn, *Rock Pictures of Europe*, pl. xci
34 De Kay, *Bird Gods*, p. 182.
35 Bachelor, *The Ainu and their Folk-Lore*, pp. 449-451.
36 Windling, "One is for Sorrow, Two is for Joy: The Magical Lore of Birds", *in* The Endicott Studio, www.endicott-studio.com/rdrm/forbird.html
37 Stoyanov, "Islamic and Christian Heterodox Water Cosmogonies from the Ottoman period – parallels and contrasts", BSOAS 64 (2001), p. 31.
38 *Ibid.*, p. 30.
39 *Ibid.*, pp. 19-33.

Capítulo Seis – Cosmogênese Maia

1 Hatch, "An Hypothesis on Olmec Astronomy, with Special Reference to the La Venta Site", pp. 1-38, reimpresso de *Contributions of the University of California Archaeological Research Facility: Papers on Olmec and Maya Archaeology* 13 (junho de 1971), p. 5.
2 Dr. H. Mike Xu, da University of Oklahoma, acredita que o eixo norte-sul encontrado em diversos sítios olmecas reflete um conhecimento do norte magnético, e não com considerações astronômicas. Ele aceita, porém, que sua cosmologia incluísse a Estrela do Norte, tal como na China, a qual, acredita ele, estava ligada culturalmente à civilização olmeca. Ver Xu, *Origin of the Olmec Civilization*, pp. 34-37.
3 Hatch, 1971, p. 8.
4 *Ibid.*
5 *Ibid.*, p. 9.
6 *Ibid.*
7 *Ibid.*, pp. 31-32.
8 *Ibid.*, p. 11.
9 Cowan, "Effigy Mounds and Stellar Representation: A Comparison of Old World and New World Alignment Schemes", *in* Aveni, *Archaeoastronomy in Pre-Columbian America*, 1975, pp. 217-234.
10 *Ibid.*, p. 232. O argumento de Cowan é um pouco mais complexo do que aquele que apresento aqui, embora eu sugira que seja lido o seu texto sobre o assunto para obter mais informações.
11 Hatch, 1971, p. 14.
12 *Ibid.*
13 *Ibid.*, p. 17.
14 Xu, p. 33.
15 Hatch, "An Astronomical Calendar in a Portion of the Madrid Codex" *in* Aveni, 1975, pp. 283-340.
16 *Ibid.*, p. 325.
17 Freidel, Schele and Parker, *Maya Cosmos*, p. 55.
18 *Ibid.*, p. 73.
19 *Ibid.*, p. 76.
20 Tedlock, comentário ao *Popol Vuh*, p. 237.
21 *Ibid.*
22 *Ibid.*
23 *Popol Vuh*, p. 237.
24 Ver o fórum do website da Foundation for the Advancement of Mesoamerican Studies, Inc em www.famsi.org para discussões a favor e contra Sete Arara ser Deneb e as estrelas de Cygnus.
25 *Ibid.*, p. 141.
26 Do que se conhece do calendário olmeca, parece que eles identificaram um ciclo de calendário de 52 anos, que se supõe baseado numa tripla conjunção de Vênus, Saturno e o Sol no solstício de verão de 810 a.C. Foi proposto por R. L. Hall da University of Chicago, segundo o

trabalho anterior de Munro Edmondson, que a Contagem Longa olmeca-maia foi estabelecida 260 anos mais tarde, numa data que coincidiu com o término do calendário olmeca. Contudo, isso indica que ele foi instituído em 550 a.C. e não em 355 a.C., como proposto por diversos estudiosos dos maias. Ver Hall, "Ancient Olmec and Maya Calculation and Use of Major Eras of Time Based upon the Tropical Year and Planetary Periods", 23rd DDA/HAD Meeting, BAAS, 1992, p. 1067.

27 Quero agradecer a Geoff Stray, autor de *Beyond 2012*, por conferir a precisão do material sobre 2012 incluído neste livro.

28 Mackenzie, *Myths of Pre-Columbian America*, p. 56.

29 Ver Stephens, *Incidents of Travel in Central America, Chiapas and Yucatan*, ii, pp. 423-424.

Capítulo Sete – Caminho para os Deuses

1 Salazar e Salazar, *The Sacred Valley of the Incas, Myths and Symbols*, p. 53.

2 Urton, *At the Crossroads of the Earth and the Sky*, 1981, pp. 56-57.

3 Salazar e Salazar, p. 50.

4 *Ibid.*

5 *Ibid.*, pp. 52-53.

6 Na Venezuela, os índios warao dizem que essas duas cruzes celestes são perus gêmeos, que voam alternadamente ao meridiano e pedem ajuda às crianças warao. Isso reflete o fato de que cada uma dessas constelações cruza o meridiano com exatas doze horas de diferença. Ambas estão na Via Láctea; contudo, o Cruzeiro do Sul não é visível na maior parte do Hemisfério Norte. Ver Urton, 1981, p.147.

7 Salazar e Salazar, pp. 53-57.

8 *Ibid.*, pp. 57-63

9 *Ibid.*, pp. 64-71.

10 *Ibid.*, pp. 96-99.

11 *Ibid.*, p. 51, cf. Bernabé Cobo, *Historia General de las Indias*, iii, 347, 1653/1956.

12 Urton, "Animals and Astronomy in the Quechua Universe" PAPS 125:2 (abril de 1981), pp. 115-116.

13 Urton, 1981, p. 59. Ver também Urton, "Animals", pp. 110-127, Urton, 'Beasts and Geometry: Some Constellations of the Peruvian Quechuas', *Anthropos* 73 (1978) pp. 32-40, e Urton "Celestial Crosses: The Cruciform in Quechua Astronomy", JLAL 6: l (1980), pp. 87-110.

14 Sullivan, *The Secrets of the Incas*, p. 51.

15 *Ibid.*

16 *Ibid.*, p. 55.

17 Ver, por exemplo, Catchpole, "Incan capital looked to heavenly puma", ABC Science Online, 14 de setembro de 2004, em www.abc.net.au/science/news/stories/s 1198067; Forgione, "Il Potere dalle Stelle", *Hera* 59 (dezembro de 2004), pp. 52-58; Magli, *Misteri e scoperte dell' archeoastronomia*, pp. 224-230, e Magli, "On the astronomical content of the sacred landscape of Cusco in Inka times", *NNJ Architecture and Mathematics* 7:2 (2005). Disponível também em rxiv.org/abs/physics/0408037

18 Sullivan, pp. 50, 53-54.

19 *Ibid.*, p. 57.

20 *Ibid.*

21 *Ibid.*, p. 49.

²² *Ibid.*, p. 367.
²³ Eliade, *Shamanism*, pp. 272-273.
²⁴ Sullivan, pp. 58-59.

Parte Três: Albion
Capítulo Oito – A Serpente Alada

1. Stukeley, *Abury*, p. 34.
2. *Ibid.*, p. 35.
3. *Ibid.*, p. 35.
4. *Ibid.*, p. 18.
5. *Ibid.*, p. 19.
6. *Ibid.*, pp. 62, 92-95.
7. *Ibid.*, pp. 62, 93.
8. *Ibid.*, p. 43.
9. Burl, *Prehistoric Avebury*, pp. 216-217.
10. *Ibid.*, p. 218.
11. *Ibid.*, p. 219.
12. *Ibid.*, p. 218.
13. *Ibid.*, p. 219.
14. O valor dado para a orientação axial de Avebury *in* Thom, *Megalithic Sites in Britain*, p. 100, Tabela 8.1, é 339,2 graus. *In* Thom, Thom e Foord, "Avebury (l): A New Assessment of the Geometry and Metrology of the Ring", *JHA* l (1976), p. 191, esse valor é mencionado como sendo de 340,2 graus.
15. Stukeley, p. 25.
16. Thom, Thom e Foord, p. 191.
17. Stukeley, p. 24.
18. Gimbutas, *The Language of the Goddess*, pp. 185, 265.
19. Outros sítios incluem um "mais externo" em um círculo de pedras em Seascale; outra fileira de pedras em Ballantrae, Garleffin, em Ayrshire, conhecida como as Pedras Cinzentas, bem como outros círculos de pedra em Penmaenmawr, no vale Conway, noroeste de Gales, e Moei ty Ucha nas montanhas Berwyn do nordeste da Cumbria, em Gales. Ver Thom, pp. 97-101, Tabela 8.1; 104-105.
20. *Ibid.*, p. 105.
21. Burl, p. 216.
22. Skyglobe mostra que, com base em uma extinção de luz de 1,4 grau, Deneb deveria se pôr em algum ponto entre 338,7 e 339 graus, tal como vista de Avebury c. 3000-2500 a.C.
23. Stukeley, p. 96.
24. Hawkins, *Stonehenge Decoded*, e Hawkins, *Beyond Stonehenge*.
25. Hawkins, *Mindsteps to the Cosmos*, pp. 107-110.
26. *Ibid.*, p.110.
27. *Ibid.*
28. *Ibid.*
29. North, *Stonehenge*, p. 44, n. 3.
30. *Ibid.*, pp. 94-95, 97.
31. *Ibid.*, p. 80.
32. Keiller e Piggott, "The Recent Excavations at Avebury", *Antiquity* 10:40 (1936), p. 420 e fig. 7. Possível ornamento de "cálice e anel" também foi observado em uma, talvez duas, outras pedras examinadas por eles.
33. Wakefield, *Legendary Landscapes*, p. 84.
34. Keiller e Piggott, p. 424.
35. *Ibid.*, p. 420. Keiller e Piggott o compararam ao "nº 2 da sequência de Burkitt sobre técnicas irlandesas em IPEK, 1926, 52".
36. Gettings, *Dictionary of Demons, s. v.* "Magical calendar", pp. 155-156.

Capítulo Nove – Deusa do Cisne

1. Dames, *The Avebury Cycle*, pp. 60-63.
2. Mackenzie, *Ancient Man in Britain*, 1922, p. 188.
3. Hutton, *The Stations of the Sun*, p. 135.

4 Mackenzie, *Scottish Folk-lore and Folk Life*, 1935, p. 193.
5 Graves, *The White Goddess*, p. 346.
6 McCluskey, *Astronomies and Cultures in Early Medieval Europe*, p. 65.
7 Carmichael, *Carmina Gadelica*, i, p. 167.
8 *Ibid.*
9 *Ibid.*, i, p. 164.
10 Mac Cana, *Celtic Mythology*, p. 93.
11 MacDonald, "Musings on Saint Brigit: Mary of the Gael", *Dalriada* 17:1 (An Fheille Bride 2002), p. 11.
12 *Ibid.*
13 Carmichael, i, p. 169; Mackenzie, 1922, p. 187.
14 Anderson, *The Ancient Secret*, p. 118.
15 Mackenzie, 1935, p. 193.
16 Carmichael, i, p. 168.
17 Macleod, *The Winged Destiny*, p. 258. Ver também Graves, pp. 346, & Carmichael, citados por Graves, p. 361.
18 Cope, *The Modern Antiquarian*, p. 39.
19 Moore, *The Folk-lore of the Isle of Man*, p. 106.
20 Quero agradecer à minha esposa Sue por ter me alertado sobre esse fenômeno, do qual ela tomou conhecimento quando morava em Bredon, Worcestershire.
21 Hutton, p. 137.
22 Carmichael, i, p. 168.
23 Hutton, p. 138.
24 Mackenzie, 1922, p. 188.
25 Allen, *Star Names: Their Lore and Meaning*, s. v. "Cygnus, the Swan" pp. 192-198.
26 Ver Williams ab Ithel, *Barddas*, p. liii.
27 Ver *Ibid.*, intro.
28 Matthews, *The Celtic Tradition*, p. 51, cf. *Sanas Chormaic* (Cormac's Glossary), trad. John O'Donovan, org. Whitley Stokes, O. T. Cutter, Calcutta, 1868.
29 *Ibid.*
30 Allen, *s. v.* 'The Galaxy, or Milky Way', pp. 475-485.
31 Hole, *English Folklore*, p. 63.
32 Armstrong, *The Folklore of Birds*, p. 48; Mackenzie, 1922, p. 190.
33 *Ibid.*
34 De Kay, *Bird Gods*, p. 200.
35 *Ibid.*, p. 181.
36 *Ibid.*, p. 201.
37 Comunicação por e-mail entre Eileen Buchanan, datada de 20 de outubro de 2004. Essa informação lhe foi passada por familiares maternos, que nasceram e cresceram em Argyll e nas Hébridas Interiores.
38 O seguinte relato e citações foram extraídos de Jefferis, "Ritual Deposition and Feather-Lined Pits in 17th Century Cornwall", revisado em 2005, ArchaeologyOnline.org em www.archaeologyonline.org/Feather%20Pits%20–%20revised.htm
39 *Ibid.*
40 Carmichael, como mencionado por Hutton, p. 137.
41 Hutton, p. 137, cf. Carmichael.

Capítulo Dez – As Águas da Vida
1 Ver Hole, *English Custom and Usage*, p. 115.
2 O registro oficial da Vintners Company só vai até o início do século XVI. Contudo, outras fontes implicam claramente que seu envolvimento com o *Swan-Upping* precede quaisquer registros existentes em centenas de anos. Ver

Crawford, *A History of the Vintners' Company*, pp. 268-270.

3. Algumas fontes afirmam que é "a última segunda-feira de julho". Ver Milbourn, *The Vintners' Company*, p. 25.
4. Blackham, *The Soul of the City: London's Livery Companies*, p. 146.
5. Ver Ticehurst, *The Mute Swan in England*.
6. *Ibid.*, pp. 93-94, segundo a marca de John Richers de Swannington, Norfolk, datada de 1501; pl. xxi, nº 31, o chamado "skorge", segundo os abades de Croyland, Leicestershire; "The Annual Taking Up and Marking of Thames Swans", *Swan Upping: A Brief History* on the Royal Windsor Website em www.thamesweb.co.uk/swans/upping2.html, segundo o "Dus de Cleuer", ou seja, de Clewer, perto de Windsor em Berkshire, da segunda metade do século XV.
7. Ticehurst, p. 123.
8. Ver Bayley, *Caer Sidhe: Vol 1– The Celtic Night Sky*, p. 62.
9. *Swan-Upping: A Brief History*, The Royal Windsor Website, *op. cit.*
10. Unwin, "London Tradesmen and Their Creditors", British History Online, em www.british-history.ac.uk/report.asp?compid=33002
11. Harben, *A Dictionary of London*, s. v. "swan", www.motco.com/Harben/ 5214.htm
12. Milbourn, p. 112, cf. Strype's Stow, i, bk. 3, p. i, ed. 1720.
13. *Ibid.*, p. 77.
14. *Ibid.*, p. 7.
15. Ver o website da Vintners Company em www.vintnershall.co.uk
16. Milbourn, pp. 74, 76-77, 118.
17. Ver Crawford, *A History of the Vintners' Company*, pp. 263-267.
18. Milbourn, p. l.
19. *Ibid.*, p. 112; Crawford, p. 14.
20. Esse templo, agora perdido, ficava, segundo o autor de livros de história Michael Harrison, nas vizinhanças de Sise Lane, pois "Sise" e suas variações anteriores "Sancte Cidis", 1358, e "Seint Sythes lane," 1401, são quase certamente corruptelas de *Isidis*, forma do caso genitivo do nome *Ísis* em latim (língua oficial de Londres até a conquista saxônica, por volta de 600 d.C.). Ver Harrison, *The London that was Rome*, pp. 83, 230.
21. Outros itens descobertos, que confirmam a presença do templo na cidade, incluem três guizos de ferro, ou *sistra*, e um peso de bronze de balança na forma do busto de Ísis com chifres.
22. O altar foi removido de uma seção da murada do rio nas vizinhanças da rua Baynard, perto do atual Teatro Mermaid. Ver Marsden, *Roman London*, p. 133; Hill, Millett & Blagg, *The Roman Riverside Wall and Monumental Arch in London*, pp. 3-6, 195-198.
23. Marsden, p. 50.
24. *Ibid*, p. 49.
25. Budge, *The Gods of the Egyptians*, ii, p. 374.
26. Vá ao passeio virtual do Vintners "Hall na Vinters" Company em www.ehouse.co.uk/virtualtours/standard5/8030258.htm
27. Walsh, "Medieval English Martinmesse: The Archaeology of a Forgotten Festival", *Folklore* (outubro de 2000).
28. Ver 'The Tower', Four History em www.channel4.com/history/microsites/H/history/t-z/tower8.html
29. Armstrong, *The Folklore of Birds*, p. 28, n. 2, 165.

30. Bayley, *Caer Sidhe: Vol l – The Celtic Night Sky*, p. 62.
31. Para informações sobre as datas de chegadas de cisnes e gansos na Grã-Bretanha, ver "Recording Year: Autumn Migrations", BirdTrack, www.bto.org/ birdtrack/recording_year/autumn_migration.htm
32. De Kay, *Bird Gods*, p. 197.

Capítulo Onze – Cavaleiros do Cisne e Virgens-Cisnes

1. O'Kelly, *Illustrated Guide to Newgrange*, p. 65.
2. *Ibid.*, p. 61.
3. Rolleston, *Myths and Legends of the Celtic Race*, p. 121.
4. Ver O'Kelly, pp. 60-62; Rolleston, pp. 121-123, e Squire, *Celtic Myth and Legend*, pp. 139-142.
5. Rolleston, p. 122.
6. "Sgeul gu Latha: The Coming of Angus and Bride", *Dalriada* 17:1 (An Fheille Bride 2002), pp. 27-34.
7. O'Kelly, p. 69.
8. Armstrong, *The Folklore of Birds*, p. 48.
9. Para um relato completo do "The Cygnus Enigma" de Murphy e Moore, visite a *Mythical Ireland* em www.mythicalireland.com/cygnus/
10. *Ibid.*
11. *Ibid.*
12. Referimo-nos aqui ao Túmulo nº 8 do cemitério de Bogebakken. Ver Mithen, *After the Ice*, p. 181.
13. *Ibid.*
14. *Ibid.*, pp. 181-182.
15. Grimm, *Teutonic Mythology*, iv, p. 1.297.
16. De Kay, *Bird Gods*, p. 192.
17. Kauffmann, *Northern Mythology*, p. 56.
18. Grimm, i, pp. 426-427.
19. *Ibid.*, i, pp. 427-428.
20. *Ibid.*, i, p. 428.
21. De Kay, p. 185: "O *álptir* do islandês, o *elptr* ou *elftr* do norueguês, 'cisnes', mal pode ser distinguido do islandês *álfar* ou *albr*, 'elfos'".
22. *Ibid.*, p. 186.
23. Carmichael, *Carmina Gadelica*, ii, s.v. "*Eala, eal, ai*, swan", pp. 276-279.
24. *Ibid.*
25. Grimm, i, p. 428,
26. De Kay, p. 191.
27. Grimm, i, p. 429.
28. De Kay, p. 181.
29. *Ibid.*, p. 179; Carmichael, ii, s.v. "*Eala, eal, ai*, swan", pp. 276-279, cf. *History*, de Green.
30. Grimm, i. p. 429.
31. De Kay, p. 192.
32. North, *Stonehenge*, p. 44.
33. *Ibid.*, p. 53 n. 6.
34. Ver Bellows, *The Poetic Edda*, ii: "Lays of the Heroes" – Völundarkvitha, 31; p. 265 n. 31.
35. Ver Becker, "Frank's Casket", em www.franks-casket.de
36. Burl, *The Stone Circles of the British Isles*, p. 152.
37. Ver Collins, *Gateway to Atlantis*, p. 352.
38. Burl, pp. 150-151.
39. *Ibid*, pp. 151-152.
40. *Ibid.*
41. Ver Ruggles, *Megalithic Astronomy: A New Archaeological and Statistical Study of 300 Western Scottish Sites*.
42. Ver Collins, p. 352.
43. Burl, p. 153.
44. *Ibid.*, p. 154.
45. *Ibid.*
46. North, p. 68.

Parte Quatro: Egito
Capítulo Doze – A Chave para a Ascensão

1. Foi sugerido que as pirâmides da Bósnia, recentemente descobertas, são maiores, embora até agora não tenham sido completamente escavadas.
2. Baseado em Cole, *The Determination of the Exact Size and Orientation of the Great Pyramid of Giza*, 1925.
3. Herodotus, *History*, ii, 124.
4. Todas as datas da cronologia egípcia foram extraídas de Gardiner, *Egypt of the Pharaohs*.
5. Pyramid Texts (henceforth PT) 273-4, 405, por exemplo. Todas as referências aos textos das pirâmides (Pyramid Texts) derivam de Faulkner, *The Ancient Egyptian Pyramid Texts*, a menos que indicado de modo diferente. Com relação a algumas das palavras egípcias dadas neste capítulo, perceba que a maioria das vogais não era escrita em egípcio antigo. Às vezes, os egiptólogos conseguiram reconstruí-las, mas onde as vogais ficaram incertas, as transcrições as omitem ou substituem-nas por "e", de modo que as palavras possam ser pronunciadas. Assim, a palavra "Benben" é escrita *Bnbn*, na verdade.
6. PT 519, 1220; 519, 1216; 520, 1222. Ver ainda Faulkner, "The King and the Star-religion in the Pyramid Texts", JNES 25 (1966), pp. 153-157, para outras referências dos PT ligando o rei morto com as Estrelas Imperecíveis.
7. Belmonte, "On the Orientations of the Old Kingdom Egyptian Pyramids", JHA 32 (2001), nº 26, pp. S1-20. Ver também Parker, "Egyptian Astronomy, Astrology, and Calendrical Reckoning", *in* Gillispie, *Dictionary of Scientific Biography*, xv, i, 1978, p. 718.
8. PT 519, 1218.
9. Allen, *Genesis in Egypt*, p. 6.
10. Ver Von Spaeth, "Dating the Oldest Egyptian Star Map", IMHMST 42:3 (2000), pp. 159-179; Pogo, "The Astronomical Ceiling-decoration in the Tomb of Senmut", *Isis* 14 (1930), pp. 301-325.
11. Winlock, "The Egyptian Expedition 1925-1927", BMMA (fevereiro de 1928), p. 56.
12. Neugebauer and Parker, *Egyptian Astronomical Texts: III. Decans, Planets, Constellations and Zodiacs* – Texto, pp. 8-9.
13. *Ibid.*, pp. 189, 194, 196.
14. *Ibid.*, pp. 189-91; Budge, *The God of the Egyptians*, ii, p. 312.
15. Wainwright, "A Pair of Constellations" *Studies Presented to F. L. Griffith*, 1932a, pp. 375.
16. PT 463, 876. O Mastro de Amarração tende a se mover um pouco na antiga arte egípcia, e assim sua identidade como o polo tem sido questionada. Ver Belmonte, p. S5.
17. Neugebauer e Parker, III, pp. 191-192.
18. Stecchini, "The Dimensions of the Great Pyramid", A History of Measures: II – Units of Length, em www.metrum.org/measures/dimensions.htm.
19. Wainwright, 1932a, p. 377; Neugebauer e Parker, III, p. 192.
20. PT 217, 159; 246, 254.
21. PT 720, 2237.
22. PT 25, 17; 35, 27; 36, 591, 1613.
23. Wainwright, 1932a, pp. 373-383.
24. *Ibid.*, p. 376, figs. 3-6.
25. *Ibid.*, p. 377.
26. *Ibid.*
27. *Ibid.*, p. 377 n. 6.

28 Neugebauer e Parker, III, p. 80.
29 Wainwright, 1932a, p. 380.
30 Belmonte, S2.
31 *Ibid.*
32 *Ibid.*, p.S1.
33 Ver Edwards, *The Pyramids of Egypt*, pp. 265-268.
34 Belmonte, p.S2.
35 Wainwright, 1932a, p. 381.
36 *Ibid.*
37 *Ibid.*, pp. 380-381.
38 Zába, *L'Orientatatíon Astronomique dans l'Ancienne Égypte*, pp. 44-46.
39 *Ibid.*, pp. 47-48, 50-54.
40 Ver Stecchini, "Notes on the Relation of Ancient Measures to the Great Pyramid", in Tompkins, *Secrets of the Great Pyramid*, pp. 287-382.
41 Stecchini, *A History of Measures*.
42 *Ibid.*
43 *Ibid.*
44 Spence, "Ancient Egyptian Chronology and the Astronomical Orientation of the Pyramids", *Nature* 408 (16 de novembro de 2000), pp. 320-324.
45 Belmonte, S11-S17.
46 PT 572, 1474.
47 PT 478, 980.
48 Wainwright, "Letopolis", JEA 18 (1932b), p. 168, cf. PT 572,1474.
49 Eliade, *Shamanism*, p. 487.
50 *Ibid.*
51 *Ibid.*
52 *Ibid.*
53 *Ibid.*, p. 490.
54 Gen. 28:12.
55 Eliade, p. 492.
56 Wainwright, 1932b, pp. 168, 168 n. 3.
57 PT 688, 2079.
58 PT 440, 815.
59 Budge, *The Book of the Dead*, Pap. Nu, ch, xcviii.
60 *Ibid.*
61 *Ibid.*
62 Wainwright, 1932b, p. 167.
63 Wainwright, 1932a, p. 382.
64 Bauval e Gilbert, *The Orion Mystery*, p. 206.
65 Wainwright, "Iron in Egypt", JEA 18 (1931), p.11; Wainwright, *Sky-religion in Egypt*, 1938, p. 13.
66 Wainwright, 1931, p. 14, cf. Plutarco, *De Iside at Oriside*, 62, ed. de Teubner, Mordia, II, 536.
67 *Ibid.*, p. 11.
68 Por exemplo, PT 570, 1454-1455.
69 Wainwright, 1931, p. 7.
70 *Ibid.*, p. 9.
71 *Ibid.*, p. 6.
72 *Ibid.*
73 *Ibid.*, p.11.
74 Wainwright, 1932a, p. 382.
75 *Ibid.*, p. 378.

Capítulo Treze – Em Busca de Sokar

1 Budge, *The Egyptian Heaven and Hell*, 1906, iii, p. 131.
2 Ver, por exemplo, Gaballa e Kitchen, "The Festival of Sokar", *Orientalia* 38 (1969), pp. 4, 20; Rundle Clark, *Myth and Symbol in Ancient Egypt*, p. 97, onde ele fala em termos de "Sokar de Gizé".
3 Por exemplo, PT 300, 445.
4 Petrie, Gizeh e Rifeh, pp. 2-7.
5 Gaballa e Kitchen, p. 15, segundo a Pedra de Palermo.
6 Weigall, *A History of the Pharaohs*, i, p. 110, segundo Manetho.
7 Ver Mortensen, "Four Jars from the Maadi Culture found in Giza", MDAIK 41

(1985), pp. 145-147, e Sanussi e Jones, "A Site of the Maadi Culture Near the Giza Pyramids", MDAIK 53 (1997), pp. 241-253.

[8] Mortensen, p. 147.

[9] No total, três ferramentas foram descobertas, duas em abril de 2004 e uma em maio de 2005. Elas foram mostradas ao Dr. Jeffrey Spencer do Departamento do Antigo Egito e Sudão do Museu Britânico em 12 de junho de 2005, que confirmou que foram feitas à mão com uma variedade de sílica que, se não tinha origem dinástica, provavelmente era do final do Neolítico.

[10] Hart, *A Dictionary of Egyptian Gods and Goddesses*, s. v. "Sokar" pp. 202-203.

[11] Para o envolvimento de Sokar com o "Estiramento da Corda", ver Gaballa e Kitchen, p. 15. A divindade com cabeça de falcão *dwn-'nwy* está ligada à cerimônia por meio das teorias apresentadas no Capítulo Doze.

[12] PT 364, 620; 532, 1256.

[13] Gaballa e Kitchen, p. 22; Allen, *Genesis in Egypt*, p. 41.

[14] PT 669, 1968.

[15] PT 669, 1967-1969.

[16] Bauval e Gilbert, *The Orion Mystery*, pp. 203-204, segundo o trabalho de E. A. Wallis Budge e J. P. Lauer.

[17] PT 685, 2069.

[18] Van den Broek, *The Myth of the Phoenix*, pp. 242-244.

[19] Gaballa e Kitchen, pp. 27-28.

[20] *Ibid.*, p. 64.

[21] Allen, *Star Names: Their Lore and Meaning*, s.v. "The Galaxy, or Milky Way", pp. 475-485.

[22] Allen, *s.v.* "Eridanus", pp. 215-220.

[23] Hassan, *Excavations at Giza, 1934-1935*, vi, I, p. 265.

[24] Para um relato completo da Quarta e Quinta Horas do *Am-duat*, ver Budge, i, 1906, pp. 62-115.

[25] Ver Serrano, *Royal Festivais in the Late Predynastic Period and the First Dynasty*, p. 92.

[26] *Ibid.*

[27] Budge, *An Egyptian Hieroglyphic Dictionary*, 1920, ii, *s. v.* "s-ker" e "seker", p. 626b.

[28] Budge, *From Fetish to God in Ancient Egypt*, 1934, p. 19, cf. o Pap. Ani, ch. xvii, l, 113.

[29] *Ibid.*, p. 19.

[30] Budge, 1906, i, p. 93

[31] *Ibid.*

[32] *Ibid*, i, p. 94.

[33] Gaballa e Kitchen, pp. 16, 63.

[34] Breasted, *Ancient Records of Egypt*, ii, p. 322.

[35] Reymond, *The Mythical Origin of the Egyptian Temple*, pp. 137, 142.

[36] *Ibid.*, p. 123.

[37] *Ibid.*, p. 34.

[38] *Ibid.*, pp. 77, 103.

[39] *Ibid.*, pp. 6-7.

[40] *Ibid.*, p. 113.

[41] *Ibid.*, p. 116.

[42] *Ibid.*, pp. 12-13, 55, 106-107, 110, 116, 123-124, 131.

[43] *Ibid.*, pp. 87-88, 107, 114, 126.

[44] *Ibid.*, p. 110.

[45] *Ibid.*, pp. 194, 208.

[46] *Ibid.*, p. 29.

[47] *Ibid.*, pp. 177, 179.

[48] *Ibid.*, p. 263.

[49] Hurry, *Imhotep*, p. 17.

[50] Reymond, pp. 15, 110.

[51] *Ibid.*, p. 68.

52 *Ibid.*, p. 118.
53 *Ibid.*, pp. 69-70, 84-85.
54 *Ibid.*, p. 108.
55 Budge, 1920, ii, *s. v.* "benn", p. 217a. Hart, George, *A Dictionary of Egyptian Gods and Goddesses*, 1986, p. 57 (sob o verbete 'Benu').
56 Budge, 1906, i, p. 65.
57 Gaballa e Kitchen, pp. 69-70.
58 *Ibid.*, p. 21.
59 *Ibid.*, p. 70.
60 Reymond, pp. 152, 155.
61 *Ibid.*, pp. 181, 200.
62 *Ibid.*, pp. 155-156.
63 Collins, *Gods of Eden*, p. 192.

Capítulo Catorze – A Estrada para Rostau
1 Ver Cox, "A Sanctuary for Sokar", *in* Bauval, *The Secret Chamber*, pp. 390-396.
2 Durante a Era das Pirâmides, nenhuma outra estrela brilhante se erguia nesse mesmo ponto.
3 Bauval e Gilbert, *The Orion Mystery*, p. 53.
4 Lehner, *The Complete Pyramids*, pp. 106-107.
5 Ver, por exemplo, Legon, "A Ground Plan at Giza", DE 10 (1988), pp. 33-39.; Legon, "The Giza Ground Plan and Sphinx", DE 14 (1989), pp. 53-61.
6 Breasted, *Ancient Records of Egypt*, ii, p. 323.
7 Goyon, *Le secret des bâtisseurs des grandes pyramides*, pp. 165, 174-176.

Capítulo Quinze – O Poço das Almas
1 Wilkinson, *The Complete Gods and Goddesses of Ancient Egypt, s. v.*, "Gengenwer", p. 213, cf. Pap. Leiden I 350.

2 Coffin Texts, I, Spell 222, 223; Budge, *The Book of the Dead*, i, ch. liv, lv, lvi, lix, xcv.
3 Meinertzhagen, *Nicoll's Birds of Egypt*, i, p. 64; Houlihan, *The Birds of Ancient Egypt*, pp. 50-51.
4 Coffin Texts, I, Spell 302.
5 Krupp, "Astronomers, Pyramids, and Priests", *in* Krupp, *In Search of Ancient Astronomers*, p. 200.
6 Ver Conman, "The Round Zodiac Ceiling of the Temple of Hathor at Dendera", em home.maine.rr.com/imyunnut/den.round.html; Daressy, "L'Egypt Celeste", BIFAOC 12 (1915), pp. 1-34.
7 Aubourg, "La date de Conception du Zodiaque du Temple d'Hathor à Dendera", BIFAOC 95 (1995), pp. 1-10.
8 Rolleston, *Mazzorath, or the Constellations*.
9 Budge, *Gods of the Egyptians*, 1904, ii, p. 95.
10 *Ibid.*, ii, p. 374.
11 *Ibid.*, ii, p. 94.
12 *Ibid.*
13 *Ibid.*, ii, p.109.
14 *Ibid.*, ii, p.108.
15 Ver Billing, "Writing an Image – The Formulation of the Tree Goddess Motif in the Book of the Dead, Ch. 59", SSA 32 (2004), pp. 35-50; Buhl, "The Goddesses of the Egyptian Tree Cult", JNES 6 (1947), pp. 80-97.
16 Budge, 1904, ii. p. 108.
17 Buhl, p. 80.
18 *Ibid.*, p. 87.
19 Pyramid Texts, Utt. 574, 470, e um comentário em *Ibid.*, p. 88.
20 Buhl, p. 87.
21 *Ibid.*, p. 91.

22 Budge, *The Book of the Dead*, 1960, Pap. of Ani, LIX.
23 Faulkner, *The Ancient Egyptian Coffin Texts*, I, Spell 223.
24 Allen, *Genesis in Egypt*, p. l.
25 *Ibid.*, p. 3.
26 *Ibid.*
27 *Ibid.*
28 Wells, "The Mythology of Nut and the Birth of Ra", SAK 19 (1992), pp. 305-321; Wells, 'Re and the Calendars', 1994, *in* Spalinger, *Revolutions in Time*, pp. 4-5.
29 Wells, por exemplo, cita uma figura de chumbo de uma mulher nua encontrada em Troia no século XIX por Heinrich Schliemann, que, segundo se supõe, seria uma "Afrodite asiática". Tem uma suástica ou cruz gamada sobre a genitália, algo "repetidamente encontrado em todos os sítios pré-históricos, e entre os ornamentos de datas posteriores". Ver Schuchhardt, *Schliemann's Excavations*, pp. 66-67, 67 fig. 60.
30 Wells, 1994, p. 7.
31 *Ibid.*
32 *Ibid.*, p. 8.
33 *Ibid.*, p. 20.
34 Wells, "Origin of the Hour and the Gates of the Duat", SAK 20 (1993), pp. 305-326.
35 *Ibid.*, p. 315.
36 Belmonte Avilés, "Some Open Questions on the Egyptian Calendar: an Astronomer's view", TdE (2003), pp. 7-56.
37 Wells, 1993, p. 314.
38 Lichtheim, *Ancient Egyptian Literature*, I, "The Story of Sinuhe", pp. 222-235.
39 *Ibid.*, p. 224.
40 Goedicke, "The Route of Sinuhes Flight", *JEA* 43 (1957), pp. 77-85; Rabinowitz, *Isle of Fire*.

41 Malek, Magee e Miles, *Topographical Bibliography of Ancient Egyptian Hieroglyphic Texts, Statues, Reliefs and Paintings*, 2001, disponível em www.ashmol.ox.ac.uk/gri/s21.html
42 Ver Goedicke, op. cit.
43 Reymond, *The Mythical Origin of the Egyptian Temple*, pp. 152, 155.
44 *Ibid.*, pp. 181, 200.
45 *Ibid.*, pp. 155-156.
46 Collins, *Gods of Eden*, p. 192.

Parte Cinco: Origens
Capítulo Dezesseis: O Cisne-Ganso da Eternidade

1 Para informações sobre a história geomítica de Pushkar, ver "Discovery of India: Pushkar Mela", em Mera Bharat Mahan, www.merabharatmahan.org
2 Knappert, *Indian Mythology, s. v.* 'Brahma', pp. 56-57.
3 Rawson, *The Art of Tantra*, p. 202.
4 Citando um exemplo, o santuário de Brahma fica na parede norte do Nageshwara Shiva Shrine, Dharasuram, perto de Kumbakonam, em Tamil Nadu.
5 Blavatsky, *The Secret Doctrine*, 1889, i, p. 20, segundo Ramayana, Ayodhya Kanda 2-82-10.
6 Zimmer, *Myths and Symbols in Indian Art and Civilization*, p. 48.
7 Blavatsky, "The Hindu Theory of Vibration as the Producer of Sounds, Forms and Colors", AT 5:6 (17 de abril de 2005), pp. 1-6.
8 Zimmer, pp. 47-50.
9 Encyclopedic Theosophical Glossary, s.v. "Ardhamatra", cf. *Nadabindu-Upanishad*, disponível em www.theosociety.org/pasadena/etgloss/ard-asr.htm

10. Rawson, p. 203 fig. 167.
11. Ver Sidharth, *The Celestial Key to the Vedas*, pp. 64-69.
12. Feuerstein, Kak e Frawley, *In Search of the Cradle of Civilization*, p. 139.
13. Witzel, "Early Sanskritization: Origins and Development of the Kuru State", EJVS 1:4 (dezembro de 1995), p. 15.
14. *Ibid.*, p. 15.
15. Skyglobe 3.6 indicou que, do norte da Índia, entre 3000 e 2000 a.C., Deneb se ergueu, no momento do solstício do meio do inverno, aproximadamente em 48 graus a leste do norte, apenas 3 graus distante do nordeste exato – a lacuna se fechou c. 4900-4800 a.C., quando Deneb se ergueu precisamente no nordeste.
16. Witzel, p. 16,16 n. 102.
17. Armstrong, *The Folklore of Birds*, p. 44 e fig. 13.
18. The Jatakamala: XXII. The Story of the Holy Swan – SE Quadrant, Upper Register, Reliefs 77 – 80, Buddhism 101, adaptado da tradução do século XIX feita por J. S. Speyer, em www.borobudur.tv/jataka_022.htm
19. Blavatsky, 1889, i, p. 357 ss.
20. Ver Sidharth, op. cit.
21. Kunte, "Ancient India's Heritage in Observational Astronomy", VBP 1:1 & 2 (11 de abril de 1994).
22. Comunicação pessoal com o Dr. P. K. Kunte de Mumbai, Índia, datada de 18 de março de 2005.
23. Vedamurthy, "Ancient River", Resenha de *The River Saraswati – Legend, Myth and Reality*, pelo dr. S. Kalyanaraman, *The Hindu*, 8 de janeiro de 2002, em hinduonnet.com/thehindu/br/2002/01/08/stories/2002010800120300.htm
24. Ver, por exemplo, "Vedic Saraswati", www.geocities.com/narenp/history/info/river.htm
25. Ver Feuerstein, Kak e Frawley, para obter um relato completo da civilização Saraswati-Sindhu e seu relacionamento com o Rig Veda e com a civilização do vale do Indus em especial, pp. 71, 88-92.
26. Nicholson, "The Soma Codes: Parts I-III", EJVS 8:3 (27 de março de 2002), pp. 1-92. Disponível em sers.primushost.com/~india/ejvs/ejvs0803/ejvs0803.pdf
27. Feuerstein, Kak e Frawley, p. 132.
28. Rig Veda, 1,164, 20.
29. Feuerstein, Kak e Frawley, p. 124.

Capítulo Dezessete – Os Primeiros Astrônomos

1. Schlegel, *Uranographie Chinoise*, 1875, i, 30. Contudo, ele parece variar a data. Cita, por exemplo, 16916 years AP (+/- 900 anos) na p. 36 e 16000 e 14600 anos AP na p. 486.
2. Flammarion, *Popular Astronomy*, p. 536 n. 1.
3. Schlegel, *Nederlandsch-Chineesch woordenboek*, 1886-1890.
4. Schelgel, *Thian Ti Hwui: The Hung-League or Heaven-Earth-League*, 1866.
5. Ver Staal, *Stars of Jade*, 1984.
6. *Ibid.*, p. 13.
7. *Ibid.*, p. 14.
8. *Ibid.*, p. 36.
9. Schlegel, 1875, p. 207.
10. *Ibid.*, p. 207-208.
11. *Ibid.*
12. *Ibid.*
13. Para obter uma teoria completa sobre o modo como Staal chegou à data de

15600 a.C. para a construção original da astronomia chinesa, ver Staal, 1984, pp. 5, 13-15, 19, 58-59, 138.
[14] Staal, 1984, pp. 100, 103.
[15] *Ibid.*, p. 58.
[16] Essa versão da história vem de Staal, *The New Patterns in the Sky*, 1988, pp. 185-186, e Staal, 1984, pp. 151-152. Staal dá os nomes Zhi Nii e Jian Niu nas ortografias alternativas Tchi-niu e Kien-niou.
[17] Soothill, *The Hall of Light*, p. 114.
[18] *Ibid.*, p. 109.
[19] Uma estrutura megalítica em Yamazoe, no distrito Yarnabe de Nara, ilha Honshu, Japão, investigada por Teruaki Yanagihara, reflete o Triângulo de Verão em uma data correspondendo a c. 2000 a.C. Ver Toyokazu, Iwakura Shinden, em www.jomon.or.jp/ewatanabe.html
[20] Staal, 1984, pp. 103-104.
[21] *Ibid.*
[22] Whitehouse, "Ice Age star map discovered", BBC News, 9 de agosto de 2000, em news.bbc.co.uk/1/hi/sci/tech/871930.stm
[23] Rappengltick, "A Palaeolithic Planetarium Underground – The Cave of Lascaux Pt l", MD 5:18 (2004), pp. 93-119.

Capítulo Dezoito – O Ponto da Criação
[1] Recomendo muito a leitura do livro de Graham Hancock, *Supernatural*, para um estudo profundo sobre essa fascinante área de estudos.
[2] Lewis-Williams e Dowson, "The Signs of Ali Times", CA 29:2 (abril de 1988), pp. 201-245.
[3] Para um excelente artigo sobre o cultivo do grupo de cogumelos *Psilocybe* na Europa, ver Watling, "Psilocybe semilanceata – a hallucinogenic mushroom native to Europe", *in* Hancock, pp. 614-617. Ver também Hancock, op. cit., pp. 219-227.
[4] Schultes, Hofmann e Rätsch, *Plants of the Gods*, p. 55.
[5] Ver Wasson, "The Divine Mushroom of Immortality", *in* Furst, *Flesh of the Gods*, pp. 185-200; Munn, "The Mushrooms of Language", *in* Harner, *Hallucinogens and Shamanism*, pp. 86-122.
[6] Samorini, "The Oldest Representations of Hallucinogenic Mushrooms in the World", *Integration* 2/3 (1992), pp. 69-78.
[7] Ver Lhote, *The Search for the Tassili Frescoes*.
[8] Ver Samorini, op. cit.; Lajoux, *The Rock Paintings of Tassili*, pp. 72-73.
[9] Samorini, op. cit.; Lajoux, p. 71.
[10] Samorini, op. cit.
[11] Dikov, "La pétrographie en Sibérie du Nord-Est", *Inter-Nord* 12 (1971). Ver também Samorini, "L'Amanita muscaria nella preistoria siberiana Fiume Pegtymel", Samorini Network, www.samorini.net/archeo/tx_arc/arc_peg.html
[12] Rudgley, *The Lost Civilizations of the Stone Age*, p. 140.
[13] Ver Harner, "The Role of Hallucinogenic Plants in European Witchcraft", *in* Harner, *Hallucinogens and Shamanism*, pp. 125-150.
[14] Kirchner, "Ein archäologischer Beitrag zur Urgeschichte des Schamanismus", *Anthropos* 47 (1952), pp. 271.
[15] Eliade, *Shamanism*, p. 504.
[16] *Ibid.*, p. 481.
[17] *Ibid.*
[18] Marshack, *The Roots of Civilization*, pp. 369-371.

19. CNRS é a sigla de Colloques Internationaux du Centre National de la Recherche Scientifique.
20. Hauptmann, "The Urfa Region", *in* Ozdogan e Basgelen, *Neolithic in Turkey*, p. 75, fig. 10.
21. Zick, "Derälteste Tempel der Welt", *bild der wissenschaft* (agosto de 2000), p. 64.
22. Hauptman, p. 79, fig. 34.
23. *Ibid.*
24. *Ibid.*, p. 79, fig. 35.
25. McKenna, *Food of the Gods*, pp. 101, 102 fig. 13,120.
26. *Ibid.*, pp. 119 fig. 16, 120.
27. Allegro, *The Sacred Mushroom and the Cross*.
28. Skeat, *An Etymological Dictionary of the English Language*, s. v. "Cygnet", p. 151b.
29. Allegr, pp. 99, 121.
30. *Ibid.*
31. *Ibid.*, p. 65, cf. l Reis 7,16, etc.
32. *Ibid.*, p. 121.
33. Rappenglück, "The Milky Way: Its Concept, function and meaning in ancient cultures", *Astronomy of Ancient Societies*, 2002, versão para língua inglesa, pp. 270-276.
34. *Ibid.*, p. 273.
35. *Ibid.*, p. 274.
36. *Ibid.*, p. 272.
37. *Ibid.*
38. *Ibid.*, p. 274.
39. *Ibid.*, segundo Keller, 1999, pp. 179-195.
40. *Ibid.*, p. 272.
41. *Ibid.*, p. 276.
42. *Ibid.*
43. *Ibid.*
44. Wasson, "What Was the Soma of the Aryans?", *in* Furst, *Flesh of the Gods*, pp. 201-213. Ver também Wasson, *Soma: Divine Mushroom of Immortality*. Para críticas à identificação feita por Wasson entre Soma e *Amanita muscaria*, ver Ott, "The Post-Wasson History of the Soma Plant", Eleusis l (1998), pp. 9-37 e Flattery e Swartz, *Haoma and Harmaline*.
45. Outra teoria é que Soma é, na verdade, o suco da arruda síria (*Peganum harmala*), uma poderosa planta psicoativa e inibidora de MAO (monoamina oxidase). Extratos da arruda síria são ingeridos pelos beduínos da Síria, tornando-a uma boa candidata para o Soma, especialmente porque essa ambrosia divina também era venerada no Irã, antiga Pérsia, com o nome de *haoma*. Ver Ott e também Flattery e Swartz.
46. Ver Gooch, *Cities of Dreams*, pp. 100-101, 145-146.
47. Diversas comunicações por e-mail entre o Dr. Michael Rappenglück e o autor em 2005.

Parte Seis: Cosmos
Capítulo Dezenove – O Segredo da Vida

1. Esse relato das experiências de Jeremy Narby na Amazônia peruana foi extraído de Narby, *The Cosmic Serpent*, sua apresentação "Beyond the Cosmic Serpent" na Questing Conference/ QuestCon05 em 5 de novembro de 2005, e comunicação pessoal entre ele e o autor em 2005.
2. Ver Luna e Amaringo, *Ayahuasca Visions*, Vision 12, pp. 70-72; Vision 35, pp. 116-118.
3. Nougier e Robert, *The Cave of Rouffignac*, pl. 17, op. p. 102.
4. Harner, "The Sound of Rushing Water", *in* Harner, *Hallucinogens and Shamanism*, pp. 16-17.

5. Strassman, DMT: *The Spirit Molecule*, p. 200.
6. *Ibid.*, p. 201.
7. Sider, *The Fragments of Anaxagoras*, frag. B4a, que fala das sementes da vida em outros lugares, e de mundos povoados como o nosso (ver pp. 92, 97-98, 102). Ver ainda Joseph, *Astrobiology*, pp. 55, 58, para obter outra noção das ideias de Anaxágoras sobre a panspermia.
8. Arrhenius, "The Propagation of Life in Space", DU 7 (1903), p. 481. Republicado in Goldsmith, *The Quest for Extraterrestrial Life*, pp. 32-33.
9. Ver Arrhenius, *Worlds in the Making*.
10. Joseph, p. 59.
11. *Ibid.*
12. *Ibid.*
13. Ver, por exemplo, Hoyle e Wickramasinghe, *Lifecloud*, e Hoyle e Wickramasinghe, *Diseases from Space*.
14. "Sugar in Space", 20 de junho de 2000, Science@NASA, disponível em spacescience com/ headlines/ y2000/ ast20jun_1.htm
15. Chalmers, "Amino acid detected in space", PhysicsWeb, disponível em physicsweb.org/articles/news/7/8/7
16. "Alien life seems yet more likely", NS 188: 2522 (22 de outubro de 2005), p. 22, cf. *The Astrophysical Journal* 632, p. 316.
17. Ver Watson, *The Double Helix*.
18. Rees, "Nobel Prize genius Crick was high on LSD when he discovered the secret of life", *The Mail on Sunday*, 8 de agosto de 2004, pp. 44-5.
19. *Ibid.*
20. Crick e Orgel, "Directed Panspermia", *Icarus* 19 (1973), pp. 43-57. Republicado in Goldsmith, pp. 34-37.
21. "Francis Crick", obituário, *The Times*, 30 de julho de 2004, pp. 68-69.
22. Crick, *Life Itself*, p. 158.
23. *Ibid.*, p. 159.
24. Hancock, *Supernatural*, pp. 475-482.
25. Davies, "Do We Have to Spell it Out", NS 183:2459 (7 de agosto de 2004), pp. 30-31.
26. *Ibid.*, p. 30.
27. "Junk DNA", NS 188:2526 (19 de novembro de 2005), p. 54.
28. Davies, p. 31.
29. Joseph, p. 312.
30. Huxley, *The Doors of Perception*.
31. Fosar e Bludorf, *Vernetzte Intelligenz*, 2001.
32. *Ibid.*, pp. 30, 187, 317, 324.
33. Ver, por exemplo, *Ibid.*, pp. 11-12, 28-29, 42-47.
34. Strassman, p. 206.
35. Ver Southwell, *Secrets and Lies*, p. 147; Larson, "Stoned Scientists" (4 de abril de 2003), CannabisCulture Marijuana Magazine, disponível em www.cannabisculture.com/articles/2783.html
36. Ashpole, *The Search for Extra-terrestrial Intelligence*, p. 145.
37. *Ibid.*, pp. 145-146.
38. Mackenzie, *Myths of China and Japan*, p. 275.
39. Drower, *The Mandaeans of Iraq and Iran*, p. 199.
40. Sullivan, *The Secret of the Incas*, p. 57.
41. *Ibid.*
42. *Ibid.*, p. 49.
43. *Ibid.*, p. 367.
44. Perry, *The Megalithic Culture in Indonesia*, p. 72.
45. *Ibid.*, p. 78.
46. *Ibid.*, p. 80.

47 *Ibid.*, p. 91.
48 Sagan, *Broca's Brain*, p. 77.
49 Perlman, "Cave's ancient treasure 77,000-year-old artefacts could mean human culture began in Africa", *San Francisco Chronicle*, 11 de janeiro de 2002, disponível em www.sfgate.com/cgi-bin/article.cgi?file=/c/a/2002/01/11/MN151227.DTL

Capítulo Vinte – Um Canto Cósmico do Cisne

1 Exemplos extraídos de Thompson, *The History of the Devil*, p. 15.
2 Ver Clottes, "Art of the Light and Art of the Depths", *in* Conkey, *Beyond Art: Pleistocene Image and Symbol*, pp. 209-210.
3 *Ibid.*
4 *Ibid.*, pp. 207, 210, 214.
5 *Ibid.*, p. 210.
6 Ver Devereux, *Stone Age Soundtracks*.
7 O relato foi extraído de Samorini, "The Bwiti Religion and the Psychoactive Plant Tabernanthe iboga (Equatorial Africa)", *Integration* 5 (1995), pp. 105-114.
8 *Ibid.*
9 *Ibid.*
10 *Ibid.*
11 *Ibid.*
12 *Ibid.*, e ver também Samorini, "The Oldest Representations of Hallucinogenic Mushrooms in the World", *Integration* 2/3 (1992), pp. 69-78.
13 Todo o relato foi extraído de Ovídio, *Metamorfoses*, bk. 11, 589-632.
14 Ver *Ibid.*
15 Lempriere, *A Classical Dictionary*, *s.v.* "Somnus", p. 575.
16 Ver Collins, "Gods, Grails and Morphian Contact", disponível em www.an-drewcollins.com/page/articles/Gods,%20Grails%20and%20Morphian%20Contact.htm, para ter uma abordagem pouco convencional sobre o conceito de contato mórfico.
17 Ovídio, *op. cit.*
18 Norbu, *The Crystal and the Way of Light*, pl. 24.
19 Skeat, *Etymological Dictionary of the English Language*, *s. v.* "swan", p. 621a.
20 *Ibid.*, *s.v.* "song" e "sonnet", p. 581a.
21 Esopo, *Fábulas de Esopo*, 284, 303.
22 Platão, *Fedo*, 84e-85b.
23 Batchelor, *The Ainu and their Folk-Lore*, p. 450.
24 Chown, "Big Bang sounded like a deep hum", 30 de outubro de 2003, disponível em www.newscientist.com/article.ns?id=dn4320
25 Ver Cramer, "The Sound of the Big Bang", 10 de novembro de 2003, disponível em faculty.washington.edu/jcramer/BB-Sound.html
26 Agradeço a Giulio Magli por suas sugestões de mudanças editoriais.
27 Munzel e Conard, "Change and Continuity in Subsistence during the Middle and Upper Palaeolithic in the Ach Valley of Swabia (Southwest Germany)", IJO 14 (2004), pp. 225-243; Harding, "After the hunt, Ice Age man chilled out – with a flute", *The Guardian*, 17 de dezembro de 2004.
28 Boyle, "Listening to the Sounds of Science", MSNBC, disponível em www.msnbc.com/news/372624.asp?cp1=1
29 Agradeço a Heather Hobden por me ajudar a localizar informações concernentes a esses pingentes de cisne. Para saber mais sobre o xamanismo siberiano e o

culto paleolítico do cisne, visite seu site, CosmicElk em www.cosmicelk.co.uk

30. Pettitt, "Discovery, Nature and Preliminary Thoughts about Britain's First Cave Art", *Capra* 5, disponível em www.shef.ac.uk/~capra/5/pettitt.html
31. *Ibid.*
32. *Ibid.*
33. Gimbutas, *The Language of the Goddess*, pp. 244-245.
34. *Ibid.*
35. Pettitt, op. cit.
36. Calculado para uma elevação de 25 graus da proximidade do principal entalhe de ibex, presumindo que uma rampa de terra levasse ao interior da caverna, um fato confirmado por Jonathan Hesketh do Cresswell Crags Visitors Centre. A visão interior cria uma janela horizontal de visibilidade entre 355-0 graus de azimute.
37. De Kay, *Bird Gods*, pp. 189-190.
38. Ver Keeton, "Avian Orientation and Navigation", ARP 41:1 (março de 1979), pp. 353-366.
39. Musser, "Magnetic Anomalies", SA (agosto de 2000).

Capítulo Vinte e Um – Filhos do Cisne

1. Dar, Lord e Wilkes, "Nature of the high-energy particles from Cygnus X-3", PR D33:1 (1º de janeiro de 1986), p. 303; Kolb, "Searching for Cygnets", *in* Aubert e Montanet, p. 428; Marshak *et al*, "Evidence for Muon Production by Particles from Cygnus X-3", PRL 54:19 (13 de maio de 1985), pp. 2079-2082; Ruddick, "Model for the Underground Muons Associated with Cygnus X-3" PRL 57: 5 (4 de agosto de 1986), p. 531.
2. Dar *et al*, p. 303; Kolb, p. 428; Marshak *et al*, pp. 2079-2082; Ruddick, p. 531.
3. Cassiday *et al*, "Evidence for 1018-eV Neutral Particles from the Direction of Cygnus X-3", PRL 62:4 (23 de janeiro de 1989), pp. 383-386; Sommers e Elbert, "Implications of the Fly's Eye Evidence for Neutral Particles from Cygnus X-3", ALC 27 (1990), pp. 397-402.
4. Dar *et al*, p. 305; Kolb, p. 429.
5. Marshak *et al*, p. 2079.
6. Kolb, p. 424.
7. Atualmente, Sadr está na declinação 40 graus 15 minutos, com ascensão reta de 20 horas e 22 minutos.
8. Ver Cramer, "Children of the Swan", *Analog* (março de 1986), disponível em www.npl.washington.edu/AV/altvw12.html
9. Dar *et al*, p. 303; Kolb, p. 429; Ruddick, p. 531.
10. Dar *et al*, p. 303; Kolb, p. 429; Ruddick, p. 531.
11. Kolb, p. 429.
12. Cramer, *op. cit.*
13. *Ibid.*
14. Ruddick, p. 533.
15. Cassiday, p. 386.
16. Dar *et al*, p. 303.
17. Kolb, p. 429.
18. *Ibid.*, pp. 428-431.
19. Cramer, *op. cit.*
20. Maiani, "Electro Weak Interactions" apresentação, EPS Int. Europhysics Con. on High Energy Physics, Bari, Italy, 18-24 de julho de 1985 (novembro de 1985).
21. Thomsen, "A disbelief in Cygnets-Cygnus X3", SN 130:6 (9 de agosto de 1986), p. 89. Mas ver também Ruddick, p. 532, que diz que apenas os maiores detecto-

res sobre o solo poderiam ter rastreado a decadência de muons criados por jovens cisnes e levados pelo ar, e mesmo assim, apenas se observados horizontalmente.

[22] Kolb, p. 429.

[23] *Ibid.*; Ruddick, p. 532.

[24] Muraki *et al*, "Search for Ultra High Energy Photons from Cygnus X-3", Proceedings of 2nd Int. Conf. on Grational Microvensis Surveys at Paris, 1995, pp. 426-429.

[25] Czapek, Hahn, Krebs e Muller, "Measurement of the muon flux in the Gotthard underground laboratory", JPGNPP 16:7 (julho de 1990), pp. 1101-1108.

[26] Thomson *et al*, "The Observation of Underground Muons from the Direction of Cygnus X-3 During the January 1991 Radio Flare", PRL B 269 (1991), p. 220.

[27] Marshak, "Underground Muons Observed during the April 2000 Flare of Cygnus X-3", ICHEP 2000, resumo disponível em ichep2000.hep.sci.osaka-u.ac.jp/abs _PA-11.html

[28] Allison *et al*, "Cygnus X-3 revisited: 10 years of muon and radio observations", Proceedings of the 26th International Cosmic Ray Conference (ICRC 99), Salt Lake City, Utah, 17-25 de agosto de 1999.

[29] "Waiting for Cygnus X-3", Science@ N.ASA, disponível em science.nasa.gov/headlines/y2000/ast25 feb_lm.htm

[30] Marti, Paredes e Peracaula, "Development of a two-sided Relativistic Jet in Cygnus X-3", AA 375 (2001), pp. 476-484.

[31] Para uma análise dessas teorias, ver Collins, "In defence of Cygnus X-3 as a Cosmic Accelerator: Response to Criticisms regarding its Production of Neutral Particles with Energies up to PeV", 2006, disponível como PDF em www.andrewcollins.com

[32] *Ibid.*

[33] Mioduszewski *et al*, "Radio observations of Cygnus X-3 after the Large Radio Flare in September 2001", www.nrao.edu/~amiodusz/Cygx3head02.pdf

[34] Berezinsky, "Time Delay of the PeV Gamma Ray Burst after the October 1985 Radio Flare of Cygnus X-3", *Nature* 334 (11 de agosto de 1988), pp. 506-507.

[35] Thomson, 1991, *op. cit.*; Marshak, 2000, *op. cit.*; Allison *et al*, *op. cit.*

[36] Comunicação por e-mail entre Josep Marti Ribas do Departamento de Física, Universidade de Jaén, Espanha, e o autor, datada de 11 de janeiro de 2006.

[37] Boyd e Smale, "The Long Term Light Curves of X-ray Binaries Contain Simultaneous Periodic and Random Components", AJ 612 (10 de setembro de 2004), pp. 1006-1017.

[38] Fischer, "Cygnus X-3: Waiting for the Next Big Bang", *The Cosmic Mirror* 178 (26 de fevereiro de 2000), disponível em www.astro.uni-bonn.de/~dfischer/mirror/178.html

[39] Dumé, "Did Cosmic Rays Cause Ice Ages?" PhysicsWeb, 12 de julho de 2004, physicsweb.org/articles/news/8/7/6

[40] Pennicott, "Carbon Clock Could Show the Wrong Time", PhysicsWeb, 10 de maio de 2001, disponível em physicsweb.org/articles/news/5/5/7

[41] Yiou *et al*, "Beryllium-10 in the Greenland Ice Core Project Ice Core at Summit, Greenland", JGR 102 (30 de novembro de 1997), nº C12, pp. 26, 783-826, 794.

42 Extraído de LaViolette, *Earth Under Fire*, p. 91.
43 Para uma boa introdução sobre o assunto, ver LaViolette, "Evidence for a Global Warming at the Termination I Boundary and its Possible Cosmic Dust Cause", Starburst Foundation, PDF em arxiv.org/ftp/physics/papers/0503/0503158.pdf
44 Marti *et al*, "Possible Hot Spots Excited By The Relativistic Jets Of Cygnus X-3", AA 439 (agosto de 2005), pp. 279-285.
45 Shimada *et al*, "Germ Cell Mutagenesis in Medaka Fish after Exposures to High-energy Cosmic Ray Nuclei: A Human Model", PNAS 102 (11 de abril de 2005) pp. 6063-6067.
46 Ver Conant, "Mining for health", Atlantis Rising, disponível em healing.about.com/gi/dynamic/offsite.htm?zi=l/XJ&sdn=healing&zu=http%3A%2F%2Fwww.atlantisrising.com%2 Fissue4%2 Far-4mining. html. Ver também Erickson, "Radiation and Health: An Overview of Radon Therapy in the United States and Europe", www.radonmine.com/pdf/radonandhealth.pdf

Capítulo Vinte e Dois – A Verdadeira Estrela Divina

1 Meinel *et al*, "Antiquity's Fingerprints in Ice: A Cosmic Encounter, A Cat's Eye, and Origin of Modern Humans", TAG 05, Sheffield University, 19 de dezembro de 2005.
2 Bocquet-Appel e Demars, "Neanderthal Contraction and Modern Human Colonization of Europe", *Antiquity* 74:285 (setembro de 2000), pp. 544-552.
3 Ver Stringer e Andrews, *The Complete World of Human Evolution*.
4 Comunicação por e-mail entre Aden e Marjorie Meinel e o autor, datado de 4 de janeiro de 2006.
5 1001 parsecs (+/- 259 anos), segundo Reed *et al*, "Hubble Space Telescope Measurements of the Expansion of NGC 6543: Parallax Distance And Nebular Evolution", AJ 118 (novembro de 1999), pp. 2430-2441.
6 Determinado mediante a reavaliação da paralaxe de Yale para o Olho de Gato em medições telescópicas astrométricas. Comunicação por e-mail entre Aden e Marjorie Meinel e o autor datada de 31 de dezembro de 2005.
7 Reed *et al. op. cit.*
8 Ver "Chandra Reveals The X-Ray Glint In The Cat's Eye", 8 de janeiro de 2001, Chandra Press Room, disponível em chandra.harvard.edu/press/01_releases/press_010801.html
9 *Ibid.*
10 Comunicação por e-mail entre You-Hua Chu e o autor datada de 9 de janeiro de 2006.
11 Comunicação por e-mail entre You-Hua Chu e o autor datada de 8 de janeiro de 2006.
12 Comunicação por e-mail entre You-Hua Chu e o autor datada de 9 de janeiro de 2006.
13 Guerrero *et al*, "The Enigmatic X-ray Point Sources at the Central Stars of NGC 6543 and NGC 7293", AJL 553 (2001), p.L55; Chu *et al*, "Chandra Reveals the X-ray Glint in the Cat's Eye" AJL 553 (2001), p. L69.
14 Comunicação por e-mail entre Robert Gruendl e o autor datada de 11 de janeiro de 2006.

15. Comunicação por e-mail entre Robert Gruendl e o autor datada de 12 de janeiro de 2006.
16. Como comentário adicional sobre o assunto, Robert Gruendl concorda que a distância não é uma barreira em termos de raios gama de alta energia, e/ou de raios cósmicos que atingem a Terra. "O problema é que o fluxo total que incide sobre a Terra decai à razão de 1/(distância ^2). Isso é válido até para emissões em feixes ou jatos, a menos que o ângulo de abertura do jato seja infinitesimalmente estreito (ou seja, quando o jato atinge a Terra, cobre apenas uma área aproximadamente do diâmetro da Terra)". Comunicação por e-mail ao autor datada de 13 de janeiro de 2006.
17. Soker, "The Cat's Eye (NGC 6543)", relatório preliminar, 2006.
18. Soker e Bisker, "Bubbles in Planetary Nebulae and Clusters of Galaxies", *astro-ph*/0601032 (2 de janeiro de 2006).
19. Comunicação por e-mail entre Noam Soker e o autor datada de 26 de janeiro de 2006.
20. "Ela é magneticamente ativa porque gira depressa. Ela gira depressa porque ganhou massa e momento angular da estrela primária quando a primária perdeu muita massa no AGB (sigla em inglês de ramo gigante assintótico). Agora, a primária é pequena e quente, a caminho de se tornar uma anã branca". Comunicação por e-mail entre Noam Soker e o autor datada de 26 de janeiro de 2006.
21. Romano Corradi é Senior Support Astronomer do Isaac Newton Group of Telescopes do Particle Physics and Astronomy Research Council (PPARC).
22. Comunicação por e-mail entre Romano Corradi e o autor datada de 24 de janeiro de 2004. Contudo, ele não descarta a possibilidade de que a companheira da estrela central possa ser uma estrela de nêutrons ou um buraco negro, quem sabe em uma órbita extremamente longa da estrela central.
23. "Estamos familiarizados com a região de Cygnus mas não vimos nenhum objeto capaz de produzir um jato de raios cósmicos", comunicação por e-mail entre Aden e Marjorie Meinel e o autor datada de 23 de dezembro de 2005.
24. Ver, por exemplo, Meinel, Meinel, Drach-Meinel e Meinel, "The 250 Ky GRIP archives show the signature of a point source of cosmic rays: an analysis of the data leading to NGC 6543 as being the most probable source", trabalho apresentado no IAU Symposium 234, Planetary Nebulae, Havaí, abril de 2006.
25. Meinel *et al*, *op. cit.*, e diversos e-mails para o autor datados de dezembro de 2005 e janeiro de 2006.
26. Comunicação por e-mail entre Aden e Marjorie Meinel e o autor datado de 31 de dezembro de 2005.
27. Comunicação por e-mail entre Aden e Marjorie Meinel e o autor datado de 23 de dezembro de 2005.
28. A duração precisa de um ano lunar é de 354 dias, 8 horas e 34 segundos, com base em uma lunação sinódica de 29,530588 dias.
29. Ver o trabalho de Alexander Marshack, especialmente *The Roots of Civilization*.
30. Ver De Kay, *Bird Gods*, p. 198.
31. *Ibid.*, p. 189.
32. Møller e Mousseau, "Albinism and Phenotype of Barn Swallows (*Hirunda rusti-*

ca) from Chernobyl", *Evolution* 55:10 (2001), pp. 2097-2104.

[33] Entrevista com David Drach-Meinel transmitida pela estação BBC Radio Five Live no programa "Through The Night" em 22 de dezembro de 2005. Suas palavras finais (levemente editadas para esta publicação) foram as seguintes:

> Estamos tentando falar agora de alguns dos resultados científicos, mas por que ele [ou seja, o jato de partículas do microblazar] acabou especificamente apontado para a Terra? Bem, poderíamos dizer que uma inteligência superior esteve envolvida nisso. Poderíamos até dizer que foi o dedo de Deus apontando para a Terra. Há muitas coisas que você poderia afirmar do ponto de vista da fé, e, naturalmente, cabe aos demais discutirem sobre o modo como a vida muda. Será simplesmente uma casualidade? Ou haverá uma faceta espiritual nisso tudo? Creio que isso vai abrir muitas discussões entre pessoas de cabeça aberta, de fé profunda e pensamento profundo.

Post Scriptum

[1] Berry, "2001 replayed", *AN* 20: 3 (março de 2006), p. 21.
[2] Ver Dar, "The Threat to Life from Eta Carinae and Gamma-Ray Bursts" Frascati Physics Series XXIV (2002), pp. 513-523, que explora a ameaça potencial de extinção em massa e de catástrofes globais causadas por jatos de GRB (sigla em inglês de "erupção de raios gama") e supernovas.
[3] Chadha e Cooper, "Longest Gamma-ray Burst Signals Supernova", *AN* 20:4 (abril de 2006), p. 9.
[4] *Ibid.*
[5] Montgomery, *Aquatic Man and African Eve*, disponível em www.sondela.co.uk/Aqua/Books/AquaApeA4.pdf Montgomery, *Aquatic Man and African Eve – Book Two: African Eve at Home*, disponível em faculty.mdc.edu/jmcnair/EveA4.pdf
[6] Ver Meinel, Meinel, Drach-Meinel e Meinel, "The 250 Ky GRIP Archives Show the Signature of a Point Source of Cosmic Rays: an Analysis of the Data Leading to NGC 6543 as Being the Most Probable Source", trabalho apresentado no IAU Symposium 234, Planetary Nebulae, Havaí, abril de 2006.
[7] Collins, "In defence of Cygnus X-3 as a Cosmic Accelerator: Response to Criticisms regarding its Production of Neutral Particles with Energies up to PeV", 2006, disponível em PDF no site www.andrewcollins.com

Apêndice: O Mistério dos Dogon

[1] Hallett, *Pygmy Kitabu*, pp. 385-386.
[2] James e Thorpe, *Ancient Mysteries*, p. 107.
[3] Griaule, *Conversations with Ogotemmêli*.
[4] Griaule e Dieterlen, "A Sudanese Sirius System", *in* Temple, *The Sirius Mystery*, p. 327.
[5] Griaule e Dieterlen, *The Pale Fox*, 1986, p. 504.
[6] Griaule e Dieterlen, "Un Systeme Soudanais de Sirius". *Journal de la Societé des Africanistes* 20 (1950), pp. 273-294. Republicado como "A Sudanese Sirius System", *in* Temple, pp. 317-335.
[7] *Ibid.*, p. 317.
[8] Griaule e Dieterlen, pp. 550-552.
[9] Benest e Duvent, "Is Sirius a triple star?", AA 299 (1995), pp. 621-628.

[10] Em um artigo intitulado "Dogon Restudied" (CA 32:2, abril de 1991, pp. 139-167), o ecologista Walter E. A. van Beek – que passou 11 anos vivendo com os dogon em Sanga – afirmou que, como a complexa cosmologia delineada por Griaule e Dieterlen em *Le Renard Pâle* não foi comprovada por ele ou por qualquer outro etnógrafo ou antropólogo, ela deve ter sido inventada por Griaule. Além disso, afirmou que o francês teria sugerido a seus informantes novas ideias sobre astronomia, incluindo o conhecimento da existência de Sirius B, a companheira invisível de Sirius.

Entre aqueles que contestaram as afirmações de van Beek e apoiaram o trabalho de Griaule e Dieterlen encontra-se o famoso antropólogo belga Luc de Heusch ("On Griaule on Trial", CA 32:4, agosto-outubro de 1991, pp. 434-437). Segundo ele: "Ao se recusar a ouvir o testemunho dos informantes de Griaule, van Beek privou a imaginação africana de sua criatividade" (p. 437). Geneviéve Calame-Griaule, filha de Marcel Griaule e colega em vida, também escreveu um texto denunciando as alegações de van Beek contra seu pai ("On the Dogon Restudied", CA 32:5, dezembro de 1991, pp. 575-577). Disse ela que, "como ele [van Beek] não encontrou [esses dados], nada disso existe (...) Ao ler seu artigo, imaginamos como deve ser seu método de pesquisa" (p. 575). Além disso, afirma ela, "o artigo de van Beek contém tantas interpretações errôneas que seria impossível corrigi-las num espaço limitado" (p. 576).

Calame-Griaule deixou bem claro que, ao contrário do que van Beek sugerira, seu pai não era astrônomo, nem tinha conhecimentos astronômicos quando foi ao Mali em 1931. Assim, ele não podia e nem teria dado a seus informantes informações falsas relativas ao universo, tampouco revelado a eles qualquer conhecimento acerca da existência de Sirius B (p. 577).

Além disso, vemos que outros antropólogos aceitaram e aprofundaram o trabalho da escola Griaule-Dieterlen, inclusive Barbara DeMott, autora de *Dogon Masks* (ver pp. 8-13, 24-25, 32-35) e Teresa Vergani, que fez um estudo do simbolismo cosmológico dos dogon ("Ethnomathematics and Symbolic Thought: The Culture of the Dogon", ZDM 99:2 [1998], pp. 66-70).

[11] Griaule e Dieterlen, 1986, p. 368.
[12] *Ibid.*, pp. 257-258.
[13] *Ibid.*, p. 461.
[14] *Ibid.*, p. 453.
[15] *Ibid.*, p. 448.
[16] Ver, por exemplo, Coppens, *The Canopus Revelation*, que propõe que *po tolo* possa muito bem ter sido a estrela Canopus.
[17] Temple, pp. 220-225.
[18] Griaule e Dieterlen, 1986, pp. 249, 251.
[19] *Ibid.*, p. 314.
[20] *Ibid.*, pp. 313, 348.
[21] *Ibid.*, pp. 313-314.
[22] *Ibid.*, pl. xv (l) p. 371.
[23] *Ibid.*, p. 345.
[24] Para máscaras com bico de ave, ver Griaule, *Masques Dogons*, pp. 489-490, 493, 503, e para a máscara *kanaga* como

representação de Amma, ver Griaule e Dieterlen, 1950, p. 319.
[25] Griaule e Dieterlen, 1986, pp. 136-138, 422, 441.
[26] *Ibid.*, p. 129.
[27] *Ibid.*, pp. 128, 385.
[28] *Ibid.*, p. 499.
[29] *Ibid.*, p. 187.
[30] *Ibid.*, pp. 187, 345.
[31] Griaule e Dieterlen, 1950, *in* Temple, p. 325.
[32] Griaule e Dieterlen, 1986, pp. 345, 347.
[33] *Ibid.*, p. 345.
[34] *Ibid.*, p. 368.

Foto 1. Göbekli Tepe, identificado como o mais antigo templo do mundo, construído no que é hoje o sudeste da Turquia, c. 9500 a.C. Vemos aqui um círculo de pilares de pedra.

Foto 2. Outra vista de Göbekli Tepe, agora na direção sul. O telhado corrugado protege a edificação de culto inferior.

Foto 3. (acima). Interior do local inferior de culto de Göbekli Tepe, mostrando pedras decoradas – uma delas (esquerda) com uma serpente ondulada e outra (centro-direita) com cogumelos.

Foto 4. (esquerda). Pilar de pedra de Göbekli Tepe mostrando uma criatura leonina.

Foto 5. (acima, à direita). Pilar de pedra de Göbekli Tepe mostrando uma raposa em relevo.

Foto 6. (direita). Cabeça de abutre, símbolo do culto neolítico dos mortos, encontrada em Göbekli Tepe.

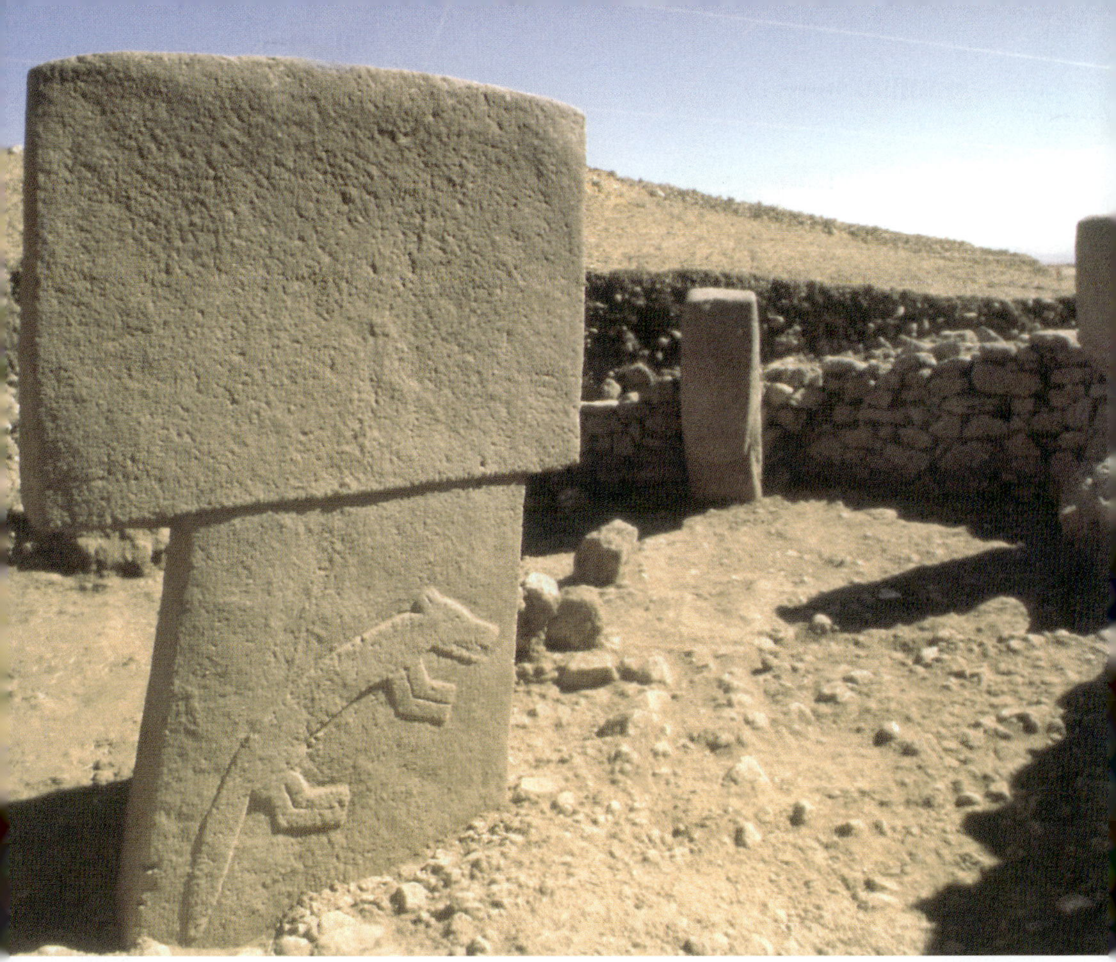

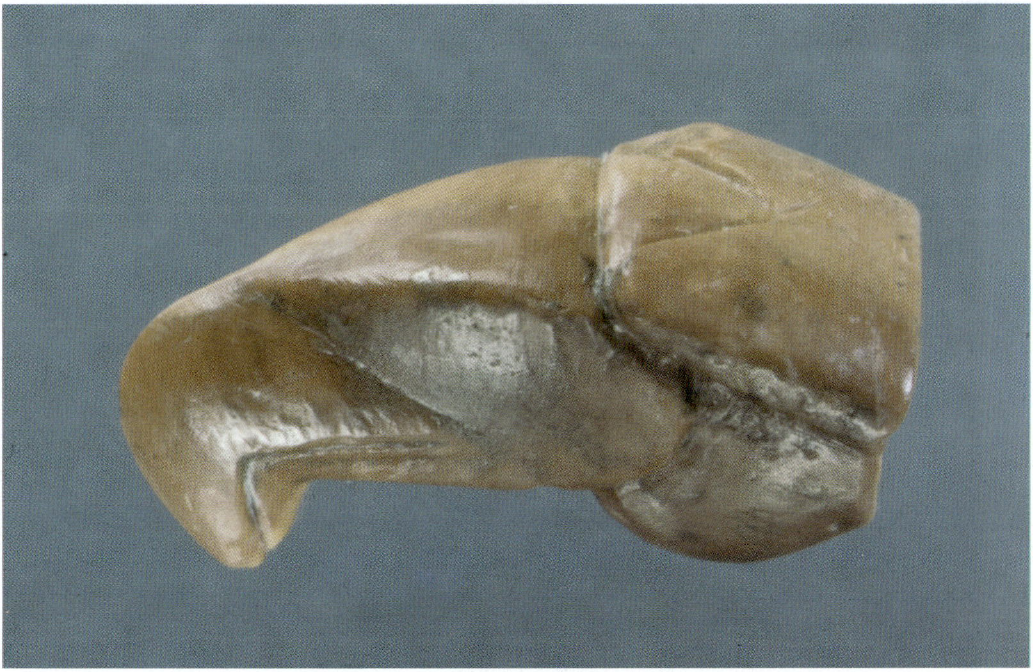

Foto 7. (acima). A Torre Astronômica de Harã, sudeste da Turquia. Fazia parte da Grande Mesquita do século VII, e foi usada como observatório pelos sabeus.

Foto 8. (abaixo). O autor na entrada da Torre Astronômica de Harã.

Foto 9. Fileira de pedras enterradas e não escavadas no sítio do início do Neolítico de Karahan Tepe, sudeste da Turquia, olhando do norte.

Foto 10. (abaixo). Pilar de pedra em forma de cogumelo em Karahan Tepe, olhando para nordeste. Será um indicador de um culto local influenciado por cogumelos?

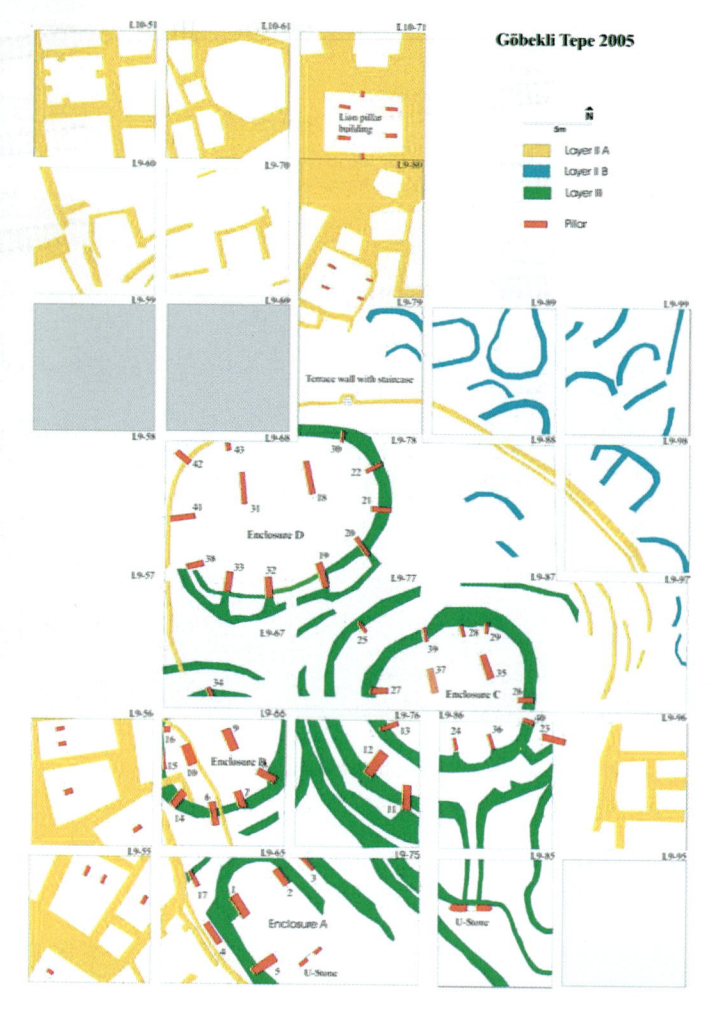

Foto 11. (esquerda) Planta alta de Göbekli Tepe mostrando a orientação geral norte-sul e o alinhamento de certos pilares de pedra na direção nor-noroeste, apontando para o ocaso de Deneb após 9300 a.C.

Foto 12. (abaixo). Cygnus como o Cristo Crucificado na Cruz do Calvário, segundo um mapa astronômico do Hemisfério Norte feito por William Schickhard (1592-1635).

Foto 13. (direita). Ind Raymi, o Festival do Sol, que acontece todo dia 24 de junho, solstício do meio do inverno, em Cuzco, Peru, a forma terrestre de Cygnus. As paredes da fortaleza de Sacsahuaman, no alto da colina, estão visíveis ao fundo.

Foto 14. (abaixo, à direita). O monumento de Avebury em Wiltshire, Inglaterra, construído c. 2600-2000 a.C. e alinhado com o ocaso de Deneb em Cygnus.

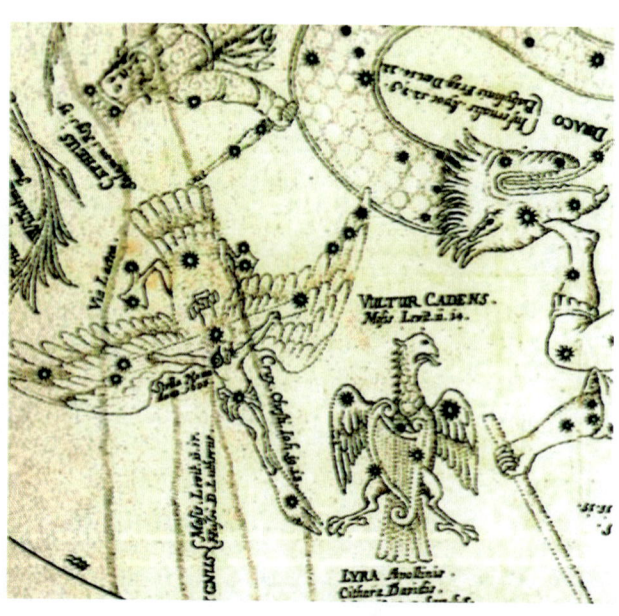

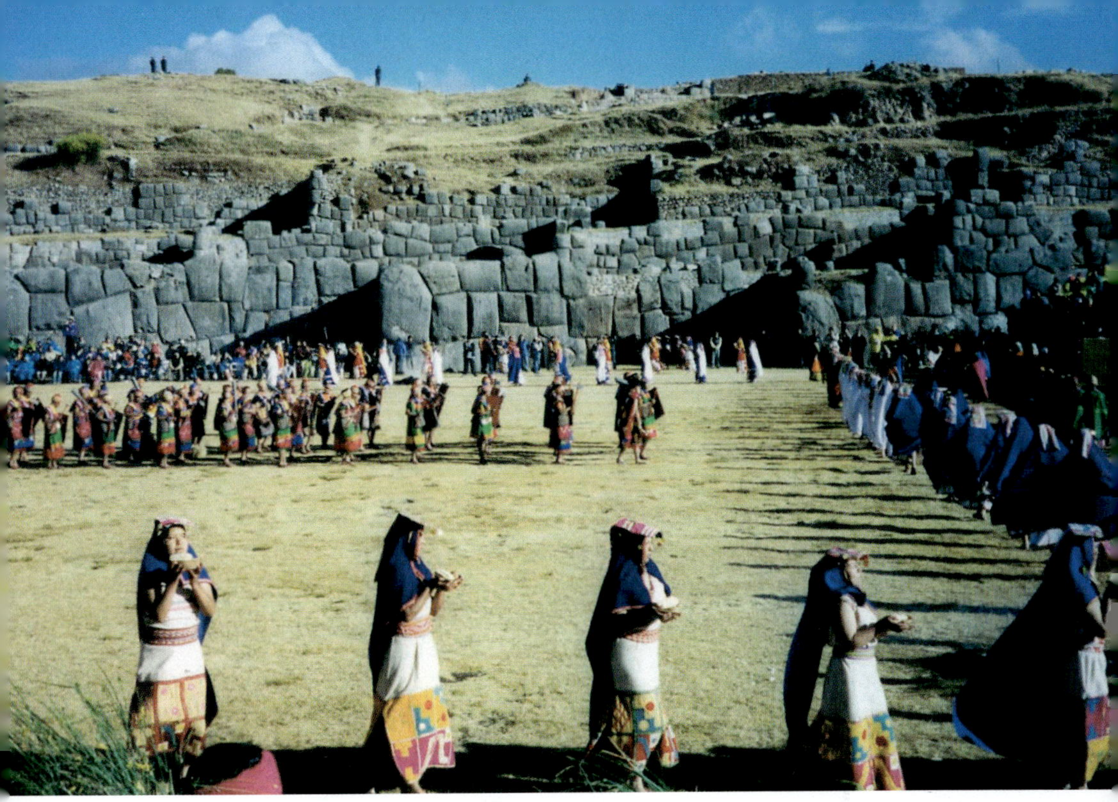

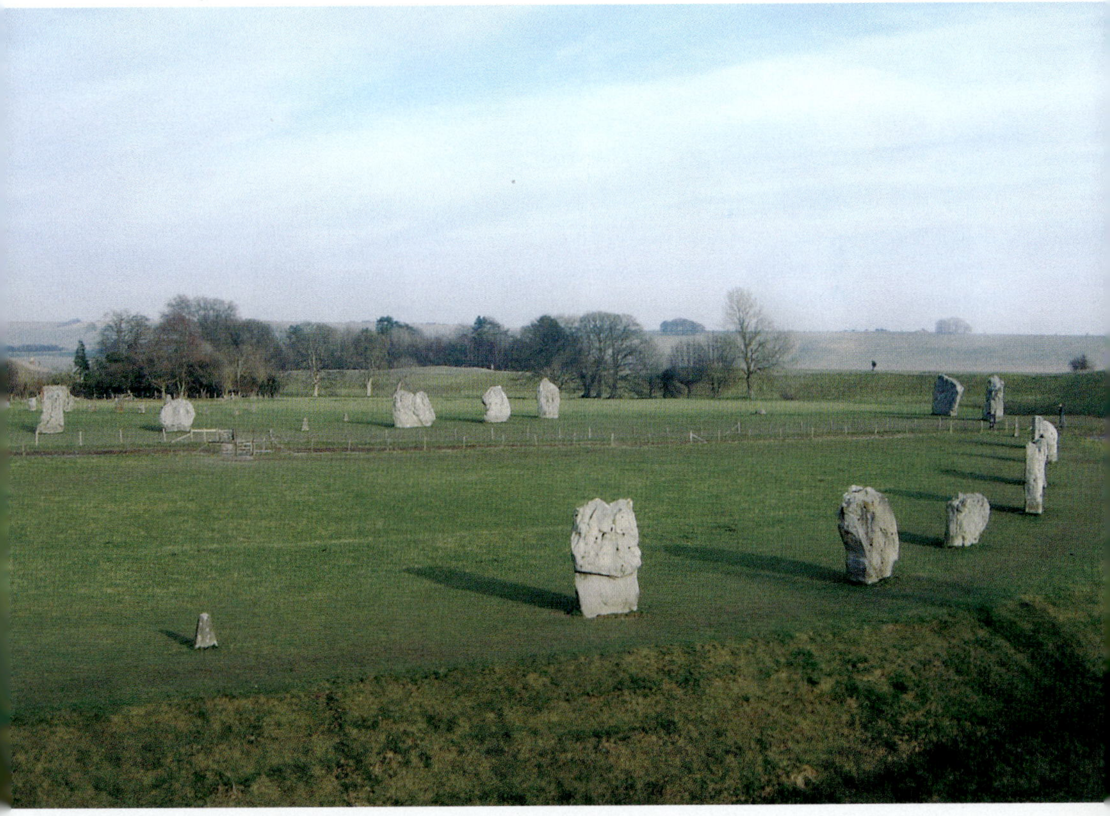

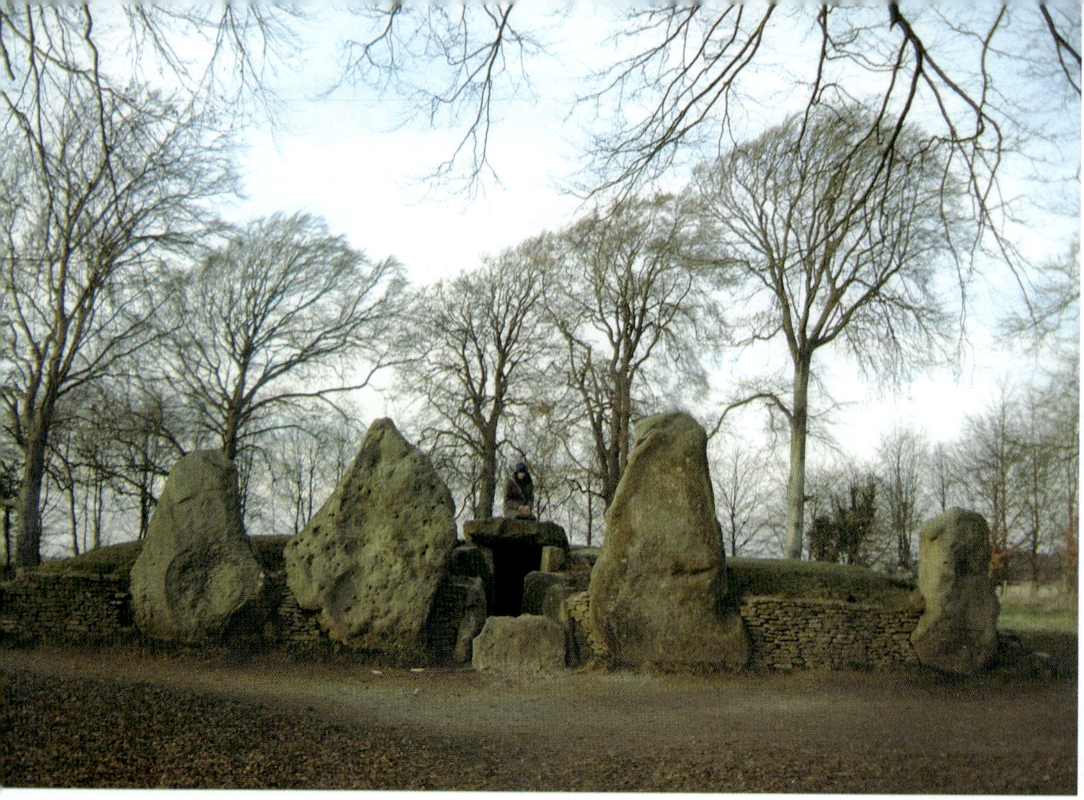

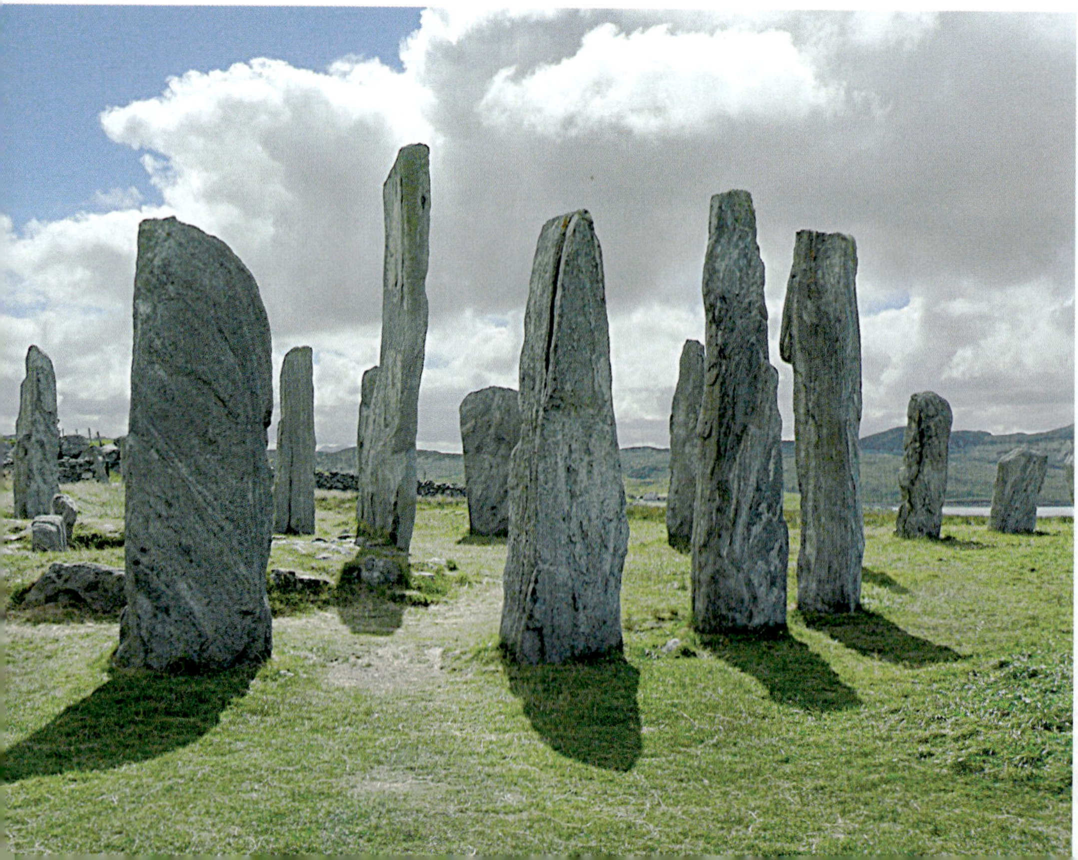

Foto 15. (esquerda). Longa série de pedras tumulares em Wayland Smithy, Berkshire, Inglaterra, construído c. 3700 a.C. e alinhado com Deneb em Cygnus.

Foto 16. (esquerda, abaixo). Círculo de pedras em Callanish, ilha de Lewis, Hébridas Exteriores, Escócia, construído em c. 3000 a.C. Sua fileira de pedras com face norte está alinhada com a ascensão de Sadr em Cygnus.

Foto 17. (direita). Bandeira do Swan Warden da Vintner's Company e cisne empalhado usados na festa anual de Martinmas em homenagem à cerimônia do Censo dos Cisnes no rio Tâmisa, ligada a Cygnus.

Foto 18. (abaixo). As pirâmides de Gizé vistas do sudoeste. Será que refletem a milenar presença do culto a Cygnus?

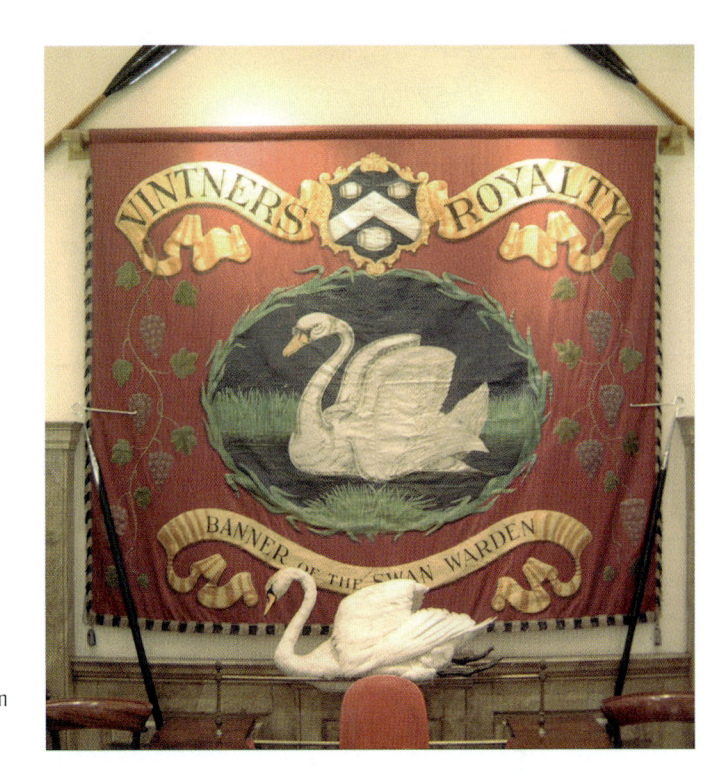

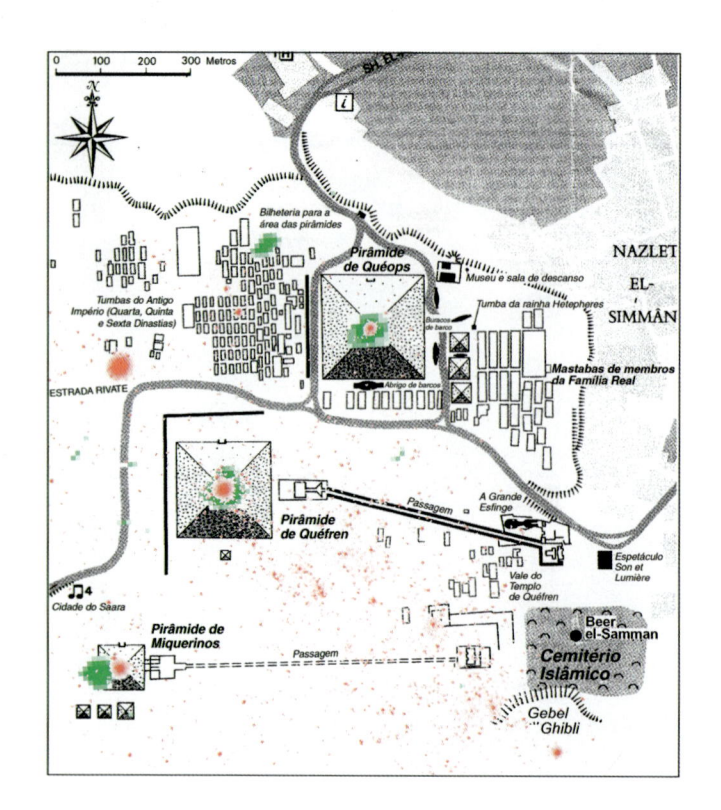

Foto 19. (esquerda). Superposição entre as principais estrelas de Cygnus (em vermelho) e de Órion (em verde) sobre o campo de pirâmides de Gizé. Perceba Albireo (beta Cygni), a "estrela do bico", no lado sul de Gebel Ghibli, visto no canto inferior direito.

Foto 20. (abaixo). O planalto de Gizé, visto desde o sul, da Grande Esfinge, na direção da colina Gebel Ghibli e dos cemitérios muçulmano e copta.

Foto 21. (direita). O poço sagrado de Beer el-Samman, protegido por um sicômoro sagrado, dentro do cemitério muçulmano no canto sudeste do platô de Gizé. Teria sido visto pelos antigos egípcios como uma entrada para o Duat, ou mundo inferior?

Foto 22. (abaixo). O deus criador hindu Brahma montado no cisne-ganso Hamsa, que, na astronomia védica, é a constelação de Cygnus. De um templo em Chiang Khan, província de Loei, nordeste da Tailândia.

Foto 23. (esquerda). Relevo em pedra de Göbekli Tepe mostrando uma mulher estéril com cabelos em forma de cogumelo. Simbolizaria uma devoradora dos mortos, semelhante à deusa hindu Kali?

Foto 24. (abaixo). A "Cena do Poço" na caverna de Lascaux, França, região de Dordogne. O xamã-pássaro, um bisão e uma ave sobre um mastro têm sido interpretados como representações de Cygnus e do eixo cósmico, c. 15000-14500 a.C.

Foto 25. (acima, à direita). Creswell Crags, no norte da Inglaterra, local da primeira arte rupestre paleolítica da Grã-Bretanha, tal como deve ter se parecido quando de sua execução c. 10800 a.C. A caverna Church Hole, alinhada com Cygnus, fica do lado direito do vale.

Foto 26. (abaixo, à direita). Cabeça entalhada de íbis olhando para a entrada do Church Hole, Creswell Crags. Representaria uma ave da criação?

Foto 27. (esquerda). O chamado "painel dos cisnes" no Church Hole, Creswell Crags, mostrando as longas cabeças e pescoços de quimeras de cisnes e socós.

Foto 28. (abaixo). Imagem do sistema binário de raios-X de grande massa, Cygnus X-3, feita pelo observatório de raios-X Chandra (a fina linha horizontal é um defeito do instrumento). Será que raios cósmicos produzidos por seus jatos relativistas afetaram a evolução da humanidade durante o Paleolítico c. 15000-12000 a.C.?

Foto 29. (acima, à direita). Representação artística de um buraco negro/estrela de nêutrons com jatos relativistas emitindo gás de uma estrela orbital Wolf-Rayet.

Foto 30. (abaixo, à direita). Imagem feita pelo telescópio Hubble de um jato relativista emanando do supermaciço buraco negro na galáxia M87, dentro da constelação de Virgem. Cygnus X-3 produz jatos similares.

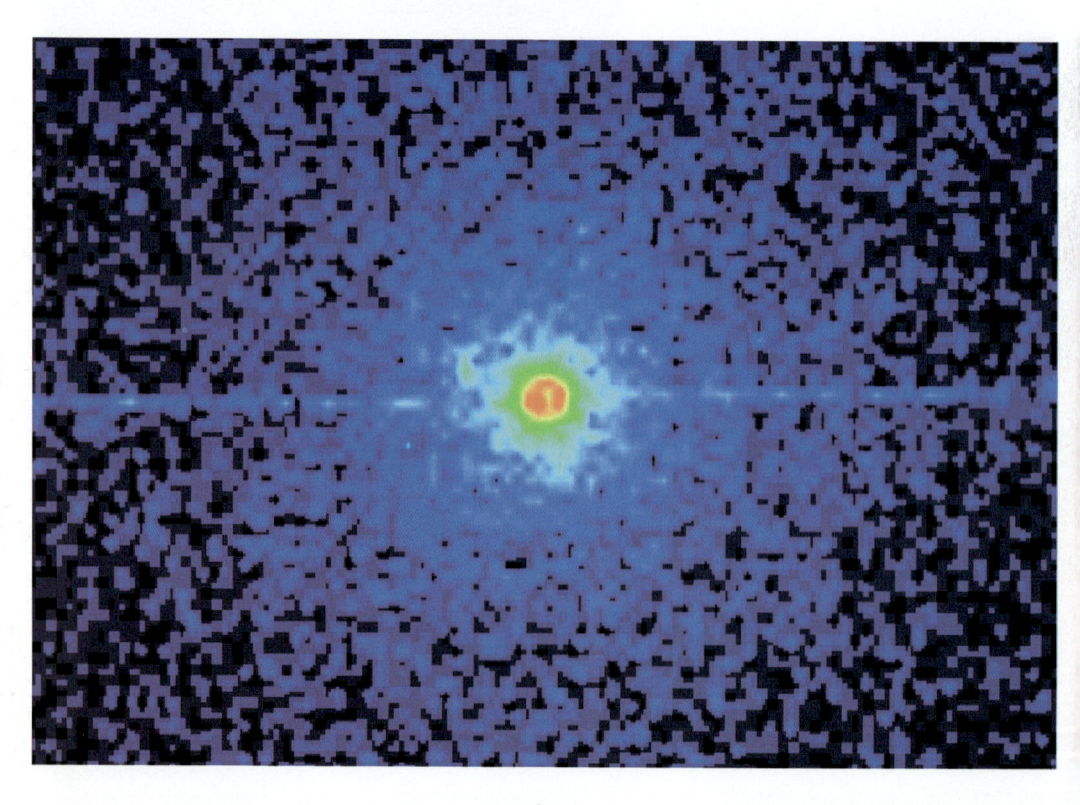

Foto 31. Fotografia tirada pelo etnógrafo francês Marcel Griaule em 1931 de arte Dogon, do "cofre de Songo", mostrando a Via Láctea como o "sangue" de Nommo fluindo na direção norte-sul.

Foto 32. Túmulo de passagem de Newgrange no vale Boyne, Irlanda, construído c. 3000 a.C. Será que sua planta reflete a posição das estrelas de Cygnus?